Das Lastenheft

Europäische Hochschulschriften

European University Studies

Publications Universitaires Européennes

Reihe II **Rechtswissenschaft**

Series II Law

Série II Droit

Band/Volume **5500**

Moritz Zoglmann

Das Lastenheft

Die Leistungsbeschreibung in Softwareerstellungsprojekten

PL ACADEMIC RESEARCH

Bibliografische Information der Deutschen Nationalbibliothek
Die Deutsche Nationalbibliothek verzeichnet diese Publikation in der Deutschen Nationalbibliografie; detaillierte bibliografische Daten sind im Internet über http://dnb.d-nb.de abrufbar.

Zugl.: Augsburg, Univ., Diss., 2012

D 384
ISSN 0531-7312
ISBN 978-3-631-64054-8 (Print)
E-ISBN 978-3-653-02446-3 (E-Book)
DOI 10.3726/978-3-653-02446-3

PL Academic Research ist ein Imprint der Peter Lang GmbH.
Peter Lang – Frankfurt am Main · Bern · Bruxelles · New York · Oxford · Warszawa · Wien

www.peterlang.de

Inhaltsverzeichnis

Abkürzungsverzeichnis

A.A.; a.A.	andere Ansicht
Absch.	Abschnitt
a.F.	alte Fassung
AG	Amtsgericht
AGB	Allgemeine Geschäftsbedingungen
Alt.	Alternative
Anh.	Anhang
Anm.	Anmerkung
Az.	Aktenzeichen
B2B	Business to Business (englisch für den Geschäftsverkehr zwischen Unternehmern)
B2C	Business to Customer (englisch für den Geschäftsverkehr zwischen Unternehmer und Verbraucher)
BauR	Baurecht – Zeitschrift für das gesamte öffentliche und private Baurecht
BB	Der Betriebsberater (Zeitschrift)
BeckOF	Beck'sche Online-Formulare
BeckRS	Beck Rechtsprechung (*Beck-online*)
Beil.	Beilage
BGB	Bürgerliches Gesetzbuch
BGH	Bundesgerichtshof
BGHZ	Entscheidungssammlung des Bundesgerichtshofs in Zivilsachen
BT-Drucks.	Bundestagsdrucksache

BVB	Besondere Vertragsbedingungen
bzgl.	bezüglich
bzw.	beziehungsweise
CR	Computer und Recht (*Zeitschrift*)
DB	Der Betrieb (*Zeitschrift*)
d.h.	das heißt
DIN	Deutsche Industrie-Norm
DS	Der Sachverständige (*Zeitschrift*)
DV	Datenverarbeitung
ECR	Entscheidungen zum Computer-Recht (*Loseblattsammlung*)
EDV	Elektronische Datenverarbeitung
Einl.	Einleitung
Entw.	Entwurf
ERP	Enterprise Ressource Planning; Planung der Unternehmensressourcen
EVB-IT	Ergänzende Vertragsbedingungen für die Beschaffung von IT-Leistungen
f.	folgende
ff.	fortfolgende
Fn.	Fußnote
HGB	Handelsgesetzbuch
h.M.	herrschende Meinung
HRR	Höchstrichterliche Rechtsprechung (Jahr und Nummer)
Hrsg.	Herausgeber
HS	Halbsatz
i.E.	im Ergebnis
insb.	insbesondere
i.S.v.	im Sinne von

IT	Informationstechnologie
ITRB	Der IT-Rechts-Berater (*Zeitschrift*)
i.V.m.	in Verbindung mit
i.Z.m.	im Zusammenhang mit
JurPC	Internet-Zeitschrift für Rechtsinformatik (*Online-Zeitschrift*)
K&R	Kommunikation und Recht (*Zeitschrift*)
Kap.	Kapitel
KG	Kammergericht Berlin
Kl.	Kläger/-in
LG	Landgericht
LS	Leitsatz
MDR	Monatsschrift für Deutsches Recht (*Zeitschrift*)
m.E.	meines Erachtens
MMR	Multimedia und Recht – Zeitschrift für Informations-, Telekommunikations- und Medienrecht
m.w.N.	mit weiteren Nachweisen
n.F.	neue Fassung
NJOZ	Neue juristische Online-Zeitschrift (*Beck-Online*)
NJW	Neue Juristische Wochenschrift (*Zeitschrift*)
NJW-RR	NJW-Rechtsprechungsreport (*Zeitschrift*)
NJWE-WettbR	NJW-Entscheidungsdienst Wettbewerbsrecht (*Zeitschrift*)
Nr.	Nummer
NZBau	Neue Zeitschrift für Baurecht (*Zeitschrift*)
OLG	Oberlandesgericht
RG	Reichsgericht
Rn.	Randnummer
Rspr.	Rechtsprechung

S.	Seite
sog.	sogenannte/-r
SRM	Schuldrechtsmodernisierung
st. Rspr.	ständige Rechtsprechung
SW	Software
u.ä.	und ähnlich
usw.	und so weiter
v.	vom/von
vgl.	vergleiche
VOB/B	Vergabe- und Vertragsordnung für Bauleistungen Teil B: Allgemeine Vertragsbedingungen für die Ausführung von Bauleistungen
z.B.	zum Beispiel
ZfBR	Zeitschrift für deutsches und internationales Bau- und Vergaberecht
Ziff.	Ziffer
ZKS	(elektronisches) Zugangskontrollsystem

Literaturverzeichnis

Angermeier, Georg: Ein Lastenheft professionell erstellen, projekt magazin Ausgabe 1/2005, abrufbar unter: www.projektmagazin.de/magazin /abo/dwnld/2005/01053_Lastenheft.pdf

Angermeier, Georg: Das Pflichtenheft – Basis für den Projekterfolg, projekt magazin Ausgabe 2/2005, abrufbar unter: www.projektmagazin.de/magazin/ abo/dwnld/2005 /02053_Pflichtenheft.pdf

Auer-Reinsdorff, Astrid: Feststellung der versprochenen Leistung beim Einsatz agiler Projektmethoden, ITRB 2010, 93 - 95

Bamberger, Heinz Georg/ Roth, Herbert: Beck'scher Online-Kommentar BGB, H.C. Beck München (zitiert: BeckOK Bamberger/Roth/Bearbeiter BGB)

Bartsch, Michael: Das neue Schuldrecht – Auswirkungen auf das EDV-Vertragsrecht, CR 2001, 649 - 657

Bartsch, Michael: Software als Rechtsgut, CR 2010, 553 - 556

Baumbach, Adolf/ Hopt, Klaus/ Merkt, Hanno: Handelsgesetzbuch mit GmbH & Co., Handelsklauseln, Bank- und Börsenrecht, Transportrecht (ohne Seerecht), 33. Auflage 2008, C.H. München (zitiert als: Baumbach/Hopt)

Bayer, Martin: Möglichst simpel, aber nicht einfacher, Computerwoche vom 24.03.2006, abrufbar unter: www.computerwoche.de/management/it-strategie/573878/index. html

Braun, Bernd: Überlassung von Computerprogrammen an den Anwender als Werkvertrag, BB 1992, 154 - 158

Bräutigam, Peter/ Rücker, Daniel: Softwareerstellung und § 651 BGB – Diskussion ohne Ende oder Ende ohne Diskussion?, CR 2006, 361 - 368

Breidenbach, Stephan: Die Voraussetzungen von Informationspflichten beim Vertragsschluß, Dissertaton 1989, C.H. Beck'sche Verlagsbuchhandlung München (zitiert als: Breidenbach, Informationspflichten beim Vertragsabschluß)

Brössler, Peter/ Siedersleben, Johannes: Softwaretechnik, 2000, Carl Hanser Verlag, München/Wien

Depprich, Ina/ Eckardt, Bernd/ Frey, Dieter/ Gennen, Klaus/ Hertwig, Stefan/ Janik, Viktor: Praxishandbuch Medien-, IT- und Urheberrecht, 1. Auflage 2008, C.F. Müller, Verlagsgruppe Jehle Rehm GmbH, Heidelberg/München/Landsberg/Berlin

Ebenroth, Carsten/ Boujong, Karlheinz/ Joost, Detlev/ Strohn, Lutz: Handelsgesetzbuch, Band 2, 2. Auflage 2009, H.C. Beck/Verlag Franz Vahlen München (zitiert als: Ebenroth/Boujong/Joost/Strohn/ Bearbeiter)

Eggert, Christoph: Stand der Technik und kaufrechtlicher Mangelbegriff, DS 2009, 247 - 253

Ganten, Hans/ Jagenburg, Walter/ Motzke, Gerd: Beck'scher VOB- und Vergaberechts-Kommentar – Vergabe- und Vertragsordnung für Bauleistungen Teil B, 2. Auflage 2008, H.C. Beck München

Göhrs, Olaf: Strategien zur Chaosvermeidung in IT-Projekten, abrufbar unter: www.ius-it.de/beitraege/Chaos_in_IT_Projekten.html

Grévent, Christophe: Unklare Ziele gefährden Projekte, Computerwoche vom 07.01.2005, abrufbar unter: www.computerwoche.de/heftarchiv/ 2005/2/1050116/index.html

Grupp, Bruno: Das IT-Pflichtenheft zur optimalen Softwarebeschaffung, 2. Auflage 2003, mitp-Verlag Bonn

Haas, Lothar: Entwurf eines Schuldrechtsmodernisierungsgesetztes: Kauf- und Werkvertragsrecht, BB 2001, 1313 - 1320

Heussen, Benno: Technische und rechtliche Besonderheiten von Mängeln bei Computerleistungen (II), CR 1988, 986 - 993

Helmke, Hartmut/ Höppner, Frank/ Isernhagen, Rolf: Einführung in die Software-Entwicklung – Vom Programmieren zur erfolgreichen Software-Projektarbeit, 2007, Hanser Verlag München

Heydn, Truiken: Identitätskrise eines Wirtschaftsguts: Software im Spannungsfeld zwischen Schuldrecht und Urheberrecht, CR 2010, 765 - 776

Hilgenberg, Bernd: Das Pflichtenheft in der Softwareentwicklung, projekt magazin, Ausgabe 3/2000, abrufbar unter: www.projektmagazin.de/magazin/ abo/dwnld/2000/03001_pflichtenheft.pdf

Hilty, Reto: Der Softwarevertrag – ein Blick in die Zukunft – Konsequenzen der trägerlosen Nutzung und des patentrechtlichen Schutzes von Software, MMR 2003, 3 - 15

Hoeren, Thomas: IT-Recht, Skript, Stand: Februar 2010, abrufbar unter: www.uni-muenster.de/Jura.itm/hoeren/INHALTE/lehre /lehrematerialien.htm

Hoeren, Thomas: IT-Vertragsrecht, 2007, Dr. Otto Schmidt Verlag Münster

Hoeren, Thomas/ Sieber, Ulrich: Handbuch Multimedia-Recht, 22. Auflage 2009, Loseblattsammlung, C.H. Beck München

Hoffmann-Becking, Michael/ Rawert, Peter (Hrsg.): Beck'sches Formularbuch Bürgerliches, Handels- und Wirtschaftsrecht, 10. Auflage 2010, C.H. Beck München

Hood, Colin/ Mühlbauer, Susanne/ Rupp, Chris/ Versteegen, Gerhard: iX-Studie Anforderungsmanagement, 2. Auflage 2007, Heise Verlag Hannover

Hörl, Bernhard: Aufklärung und Beratung beim Computer-„Kauf“, Dissertation 1999, C. H. Beck München

Hörl, Bernhard: Beratungshaftung im IT-Bereich nach neuem Schuldrecht, ITRB 2004, 39 - 40

Hruschka, Peter/ Rupp, Chris/ Starke, Gernot: Agility kompakt: Tipps für erfolgreiche Systementwicklung, 2. Auflage 2009, Spektrum Akademischer Verlag Heidelberg

Ihde, Rainer: Das Pflichtenheft beim Softwareerstellungsvertrag, CR 1999, 409 - 414

Intveen, Michael/ Lohmann, Lutz: Das IT-Pflichtenheft, CR 2003, 640 - 647

Jacob, Dieter/ Ring, Gerhard/ Wolf, Rainer: Freiberger Handbuch zum Baurecht, 3. Auflage 2008, Bundesanzeiger Verlag Köln

Jansen, Günther/ Preussner, Mathias: Beck'scher Online-Kommentar VOB Teil B, C. H. Beck München

Junker, Abbo/ Benecke, Martina: Computerrecht, 3. Auflage 2003, Nomos Verlagsgesellschaft Baden-Baden

Junker, Abbo: Die Entwicklung des Computerrechts in den Jahren 1991 und 1992, NJW 1993, 824 - 832

Junker, Abbo: Die Entwicklung des Computerrechts im Jahre 1998, NJW 1999, 1294 - 1299

Junker, Abbo: Die Entwicklung des Computerrechts in den Jahren 2003/2004, NJW 2005, 2829 - 2834

Kath, Peter: Softwareentwicklung, Dissertation, Gießen 2006, abrufbar unter: http://geb.uni-giessen.de/geb/volltexte/2006/3676/pdf/KathPeter-2006-10-12.pdf

Kapellmann, Klaus/ Messerschmidt, Burkhard: VOB Teile A und B Vergabe- und Vertragsordnung für Bauleistungen mit Vergabeverordnung (VgV), 3. Auflage 2010, C. H. Beck München

Kilian, Wolfgang/ Heussen, Benno: Computerrechts-Handbuch – Informationstechnologie in der Rechts- und Wirtschaftspraxis, Loseblattsammlung, Stand: April 2010, C. H. Beck München

Kirn, Stefan/ Müller-Hengstenberg, Claus Dieter: Die EVB-IT Systeme – ein Mustervertrag mit hohen Risiken?, CR 2009, 69 - 75

Kluth, Peter/ Böckmann, Julius/ Grün, Anselm: Beratungshaftung – Bewertungskriterien für rechtsverbindliche Aussagen beim Sachkauf, MDR 2003, 241 - 247

Kniffka, Rolf/ Koeble, Wolfgang: Kompendium des Baurechts – Privates Baurecht und Bauprozess, 3. Auflage 2008, C. H. Beck München

Koch, Frank: Computer-Vertragsrecht, 7. Auflage 2009, Rudolf Haufe Verlag Freiburg

Koch, Frank: IT-Projektrecht, 2007, Springer Verlag Berlin

Koch, Frank: IT-Projektverträge rechtssicher gestalten, Skript, Stand Sommer 2009, abrufbar unter: www.anwaltskanzlei-koch.info/IT-Projektvertrage_rechtssicher_gestalten.pdf

Koch, Frank: Handbuch Software- und Datenbank-Recht, 2003, Springer Verlag Berlin (zitiert als: Koch, Software- und Datenbank-Recht)

Koch, Frank: Macht Parametrisierung Standardsoftware zur „unvertretbaren Sache?“, ITRB 2004, 13 - 16

Koch, Frank: Requirements Management – Anforderungsmanagement und die Fortschreibung von Lasten- und Pflichtenheft, ITRB 2009, 160 - 164

Koch, Frank: Agile Softwareentwicklung – Dokumentation, Qualitätssicherung und Kundenmitwirkung, ITRB 2010, 114 - 119

Kotthoff, Jost: Softwareerstellungs-Verträge nach der Schuldrechtsmodernisierung, K&R 2001, 105-110

Kraus, Hans-Frieder/ Weise, Stefan: Beck'sche Online-Formulare - Vertragsrecht, Edition 3, Stand: 01.07.2010, C. H. Beck München (zitiert BeckOF/Bearbeiter)

Kuffer, Johann/ Wirth, Axel: Handbuch des Fachanwalts Bau- und Architektenrecht, 3. Auflage 2011,Werner Verlag Köln

Kühne, Ludwig-Philipp: Die Fälligkeit der Werkerstellung, insbesondere bei fehlender Zeitvereinbarung, BB 1988, 711 - 715

Lehmann, Michael/ Meents, Jan Geert: Handbuch des Fachanwalts Informationstechnologierecht, 1. Auflage 2008, Luchterhand Verlag Köln (zitiert: Lehmann/Meents, Fachanwalt IT-Recht)

Leitzen, Werner/ Intveen, Michael: IT-Beschaffungsverträge der öffentlichen Hand, CR 2001, 493 - 501

Lesshafft, Karl: Anforderungen an Spezifikation und Dokumentation (I), CR 1989,146 - 151

Löffelmann, Peter/ Ihle, Martin/ Thaler-Nölle, Imelda: Architektenrecht – Kommentar zu Honorar und Haftung, 5. Auflage 2007, Werner Verlag Köln

Lorenz, Stefan/ Riehm, Thomas: Lehrbuch zum neuen Schuldrecht, 1. Auflage 2002, C. H. Beck München

Malzer, Hans Michael: Der Softwarevertrag – Der Erwerb von Standardsoftware, Individualsoftware und Betriebssoftware, Erwerb von Hard- und Software, Dissertation 1991, Dr. Otto Schmidt Verlag Köln

Malzer, Hans Michael: Rechtsprechungsübersicht zum gesamten DV-Vertragsrecht (III) – Die Entwicklung der Rechtsprechung in den Jahren 1988 und 1989, CR 1991, 203 - 214

Marly, Jochen: Praxishandbuch Softwarerecht – Rechtsschutz und Vertragsgestaltung, 5. Auflage 2009, C. H. Beck München

Marly, Jochen: Die Qualifizierung der Computersoftware als Sache nach § 90 BGB, BB 1991, 432 - 435

Mankowski, Peter: Werkvertragsrecht – Die Neuerungen durch § 651 BGB und der Abschied vom Werklieferungsvertrag, MDR 2003, 854 - 860

Maume, Philipp/ Wilser, Christian: Viel Lärm um nichts? Zur Anwendung von § 651 BGB auf IT-Verträge, CR 2010, 209 - 214

zur Megede, Ekkehard: Bemerkungen zu Rechtsfragen im Bereich der EDV, NJW 1989, 2580 - 2587

Meier-Beck, Peter/ Voit, Thomas: Die Rechtsprechung des Bundesgerichtshofs zum Werkvertragsrecht (ohne Baurecht), WM 2004, Heft 43, Sonderbeil. 2, 2

Meurer, Karsten: Änderungsbefugnis des Bauherrn in Architekten- oder Planungsvertrag?, BauR 2004, 904 - 909

Messerschmidt, Burkhard/ Voit, Wolfgang: Privates Baurecht – Kommentar zu §§ 631 ff. BGB, 1. Auflage 2007, C. H. Beck München

Müglich, Andreas/ Lapp, Thomas: Mitwirkungspflichten des Auftraggebers beim IT Systemvertrag, CR 2004, 801 - 808

Müller-Hengstenberg, Claus Dieter: BVB/EVB-IT-Computersoftware – Besondere Vertragsbedingungen für die Überlassung, Erstellung, Planung und Pflege sowie Ergänzende Vertragsbedingungen für IT-Überlassung Typ A und B und IT-Dienstleistungen, 6. Auflage 2003, Erich Schmidt Verlag Berlin

Müller-Hengstenberg, Claus Dieter: Risikoteilung in DV-Projekten, CR 1995, 198 - 205

Müller-Hengstenberg, Claus Dieter: Vertragstypologie der Computersoftwareverträge – Eine kritische Auswertung höchstrichterlicher Rechtsprechung zum alten Schuldrecht für die Beurteilung nach neuem Schuldrecht, CR 2004, 161 - 166

Müller-Hengstenberg, Claus Dieter: Der Vertrag als Mittel des Risikomanagements, CR 2005, 385 - 392

Müller-Hengstenberg, Claus Dieter/ Kirn, Stefan: Die technologischen und rechtlichen Zusammenhänge der Test- und Abnahmeverfahren bei IT Projekten, CR 2008, 755 - 763

Müller-Hengstenberg, Claus Dieter/ Kirn, Stefan: Welche Bedeutung haben Prototyp und Pilot sowie Prototyping und Pilotierungsphase bei IT-Projekten?, CR 2010, 8 - 14

Müller-Hengstenberg, Claus Dieter: Ist das Kaufrecht auf alle IT-Projektverträge anwendbar?, NJW 2010, 1181 - 1184

Münchener Kommentar zum Bürgerlichen Gesetzbuch – Band 1 §§ 1 – 240, 5. Auflage 2006, C. H. Beck München (zitiert: MünchKomm./Bearbeiter)

Münchener Kommentar zum Bürgerlichen Gesetzbuch – Band 2 §§ 241 – 432, 5. Auflage 2007, C. H. Beck München (zitiert: MünchKomm./Bearbeiter)

Münchener Kommentar zum Bürgerlichen Gesetzbuch – Band 3 §§ 433 – 610, 5. Auflage 2008, C. H. Beck München (zitiert: MünchKomm./Bearbeiter)

Münchener Kommentar zum Bürgerlichen Gesetzbuch – Band 4 §§ 611 – 704, 5. Auflage 2009, C. H. Beck München (zitiert: MünchKomm./Bearbeiter)

Münchener Kommentar zum Handelsgesetzbuch – Band 5 Viertes Buch. Handelsgeschäfte Erster Abschnitt. Allgemeine Vorschrift §§ 343–372, C. H. Beck/Verlag Franz Vahlen München 2009 (zitiert: MünchKomm.HGB/Bearbeiter)

Nauroth, Dieter: Leistungsbeschreibung: Notwendiges Instrument zur Konkretisierung vertraglicher Leistungen bei Softwareverträgen, CR 1987, 153 - 158

Nicklisch, Fritz/ Weick, Günter: VOB Verdingungsordnung für Bauleistungen Teil B, 3. Auflage 2001, C. H. Beck München

Nierwetberg, Rüdiger: Die Beweislast für Sollbeschaffenheit und Qualitätsabrede im Sachmängelprozeß, NJW 1991, 1745 - 1748

Oesterreich, Bernd/ Weiss, Christian: APM – Agiles Projektmanagement: Erfolgreiches Timeboxing für IT-Projekte, 1. Auflage 2007, dpunkt.verlag Heidelberg (zitiert: Österreich/Weiss, APM)

Palandt, Otto: Bürgerliches Gesetzbuch, 70. Auflage 2011, C. H. Beck München (zitiert: Palandt/Bearbeiter)

Patig, Susanne/ Dibbern, Jens: Requirements Engeneering, in: Enzyklopädie der Wirtschaftsinformatik – Online-Lexikon, abrufbar unter: www.enzyklopaedie-der-wirtschaftsinformatik.de/wi-enzyklopaedie /lexikon/is-management/Systementwicklung/Hauptaktivitaten-der-Systementwicklung/Problemanalyse-/Requirements-Engineering

Redeker, Helmut: IT-Recht, 4. Auflage 2007, C. H. Beck München

Redeker, Helmut: Handbuch der IT-Verträge, Loseblattsammlung, Stand: November 2010, Verlag Dr. Otto Schmidt Köln

Redeker, Helmut: Wer ist Eigentümer von Goethes Werther?, NJW 1992, 1739 - 1740

Redeker, Helmut: Der Rechtsbegriff des Mangels beim Erwerb von Software, CR 1993, 193 - 198

Redeker, Helmut: Gestaltung von Subunternehmerverträgen, CR 1999, 137 - 144

Redeker, Helmut: Softwareerstellung und § 651 BGB – Die typischen Vertragsgestaltungen verlangen differenziertes Vorgehen, CR 2004, 88 - 91

Redeker, Helmut: Von Dauerbrennern und neuen Entwicklungen im Recht der Leistungsstörungen – Wie sich technische und gesetzgeberische Innovationen auf juristische Diskussionen ausgewirkt haben, CR 2005, 700 - 706

Rehmann, Wolfgang: Herstellung von Individualanwendersoftware – Folgen der Verletzung von Mitwirkungspflichten, CR 1989, 961 - 965

Roquette, Andreas: Vollständigkeitsklauseln: Abwälzung des Risikos unvollständiger oder unrichtiger Leistungsbeschreibungen auf den Auftragnehmer, NZBau 2001, 57 - 64

Roth, Brigitte: Mitwirkungspflichten in EDV-Projekten, ITRB 2001, 194 - 197

Rupp, Chris: Requirements-Engineering und Management – Professionelle, iterative Anforderungsanalyse für die Praxis, 4. Auflage 2007, Carl Hanser Verlag München

Schaub, Beate: Das Pflichtenheft im Spiegel der Rechtsprechung, CR 1993, 329 - 334

Schmidt, Harry: Beratungsleistungen und Mitwirkungspflichten, CR 1992, 709 - 714

Schmitt, Kathrin: 68 Prozent aller IT-Projekte scheitern, Blog vom 17.12.2008, abrufbar unter: www.silicon.de/cio/strategie/0,39038989, 39200412,00/68_prozent_aller_it_ projekte_scheitern.htm

Schmidl, Michael: Softwareerstellung und § 651 BGB – ein Versöhnungsversuch, MMR 2004, 590 - 593

Schneidenbach, Jens: Zivilrechtliche Haftung für Software im Internet, Dissertation 2005, Heidelberg, abrufbar unter: www.dissertation.de/index. php 3?active_document =/FDP/ds1147.pdf

Schneider, Jochen/ Westphalen, Friedrich Graf von: Software-Erstellungsverträge, 2006, Dr. Otto Schmidt Verlag Köln

Schneider, Jochen: Handbuch des EDV-Rechts, 4. Auflage 2008, Dr. Otto Schmidt Verlag Köln

Schneider, Jochen: Projektsteuerung – Projektrisiken bei Software, CR 2000, 27 - 34

Schneider, Jochen: Softwareerstellung und Softwareanpassung – Wo bleibt der Dienstvertrag?, CR 2003, 317 - 323

Schneider, Jochen: „Neue" IT-Projektmethoden und „altes" Vertragsrecht, ITRB 2010, 18 - 23

Schneider, Uwe/ Werner, Dieter: Taschenbuch der Informatik, 6. Auflage 2007, Carl Hanser Verlag München

Schweinoch, Martin/ Roas, Rudolf: Paradigmenwechsel für Projekte: Vertragstypologie der Neuerstellung von Individualsoftware – Welcher Vertragstyp ist das Softwareprojekt wirklich?, CR 2004, 326 - 331

Schweinoch, Martin: Geänderte Vertragstypen in Software-Projekten – Auswirkungen des BGH-Urteils vom 23.7.2009 auf die vertragstypologische Einordnung üblicher Leistungen, CR 2010, 1 - 8

Seibel, Mark: Die Bedeutung der Funktionstauglichkeit für die Beurteilung der Qualität einer Bauleistung, ZfBR 2009, 107 - 112

Söbbing, Thomas: Die rechtliche Betrachtung von IT-Projekten, MMR 2010, 222 - 227

Sommerville, Ian: Software Engineering, 8. Auflage 2007, Pearson Studium München

Spindler, Gerald/ Klöhn, Lars: Neue Qualifikationsprobleme im E-Commerce, CR 2003, 81 - 86

Staudinger, Julius von: Kommentar zum Bürgerlichen Gesetzbuch mit Einführungsgesetzen und Nebengesetzen, Buch 1 Allgemeiner Teil §§ 90-133; §§ 1-54, 63 BeurkG, Neubearbeitung 2004, Sellier – de Gruyter Berlin (zitiert: Staudinger/Bearbeiter)

Staudinger, Julius von: Kommentar zum Bürgerlichen Gesetzbuch mit Einführungsgesetzen und Nebengesetzen, Buch 1 Allgemeiner Teil §§ 134-163, Neubearbeitung 2003, Sellier – de Gruyter Berlin (zitiert: Staudinger/Bearbeiter)

Staudinger, Julius von: Kommentar zum Bürgerlichen Gesetzbuch mit Einführungsgesetzen und Nebengesetzen, Buch 2 §§ 241-243, 14. Auflage 2009, Sellier – de Gruyter Berlin (zitiert: Staudinger/Bearbeiter)

Staudinger, Julius von: Kommentar zum Bürgerlichen Gesetzbuch mit Einführungsgesetzen und Nebengesetzen, Buch 2 Recht der Schuldverhältnisse §§ 311, 311a, 312, 312a-f, Neubearbeitung 2005, Sellier – de Gruyter Berlin (zitiert: Staudinger/Bearbeiter)

Staudinger, Julius von: Kommentar zum Bürgerlichen Gesetzbuch mit Einführungsgesetzen und Nebengesetzen, Buch 2 §§ 315-326, Neubearbeitung 2009, Sellier – de Gruyter Berlin (zitiert: Staudinger/Bearbeiter)

Staudinger, Julius von: Kommentar zum Bürgerlichen Gesetzbuch mit Einführungsgesetzen und Nebengesetzen, Buch 2 §§ 433-487; Leasing, Neubearbeitung 2004, Sellier – de Gruyter Berlin (zitiert: Staudinger/Bearbeiter)

Staudinger, Julius von: Kommentar zum Bürgerlichen Gesetzbuch mit Einführungsgesetzen und Nebengesetzen, Zweites Buch §§ 433-534, 13. Auflage 1995, Sellier – de Gruyter Berlin (zitiert: Staudinger (1995)/Bearbeiter)

Staudinger, Julius von: Kommentar zum Bürgerlichen Gesetzbuch mit Einführungsgesetzen und Nebengesetzen, Buch 2 §§ 631-651, Neubearbeitung 2008, Sellier – de Gruyter Berlin (zitiert: Staudinger/Bearbeiter)

Stichtenroth, Jonas: Softwareüberlassungsverträge nach dem Schuldrechtsmodernisierungsgesetz, K&R 2003, 105 – 110

Streitz, Siegfried: IT-Projekte retten – Risiken beherrschen und Schieflagen beseitigen, 1. Auflage 2004, Hanser Fachbuchverlag München

Thamm, Manfred/ Pilger, Gerhard: Vertragliche Nebenpflicht zur Aufklärung und Beratung bei Lieferverträgen und deren Regelung in Geschäftsbedingungen des kaufmännischen Verkehrs, BB 1994, 729 - 732

Thewalt, Stephan: Der Softwareerstellungsvertrag nach der Schuldrechtmodernisierung – Rechtsnatur, Leistungsbestimmung und Mängelhaftung, Dissertation 2004, Rhombos-Verlag Berlin (zitiert: Thewalt, Der SW-Erstellungsvertrag nach der SRM)

Thewalt, Stephan: Softwareerstellung als Kaufvertrag mit werkvertraglichem Einschlag - § 651 BGB nach der Schuldrechtsreform, CR 2002, 1 - 7

Thode, Reinhold: Die wichtigsten Änderungen im BGB-Werkvertragsrecht: Schuldrechtsmodernisierungsgesetz und erste Probleme - Teil 1, NZBau 2002, 297 - 304

Vaher, Liina: Potenziale und Risiken von Standard- und Individualsoftware, Seminararbeit, abrufbar unter: www.iwi.uni-hannover.de/lv/seminar_ ws03_04/ www/Vaher/ Homepage/index.htm

Vorwerk, Volker: Mängelhaftung des Werkunternehmers und Rechte des Bestellers nach neuem Recht, BauR 2003, 1 - 13

Vygen, Klaus/ Joussen, Edgar: Bauvertragsrecht nach VOB und BGB – Handbuch des privaten Baurechts, 4. Auflage 2008, Werner Verlag Köln

Weller, Marc-Philippe: Die Vertragstreue, Dissertation 2009, Mohr Siebeck Tübingen

Weyer, Wolfgang: Besondere Vertragsbedingungen für das Erstellen von DV-Programmen - BVB-Erstellung, CR 1986, 625 - 631

Wieczoreck, Hans/ Mertens, Peter: Management von IT-Projekten, 4. Auflage 2004, Springer Verlag Berlin

Witte, Andreas: Agiles Programmieren und § 651 BGB, ITRB 2010, 44 - 47

Witzel, Michaela/ Stern, Lena: Mitwirkungspflichten des Auftraggebers im Softwareprojekt, ITRB 2007, 167 - 169

Zahrnt, Christoph: Entscheidungen zum Computerrecht – ECR, Band I, Loseblattsammlung,1993, Verlag Dr. Otto Schmidt Köln

Zahrnt, Christoph: Entscheidungen zum Computerrecht – ECR, Band II, Loseblattsammlung,1993, Verlag Dr. Otto Schmidt Köln

Zahrnt, Christoph: Die Rechtsprechung zu Aufklärungs- und Beratungspflichten vor Computer-Beschaffungen, NJW 1995, 1785 - 1788

Zahrnt, Christoph: Aufklärungspflichten und Beratungsverhältnisse vor Computer-Beschaffungen, NJW 2000, 3746 - 3749

Zahrnt, Christoph: Probleme bei DV-Projekten und Gegenmaßnahmen, CR 2000, 402 - 407

Zahrnt, Christoph: Wie die EVB-IT handhaben?, CR 2004, 716 - 718

A. Einführung

Software nimmt heute einen unverzichtbaren Bestandteil eines jeden Unternehmens ein. Sämtliche Unternehmen verwenden Software, um damit ihren betrieblichen Alltag bewältigen zu können. Wird ein Unternehmen neu gegründet, ein bestehendes System umgestellt oder ein neuer Prozess in die Unternehmenslandschaft eingeführt, hat das betreffende Unternehmen in aller Regel eine Software anzuschaffen. Für manche Fälle reicht bereits eine Standardsoftware wie etwa ein Office-Programm aus. Häufig wird aber auch die Anpassung einer Standardsoftware an die betrieblichen Bedürfnisse des Unternehmens erforderlich sein. Darüber hinaus gibt es Fälle, in denen eine Software individuell auf die spezifischen Bedürfnisse des Betriebs hin entwickelt werden muss. Da sowohl die Anpassung als auch die Erstellung von Software eine gewisse Zeit in Anspruch nimmt, bezeichnet man diese auch als Softwareanpassungs- bzw. Softwareerstellungsprojekte. Vertraglich stehen sich meist zwei Parteien gegenüber, nämlich das Unternehmen, welches die Software benötigt, sowie ein Softwarehaus, das den Auftrag ausführt. Unter Umständen begleitet dabei den Unternehmer auch noch ein gesondert beauftragter Berater.

Um ständige Wiederholungen in der Formulierung zu vermeiden, wird nachfolgend auch einerseits von Auftraggeber, Anwender oder Besteller gesprochen sowie andererseits von Auftragnehmer, Software(h)ersteller oder Anbieter.

Softwareprojekte beinhalten meistens eine große wirtschaftliche Bedeutung für den Auftraggeber. Außerdem bergen sie ein hohes Risiko zu scheitern. Aufgrund häufig fehlender vertraglicher Vereinbarungen und unzureichender gesetzlicher Regelungen treten eine Vielzahl von tatsächlichen wie auch rechtlichen Fragestellungen auf. Ein Teil dieser Fragen steht im Zusammenhang mit der Leistungsbeschreibung, die auch als Lasten- bzw. Pflichtenheft bezeichnet wird. In ihr sind vereinfacht ausgedrückt die Eigenschaften und Funktionen der gewünschten Software detailliert festgehalten.

Die vorliegende Arbeit befasst sich zwar ausschließlich mit der Leistungsbeschreibung bei Softwareerstellungsprojekten. Die hierbei erarbeiteten Grundlagen können allerdings auch weitgehend auf Projekte über die Anpassung von Software übertragen werden. Schwerpunkte dieser Arbeit bilden insbesondere die folgenden Problemfelder:

Umstritten ist bereits, welchem *Vertragstyp* der Softwareerstellungsvertrag zuzuordnen ist.

Besteht noch weitgehend Einigkeit darüber, die Erarbeitung des Lasten- bzw. Pflichtenhefts grundsätzlich in den Verantwortungsbereich des Auftraggebers zu stellen, hat sich bisher hinsichtlich der Frage, ob und inwieweit den Anbieter dabei *Informations- und Mitwirkungspflichten* treffen, noch keine einheitliche Linie herausgebildet. Die Rechtsansichten gehen hierbei weit auseinander.

Unklar ist ferner, ob und inwieweit dem einen Vertragspartner eine *Prüfungspflicht* des vom anderen Teil erstellten Lasten- bzw. Pflichtenhefts obliegt.

Weiter umstritten ist, ob der Anbieter die Leistungsbeschreibung *nachliefern* muss, wenn er deren Erarbeitung zwar vertraglich übernommen hat, jedoch ohne Lastenheft mit der Realisierung der Software beginnt.

Ein weiterer kritischer Bereich liegt in *Leistungsänderungen* nach Vertragsabschluss, etwa, weil sich die Vorstellungen des Bestellers während des Projekts ändern. Hier ist zu entscheiden, ob und wann der Anbieter diesen Wünschen nachkommen muss.

Nach einer allgemein gehaltenen Wiedergabe des Ablaufs von Softwareerstellungsprojekten (B.), einer Klärung der Terminologie (C.) und Funktionen des Lasten- bzw. Pflichtenhefts (D.) werden noch ergänzend für ein besseres Fallverständnis die unterschiedlichen Vertragskonstellationen näher dargestellt (E.), die im Rahmen eines Softwareerstellungsprojekts in Betracht kommen. Daran reihen sich die einzelnen, zum Teil bereits oben angesprochenen Problembereiche an (F.-L.). Sie werden zwar in gesonderten Gliederungspunkten abgehandelt, sind jedoch oft stark miteinander vernetzt.

Bei der Lösung der angesprochenen Fallgestaltungen hilft ein Rückgriff auf das Gesetz nur sehr eingeschränkt weiter. Daher hat die Rechtsprechung vielfach allgemeine Rechtsgrundsätze herangezogen und auf den Softwarebereich übertragen. Die juristische Literatur lässt in diesem Zusammenhang eigenständige Denkansätze häufig vermissen. Sie beschränkt sich überwiegend auf die unkommentierte Wiedergabe der vorhandenen Rechtsprechung. Aus diesem Grund wird im Rahmen dieser Arbeit insbesondere die einschlägige Rechtsprechung eingehender auf ihre Schlüssigkeit hin untersucht und einer kritischen Prüfung zugeführt. Danach werden in eigenen Denkansätzen neue Lösungsmöglichkeiten vom Verfasser aufgezeigt, die den Strukturveränderungen des Marktes im Umgang und der Anschaffung von Software Rechnung tragen.

B. IT-Projekte aus DV-technischer Sicht

Das Lasten- bzw. Pflichtenheft stellt lediglich einen Bestandteil eines Softwareerstellungsprojekts dar. Um seine Bedeutung verstehen zu können, ist einleitend zunächst der Ablauf eines solchen Projekts in groben Zügen zu erläutern.

I. Begriff des IT-Projekts

Einleitend sind die Begriffe IT-Projekt sowie Software zu beschreiben:

1. IT-Projekt

Der Begriff des Projektes findet sich nicht nur im Zusammenhang mit Informationstechnologie (IT), sondern ebenso in vielen anderen Bereichen. Projekte sind Aufgaben, Vorhaben und Aufträge, die wesentlich durch folgende Merkmale bestimmt werden[1]:

- klare Ziele,
- zeitliche Begrenzung durch definierte Start- und Endtermine,
- Lösung von neuen und unbekannten Problemen und damit Einmalig- und Neuartigkeit,
- limitiertes Budget,
- Notwendigkeit einer interdisziplinären Zusammenarbeit.

Projekte sind also Vorhaben, die einer besonderen organisatorischen Gestaltung bedürfen und an deren Ende das Erreichen eines bestimmten Ergebnisses (Projektziel) steht. Im Gegensatz dazu stehen *Regeltätigkeiten*, also permanent durchzuführende, sich wiederholende (operative) Prozesse (eines Unternehmens) ohne eindeutig definierte Start- und Endtermine.[2]

IT-Projekte beschäftigen sich mit der Entwicklung und/oder Veränderung von Informations- und Kommunikationssystemen, wozu auch die Neuentwicklung von Software zu zählen ist.

2. Software

Softwareerstellungsprojekte befassen sich mit Software. Hierbei kann zwischen Standard- und Individualsoftware unterschieden werden:

---

1 Helmke/Höppner/Isernhagen, Einführung in die Software-Entwicklung, S. 168.

2 Wieczorrek/Mertens, Management von IT-Projekten, S. 8 f.

a. Standardsoftware

Unter Standardsoftware versteht man Software, die bereits vorgefertigt und dabei sehr allgemein gehalten ist. Sie ist nicht auf Bedürfnisse einzelner Nutzer abgestimmt, sondern soll eine möglichst große Zahl von Anwendern ansprechen. Sofern die Prozesse und Anforderungen der Anwender identisch sind, können die Software-Programme unverändert übernommen werden. Es gibt aber auch Standardsoftware, die an die individuellen, organisatorischen Gegebenheiten der Anwender anzupassen ist.[3] Praktisch jede Standardsoftware bietet bereits im Programm vorhandene Grundeinstellungen, um in einem gewissen Rahmen an die Kundenwünsche und betrieblichen Anforderungen angepasst werden zu können. Besonders häufig wird Standardsoftware daher in Bereichen eingesetzt, in denen die Geschäftsabläufe unterschiedlicher Unternehmen überwiegend identisch sind, etwa bei Verwaltungs- und Abrechnungsaufgaben.

Der Einsatz einer Standardsoftware bietet gegenüber einer Individualsoftware eine Reihe von Vorteilen. Die Software ist bereits entwickelt, weshalb sie in kurzer Zeit einsetzbar ist. Die Entwicklungskosten müssen nicht von einem einzigen Auftraggeber getragen werden, sondern sind auf viele Schultern verteilt. Aus diesem Grund kann eine Standardsoftware um ein Vielfaches günstiger erworben werden als eine Individualsoftware. Dies führt folglich zu einem schnelleren „Return of Investment". In der Regel ist eine Standardsoftware zudem gegenüber einer Individualsoftware auch weniger fehleranfällig, da eine ständige Überarbeitung und Weiterentwicklung der Software stattfindet. Der Auftraggeber wird daher zunächst den Markt analysieren und nach Anbieteren suchen, deren Standardsoftware seine Anforderungen abdecken kann. Manchmal kann es auch sinnvoll sein, im Rahmen des Möglichen die betrieblichen Geschäftsprozesse umgekehrt an eine Standardsoftware anzupassen.

Im Rahmen der Anpassung von Software an die betrieblichen Bedürfnisse der Anwender kommen verschiedene Möglichkeiten in Betracht. Als Oberbegriff allgemein für die Anpassung von Software an Kundenwünsche und betriebliche Anforderungen wird häufig der Begriff *Customizing* verwendet.[4] Im Regelfall erfolgt die Anpassung von Standardsoftware durch eine Abstimmung von im

---

3 Etwa länderspezifische Einstellungen wie Sprache oder Währung, die Abbildung von betrieblichen Organisations-, Funktions- und Datenstrukturen oder die Abbildung (und evtl. auch Anpassung) betrieblicher Prozesse. So wird beispielsweise ein Anwender ein ERP-System (Enterprice Ressource Planning; Planung der Unternehmensressourcen) kaum unverändert übernehmen können.

4 Koch, ITRB 2004, 13; Hoeren, IT-Vertragsrecht, Rn. 356; anders aber etwa die Begriffsbestimmung in den EVB-IT System (siehe hierzu S. 59 ff.), wonach Customizing nicht die Anpassung auf Quellcodeebene erfassen soll.

Programm bereits enthaltenen Einstellungsmöglichkeiten ohne eine Änderung des Programmcodes (uneinheitlich als Parametrisierung oder auch Konfigurierung bezeichnet). Die Anpassung erfolgt also durch das „Drehen an Stellschrauben", die die Software bereits zur Verfügung stellt.

b. Individualsoftware

Da sich die Bedürfnisse einer Branche nur zu einem gewissen Grad vereinheitlichen lassen und die Anpassungsmöglichkeiten einer Standardsoftware begrenzt sind, kann ein Unternehmen auf eine Software angewiesen sein, die auf seine individuellen Bedürfnisse maßgeschneidert wird. Dies kann durch eine besondere Unternehmensstruktur ebenso veranlasst sein, wie durch die Entwicklung neuer Techniken, für die bisher keine Softwarelösungen zur Verfügung stehen. Durch den Einsatz einer Individualsoftware kann der Anwender sich aber auch Marktvorteile versprechen, indem er durch den Einsatz einer Individualsoftware innovative Lösungen verwirklichen kann, die ihn gegenüber anderen (Konkurrenz-) Unternehmen bevorteilen. Die Anschaffung einer Individualsoftware muss dabei nicht unbedingt die Erstellung einer von Grund auf neuen Software bedeuten. Heute erfolgt die Erstellung einer Individualsoftware zum großen Teil auch auf Basis einer bereits vorhandenen Standardsoftware (z.B. Bibliotheksprogrammen), deren Quellcode in großem Umfang geändert und ergänzt wird.[5] Je nach Umfang der Anpassung wird aus der Standardsoftware dann eine Individualsoftware.

Dem Vorteil einer individuell erstellten Softwarelösung stehen allerdings auch einige Nachteile gegenüber. Der Auftraggeber hat gegenüber einer Standardlösung mit erheblich höheren Kosten zu rechnen. Daneben ist auch die Pflege einer Individualsoftware aufwändiger als bei einer Standardlösung. Ein weiterer Nachteil besteht darin, dass die Entwicklung einer Individualsoftware in der Regel mehr Zeit beansprucht als die Anpassung einer Standardsoftware. Ferner muss ein Auftraggeber die Möglichkeit des Scheiterns eines Softwareerstellungsprojekts berücksichtigen, das im schlimmsten Fall bedeuten kann, dass er nach Jahren der Entwicklung überhaupt keine Software in den Händen hält.

---

5 Redeker in: Schneider/v. Westphalen, Software-Erstellungsverträge, D. Rn. 43; derselbe, IT-Recht, B. Rn. 288.

II. Scheitern von IT-Projekten

Bei Softwareerstellungsprojekten besteht eine sehr hohe Gefahr des Scheiterns.[6] Als erfolgreich gilt ein Projekt, wenn die Projektziele innerhalb der vorgegebenen Zeit erreicht werden und das vorgegebene Budget nicht überschritten wird.[7] Im Umkehrschluss ist von einem Scheitern des Projektes auszugehen, wenn einer dieser drei Faktoren eklatant überschritten wird. Denn auch ein technisch überragendes Projektergebnis hat in der Regel für den Auftraggeber nicht den gewünschten Nutzen, wenn es seine finanziellen Mittel übersteigt. Man wird wohl davon ausgehen können, dass große Projekte proportional weit häufiger scheitern als kleinere Projekte, aber dennoch seltener vor Gericht gebracht werden.[8] Überragend hoch ist daher die Anzahl der gescheiterten Projekte. Der Beratungsfirma IAG Consulting zufolge seien noch immer 68% aller IT-Projekte als gescheitert zu betrachten.[9] Nach einer Umfrage der Standish Group im Jahr 2000 sollen sogar nur 28% der Projekte den versprochenen Leistungsumfang zum geplanten Zeitpunkt, im geplanten Budget und mit der spezifizierten Qualität erreicht haben.[10]

III. Ablauf eines Softwareerstellungsprojektes

Um der Gefahr eines Projektscheiterns entgegen zu wirken, sind verschiedene systematische Methoden zur Vorgehensweise entwickelt worden. Denn um ein durchschnittliches oder komplexes Projekt zum Erfolg zu führen, ist ein planmäßiger Projektablauf unerlässlich, wohingegen bei kleinen Projekten eher die Qualifikation der einzelnen Programmierer über einen erfolgreichen Projektabschluss entscheidet. Häufig wird die Komplexität der Projekte unterschätzt und auf ein systematisches Vorgehen verzichtet.[11] Daraus folgt regelmäßig ein Scheitern des Projektes. Im Interesse aller Beteiligten sollte das Projekt daher

6 Zu den Gründen des Scheiterns ausführlich etwa Zahrnt, CR 2000, 402 ff.; Koch, IT-Projektrecht, Rn. 378 ff.; zu Risikominimierung durch vertragliche Regelungen: Müller-Hengstenberg, CR 2005, 385 ff.; vgl. auch derselbe, CR 1995, 198 ff.

7 Wieczorrek/Mertens, Management von IT-Projekten, S. 18.

8 Schneider, Handbuch des EDV-Rechts, D. Rn. 13.

9 Schmitt, 68 Prozent aller IT-Projekte scheitern, Blog vom 17.12.2008, abrufbar unter: www.silicon.de/ cio/strategie/0,39038989,39200412,00/68_prozent_aller_it_projekte_ scheitern.htm.

10 Koch, IT-Projektverträge rechtssicher gestalten, S. 41, Skript, abrufbar unter: www.anwaltskanzlei-koch.info/IT-Projektvertrage_rechtssicher_gestalten.pdf; zur Sanierung von zum Scheitern drohenden IT-Projekten siehe ausführlich: Streitz, IT-Projekte retten.

11 Brössler/Siedersleben, Softwaretechnik, S. 290.

zunächst ausführlich und detailliert geplant werden. Einer Untersuchung von *Zahrnt* zufolge sollen 39,9 % der Ursachen für ein Scheitern bereits bei Vertragsschluss gesetzt werden, von denen die Hälfte auf unklare Ziele und Aufgabenstellungen zurückzuführen sei.[12]

1. Vorgehensmodelle

Der Ablauf eines IT-Projekts muss nicht bestimmten festgelegten Vorgaben folgen. Letztlich liegt es im Ermessen der Projektleitung, die Projektdurchführung zu organisieren. Im Laufe der Zeit haben sich jedoch „Leitfaden-Modelle" entwickelt, die die Durchführung eines Projektes erleichtern und die Chancen eines erfolgreichen Abschlusses verbessern sollen. Man spricht in diesem Zusammenhang von sogenannten Vorgehensmodellen.

Unter einem Vorgehensmodell versteht man einen zeitlich und sachlich ausgefeilten Plan, der die Reihenfolge einzelner Schritte sowie deren jeweilige Ergebnisse festlegt und an dem sich die Mitarbeiter des Projekts orientieren. Das Vorgehensmodell regelt, wer wann was zu tun hat. Das IT-Projekt wird hierdurch in überschaubare, zeitlich und inhaltlich begrenzte Aktivitäten gegliedert (sog. Phasen).[13] Dadurch soll eine weitgehende Planbarkeit und Kontrollierbarkeit des Projektes sowie eine höhere Qualität der Projektergebnisse gewährleistet werden. Es gibt eine Vielzahl unterschiedlicher Modell-Typen, die alle ihre Vor- und Nachteile haben. Welches Modell das richtige ist, hängt vom jeweiligen Projekt und den daran beteiligten Personen ab. Hat sich der Projektleiter für ein Modell entschieden, ist er nicht einer statischen und eindimensionalen Bindung unterworfen.[14] Häufig kann es sinnvoll sein, von den Vorgaben des Vorgehensmodells abzuweichen, indem bestimmte Teilschritte ausgelassen oder hinzugefügt werden, um es an die spezifischen Erfordernisse des Projektes anzupassen (sog. Tailoring).[15]

Aufgrund der Vielzahl unterschiedlicher Vorgehensmodelle und ihrem jeweiligen Tailoring seien beispielhaft folgende Modelle kurz angesprochen:

Viele Vorgehensmodelle bauen auf dem sog. *Phasenmodell* auf. Dieses gliedert den Projektverlauf inhaltlich sowie zeitlich und verschafft ihm damit eine bessere Übersicht und Transparenz. In den einzelnen Phasen wird festgelegt, wann welche konkreten Ergebnisse erreicht werden sollen (sog. Milestones). Zur nächsten Phase kann erst übergegangen werden, wenn das Ergebnis

12 Zahrnt, CR 2000, 402, 405.

13 Helmke/Höppner/Isernhagen, Einführung in die Software-Entwicklung, S. 170.

14 Helmke/Höppner/Isernhagen, Einführung in die Software-Entwicklung, S. 170.

15 Wieczorrek/Mertens, Management von IT-Projekten, S. 51.

der vorgelagerten Phase abgenommen ist.[16] Der Nachteil dieses Modells liegt im geringen Detaillierungsgrad. Es ist bestenfalls für wenig komplexe Projekte geeignet.[17]

Ein weiteres klassisches Vorgehensmodell ist das *Wasserfallmodell*. Ebenso wie beim Phasenmodell wird auch bei diesem Modell jede Phase nur einmal durchlaufen. Es unterteilt sich ebenso wie das Phasenmodell in eine Planungs- und eine sich daran zeitlich anschließende Realisierungsphase.[18] Da ein Rückgriff auf eine vorausgehende Stufe aber diesem Modelltyp prinzipiell nicht immanent ist, bietet es sich nur bei Projekten an, bei denen die Anforderungen stabil sind. Für viele Vorhaben ist es jedoch zu unflexibel.

Das *V-Modell* ist ein Entwicklungsstandard der öffentlichen Hand. Es ist für die Einführung von neu zu entwickelten Systemen konzipiert. Im Gegensatz zu den vorgenannten Vorgehensmodellen ermöglicht das V-Modell einen Rückgriff auf die vorausgegangene Phase. Dies macht eine stärkere Einbindung des Auftraggebers erforderlich.[19] Daneben findet in den Realisierungsphasen jeweils eine Überprüfung der einzelnen Phasen der Planung statt. Die Software wird weitgehend fertiggestellt an den Auftraggeber geliefert, der seinen Bedarf dann aber noch in entsprechenden Sitzungen genauer bestimmen kann, auf den die Software dann angepasst wird.[20] Dieses Modell wurde weiterentwickelt, woraus das derzeit aktuelle V-Modell XT (eXtreme Tailoring) entstand, zu dessen Verwendung alle Behörden der Bundesverwaltung bei der Beschaffung von IT-Leistungen angehalten sind.

Unter dem Oberbegriff *agile Software-Entwicklung* wird eine Reihe von neueren Vorgehensmodellen zusammengefasst. In den 80er und 90er Jahren des letzten Jahrhunderts war man bestrebt, immer detailliertere Prozesse zu entwickeln. Trat bei einem Projekt ein Problem auf, so wurde dem Modell ein weiteres Element hinzugefügt, welches das Problem in Zukunft verhindern sollte.[21] Damit wurden die klassischen Vorgehensmodelle fortwährend unbeweglicher. An dieser Stelle setzen die agilen Vorgehensmodelle an. Agile Vorgehensmodelle legen besonderen Wert auf einen geringen bürokratischen Aufwand und wenig Regeln. Im Vordergrund steht eine gesteigerte Zusammenarbeit mit dem Kunden. Zu den bekanntesten agilen Prozessen gehören beispielsweise das eXtreme Programming (XP), das Adaptive Software Development (ASD), das Ra-

16 U. Schneider/Werner, Taschenbuch der Informatik, S. 721.
17 Häuser in: Lehmann/Meents, Fachanwalt IT-Recht, Kap. 6, Rn. 17.
18 Witte, ITRB 2010, 44, 46.
19 Witte, ITRB 2010, 44, 46.
20 Schneider, ITRB 2010, 18, 20.
21 Helmke/Höppner/Isernhagen, Einführung in die Software-Entwicklung, S. 173.

pid Application Development, der Rational Unified Process (RUP) oder Crystal Methodologies.[22]

Nachfolgend werden zunächst die typischen Merkmale der klassischen Modelle (wie Phasen-, Wasserfallmodell und V-Modell) aufgezeigt, daran anschließend die der agilen Software-Entwicklungen:

2. Ablauf klassischer Vorgehensmodelle

Trotz der Vielzahl unterschiedlicher klassischer Vorgehensmodelle lassen sich diese auf ein einheitliches Grobmuster reduzieren:[23]

(1) Planungsphase
  a. Anforderungsanalyse

(2) Realisierungsphase
  b. Programmentwurf
  c. Implementierung
  d. Tests
  e. Einführung und Abnahme

Diese Phasen werden je nach Modell einmal (z. B. beim Wasserfallmodell) oder mehrfach (z. B. beim Spiralmodell, V-Modell) abgearbeitet. Sofern die Phasen mehrfach durchlaufen werden, erfolgt eine wiederholte Verfeinerung und Verbesserung der einzelnen Softwarekomponenten.[24] Jede einzelne Phase sollte so gestaltet sein, dass sich jederzeit feststellen lässt, wo das Projekt gerade steht, was noch zu bearbeiten ist, was bereits bearbeitet wurde, was noch geändert werden muss, wie viel die Änderung kosten wird und welche Auswirkungen dies auf die Unternehmensziele hat.[25]

a. Anforderungsanalyse

Ausgangspunkt ist eine Anforderungsanalyse (Requirements elicitation). Sie ist Bestandteil des Anforderungsmanagements (Requirements Engineering), welches auch die Verwaltung der Anforderungen (Requirements Management)[26]

---

22 Eine Übersicht der verschiedenen agilen Vorgehensmodelle findet sich bei Koch, ITRB 2010, 114, 115 f.

23 Lesshafft, CR 1989, 146, 147; ähnlich auch Müller-Hengstenberg, CR 2005, 385, 386.

24 Helmke/Höppner/Isernhagen, Einführung in die Software-Entwicklung, S. 170.

25 Müller-Hengstenberg, CR 2005, 385, 387.

26 Wesentlicher Bestandteil der Anforderungsverwaltung sind Leistungsänderungen, siehe unten S. 255 ff.

umfasst. Die Phase der Anforderungsanalyse kann maßgeblich über den Erfolg des Projekts entscheiden. Ziel der Anforderungsanalyse ist es herauszufinden, was die Software überhaupt aus Sicht des Bestellers können soll und welche Erwartungen dieser an sie stellt. Der Besteller hat dazu seine Ideen, Wünsche, Erfahrungen und Vorstellungen einzubringen. Hieraus werden die sogenannten *fachlichen Anforderungen* an die Software entwickelt. Zu Erschwernissen kommt es hier, wenn der Auftraggeber sich erst im Laufe des Projekts über seine Wünsche klar wird. Die Bedeutung der Analysephase zeigt sich darin, dass ca. 65 % der schwerwiegenden Fehler in Softwareprogrammen auf eine unzureichende Analyse zurückgehen.[27] Solche Fehler schleppen sich durch das gesamte Projekt und schaffen die Grundlage für Folgefehler. Daher sollte diese Phase weder aus ökonomischen noch zeitlichen Gründen vorschnell abgeschlossen oder gar übersprungen werden. Denn eine Fehlerbeseitigung ist umso kostengünstiger, je früher der Fehler entdeckt und beseitigt wird.[28]

Spricht man also in diesem Zusammenhang von einer Planungsphase, ist damit die Entwicklung einer Leistungsvorgabe gemeint, nicht dagegen das methodische Vorgehen bei der Entwicklung und Ausgestaltung der einzelnen Projektschritte.

Was unter einer (fachlichen) Anforderung genau zu verstehen ist, wird in der einschlägigen Literatur nicht einheitlich definiert. Der Begriff wird etwa wie folgt beschrieben:

> „Eine dokumentierte Darstellung einer Bedingung oder Fähigkeit gemäß 1 oder 2:
> 1. Beschaffenheit oder Fähigkeit, die von einem Benutzer zur Lösung eines Problems oder zur Erreichung eines Ziels benötigt wird.
> 2. Beschaffenheit oder Fähigkeit, die ein System oder Systemteile erfüllen oder besitzen müssen, um einen Vertrag, eine Norm oder eine Spezifikation oder andere, formell vorgegebene Dokumente zu erfüllen."[29]

Jedoch sind dabei keine während der Erstellung maßgeblichen Anforderungen an Personen oder Tätigkeiten erfasst (z.B. welches Tool der Auftragnehmer zur Anforderungsverwaltung einsetzen muss). Umfassender ist daher folgende Definition:

> „Eine Anforderung ist eine Aussage über eine Eigenschaft oder Leistung eines Produkts, eines Prozesses oder der am Prozess beteiligten Personen."[30]

---

27 Rupp, Requirements-Engineering und Management, S. 14.

28 Rupp, Requirements-Engineering und Management, S. 38.

29 Institute of Electrical and Electronics Engineers (IEEE610), Hood/Mühlbauer/Rupp/Versteegen, iX-Studie Anforderungsmanagement, S. 7.

30 Rupp, Requirements-Engineering und Management, S. 13.

Einen genaueren Eindruck erhält man durch die unterschiedlichen Arten von Anforderungen. Es gibt zwar unzählige Gruppierungen von fachlichen Anforderungen. Sie lassen sich dennoch grob in funktionale und nicht-funktionale Anforderungen unterteilen:

Funktionale Anforderungen beschreiben Aktionen, die von einem System selbständig ausgeführt werden sollen, Interaktionen zwischen Mensch (User) und System (Eingabe, Ausgabe) und Aussagen zum Verhalten des Systems in bestimmten Situationen.[31] Sie werden typischerweise definiert aus der Funktionsperspektive (Systeminput und -output, Fehlersituationen), aus der Datenperspektive (Datenstrukturen und Integritätsbedingungen) und aus der Verhaltensperspektive (Systemzustände, Zustandsübergänge, Ereignisse).[32]

Nichtfunktionale Anforderungen beschreiben Anforderungen, die spezielle Funktionen des Systems nicht direkt betreffen. Jede Anforderung, die keine funktionale Anforderung ist, stellt eine nicht-funktionale Anforderung dar.[33] Nichtfunktionale Anforderungen können etwa sein:

- *Technische Anforderungen*: Hardwareanforderungen, Architekturanforderungen, Anforderungen an Programmiersprachen. Aussagen zu diesen Anforderungen sind insbesondere dann erforderlich, wenn ein System in eine bereits beim Auftraggeber bestehende Systemumgebung eingefügt werden soll;
- *Leistungs- und Effizienzanforderungen*: etwa Antwortzeiten und Ressourcenbedarf;
- *Qualitätsanforderungen*: Anforderungen an die Güte der zu erstellenden Software. Sie können wiederum in fünf Merkmale unterteilt werden, nämlich Zuverlässigkeit, Effizienz, Benutzbarkeit, Änderbarkeit und Übertragbarkeit;[34]
- *Schnittstellenanforderungen*: Sie bestimmen die erforderlichen Schnittstellen zu anderen Systemen des Auftraggebers;
- *Anforderungen an die Benutzerschnittstelle*: Darunter versteht man Anforderungen, die im Zusammenhang mit der Mensch-Maschine-Schnittstelle stehen;
- *Anforderungen an die Benutzeroberfläche*: Aussehen und Handhabung der Benutzeroberfläche (look-and-feel);

31 Sommerville, Software Engeneering, S. 152.

32 Patig/Dibbern, Enzyklopädie der Wirtschaftsinformatik, Requirements Engineering, abrufbar unter: www.enzyklopaedie-der-wirtschaftsinformatik.de/wi-enzyklopaedie/lexikon/is-management/Systementwicklung/Hauptaktivitaten-der-Systementwicklung/Problemanalyse-/Requirements-Engineering.

33 Sommerville, Software Engeneering, S. 154.

34 Rupp, Requirements-Engineering und Management, S. 16.

- *Rechtlich-vertragliche Anforderungen*: Etwa Angaben zu Zahlungsmeilensteinen sowie zu Vertragsstrafen, zum Umgang mit Änderungen der Anforderungen, Eskalationspfaden;[35]
- *Speicherplatzanforderungen.*

Es ist also ein Katalog mit allen vom Besteller gewünschten Anforderungen zusammenstellen. Schon wegen der immer komplexer werdenden Aufgabenstellung wird es zunehmend schwerer, alle Anforderungen im vorherein zu erfassen. Weitere typische Probleme können auch unklare Zielvorstellungen, Sprachbarrieren,[36] ungenaue Planung oder die sich im Laufe des Projekts ändernden Anforderungen sein. Daher ist auch hier ein systematisches Vorgehen äußerst hilfreich. Die Anforderungsanalyse erfolgt im Wesentlichen in zwei Schritten:

(1) Problem-Analyse (Ist-Analyse)

Zunächst wird der Ist-Zustand des Unternehmens des Bestellers analysiert („Was ist vorhanden?"). Dabei sollte insbesondere auf die bereits vorhandene Hardware- und Softwareumgebung ebenso umfassend eingegangen werden wie auf die vom Projekt betroffenen Geschäfts- und Unternehmensprozesse.[37] Es sollten hierzu konkret die jeweiligen Arbeitsabläufe im Unternehmen in ihre einzelnen Bestandteile zerlegt werden, um alle zu verarbeitenden Informationen und Datenmengen zu identifizieren.[38] Ziel ist es, die Schwachstellen und Defizite der bisher vorhandenen Prozesse herauszuarbeiten und hinsichtlich einer Verbesserung zu bewerten.[39] Die Defizite, die zur Durchführung eines IT-Projektes geführt haben (sog. „auslösendes Moment"), sowie deren Ursachen sollten bereits an dieser Stelle dokumentiert werden. So lassen sich bereits aus den Mängeln des bisherigen Systems fachliche Anforderungen für die neue Software an-

35 Hood/Mühlbauer/Rupp/Versteegen, iX-Studie Anforderungsmanagement, S. 9.

36 Neben fremdsprachlichen Barrieren ist hier auch das aufgrund unterschiedlicher Bildung, unterschiedlichem Fachwissen und anderen persönlichen Erfahrungen verwendete Vokabular zu nennen, aufgrund dessen es schnell zu Verständigungsproblemen kommen kann.

37 Z.B.: Arbeitsabläufe, Ausbaustrukturen, Organisationskonzepte, Datenstrukturen, Datenflüsse, Formulare, Berichte, Software-Anwendungen.

38 Im Rahmen der „Abwicklung einer Kundenbestellung" umfasst dieser Prozess etwa folgende Aktivitäten: Bearbeitung der Bestellung, Nachbestellung für das Lager, Versanddispositionen, Erfassung des Warenausgangs, Auslieferung der Ware mit Lieferschein, Erstellung und Versendung der Rechnung, Buchung des Rechnungsbetrags sowie des Zahlungseingangs, Mahnung/Inkasso (siehe Koch, IT-Projektrecht, Rn. 18, Fn. 34).

39 Z.B. die wiederholte Eingabe von Kundendaten, durch die der Prozess ineffizient wird, Koch, IT-Projektrecht, Rn. 15.

setzen. Ohne eine Analyse des Ist-Zustandes und die Kenntnis der bisherigen Defizite ist eine produktive Erarbeitung der Soll-Beschaffenheit der gewünschten Software kaum erreichbar. Denn nur wer weiß, was fehlt, kann beurteilen, was gebraucht wird. Soll dagegen mit der geplanten Software ein völlig neuer innovativer Prozess abgedeckt werden, für den im Unternehmen also bisher kein Programm existiert, sind vom Auftraggeber insbesondere visionäres Denken und Offenheit hinsichtlich aller erdenklichen Lösungen gefragt.

Wichtig ist bei der Ist-Analyse eine Konzentration auf die Kernbereiche, in denen die neue Software eingesetzt werden soll. Praktisch unverzichtbar ist es, alle Mitarbeiter, die mit der bisherigen Software gearbeitet haben und von der Umstellung auf ein neues System betroffen sind, an der Problemanalyse zu beteiligen.[40] Diese kennen am besten die Stärken und Schwachstellen des bisherigen Systems. Oft geht auch gerade von den Mitarbeitern aufgrund ihrer Unzufriedenheit mit dem bisherigen Zustand der Impuls für eine neue Softwarelösung aus.

(2) Anforderungsanalyse (Soll-Analyse)

Daran anschließend erfolgt die Soll-Analyse, in der alle fachlichen Anforderungen des Auftraggebers gesammelt werden („Was wird benötigt?“). Im Kern werden analysiert und dargelegt, welche (betriebswirtschaftlichen und/oder organisatorischen) Alt-Prozesse zu optimieren und welche Aufgaben in Zukunft zu bewältigen sind. Daraus ergibt sich letztlich, welche Funktionen und Leistungsmerkmale („Features“) von der gewünschten Software erwartet werden. Umso wichtiger der Auftraggeber bestimmte Anforderungen einstuft, desto genauer sind sie auch zu beschreiben. Dazu sollten zunächst die Abläufe für die gewünschten Prozesse in einem (groben) Gerüst (fachliches Grobkonzept) zusammengefasst werden. Dieses wird dann in den jeweiligen Punkten verfeinert, indem der Detailierungsgrad der einzelnen Anforderungen erhöht wird (fachliches Feinkonzept). Sofern nicht das vollständige System ausgetauscht wird, ist insbesondere zu ermitteln, welche Schnittstellen zu vorhandenen Altsystemen erforderlich sein werden,[41] ferner, welche Vorteile die neue Software dem Unternehmen bringen soll und wo die Schwerpunkte zu setzen sind.[42] Die zuvor herausgearbeiteten Schwachstellen des Alt-Systems können bereits eine breite Basis zur Neuentwicklung liefern. Auch in dieser Phase sind die Nutzer der zu-

40 Grupp, Das IT-Pflichtenheft zur optimalen Softwarebeschaffung, S. 74.
41 Schneider/Werner, Taschenbuch der Informatik, S. 224.
42 Grupp, Das IT-Pflichtenheft zur optimalen Softwarebeschaffung, S. 82.

künftigen Software unbedingt zu beteiligen.[43] Zur Anforderungsermittlung kann auch auf vorgefertigte Checklisten zurückgegriffen werden. Allerdings ersetzen solche Vorlagen keine Analyse der Unternehmensprozesse des Auftraggebers. Die Software sollte sich nach den Prozessen des Auftraggebers richten und nicht umgekehrt. Will der Auftraggeber also seine Unternehmensprozesse optimieren (Business Reengineering), hat er sich hierüber spätestens in dieser Phase klar zu werden und die für die Optimierung veranlassten Anforderungen zu bestimmen. Denn ist etwa ein Betriebsprozess zu langsam, zu umständlich oder zu teuer, führt der Einsatz einer neuen Software, die diesen Prozess abbildet, zu keiner Verbesserung, da die Software naturgemäß keine ungeklärten Probleme zu lösen vermag.[44]

(3) Formulierung der Anforderungen (Aufbau eines Lastenhefts)

Sind die fachlichen Anforderungen ermittelt, werden diese präzise formuliert. Dies sollte so detailliert wie möglich erfolgen. Nur dann ist für den Auftraggeber sichergestellt, jederzeit die Erbringung der Leistungsvorgaben gegenüber dem Anbieter punktgenau überprüfen zu können.[45] Insbesondere bei nichtfunktionalen Anforderungen findet sich aber häufig eine ungenaue und vage Beschreibung, obwohl auch diese messbar und binär („erfüllt" oder „nicht erfüllt") abgebildet sein sollten.[46] Dabei müssen die Anforderungen nicht ausschließlich positiv beschrieben werden. Um eine genauere Abgrenzung des Leistungsumfangs zu erreichen, können auch Negativbeschreibungen aufgenommen werden, also Anforderungen, die gerade nicht geschuldet sein sollen.[47] Doch wann ist eine Anforderung ausreichend genau formuliert? In dieser Hinsicht sind folgende Qualitätsmerkmale zu beachten:[48]

- *Vollständigkeit*: jede Beschreibung einer Anforderung muss die geforderte Funktionalität vollständig abbilden. Stillschweigende Annahmen sind auszuschließen;
- *Korrektheit*: die Vorstellungen des Auftraggebers müssen korrekt erfasst sein;

43 Um relevantes Input von den Mitarbeitern des Auftraggebers zu erfragen, ist eine Reihe von verschiedensten Ermittlungstechniken entwickelt worden (z. B. Brainstorming, Methode 6-3-5, etc.), siehe hierzu näher bei Rupp, Requirements-Engineering und Management, S. 115 ff.

44 Koch, IT-Projektrecht, Rn. 70 f.

45 Koch, IT-Projektrecht, Rn. 29.

46 Koch, ITRB 2009, 160, 162.

47 Häuser in: Lehmann/Meents, Fachanwalt IT-Recht, Kap. 6, Rn. 12

48 Vgl. Grévent, Unklare Ziele gefährden Projekte, Computerwoche vom 07.01.2005, abrufbar unter: www.computerwoche.de/heftarchiv/2005/2/1050116/index.html.

- *Konsistenz*: die Anforderungen müssen in sich und hinsichtlich der anderen Anforderungen widerspruchsfrei sein;
- *Prüfbarkeit*: jede Anforderung muss mittels eines Tests überprüfbar sein;
- *Eindeutigkeit*: jede Anforderung muss derart formuliert sein, dass kein Raum für Interpretationen verbleibt. Jeder Leser muss zur selben Auslegung gelangen;
- *Verfolgbarkeit*: jeder Anforderung sollte eine Nummer zugewiesen sein, die ihr über das gesamte Projekt hinweg unverändert zugeteilt bleibt. Dies verschafft nicht nur einen besseren Überblick, sondern ermöglicht auch Verweisungen zwischen den Anforderungen;
- *Bewertbarkeit*: die Anforderungen sollten bezüglich ihrer Priorität hin bewertet werden.

Die Darstellung der Anforderungen erfolgt aus Anwendersicht, wobei der Auftraggeber seine eigene Fachsprache und Darstellungsmittel benutzt. Insoweit sollten noch keine DV-fachlichen Aspekte erwähnt werden, um die Gestaltungsspielräume des Auftragnehmers nicht unnötig im Voraus einzuengen.[49] Die Anforderungen können grundsätzlich in einem Prosatext, als Stichpunkte oder als Fragen verfasst werden. Auch die Visualisierung von Prozessen kann hilfreich sein. Im Rahmen einer Neuentwicklung einer Software ist der Prosatext die die am meisten verbreitete und wohl auch sinnvollste Darstellungsform. Auf stichpunktartig beschriebene Anforderungen stößt man eher im Rahmen von Standardsoftware. Das Dokument, in dem die Anforderungen zusammengestellt werden, wird von Softwareentwicklern als *Lastenheft*[50] (Statement of Work) bezeichnet.[51] Es gibt keine verbindliche Vorgabe, nach der ein Lastenheft zu gliedern ist. Der Auftraggeber ist auch in dieser Hinsicht grundsätzlich frei. Dennoch ist es zweckmäßig, das Lastenheft in einer logischen Abfolge zu gliedern. Dabei sollte auch das Ergebnis der Ist-Analyse im Lastenheft dokumentiert werden. Angaben zu folgenden Punkten sollten in keinem Lastenheft fehlen:

(1) Darstellung der Ist- und Problem-Analyse

(2) Unternehmensdarstellung

(3) Soll-Zustand (quantifizierbarer Nutzen und qualitative Nutzenpotentiale)

---

49 Lesshafft, CR 1989, 146, 150.

50 Bereits hier sei angemerkt, dass aus juristischer Sicht für den Begriff „Lastenheft“ überwiegend der Terminus „Pflichtenheft“ verwendet wird; siehe hierzu genauer unten S. 55 ff.

51 Vgl. etwa Helmke/Höppner/Isernhagen, Einführung in die Software-Entwicklung, S. 171; Sommerville, Software Engeneering, S. 150; U. Schneider/Werner, Taschenbuch der Informatik, S. 225; Lesshafft, CR 1989, 146, 147.

(4) Produkteinsatz (welche Nutzer)

(5) Produktübersicht und Prozesszusammenhänge

(6) Funktionale Anforderungen

(7) Nicht funktionale Anforderungen

  a. Benutzbarkeit
  b. Zuverlässigkeit
  c. Effizienz
  d. Änderbarkeit
  e. Übertragbarkeit

(8) Systemarchitektur (evtl. Hardware und Betriebssystem)

(9) Risiken

(10) Lebenszyklus

(11) Lieferumfang

(12) Abnahmekriterien

Allerdings sind auch nur solche Anforderungen aufzunehmen, die der Auftragnehmer erfüllen kann. So haben beispielsweise unternehmensinterne Aussagen zur Veränderung von Geschäftsabläufen in einem Lastenheft nichts verloren.[52] Im Hinblick auf nachträgliche Änderungen sollte die endgültige Fassung des Lastenhefts unbedingt den jeweils aktuellen Stand wiedergeben, also Datum und Version. Darüber hinaus sollte es schon aus Beweisgründen von beiden Vertragspartnern unterzeichnet werden.

(4) Marktanalyse/Ausschreibung

Sofern der Auftraggeber aufgrund der Anforderungsanalyse weiß, welche Anforderungen die von ihm benötigte Software haben soll, wird er den Markt sondieren. Möglichweise kann er eine bereits vorhandene Standardsoftware beziehen, anstatt eine individuelle Erstellung in Auftrag zu geben („make-or-buy"-Entscheidung). Die Auswahl des Anbieters sollte sehr überlegt getroffen werden, da sich der Auftraggeber in der Regel über mehrere Jahre an einen Anbieter bindet, der die Funktionsweise und den Erfolg des Unternehmens des Auftraggebers insofern bedeutend mitbestimmt.

Beabsichtigt der Auftraggeber, den Softwarehersteller mittels einer Ausschreibung zu ermitteln, wird er hierbei das Lastenheft zugrunde legen. Die Angebote der Anbieter sind nur vergleichbar, wenn sie auf demselben Leistungs-

52 Beispielsweise Aussagen wie: „Wir erwarten von Ihrer Software eine Steigerung unserer Produktion um 35%."

umfang aufbauen, der ohne das Lastenheft nicht bestimmbar wäre. Für öffentliche Stellen ist eine Ausschreibung im Rahmen eines öffentlichen Vergabeverfahrens ab einem bestimmten Kostenrahmen grundsätzlich verpflichtend.

Bei der Beschreibung der einzelnen Anforderungen sollte darauf geachtet werden, jede Anforderung hinsichtlich ihrer Verbindlichkeit zu kennzeichnen. Bei unentbehrlich umzusetzenden Anforderungen spricht man von „need to have“-Anforderungen. Bei „nice to have“-Anforderungen handelt es sich dagegen um optionale Anforderungen.

b. Programmentwurf

Nach der Anforderungsanalyse tritt das Projekt von der Planungs- in die Realisierungsphase ein. Diese beginnt mit dem Programmentwurf (engl. „design“)[53], der zunächst auf dem „Reißbrett“ stattfindet, noch nicht am „Rechner“. Im Rahmen des Programmentwurfs geht es um die Beschreibung der DV-technischen Lösung des durch die fachlichen Anforderungen beschriebenen Problems, also die exakte Beschreibung, *wie und womit* die fachlichen Anforderungen des Auftraggebers DV-technisch realisiert werden sollen.[54] Aufgrund seiner (betriebs-) fachlichen Ausrichtung ist das Lastenheft zu unpräzise, um unmittelbar hiermit die Programmierung zu ermöglichen. Daher wird auf dessen Grundlage in der Entwurfsphase zunächst eine grobe DV-technische Beschreibung (technisches Grobkonzept) erarbeitet, die anschließend zu einem technischen Feinkonzept detailliert wird. Beschrieben werden etwa Algorithmen, Datenstrukturen, Schnittstellentechniken und -kontakte, Architekturen und Prozessmodelle, die der Auftragnehmer zur Verwirklichung der vorgegebenen Ziele zu verwenden gedenkt. Der Anbieter stellt im technischen Konzept den Aufbau bzw. die Architektur der Software dar, wobei er die Funktionalität auf einzelne Softwarebausteine verteilt und deren Zusammenspiel klärt.[55] Daneben geht er unter anderem auf die vorgesehene Schnittstellentechnik und -kontakte und auf die Programmierkonzepte ein. Dazu gehört etwa auch die Erläuterung, wie Altdaten in die neue Softwareumgebung eingeführt werden sollen (sog. Migrationskonzept).[56] Die Spezifikation des Programmentwurfs wird als sog. *Pflichtenheft* bezeichnet.

---

53 Bei Häuser in: Lehmann/Meents, Fachanwalt IT-Recht, D. Rn. 23 auch als Blueprint-Phase bezeichnet, angelehnt an die Bezeichnung bei SAP-Implementierungen.

54 Lesshafft, CR 1989, 146, 151.

55 Helmke/Höppner/Isernhagen, Einführung in die Software-Entwicklung, S. 171.

56 Ein Vorschlag für ein Ablaufschema zur Datenübernahme findet sich bei Koch, IT-Projektrecht, Rn. 112.

Im Gegensatz zum Lastenheft wird bei der Formulierung des Pflichtenhefts nicht auf eine DV-fachspezifische Wortwahl verzichtet. Der Auftraggeber soll die Ausführungen selbstverständlich noch verstehen können, andererseits sollen sie aber auch die erforderliche Präzision der Programmbeschreibung aufweisen. Technische Begriffe sollten definiert werden. Wurden im Lastenheft den einzelnen Anforderungen Ordnungszahlen zugewiesen, sind diese im Pflichtenheft identisch zu übernehmen. Der Umfang des Pflichtenhefts hängt maßgeblich vom Einzelfall ab. Je risikobehafteter das Projekt ist, desto genauer muss der Lösungsweg und Alternativen beschrieben werden.

c. Implementierung/Tests

An den Programmentwurf schließt sich die Implementierungsphase an, in der die Programmierung eines lauffähigen Programms erfolgt. Je nach eingesetztem Vorgehensmodell werden während der Implementierung (wiederholt) Tests durchlaufen, durch die möglichst früh Fehler aufgedeckt werden sollen und überprüft wird, ob das Programm mit den Vorgaben der Spezifikation des Entwurfs übereinstimmt.[57] Hierbei handelt es sich um einen iterativen (sich wiederholenden) Prozess. Nach dem Zusammenfügen einzelner Programmteile wird das Programm als Ganzes getestet (Integrationstest[58]). Durch systematische Tests sollen alle Schwachstellen des Programms aufgedeckt werden. Dazu wurden bereits im Rahmen der Programmentwurfs-Phase Testfälle und ein Testplan aufgestellt, mittels derer das tatsächliche Verhalten untersucht werden soll. Die Ergebnisse werden mit den erwarteten Ergebnissen verglichen und dokumentiert.

Der Anbieter hat dem Auftraggeber eine Bedienungsanleitung (auch: Benutzerdokumentation[59]) über die Nutzung der Software und unter Umständen auch eine Entwicklungsdokumentation[60] zu übergeben. Wann er während des Projekts die Dokumentationen erstellt, bleibt ihm überlassen. Es bietet sich aber an, be-

57 Helmke/Höppner/Isernhagen, Einführung in die Software-Entwicklung, S. 172.

58 Werden einzelne Komponenten getestet, spricht man von einem sog. Code and Unit-Test. Dabei wird das Programm auf Syntax- und Logikfehler hin geprüft.

59 Aus der Benutzerdokumentation muss der Anwender alle Informationen erhalten, die er für eine ordnungsgemäße Nutzung der Software benötigt. Sie muss vollständig, korrekt, widerspruchsfrei und übersichtlich beschreiben, welche Einsatzmöglichkeiten die Software bietet und wie man diese faktisch einsetzen kann. Ausführlich hierzu: Redeker in: Schneider/v. Westphalen, Software-Erstellungsverträge, D. Rn. 126 ff.

60 Sie ist regelmäßig dann geschuldet, wenn die Software über ihre Nutzungsdauer hinweg aktualisierungsbedürftig bleibt, der Anbieter aber die Pflege der Software nicht übernommen hat und dem Auftraggeber sämtliche Rechte an der Software eingeräumt hat, Koch, ITRB 2010, 114, 117.

reits projektbegleitend die Dokumentationen anzufertigen.[61] Ohne die Dokumentationen ist die Software nicht vollständig übergeben.[62]

d. Einführung und Abnahme

Nach Abschluss der Test-Phase wird die Software beim Auftraggeber eingeführt. Der Schwerpunkt liegt dabei in der Installation der Software. Danach beginnt die Umstellung auf das neue System. Entweder laufen dabei Alt- und Neusystem zunächst im Parallelbetrieb, bis das Altverfahren abgestellt wird („step-by-step"), oder die Umstellung des gesamten Systems erfolgt in einem Schritt zu einem bestimmten Stichtag („big-bang"). Die Einführung wird mit der Abnahme abgeschlossen, in deren Rahmen festgestellt wird, ob die Ist-Beschaffenheit der erstellten Software mit der im Lastenheft beschriebenen Sollbeschaffenheit übereinstimmt. Bei der Abnahme sind insbesondere folgende Punkte zu prüfen:[63]

- Vollständigkeit;
- Richtigkeit;
- Ergebnisqualität;
- Ergebnisdokumentation.

Am Ende der Abnahme sollte eine Abnahmedokumentation stehen, die den Verlauf und das Ergebnis festhält.[64] Als abgeschlossen kann das Projekt betrachtet werden, sobald alle Projekttätigkeiten eingestellt, die Projektorganisation aufgelöst sowie der Auftragnehmer bezahlt worden ist. Die Projektauflösung wird durch den Auftraggeber veranlasst.[65]

e. Pflege

Zwar ist mit der Projektauflösung das Projekt beendet, der finanzielle Aufwand für die erstellte Software damit jedoch noch nicht abgeschlossen. Während der Nutzung muss die Software gepflegt werden, weil sich beispielsweise Anforderungen des Anwenders im Laufe der Zeit ändern oder sich die durch die Software berücksichtigte Sach- und/oder Rechtslage verändert. Außerdem übersteigt die Lebensdauer von Software-Programmen regelmäßig die von Hardware-

61 Auch der Begriff der Dokumentation sollte im Vertrag hinsichtlich seines Inhalts und Umfangs genau definiert werden, da auch dieser Begriff nicht einheitlich verwendet wird.

62 BGH v. 03.11.1992 – X ZR 83/90, CR 1993, 352.

63 Wieczorrek/Mertens, Management von IT-Projekten, S. 78.

64 Wieczorrek/Mertens, Management von IT-Projekten, S. 79.

65 Wieczorrek/Mertens, Management von IT-Projekten, S. 81.

Komponenten wie etwa Prozessoren. In solchen Fällen ist eine Anpassung an die neue Hardware- oder Softwareumgebung unvermeidbar. In der Regel ist bezüglich des Pflegeaufwands mit einen 300 - 400 prozentigen Aufschlag auf die Entwicklungskosten zu rechnen.

f. Zusammenfassung

Bei klassischen Vorgehensmodellen wird eine klare Trennung zwischen Planungs- und Realisierungsphase gezogen. Die Planungsphase endet mit der Erstellung eines Lastenhefts. Zu Beginn der Realisierungsphase steht die Erstellung eines DV-technischen Grobkonzepts, welches anschließend zu einem technischen Feinkonzept (Pflichtenheft) weiter entwickelt wird. Mit der Realisierungsphase sollte keinesfalls begonnen werden, bevor nicht feststeht, welche Anforderungen und Funktionen (Zielvorgaben) die Software überhaupt erfüllen soll. Dies schließt indessen nachträgliche Änderungen der Zielvorgaben nicht aus. Welche Anforderungen und Funktionen die Software erfüllen soll, wird im Lastenheft beschrieben, wie dieses Ziel DV-technisch umgesetzt werden soll, ist dem Pflichtenheft zu entnehmen.

3. Ablauf agiler Softwareentwicklung

Die Praxis zeigt, dass oftmals die fachlichen Anforderungen zu Beginn des Projekts noch nicht detailliert definiert sind oder sich Anforderungen des Auftraggebers im Laufe des Projekts, insbesondere bei längeren Entwicklungszeiten, ändern. Dies kann häufig dazu führen, dass die aktuellen Vorstellungen und Wünsche des Kunden mit den ursprünglich vereinbarten, tatsächlich realisierten Funktionalitäten der Software nicht mehr übereinstimmen. Letztlich erhält der Kunde dann eine Software, wie sie ursprünglich geplant war, die jedoch nicht seinen aktuellen Wünschen entspricht. Agile Vorgehensmodelle versuchen diesem Ergebnis entgegen zu wirken, indem sie akzeptieren, dass die Ziele vor Realisierungsbeginn nicht klar definiert werden bzw. sich mit der Zeit ändern. Sie bemühen sich, die Projektprozesse gegenüber den klassischen, als schwerfällig und bürokratisch empfundenen Vorgehensmodellen zu beschleunigen sowie flexibler, schlanker und effizienter zu gestalten.

a. Grundsätze der agilen Softwareentwicklung

Agile Softwareentwicklung basiert auf vier Grundregeln, die im Februar 2001 als „*Manifesto for Agile Software Development*“ formuliert wurden:[66]

- Individuals and interactions over processes and tools;
- Working software over comprehensive documentation;
- Customer collaboration over contract negotiation;
- Responding to change over following a plan.

Hierauf basieren zwölf Prinzipien, die die agile Softwareentwicklung weiter charakterisieren:[67]

- Our highest priority is to satisfy the customer through early and continuous delivery of valuable software.
- Welcome changing requirements, even late in development. Agile processes harness change for the customer's competitive advantage.
- Deliver working software frequently, from a couple of weeks to a couple of months, with a preference to the shorter timescale.
- Business people and developers must work together daily throughout the project.
- Build projects around motivated individuals. Give them the environment and support they need, and trust them to get the job done.
- The most efficient and effective method of conveying information to and within a development team is face-to-face conversation.
- Working software is the primary measure of progress.
- Agile processes promote sustainable development. The sponsors, developers, and users should be able to maintain a constant pace indefinitely.
- Continuous attention to technical excellence and good design enhances agility.
- Simplicity – the art of maximizing the amount of work not done – is essential.
- The best architectures, requirements, and designs emerge from self-organizing teams.
- At regular intervals, the team reflects on how to become more effective, then tunes and adjusts its behavior accordingly.

---

66 Abrufbar unter: www.agilemanifesto.org; genauere Erläuterungen zu den Grundregeln finden sich bei Oesterreich/Weiss, APM, S. 16 f.; siehe auch Rupp, Requirements-Engineering und Management, S. 53.

67 Abrufbar unter: www.agilemanifesto.org/principles.html.

b. Ablauf agiler Softwareentwicklung

Voraussetzung für den Beginn der Realisierung ist anders als bei klassischen Modellen nicht das Erstellen eines Lastenhefts, in welchem idealer Weise bereits die fachlichen Anforderungen des Auftraggebers möglichst exakt, vollständig und systematisch beschrieben werden. Auch eine komplette DV-technische Spezifikation der zu entwickelnden Lösung in Form eines Pflichtenhefts wird nicht vorausgesetzt. Vielmehr wird die gesamte Planungsphase auf ein Minimum reduziert. Deswegen kann mit dem Entwicklungsprozess möglichst bald begonnen werden. Dem Auftraggeber soll so früh wie möglich eine in bestimmten Kernfunktionalitäten ausführbare Software (auch als Prototyp oder Software-Pilot[68] bezeichnet) vorgelegt werden können.[69] Ausgehend von dieser ersten lauffähigen Software, die zweifelsohne noch nicht alle Funktionswünsche des Bestellers enthält, wird diese in weiteren, sehr kurzen sich wiederholenden Entwicklungsschritten[70] verbessert. In jedem dieser Entwicklungsschritte werden zunächst die abzuarbeitenden Wünsche des Bestellers sowie die Prioritäten neu festgelegt (ähnlich der Anforderungsanalyse).[71] Darauf folgen jeweils Programmentwurf, Implementierung und Tests.[72] Ergebnis einer jeden Phase ist eine lauffähige Software („small release").[73] Am Ende eines jeden Release-Zyklus wird zurückgeschaut und bewertet, was man erreichen wollte und was man erlangt hat. Dann beginnt der Prozess von neuem, indem die nächste Entwicklungsphase geplant wird. Bei modulweisem Vorgehen lassen sich die Phasen auch parallel bearbeiten.[74] Eine Gesamtplanung im Sinne der klassischen Vorgehensmodelle kann es bei dieser Vorgehensweise nicht geben. Die Planung erfolgt bewusst von Iteration zu Iteration. Daher ist bei Projektbeginn nicht vorhersehbar, wie viele Entwicklungsphasen erforderlich werden,[75] wie viel das Projekt genau kosten wird und zu welchem Zeitpunkt es beendet sein wird.

Hervorzuheben ist bei agilen Vorgehensmodellen, dass flexibel auf neue sowie geänderte Kundenwünsche reagiert werden kann. So gesehen gibt es grundsätzlich zu keinem Zeitpunkt verbindliche Anforderungen, da der Kunde

---

68 Ausführlich hierzu: Müller-Hengstenberg/Kirn, CR 2010, 8 ff.

69 Vgl. Prinzip (3).

70 Vgl. Prinzip (3); bei Extreme Programming soll dem Kunden etwa alle zwei bis drei Wochen eine weiterentwickelte lauffähige Software zur Verfügung gestellt werden, Hruschka/Rupp/Starke: Agility kompakt, S. 85.

71 Auer-Reinsdorff, ITRB 2010, 93, 95.

72 Oesterreich/Weiss, APM, S. 4.

73 Vgl. Prinzip (3) und (7).

74 Oesterreich/Weiss, APM, S. 10.

75 Koch, ITRB 2010, 114, 116.

seine Wünsche jederzeit ändern kann.[76] Auf diese Weise soll der Vision, die der agilen Softwareentwicklung zugrunde liegt, Rechnung getragen werden: der Kunde soll eine Software erhalten, die seine tatsächlichen Bedürfnisse erfüllt und nicht nur dem entspricht, was zu Projektbeginn einmal geplant worden war.

c. Vorteile agiler Softwareentwicklung

Die Vorzüge einer agilen Softwareentwicklung liegen somit in der Schnelligkeit und Flexibilität der Entwicklung. Mittels regelmäßiger Feedbacks des Bestellers wird einer Entwicklung der Software in eine falsche Richtung entgegengewirkt. Indem sich der Auftraggeber jederzeit den aktuellen Software-Stand vorführen lassen kann, vermag er stets den Überblick und die Kontrolle über das Projekt beizubehalten. Ferner kann der Auftragnehmer die Software bereits während der Gesamtentwicklung produktiv nutzen, weil die wichtigsten Anforderungen frühestmöglich umgesetzt werden. Selbst wenn das Gesamtprojekt scheitert, hat der Besteller häufig zumindest eine bereits lauffähige Software, auch wenn in dieser nicht alle seine Wünsche berücksichtigt sind („quick and dirty"). Agile Vorgehensmodelle sind daher besonders in Fällen geeignet, in denen das Projekt möglichst schnell abgeschlossen werden soll oder die Anforderungen des Bestellers aufgrund ihrer Komplexität zu Projektbeginn nicht exakt beschrieben werden können, weshalb das Projekt nicht im Voraus abschließend geplant werden kann.[77]

d. Nachteile agiler Softwareentwicklung

Agile Softwareerstellungsmodelle bieten gegenüber den klassischen Modellen freilich nicht nur Vorteile. Sie sind etwa für Auftragsvergaben ungeeignet, die ausgeschrieben werden sollen. Denn ohne Beschreibung des Leistungsumfangs sind die Anbieter nicht in der Lage, ein konkretes Angebot abzugeben.

Ein weiterer Nachteil ist darin zu sehen, dass agile Projekte wegen des hohen Grades an gegenseitigem Informationsaustausch und Kommunikation auf kleine Entwicklungsteams beschränkt sind. Hinzu kommt für den Kunden ein erheblicher personeller Aufwand, der häufig unterschätzt wird. Aufgrund des „Kunde-vor-Ort"-Prinzips hat der Auftraggeber für den gesamten Projektzeitraum entscheidungsbefugte Mitarbeiter freizustellen, die über einen außerordentlichen Wissensumfang bezüglich des eigenen Unternehmens und dessen Betriebsabläufe verfügen müssen und dementsprechend für den Auftraggeber in

76 Schneider, ITRB 2010, 18, 21; Koch, ITRB 2010, 114, 115.
77 Vgl. Koch, Software- und Datenbank-Recht, § 3 Rn. 31.

der Regel nur schwer entbehrlich sind. Angestrebt wird eine tägliche Kommunikation zwischen Entwicklern und Auftraggeber.[78]

Ferner kann der Verzicht auf eine Dokumentation einen Nachteil darstellen.[79] Eine unzureichende Dokumentation kann das Zurückverfolgen der einzelnen Entwicklungsphasen für das Auffinden von Fehlern erheblich erschweren. Zudem hat sich in der Rechtsprechung im Zusammenhang mit klassischen Vorgehensmodellen herausgebildet, dem Besteller auch dann eine Dokumentation liefern zu müssen, wenn dies nicht ausdrücklich vereinbart worden ist.[80]

Darüber hinaus eignen sich agile Modelle nicht bei Kunden, bei denen lange und bürokratische interne Entscheidungswege durchlaufen werden müssen oder bei denen nicht vor Ort gearbeitet werden kann.[81] Fernerhin ist ein klassisches Vorgehensmodell vorzuziehen, wenn der Kunde das Budget, den Lieferzeitpunkt und/oder die Qualität genau festlegen möchte. Im Übrigen ist hinsichtlich der Qualität festzustellen, dass diese erfahrungsgemäß mit steigender Agilität abnimmt.[82]

e. Aktivitäten- und Fristenplan

Gleichgültig, auf welches Vorgehensmodell sich die Parteien einigen, der Besteller hat gleichwohl vielzählige Mitwirkungshandlungen vorzunehmen. So hat er regelmäßig Informationen und (Test-) Daten zur Verfügung zu stellen, den Zugang zu Betriebs- und Geschäftsräumen zu ermöglichen, eventuell einen Arbeitsplatz bereitzustellen oder die örtlichen Voraussetzungen zu schaffen (wie Kabelschächte, Klimatisierung, etc.).[83] Um genau festzulegen, wann wer was zu leisten hat, können die Parteien einen sogenannten Aktivitäten- und Fristenplan erstellen. Dieser beschreibt graphisch sowohl die einzelnen Aktivitäten des Auftragnehmers als auch die Mitwirkungshandlungen des Bestellers in zeitlicher Abfolge sowie in ihrer Abhängigkeit zueinander. Im Unterschied zu den Vorge-

---

78 Vgl. Prinzip (4).

79 Vgl. Grundregel 2 des Manifesto for Agile Software Development, wobei dabei die Dokumentation nicht gänzlich ausgeschlossen wird, sondern lediglich als untergeordnet eingestuft wird; vgl. zu vertraglichen Regelungsalternativen Koch, ITRB 2010, 114, 117; zur Dokumentation bei Scrum-Vorgehensmodellen vgl. Auer-Reinsdorff, ITRB 2010, 93, 95.

80 Vgl. zur Problematik der unzureichenden Dokumentation in agilen Softwareentwicklungen gegenüber der Dokumentationspflicht: Schneider, ITRB 2010, 18, 21; Koch, ITRB 2010, 114, 117.

81 Koch, ITRB 2010, 114, 119.

82 Koch, ITRB 2010, 114, 118.

83 Müglich/Lapp, CR 2004, 801, 804 schätzen den zusätzlichen Mitwirkungsaufwand in normalen Projekten auf ca. 30-50% der extern vergebenen Auftragssumme.

hensmodellen, die ein sinnvolles Raster für die Bewältigung eines konkreten Aufgabentyps darstellen, bildet der Aktivitäten- und Fristenplan die inhaltlichen Gesichtspunkte eines konkreten Projekts ab. Kommt es zu Änderungen, sind diese im Aktivitäten- und Fristenplan zu berücksichtigen.

f. Zusammenfassung

Die klassischen Vorgehensmodelle zeichnen sich insbesondere durch die grobe Unterteilung in Planungs- und Realisierungsphase aus. Erst nach Abschluss der Planung wird mit der Realisierung begonnen. Im Gegensatz hierzu wird bei der agilen Softwareerstellung die anfängliche Planung auf ein Minimum reduziert. In iterativen Schritten, in denen jeweils eine Anforderungsermittlung, Programmentwurf, Implementierung und Tests durchlaufen werden, wird die Software erstellt und es werden peu à peu die (aktuellen) Kundenwünsche berücksichtigt. An die Stelle einer vorgelagerten, detaillierten Gesamtplanung tritt eine Planung, die sich nur auf den nächsten iterativen Entwicklungsschritt bezieht. Daher sehen die Parteien bei agilen Softwareprojekten auch von einer konkreten Festlegung des gesamten Leistungsumfangs zu Projektbeginn ab, weshalb auch kein Lastenheft vorgesehen ist.

Agile Vorgehensmodelle sind nicht zwangsläufig auch als die besseren – weil moderneren – Modelle anzusehen. Es ist situations- bzw. projektabhängig, welches Vorgehensmodell sich am besten für den konkreten Fall eignet. Die klassischen Modelle sind infolge dessen durch die agilen Vorgehensweisen nicht verdrängt worden. Vielmehr stehen beide Modellarten in der Praxis gleichberechtigt nebeneinander.

C. Lasten- und Pflichtenheft: Terminologie

Nach den obigen Ausführungen beschreibt das *Lastenheft* die fachlichen Anforderungen und Funktionen (Leistungsmerkmale) des Auftraggebers. Im *Pflichtenheft* wird beschrieben, wie die Leistungsmerkmale DV-technisch umgesetzt werden sollen. Eine allgemein gültige Definition dieser Begriffe gibt es jedoch nicht. Dies kann zu Verständigungsproblemen zwischen den Beteiligten führen. Sowohl in der Informatik als auch in der juristischen Literatur und der Rechtsprechung werden die Begrifflichkeiten zum Teil synonym[84], zum Teil mit unterschiedlicher Bedeutung verwendet. Gleiches gilt für Begrifflichkeiten wie Leistungsbeschreibung,[85] Anforderungsprofil,[86] (fachliches) Feinkonzept,[87] Produktbeschreibung[88] oder Fachkonzept.[89] Oft fehlt es an einer exakten Abgrenzung der Begriffe zueinander. Die nachfolgenden Ausführungen sollen über die Verwendung der verschiedenen Begriffe Aufschluss geben.

I. Begriffe in der Informatik

In der Informatik werden die Begriffe Lasten- und Pflichtenheft weitgehend in der bereits dargestellten Bedeutung verwendet:

1. Lastenheft

Der Begriff „Lastenheft" wird in mehreren Normen definiert. Die VDI 2519 (Verband Deutscher Ingenieure) beschreibt ihn folgendermaßen:

> „Im Lastenheft sind alle Anforderungen aus Anwendersicht einschließlich aller Randbedingungen zu beschreiben. Sie sollen quantifizierbar und prüfbar sein. Im Lastenheft wird definiert, ‚Was und Wofür' zu lösen ist."[90]

Der DIN 66905 zufolge ist das Lastenheft die

> „Gesamtheit der Forderungen an die Lieferungen und Leistungen eines Auftragnehmers."[91]

---

84 Z.B. Marly, Praxishandbuch Softwarerecht, Rn. 1304.

85 Schaub, CR 1993, 329, 330; EVB-IT System.

86 OLG Köln v. 25.06.1993 – 19 U 216/92, CR 1994, 213; Intveen/Lohmann, CR 2003, 640, 644.

87 Vgl. Anhang 1 zu BVB-Planung.

88 BeckOF/Grapentin/Schultze-Melling, 9.1.2, § 1 Abs. 3.

89 Brössler/Siedersleben, Softwaretechnik, S. 11.

90 Schneider/v. Westphalen, Softwareerstellungsverträge, C. Rn. 69.

Der amerikanische Projektmanagement-Standard PMBOK Guide (Project Management Body of Knowledge)[92] definiert im „Glossary" den dem Lastenheft entsprechenden Begriff „Statement of Work (SOW)" als:

> „A narrative description of products or services to be supplied under the contract."[93]

All diese Definitionen laufen darauf hinaus, dass das Lastenheft das „Was und Wofür" beschreibt. Das Lastenheft ist eine Darstellung der Leistungsmerkmale und Zielvorgaben, die die geplante Software erfüllen muss. Im Lastenheft wird daher der vertragliche Leistungsumfang festgehalten. Aber auch unter den Softwareentwicklern ist der Sprachgebrauch nicht allgemeingültig. Zum Teil wird beispielsweise auch anstatt des Begriffs „Lastenheft" etwa der Begriff „Fachkonzept" synonym verwendet.[94]

2. Pflichtenheft

Auch das Pflichtenheft findet in mehreren Normen eine Definition. Nach der VDI 2519 handelt es sich beim Pflichtenheft um

> „die Beschreibung der Realisierung des Lastenhefts".[95]

Die DIN 66901 beschreibt das Pflichtenheft als

> „die ausführliche Beschreibung der Leistungen (z. B. technische, wirtschaftliche und organisatorische Leistungen), die erforderlich sind und gefordert werden, damit die Ziele des Projektes erreicht werden."[96]

Demnach ist im Pflichtenheft festgelegt, „wie und womit" die Ziele des Projekts, die im Lastenheft festgelegt sind, verwirklicht werden können. Auch hierbei herrscht bei den Entwicklern kein allgemeinverbindlicher Gebrauch des Begriffs. Beispielsweise wird das Pflichtenheft stellenweise als ein Dokument

---

91 Angermeier, Ein Lastenheft professionell erstellen, projekt magazin, Ausgabe 1/2005, abrufbar unter: www.projektmagazin.de/magazin/abo/dwnld/2005/01053_Lastenheft .pdf.

92 http://users.encs.concordia.ca/~hammad/INSE6230/PMBOK3rdEnglish.pdf, S. 376.

93 Frei übersetzt etwa: „Eine erzählende Beschreibung von Produkten oder Leistungen, die dem Vertrag nach zu leisten sind."

94 www.indal.de/cascade/index.php/Spezifikation unter: 2. Das Fachkonzept.

95 Schneider/v. Westphalen, Softwareerstellungsverträge, C. Rn. 67.

96 Schneider/v. Westphalen, Softwareerstellungsverträge, C. Rn. 68.

gesehen, welches sowohl einen fachlichen, einen technischen als auch einen rechtlichen Teil enthalte.[97]

II. Begriffe im juristischen Sprachgebrauch

Im juristischen Sprachgebrauch findet sich vornehmlich folgende Verwendung für die Termini Lasten- und Pflichtenheft, Produkt- und Leistungsbeschreibung sowie fachliches und technisches (Fein-)Konzept:

1. Lasten- und Pflichtenheft

a. Rechtsprechung

Der BGH hat im Rahmen seiner Rechtsprechung im IT-Bereich bisher einige Male den Begriff des Pflichtenhefts verwendet. Der Begriff des Lastenhefts findet sich darin nicht.[98] Aus den bisher ergangenen Urteilen lässt sich nicht abschließend erkennen, ob der BGH den Begriff des Pflichtenhefts in seiner Bedeutung als technische Spezifikation verwendet oder ob er darunter die Zusammenfassung der fachlichen Anforderungen verstanden hat.[99] Häufig sieht er das Pflichtenheft als Oberbegriff für die Aufgaben- *und Lösungs*beschreibung.[100] Allerdings lässt sich ein Verweis[101] im Rahmen einer Definition des Pflichtenhefts auf *Schaub* dahingehend interpretieren, dass mit Pflichtenheft ausschließlich die Aufgabenbeschreibung gemeint ist, nicht auch der Lösungsweg. Denn nach *Schaub* spezifiziert das Pflichtenheft (gleich einem fachlichem Feinkonzept) nichts anderes als die inhaltlich an das Programm zu stellenden Anforderungen, die die Software später aufweisen soll.[102]

---

97 Vgl. etwa Hilgenberg, Das Pflichtenheft in der Softwareentwicklung, projekt magazin, Ausgabe 3/2000, abrufbar unter: www.projektmagazin.de/magazin/abo/dwnld/2000/03001_pflichtenheft.pdf.

98 Eine Ausnahme bildet BGH v. 27.04.1988 – VIII ZR 84/87, CR 1988, 656 = NJW 1988, 2465; dort wird im Tatbestand des Urteils von einem „Pflichten- und Lastenheft“ gesprochen, wobei beide Termini synonym verwendet wurden.

99 Vgl. BGH v. 09.05.1985 – I ZR 52/83, CR 1985, 22, 29 = NJW 1986, 192, 195; v. 24.09.1991 – X ZR 85/90, CR 1992, 543; v. 08.07.1993 – I ZR 174/91, NJW 1993, 2680, 2683; v. 24.06.1986 – X ZR 16/85, CR 1986, 799; v. 12.03.1997 – VIII ZR 15/96, CR 1997, 462; v. 09.10.2001 – X ZR 58/00, CR 2002, 93.

100 BGH v. 09.05.1985 – I ZR 52/83, CR 1985, 22, 29 = NJW 1986, 192, 195; v. 24.09.1991 – X ZR 85/90, CR 1992, 543; v. 08.07.1993 – I ZR 174/91, NJW 1993, 2680, 2683.

101 BGH v. 08.07.1993 – I ZR 174/91, NJW 1993, 2680, 2683.

102 Schaub, CR 1993, 329, 330.

Genauere Definitionen der beiden Begrifflichkeiten finden sich aber in der land- und oberlandesgerichtlichen Rechtsprechung. Allerdings wurde auch hier der Begriff des Lastenhefts nur selten als Darstellung der Erwartungen und Vorstellungen des Auftraggebers verwendet.[103] Regelmäßig wird in den Urteilen der Oberlandesgerichte jedoch von einem Pflichtenheft gesprochen, das die Zielvorgaben und Erwartungen des Bestellers beschreibt. Das Pflichtenheft repräsentiere als Anforderungsprofil die Erwartungen des Auftraggebers und enthalte seine Zielvorgaben für das zukünftige EDV-System.[104] Darin beschreibe der Auftraggeber die zu lösende Aufgabe.[105]

b. Literatur

Auch in der juristischen Literatur werden die Begriffe Lasten- und Pflichtenheft nicht mit einer einheitlichen Bedeutung verwendet. Stellenweise werden die Begriffe im Sinne der Informatik benutzt.[106] Dagegen sehen die meisten Autoren im Pflichtenheft die Beschreibung des fachlichen Anforderungsprofils und der Zielvorstellung des Auftraggebers und verwenden den Begriff somit mit der Bedeutung des Lastenhefts im Sinne der Informatik.[107] Zum Teil werden beide Begriffe auch synonym für die Zusammenfassung der Anforderungen in konkretisierender Form verwendet, die der Anwender an das zu erstellende Computerprogramm stellt.[108] An anderer Stelle wird das Lastenheft aber auch einem fachlichen Grobkonzept und das Pflichtenheft einem fachlichen Feinkonzept gleichgestellt.[109] Beide Dokumente würden in diesem Fall – mit unterschiedlichem Detaillierungsgrad – beschreiben, „was" die zu erstellende Software leisten soll.

---

103 OLG Celle v. 20.02.1991 – 6 U 15/90, CR 1991, 610, 611.

104 OLG Köln v. 25.06.1993 – 19 U 216/92, NJW-RR 1993, 1529, 1530; OLG Koblenz v. 11.11.1988 – 2 U 4/86, CR 1990, 41, 43; OLG Stuttgart v. 18.10.1988 – 6 U 64/88, CR 1989, 598, 600; LG Koblenz v. 19.03.1994 – 8 O 337/90, CR 1994, 470, 471.

105 OLG Köln v. 07.02.1992 – 19 U 117/91, CR 1992, 470, 471 = NJW-RR 1992, 761, 762 = ECR OLG 91; OLG Koblenz v. 11.11.1988 – 2 U 4/86, CR 1990, 41, 43; OLG Stuttgart v. 18.10.1988 – 6 U 64/88, CR 1989, 598, 600; LG Koblenz v. 19.03.1994 – 8 O 337/90, CR 1994, 470, 471.

106 Koch, ITRB 2009, 160; derselbe, Computervertragsrecht, Teil 1, Rn. 21.

107 Vgl. Junker, NJW 1993, 824, 828; Intveen/Lohmann, CR 2003, 640; Schaub, CR 1991, 320, 330; Rehmann, CR 1989, 961; Witzel/Stern, ITRB 2007, 167, 169; Redeker, CR 2005, 700; zur Megede, NJW 1989, 2580, 2581; Marly, Praxishandbuch Softwarerecht, Rn. 1304; Schneider, Handbuch des EDV-Rechts, D. Rn. 423; Redeker, IT-Recht, Teil B, Rn. 302; Thewalt, Der SW-Erstellungsvertrag nach der SRM, S. 129.

108 Marly, Praxishandbuch Softwarerecht, Rn. 1304; Ihde, CR 1999, 409.

109 Vgl. etwa: BeckOF/Grapentin/Schultze-Melling, 9.1.1, § 1 Abs. 4, 6, Anm. 6; ähnlich auch Lesshafft, CR 1989, 146, 147.

c. Zwischenergebnis

Die Begriffe Lasten- und Pflichtenheft werden sowohl in der Rechtsprechung wie auch in der Literatur mit unterschiedlicher Bedeutung benutzt. Zum großen Teil wird das Pflichtenheft synonym zum Lastenheft verstanden, teilweise werden die Begriffe aber auch wie in der Informatik verwendet. Stellenweise sollen beide Begriffe die fachlichen Anforderungen beschreiben, wobei das Pflichtenheft dann detaillierter gegenüber dem Lastenheft sein soll.

2. Produkt- und Leistungsbeschreibung

In Rechtsprechung, Literatur und auf Seiten der Informatik hat sich eingebürgert, die Begriffe Produkt- und Leistungsbeschreibung in Zusammenhang mit Standardsoftware zu gebrauchen.[110] Im Wesentlichen unterscheiden sich Produkt- bzw. Leistungsbeschreibung und Lasten- bzw. Pflichtenheft inhaltlich nicht, da durch sie die Eigenschaften des jeweiligen Programms festgelegt werden. Allenfalls der Umfang und die Detailgenauigkeit der Beschreibung fallen bei einer Produkt- bzw. Leistungsbeschreibung in der Regel geringer aus.[111] Allerdings kann auch bei Softwareprojekten die Sprache von einer Leistungsbeschreibung sein, gleichbedeutend einem Lastenheft.

3. Fachliches und technisches Feinkonzept

Die Begriffe *fachliches* und *technisches Feinkonzept* stammen aus den Besonderen Vertragsbedingungen für die Planung von DV-gestützten Verfahren (BVB-Planung) bzw. für das Erstellen von DV-Programmen (BVB-Erstellung).

a. BVB und EVB-IT

Sobald die Auftragssumme bestimmte Schwellenwerte überschreitet, müssen Bund, Länder und Gemeinden die Beschaffung von IT-Leistungen öffentlich ausschreiben, § 55 BHO/LHO. Grundlage der Ausschreibung ist die Verdingungsordnung für Leistungen (VOL), deren Teil A die Auftragsvergabe regelt, während Teil B die Allgemeinen Vertragsbedingungen für die Ausführung von

---

110 Etwa KG Berlin v. 24.01.1985 – 22 U 5919/83, CR 1986, 643; OLG Köln v. 01.09.2003 – 19 U 80/03, NJOZ 2004, 556; LG Frankfurt 04.02.1998 – 3-12 O 207/97, NJWE-WettbR 1998, 271; AG Reutlingen v. 21.04.1994 – 13 C 2713/93, NJW-RR 1995, 941; Schaub, CR 1991, 320, 330; BeckOF/Grapentin/Schultze-Melling, 9.1.2, § 1 Abs. 3; Koch, Software- und Datenbank-Recht, § 1 Rn. 50; Kilian/Heussen, Computerrechts-Handbuch, 1. Abschnitt II. Rn. 50.

111 Schaub, CR 1991, 320, 330.

Leistungen betrifft. Das Vergabeverfahren bestimmt sich nach der Vergabeverordnung (VgV). Bei den Besonderen Vertragsbedingungen (BVB) bzw. Ergänzenden Vertragsbedingungen für die Beschaffung von Informationstechnik (EVB-IT) handelt es sich um vom Bundesministerium des Inneren veröffentlichte Vertragsmuster im Sinne des § 9 Abs. 1 Satz 2 VOB/A, die die VOB/B um IT-spezifische Besonderheiten ergänzen.[112] Ziel der Vertragsmuster ist die Vermeidung umfangreicher Vertragsverhandlungen. Da die BVB bereits in den 1970er Jahren erarbeitet wurden,[113] sind sie mittlerweile aufgrund der technischen Fortentwicklung sowie der Schuldrechtsmodernisierung in vielen Punkten überholt. Aus diesem Grund werden die BVB[114] nach und nach durch die EVB-IT[115] abgelöst. Bisweilen weiter anwendbar sind die BVB Miete, BVB Pflege und BVB-Planung.[116] Die BVB-Erstellung sind durch die EVB-IT System[117] verdrängt worden,[118] die entgegen jahrzehntelanger Tradition nicht im Einvernehmen mit der BITKOM als Vertreter der Anbieterseite in Kraft gesetzt wurden.[119] Sowohl die (noch anwendbaren) BVB wie auch die EVB-IT sind bei der

112 Leitzen/Intveen, CR 2001, 493, 494.

113 Für die Öffentliche Hand war dabei der „Kooperationsausschuss Automatisierter Datenverarbeitung Bund/Länder/Kommunaler Bereich" (KoopA) tätig.

114 Im Einzelnen wurden folgende Muster entwickelt: BVB-Kauf, BVB-Überlassung Typ I, BVB-Überlassung Typ II, BVB-Wartung, BVB-Miete und BVB-Pflege.

115 Bisher wurden die EVB-IT Systemlieferung, EVB-IT System, EVB-IT Kauf, EVB-IT Dienstleistung, EVB-IT Überlassung Typ A, EVB-IT Überlassung Typ B, EVB-IT Instandhaltung sowie EVB-IT Pflege S veröffentlicht.

116 www.cio.bund.de/cln_102/DE/IT-Angebot/IT-Beschaffung/EVB-IT_BVB/Noch_geltende _BVB/noch_geltende_bvb_node.html.

117 Die EVB-IT System setzen sich aus dem Vertragsmuster, den Ergänzenden Vertragsbedingungen sowie aus Muster 1 (Vergütungszusammenfassung), Muster 2 (Störungsmeldeformular), Muster 3 (Leistungsnachweis Systemvertrag) und Muster 4 (Änderungsverfahren Systemvertrag) zusammen. Da sowohl in den EVB-IT System Vertrag und EVB-IT System Ergänzende Vertragsbedingen die einzelnen Abschnitte nummeriert sind, spricht man im Zusammenhang mit den EVB-IT System Vertrag von „Nummern", bei den EVB-IT System Ergänzende Vertragsbedingen von „Ziffern". Alle Vorlagen sind abrufbar unter: www.cio.bund.de/cln_102/sid_39A30F5DA121FE013C92CBDF116E1005/DE/IT-Angebot/IT-Beschaffung/EVB-IT_BVB/Aktuelle_EVB-IT/aktuelle_evb_it_node. html#doc55464body Text2.

118 vgl. www.cio.bund.de/SharedDocs/Publikationen/DE/IT-Angebot/evb_it_bvb _entscheidungshilfe_pdf_download.pdf?__blob=publicationFile unter: „Erstellung von Individualsoftware"; Schneider, Handbuch des EDV-Rechts, H. Rn. 9.

119 Siehe zur Kritik des BITKOM: Computerwoche vom 10.09.2007, abrufbar unter: www.computerwoche.de/mittelstand/529097/index.html, sowie zur Erwiderung hierauf von Zahrnt, Computerwoche vom 13.11.2007, abrufbar unter: www.computerwoche.de/management/it-strategie/529926/.

Vergabe öffentlicher Aufträge gemäß VV zu § 55 BHO Ziff. 3.1.1 verpflichtend anzuwenden, werden aber auch im Privatrechtsverkehr verwendet.[120] Da es sich bei diesen aber auch um Einkaufs-AGB im Sinne der §§ 305 ff. BGB der Öffentlichen Hand handelt, müssen sie ausdrücklich zum Vertragsbestandteil erhoben werden.[121] In diesem Zusammenhang sei darauf hingewiesen, dass der BGH seine Rechtsprechung zur Privilegierung[122] der Verdingungsordnung für Bauleistungen, Teil B (VOB/B) gegenüber dem AGB-Recht nicht auf die BVB übertragen hat.[123]

b. Fachliches und technisches Feinkonzept

Um die Anwendungsbereiche der BVB-Planung und der BVB-Erstellung (Letztere abgelöst durch die EVB-IT System) voneinander abgrenzen zu können, sieht die BVB-Planung ein Phasenkonzept vor, das im Rahmen der Erstellung von Individualsoftware eine Zuordnung der verschiedenen Leistungen eines

---

120 Bei der Auswahl, welches Vertragsmuster einschlägig ist, soll eine Entscheidungshilfe unterstützen, abrufbar unter: www.cio.bund.de/SharedDocs/Publikationen/DE/IT-Angebot/evb_it_bvb_entscheidungshilfe_pdf_download.pdf?__blob=publicationFile.

121 Kirn/Müller-Hengstenberg, CR 2009, 69; BGH v. 04.03.1997 – X ZR 141/95, CR 1997, 470.

122 Nach dieser Rechtsprechung gilt das Vertragsregime der VOB/B im Ganzen als so ausgeglichen, dass weder Bauherr noch Bauunternehmer unangemessen benachteiligt werden. Vor- und Nachteile einzelner Klauseln sollen sich in Anbetracht aller Klauseln die Waage halten. Die Benachteiligung eines Vertragspartners an einer Stelle wird durch eine Bevorzugung an anderer Stelle ausgeglichen. Würde im Rahmen einer Inhaltskontrolle eine Klausel als unwirksam erklärt werden, so würde gerade dadurch der von dem Vertragswerk im Zusammenwirken sämtlicher Vorschriften erstrebte billige Ausgleich der Interessen gestört werden. Aus diesem Grund sollen die Klauseln der VOB/B einer AGB-rechtlichen Überprüfung nicht zugänglich sein, wenn das Vertragsmuster unverändert übernommen worden ist (vgl. etwa BGH v. 16.12.1982 – VII ZR 92/82, NJW 1983, 816; v. 31.01.1991 – VII ZR 291/88, NJW 1991, 1812). Allerdings bleibt es bei einer Inhaltskontrolle, wenn einzelne Klauseln in jeglicher Art abgeändert werden, da hierdurch der billige Ausgleich der Klauseln im Ganzen gestört wird, BGH v. 22. 1. 2004 – VII ZR 419/02, NZBau 2004, 267. Seit 01.09.2009 ist diese Rechtsprechung in § 310 Abs. 1 Satz 3 BGB aufgenommen worden. Demnach sind § 307 Abs. 1 und 2 BGB nicht anzuwenden, wenn die VOB/B in den Vertrag in der jeweils zum Vertragsschluss geltenden Fassung ohne inhaltliche Abweichung insgesamt einbezogen ist.

123 Vgl. BGH v. 27.11.1990 – X ZR 26/90, CR 1991, 273 (LS 1): Die einzelnen Klauseln der BVB-Überlassung sind jeweils für sich an den Bestimmungen des AGBG (§§ 305 ff. BGB n.F.) zu messen und nicht lediglich im Gesamtzusammenhang zu würdigen. Siehe auch BGH v. 04.03.1997 – X ZR 141/95, CR 1997, 470 zur Unwirksamkeit von § 9 Nr. 4 BVB-Überlassung Typ I.

Softwareerstellungsprojekts zu einem der beiden Vertragsmuster ermöglichen soll. Nach diesem Konzept erfolgt eine Dreiteilung des Projekts. Es beginnt mit der Verfahrensplanung als ersten Abschnitt, gefolgt von der Verfahrensrealisierung (zweiter Abschnitt) und gegebenenfalls der Verfahrenseinführung als dritten Abschnitt. Gegenstand der BVB-Planung ist der erste Abschnitt, der mit dem *fachlichen Feinkonzept* endet.[124] Die BVB-Erstellung bzw. EVB-IT System umfassen die anderen beiden Abschnitte, beginnend mit dem *DV-technischen Feinkonzept.*[125]

Das *fachliche Feinkonzept* definieren die BVB-Planung als

> „vollständige Festlegung eines Verfahrens- durch detaillierte Beschreibung seiner Funktionen, der Schnittstellen und des Zusammenwirkens der Funktionen sowie der von ihnen benötigten und zu erzeugenden Informationen. Bei DVgestützten Verfahren sind deren maschinell auszuführende Funktionen als solche ausgewiesen."[126]

Das *DV-technische Feinkonzept* wird beschrieben als

> „Festlegung der DV-technischen *Realisierung* der maschinell auszuführenden Funktionen eines DV-gestützten Verfahrens *zur Erfüllung* der in der Leistungsbeschreibung angegebenen Anforderungen an die Programme; die Festlegung ermöglicht unmittelbar und ohne weitere Vorarbeiten die Programmierung."[127]

Demnach beschreibt das fachliche Feinkonzept vollständig – und damit sehr detailliert – die Funktionen, welche die zu erstellende Software zu erfüllen hat. Aus diesem Grund steht das fachliche Feinkonzept dem Lastenheft im Sinne der Informatik bzw. dem Pflichtenheft nach juristischem Verständnis gleich.[128] Das DV-technische Feinkonzept beschreibt hingegen die Realisierung der im fachlichen Feinkonzept beschriebenen Funktionen und entspricht damit dem Pflichtenheft im Sinne der Informatik. In der juristischen Literatur haben sich daran anlehnend auch die Begriffe „Fachliche (Fein-) Spezifikation" [129] und „(DV-) Technische (Fein-)*Spezifikation*"[130] entwickelt. Hingewiesen sei darauf, dass die

124 Anhang 2 der BVB-Planung

125 Anhang 2 der BVB-Planung

126 Anhang 1 zu BVB-Planung (Begriffsbestimmungen).

127 Anhang 1 zu BVB-Planung (Begriffsbestimmungen) (Hervorhebungen durch den Verfasser).

128 So auch Junker, NJW 1993, 824, 828; Schneider, Handbuch des EDV-Rechts, D. Rn. 423.

129 Vgl. etwa: BeckOF/Grapentin/Schultze-Melling, 9.1.1, § 1 Abs. 6 (fachliche Feinspezifikation); Zahrnt, NJW 1995, 1785 (Funktionsspezifikation); derselbe, CR 2004, 716, 717 (Spezifikation); Müller-Hengstenberg, CR 2005, 385, 386 (funktionale Spezifikation).

130 Müller-Hengstenberg/Kirn, CR 2008, 755, 760.

EVB-IT System keine vergleichbaren Definitionen vorsehen. Sie sprechen lediglich von einer Leistungsbeschreibung,[131] ohne diesen Begriff nähre zu definieren.

III. Zusammenfassung

Keinem der einleitend angesprochenen Begriffe kann eine allgemein gültige Bedeutung zugewiesen werden. In der Informatik versteht man überwiegend unter einem Lastenheft (oder auch Fachkonzept) eine Beschreibung der fachlichen Anforderungen, die an eine Software von Seiten des Auftraggebers gestellt werden. Es enthält damit die Aufgabenstellung und die Zielvorgaben. Ein Pflichtenheft hingegen definiert nach dem Verständnis der Entwickler den Lösungsweg, also wie die im Lastenheft beschriebenen Anforderungen DV-technisch realisiert werden sollen. Im juristischen Sprachgebrauch wird der Begriff des Pflichtenhefts überwiegend als Synonym für das Lastenheft im Sinne der Informatik verwendet. Stellenweise werden aber auch in der juristischen Literatur die Begriffe im informationellen Sinne gebraucht. Die für die öffentliche Hand bei der Beschaffung von IT-Leistungen verbindlich anzuwendende BVB-Planung nutzt den Begriff fachliches Feinkonzept anstelle von Lastenheft und DV-technisches Feinkonzept statt Pflichtenheft. Vertraglich sollte daher die Bedeutung der im Einzelfall verwendeten Begriffe unbedingt näher definiert werden.

Im Rahmen dieser Arbeit werden die Bergriffe im Sinne der Informatik verwendet. Demnach steht das Lastenheft für die Dokumentation der Wünsche, Vorstellungen und betrieblichen Bedürfnisse des Bestellers – also für die fachlichen Anforderungen. Das Pflichtenheft beschreibt die Spezifikation dessen, wie und womit der Anbieter die fachlichen Anforderungen umzusetzen gedenkt. Befasst man sich allerdings mit der zu diesem Thema einschlägigen juristischen Literatur, ist darauf zu achten, dass dort meist von einem Pflichtenheft gesprochen wird.

131 Etwa unter Nr. 1.2.1.1 EVB-IT System (Vertrag).

D. Funktionen des Lastenhefts

Die Bedeutung des Lastenhefts für den Erfolg eines Softwareerstellungsprojekts kann nicht genug hervorgehoben werden. Es erfüllt eine Reihe höchst wichtiger Funktionen:

I. Maßstab für die Realisierung

Das Lastenheft beschreibt die Aufgabenstellung und die Zielvorgaben, die durch die geplante Software verwirklicht werden sollen. Damit legt es bereits einen Maßstab für die Realisierung der Individualsoftware fest (*technische Funktion*). Für die Softwareentwickler des Anbieters besteht mit dem Lastenheft nicht nur die Möglichkeit, die betrieblichen Bedürfnisse des Bestellers zu erfahren. Sie können anhand des Lastenhefts auch genau feststellen, welche fachlichen Anforderungen sie bereits DV-technisch umgesetzt haben und welche noch ausstehen. Das Lastenheft kann auch als Kommunikationsgrundlage zwischen dem Auftraggeber und dem Auftragnehmer dienen, um das Risiko zu minimieren, dass der Auftragnehmer die Wünsche und Vorstellungen des Bestellers nicht richtig erfasst.

II. Soll-Beschaffenheit

Indem das Lastenheft die Aufgabenstellung und Zielvorgaben des Bestellers definiert, zu deren Realisierung sich der Auftragnehmer verpflichtet hat, bestimmt es den Leistungsumfang und damit die Soll-Beschaffenheit der geplanten Software (*juristische Funktion*). Somit spielt es eine wesentliche Rolle im Rahmen von Abnahme und Gewährleistung. Anhand des Lastenhefts kann festgestellt werden, ob die erstellte Software mit der vereinbarten Soll-Beschaffenheit übereinstimmt oder ob sie mangelhaft ist. Erkennt der Besteller bereits bei der Übergabe bzw. Einführung der Software ein nicht unwesentliches Abweichen von der Soll-Beschaffenheit, ist er nicht zur Abnahme verpflichtet. Treten die Abweichungen erst nach der Abnahme zutage, stehen ihm grundsätzlich die Gewährleistungsrechte zu. Auch im Zusammenhang mit der Darlegungs- und Beweislast gewinnt es an Bedeutung. Denn will der Auftraggeber Gewährleistungsansprüche geltend machen, muss er die Mangelhaftigkeit beweisen.[132] Er hat darzulegen und zu beweisen, dass die Parteien eine bestimmte Beschaffen-

---

132 BGH v. 16.12.2003 – X ZR 129/01, CR 2004, 490, 49; Staudinger/Peters, § 640 Rn. 1; Koch, Computer-Vertragsrecht, Teil 1, Rn. 9.

heit vereinbart hatten.[133] Dies wird ihm ohne Lastenheft schwer fallen. Verweigert er hingegen die Abnahme aus Sicht des Auftragnehmers unberechtigter Weise, muss umgekehrt dieser nachweisen, dass die Software mangelfrei im Sinne des § 633 Abs. 2 BGB ist. Kann er dabei belegen, dass die Software der gewöhnlichen Verwendung im Sinne des § 633 Abs. 2 Satz 2 Nr. 2 BGB entspricht, liegt es wiederum am Besteller darzulegen und zu beweisen, die Vertragsparteien hätten eine bestimmte Beschaffenheit (§ 633 Abs. 2 Satz 1 BGB) oder Verwendung (§ 633 Abs. 2 Satz 2 Nr. 1 BGB) vereinbart.[134] Ohne Lastenheft dürfte ihm dies regelmäßig nicht gelingen.

III. Ausschreibung

Sofern das Softwareerstellungsprojekt ausgeschrieben werden soll, dient das Lastenheft als Grundlage für die Ausschreibung. Wegen der darin enthaltenen Beschreibung der Aufgabenstellung sind alle bietenden Hersteller in der Lage, vergleichbare Angebote abzugeben, aus denen der Besteller dann das Günstigste auswählen kann.

IV. Vergütung/Leistungsänderungen

Wird das Lastenheft, wie nicht immer üblich, vor Abschluss des Softwareerstellungsvertrags erstellt, bietet es dem Anbieter die Möglichkeit, es als wesentliche Grundlage seiner Kostenkalkulation zu verwenden. Dementsprechend kann er hierauf basierend entweder einen Kostenvoranschlag oder ein Pauschalpreis-Angebot unterbreiten.

Darüber hinaus kann es maßgeblich sein bei der Ermittlung von Mehrvergütungsansprüchen des Anbieters.[135] Häufig kommt es im Rahmen von Softwareprojekten während der Durchführung zu Änderungen von Anforderungen. Fraglich ist in solchen Fällen, ob durch die Änderungen ein Mehraufwand für den Auftragnehmer entsteht. Haben die Parteien eine Aufwandsentschädigung vereinbart, hat ein Mehraufwand grundsätzlich auch automatisch eine Mehrvergütung zur Folge. Ist dagegen ein Pauschalpreis vereinbart worden, muss festgestellt werden können, ob die Änderungen tatsächlich Mehraufwand darstellen.

---

133 Vgl. OLG Köln v. 26.08.1994 – 19 U 278/93, NJW-RR 1995, 1460, v. 29.07.2005 – 19 U 4/05, JurPC 16/2006.

134 Vgl. KG v. 22.11.1994 – 18 U 7070/93, CR 1995, 151 für den umgekehrten Fall: der Auftraggeber genügt bereits seiner Beweispflicht, wenn er nachweisen kann, dass die Software nicht der gewöhnlichen Tauglichkeit bzw. Verwendung entspricht.

135 Vgl. zu den Vergütungsmodellen S. 75 ff.

Dies gelingt nur durch einen Vergleich zwischen dem im Lastenheft festgelegten Leistungsumfang und den (neu) geforderten Anforderungen.[136]

V. Vertragstypologische Einordnung

In besonderen Fällen kann ein Lastenheft bzw. dessen Fehlen indirekte Anhaltspunkte auf den Vertragstyp geben. Grundsätzlich kann zwar auch ohne konkrete Bestimmung eines bestimmten Erfolgs ein wirksamer Werkvertrag abgeschlossen werden.[137] Daher ist ein Lastenheft nicht unbedingt erforderlich für die Einordnung eines Softwareerstellungsvertrags als Werkvertrag. Allerdings kann es in der Praxis schwierig sein, ohne Vorlage eines Lastenhefts einen geschuldeten Erfolg zu ermitteln. Sofern kein (werkvertraglicher) Erfolg festgestellt werden kann, kann dies ein Indiz für eine typologische Einordnung als Dienstvertrag darstellen.

---

136 Vgl. ausführlich zu Leistungsänderungen unten S. 255 ff.

137 Vgl. hierzu unten S. 104.

E. Vertragskonstellationen und deren entsprechende Vertragstypen

Im Rahmen eines Softwareerstellungsprojekts können die Beteiligten zwischen einer Reihe unterschiedlicher Vertragskonstellationen wählen. Der Auftraggeber kann mit dem Softwareersteller *einen* Vertrag über die Erstellung einer Individualsoftware abschließen. Dieser Vertrag hat dann die Realisierung einer Software zum Ziel. Im Rahmen dieses Vertrags kann sich der Anbieter unter anderem verpflichten, entweder das Lastenheft anstelle des Auftraggebers zu erstellen oder auch den Auftraggeber lediglich bei der Erstellung des Lastenhefts zu unterstützen. Planungs- und Realisierungsphase werden dann in einem Vertrag geregelt. Eine weitere Möglichkeit besteht in der vertraglichen Trennung der beiden Phasen. Der Anwender schließt hierbei zunächst mit dem Auftragsnehmer einen Vertrag über die Erstellung des Lastenhefts. In einem weiteren Vertrag gibt er dann – sofern noch gewünscht – beim Auftragnehmer (oder einem Dritten) die Realisierung der Software in Auftrag. Des Weiteren kann auch vereinbart werden, der Auftragnehmer solle den Anwender nur beratend unterstützen oder auf dessen Weisungen hin die Softwareerstellung vornehmen. Wie diese Konstellationen vertragstypologisch einzuordnen sind, wird in diesem Abschnitt erläutert.

I. Gründe für eine typologische Einordnung

Das jeweils vorliegende Vertragsverhältnis vertragstypologisch richtig einzuordnen, ist aus insbesondere folgenden Gründen wichtig:

Enthält ein Vertrag *Lücken*, ist auf die gesetzlichen Normen des jeweiligen Vertragstyps zurückzugreifen, die als regelmäßig angemessen und optimierter Interessenausgleich zwischen den Vertragsparteien verstanden werden. Je nach Vertragstyp sind dann diese Lücken durch die entsprechenden gesetzlichen Regelungen zu schließen (dispositives Recht).

Ferner herrscht zwar im deutschen Schuldrecht das Prinzip der Vertragsautonomie vor, so dass die Parteien in der Gestaltung ihrer schuldrechtlichen Beziehungen frei sind. Es gibt aber auch *zwingende gesetzliche Normen*, von denen auch individualvertraglich nicht abgewichen werden darf.

Werden im Rahmen des Vertrags *Allgemeine Geschäftsbedingungen* verwendet, hängt deren Wirksamkeit von den §§ 305 ff. BGB ab. Gemäß § 307 Abs. 1 i.V.m. Abs. 2 Nr. 2 BGB sind AGB-Klauseln unwirksam, wenn sie mit den Grundgedanken der gesetzlichen Regelungen des jeweiligen Vertragstyps nicht vereinbar sind. Um die AGB-rechtliche Wirksamkeit feststellen zu können, ist zuvor der Vertragstyp zu ermitteln.

Im Zusammenhang mit Lastenheft ist eine typologische Einordnung des jeweiligen Vertragsverhältnisses, wie sich noch an mehreren Stellen zeigen wird, von Bedeutung. Denn auch im Rahmen des Lastenhefts kann ein Rückgriff auf die jeweils vertragstypischen Grundsätze erforderlich werden.

II. Vertragskonstellationen und entsprechende Vertragstypen

Im Rahmen von Softwareerstellungsprojekten kommen im Wesentlichen folgende Konstellationen in Betracht, bei denen insbesondere das Dienst-, Werksowie Kaufvertragsrecht einschlägig sein können.

1. Abgrenzung Dienst- und Werkvertag

Zunächst sind Dienst- und Werkvertrag voneinander abzugrenzen:[138]

Beiden Vertragstypen ist eine entgeltliche Tätigkeit gemein. Allerdings schuldet der Unternehmer im Rahmen eines Werkvertrags nicht bloß eine bestimmte Tätigkeit als solche, wie es beim Dienstvertrag der Fall ist, sondern das Ergebnis seiner Tätigkeit, den Werkerfolg. Charakteristisch für einen Werkvertrag ist eine selbstständige und unabhängige Arbeitsweise des Werkunternehmers, wohingegen der Dienstverpflichtete regelmäßig nur die Anweisungen und Vorgaben des Dienstherrn ausführt. Da der Werkunternehmer den Erfolg des Werkes weisungsunabhängig schuldet, lastet auf ihm die *Projektverantwortung.*[139] Aus dieser Projektverantwortung heraus hat der Werkunternehmer das Projekt zu führen, zu planen, zu kontrollieren und zu steuern (Projektmanagement)[140]. Daher sollte die Herrschaft über den Aktivitäten- und Fristenplan auch keinesfalls vom Auftraggeber übernommen werden, sofern er den Vertrag dem Werkvertragsrecht unterwerfen möchte.

An dieser Stelle ist klarzustellen, dass die Planung des Projekts nicht gleichzusetzen ist mit der Planungsphase der klassischen Vorgehensmodelle. Die Pla-

---

138 Auf die Problematik des § 651 BGB, der bei Verträgen, die die Lieferung herzustellender beweglicher Sachen zum Gegenstand haben, ins Kaufrecht verweist, wird an späterer Stelle gesondert eingegangen.

139 BGH v. 13. 6. 2006 – X ZR 167/04, NJW-RR 2006, 1309, 1310; vgl. OLG München v. 22.12.1988 – 1 U 5606/87, CR 1989, 803, 805 zu Anhaltspunkten innerhalb eines Vertrags, nach denen die Projektverantwortung dem Anbieter obliegt.

140 Vgl. ausführlicher zum Projektmanagement: Witzel in: Schneider/v. Westphalen, Software-Erstellungsverträge, F. Rn. 185 ff.

nungsphase erfasst lediglich die Anforderungsanalyse und bezieht sich damit nur auf die Ermittlung und Dokumentation der fachlichen Anforderungen. Die Projektplanung ist als Teil des Projektmanagements im Sinne einer Koordinierung zu verstehen und bezieht sich auf den Ablauf des gesamten Projekts, also Planungs- und Realisierungsphase.[141] Besteht der Softwareerstellungsvertrag aus mehreren Leistungen, die unterschiedlichen Vertragstypen zuzuordnen sind, ist alleine Werkvertragsrecht anwendbar, wenn die erfolgsorientierten Aufgaben das Übergewicht bilden und so den Vertrag prägen.[142]

Der Besteller wird regelmäßig versuchen, den Vertrag als *Werkvertrag* zu gestalten. Denn ein wesentlicher Vorzug des Werkvertrags gegenüber dem Dienstvertrag ist, dass der Unternehmer einen Erfolg schuldet. Das Fertigstellungsrisiko trägt dabei grundsätzlich der Auftragnehmer. Ein weiterer Vorteil sind die Gewährleistungsansprüche. Ist das Werk im Zeitpunkt des Gefahrübergangs mangelhaft, ist der Anbieter grundsätzlich zur kostenlosen Nachbesserung verpflichtet. Dahingegen gibt es im Dienstvertragsrecht keine Nachbesserung im gewährleistungsrechtlichen Sinne. Fehler der Software, die der Auftragnehmer nicht zu vertreten hat, muss dieser nur gegen zusätzliche Vergütung beseitigen. Des Weiteren sieht das Werkvertragsrecht zugunsten des Bestellers vor, dass die Vergütung erst mit der Abnahme im Sinne des § 640 BGB fällig wird (§ 641 Abs. 1 Satz 1 BGB), wohingegen im Rahmen des Dienstvertrags die Vergütung grundsätzlich schon unmittelbar nach Erbringung der Leistung zu bezahlen ist (§ 614 Satz 1 BGB).

Umgekehrt versuchen die Auftragnehmer häufig, den Vertrag nach *Dienstvertragsrecht* zu gestalten, insbesondere um gerade kein Erfolgsrisiko übernehmen zu müssen. Im Rahmen eines Dienstvertrags haften sie dann nur für die qualifizierte Erbringung ihrer Tätigkeit. Für den Besteller erweist sich dann allerdings der Nachweis einer schadenersatzauslösenden Pflichtverletzung im

---

141 Nach Ziff. 10.1 EVB-IT System (Ergänzende Vertragsbedingungen) ist der Anbieter im Rahmen des Projektmanagements grundsätzlich verantwortlich für die Planung, Steuerung und Kontrolle des Gesamtprojektes unter Einhaltung der Faktoren Zeit, Qualität und, soweit kein Festpreis vereinbart ist, für das Budget; die Festlegung der Rahmenbedingungen für die Projektorganisation; Kontrolle und die Einhaltung der vertraglichen Abmachungen; die Organisation und Dokumentation eventueller Änderungsverfahren; die Problem- und Konfliktlösung bei der Projektplanung, bei der Projektabwicklung und beim Projektabschluss; Überwachung des Projektfortschrittes und Einleitung von eventuell notwendigen Krisenmaßnahmen; die Gewährleistung der Projektberichterstattung und -kommunikation sowie die Berichterstattung an den Auftraggeber über den Projektverlauf.

142 BGH v. 10. 6. 1999 – VII ZR 215/98, NJW 1999, 3118 (LS 2).

Rahmen der Tätigkeit des Anbieters gemäß § 280 BGB angesichts der Komplexität von Software regelmäßig als äußerst schwierig.[143]

Die Vorgehensmodelle können kein maßgebliches Kriterium für die Bestimmung des Vertragstyps sein. Das V-Modell XT etwa beschreibt lediglich in technologischer Weise die Projektphasen und Aktivitäten, nicht jedoch, wer diese Aktivtäten auszuführen hat.[144] Ebenso wenig eignet sich die Bezeichnung des Vertrags als maßgebliches Kriterium für die typologische Einordnung. Ob der Hersteller seine Leistung auf Stundenhonorarbasis abrechnen soll, was typisch für einen Dienstvertrag wäre,[145] oder eine Pauschalvergütung vereinbart ist, wie es häufig bei Werkverträgen der Fall ist, lässt eine eindeutige Zuordnung des Vertragstyps ebenso wenig zu.[146] Genauso wenig hat die Existenz eines Lastenhefts unmittelbare Bedeutung für den Vertragstyp, da auch ohne Lastenheft ein wirksamer Werkvertrag vorliegen kann.[147]

Wann ein Werkvertrag oder ein Dienstvertrag vorliegt, ist stets anhand der Umstände des Einzelfalls zu beurteilen, wozu die konkreten Vertragsregelungen ebenso gehören wie die tatsächliche Durchführung des Vertrags. Grundsätzlich lässt sich aber folgendes festhalten:

2. Einheitlicher Vertrag über Softwareerstellung

Schließen die Parteien *einen* Vertrag, demzufolge der Hersteller eine fertige Software erstellen und übergeben soll, ist grundsätzlich nicht nur eine (Programmier-) Tätigkeit geschuldet, sondern ein werkvertraglicher Erfolg. Aus diesem Grund liegt eine werkvertragliche Konstellation nahe. Wird der Anbieter dagegen auch beratend bei der Lastenhefterstellung tätig oder erarbeitet er dieses gar selbst, treten neben die Softwareerstellung noch weitere Leistungen.[148] In

143 Vgl. Intveen/Lohmann, CR 2003, 640; Söbbing, MMR 2010, 222, 226.

144 Kirn/Müller-Hengstenberg, CR 2009, 69, 74, 75.

145 Vgl. LG München I v. 21.07.1994 – 7 O 9748/92, CR 1995, 33, LS 1: „Ein Vertrag über Programmierleistungen nach Stunden, den die Parteien als "Aufwandsprojekt" eingestuft haben, ist auch dann ein Dienstvertrag, wenn beide Teile wissen, daß das Projekt zu einem bestimmten Programmergebnis führen soll".

146 Junker, NJW 1999, 1294, 1297; vgl. auch BGH v. 25.03.1993 – X ZR 17/92, CR 1993, 759; OLG Karlsruhe v. 16.08.2002 – 1 U 250/01, CR 2003, 95, 96; OLG Düsseldorf v. 18.07.1997 – 22 U 3/97, CR 1997, 732, 733.

147 Siehe unten S. 104.

148 Vgl. etwa Ziff. 1.2 EVB-IT System (Ergänzende Vertragsbedingungen), wonach Leistungen zur Erstellung des Gesamtsystems insbesondere sein können: Kauf von Hardware, Miete von Hardware, Überlassung von Standardsoftware gegen Einmalvergütung auf Dauer, Überlassung von Standardsoftware auf Zeit, Erstellung und Überlas-

der Regel wird der Schwerpunkt der Verpflichtung dennoch die Erstellung der Software bleiben und daher weiterhin in erster Linie ein Erfolg geschuldet. Umstritten ist in diesem Zusammenhang indessen, ob die Erstellung von Individualsoftware dem Werkvertragsrecht gemäß §§ 631 ff. BGB unterliegt oder ob über § 651 BGB Kaufrecht Anwendung findet. Diese Frage wird an späterer Stelle eingehender behandelt.[149]

3. Getrennte (Werk-) Verträge

Die Parteien können die Erstellung des Lastenhefts und die Erstellung der Software aber auch vertraglich trennen und jeweils einen separaten Vertrag abschließen, wie es etwa die BVB-Planung vorsehen. Je nach den Umständen des Einzelfalls kommt dann Dienst- oder Werkvertragsrecht in Betracht.

Soll der Anbieter (zunächst) ein Lastenheft erstellen, welches eine bestimmte Problemstellung abbildet, schuldet er einen Erfolg. Dies spricht dann für einen Werkvertrag.[150] § 651 BGB, der ins Kaufrecht verweist, ist nicht anwendbar, weil die Herstellung eines nicht-körperlichen Werkes geschuldet wird. Die Übermittlung des Lastenhefts in Papierform bzw. in elektronischer Form wird allenfalls eine Nebenleistung darstellen.[151] Soll der Anbieter hingegen den Besteller bei der Lastenhefterstellung lediglich unterstützen, spricht dies für Dienstvertragsrecht.

In einem zweiten Schritt kann der Auftraggeber den Anbieter durch einen weiteren Vertragsabschluss mit der Erstellung der Software beauftragen. Übernimmt der Anbieter dabei das Erfolgsrisiko, ist der Vertrag grundsätzlich als Werkvertrag einzuordnen.[152] Für beide Vertragspartner hat diese Vorgehensweise den Vorteil, sich von einer weiteren Zusammenarbeit nach Erarbeitung des Lastenhefts ohne Kündigung lösen zu können.

4. Beratung/Dienstvertrag

Zwischen den Vertragspartnern kann jedoch auch ein rein dienstvertragsrechtliches Vertragsverhältnis zustande kommen:

---

sung von Individualsoftware auf Dauer, Erstellung des Gesamtsystems und Herbeiführung der Betriebsbereitschaft, Schulung sowie Dokumentation.

149 Siehe untern S. 77 ff.

150 Vgl. auch Intveen/Lohmann, CR 2003, 640, 644; Redeker, IT-Recht, B. Rn. 311; kritisch: Schweinoch, CR 2010, 1, 5.

151 Vgl. BT-Drucks. 14/6040, S. 268.

152 Ziff. 1.1 EVB-IT System (Ergänzende Vertragsbedingungen) unterstellt die Erstellung des im Vertrag beschriebenen Gesamtsystems kategorisch dem Werkvertragsrecht.

Zum einen kann der Auftraggeber sich im Rahmen der Lastenhefterstellung an den Anbieter mit der Bitte wenden, ihn bei der Erstellung beratend zu unterstützen. Schuldet der Anbieter damit keinen bestimmten Erfolg, wird ein Dienstvertrag vorliegen.[153]

Zum anderen kann der Auftraggeber im Rahmen einer Softwareerstellung die Leitung des Projekts in seinen Händen behalten. Entweder bedient er sich dann des Anbieters als Berater bei der Softwareerstellung, was den Einsatz eigener Programmierer des Auftraggebers voraussetzen würde. Oder der Auftragnehmer wird weisungsgebunden etwa als Subunternehmer oder als „freier Mitarbeiter" für den Auftraggeber im Rahmen einer für einen Endkunden bestimmten Softwareerstellung tätig.[154] Kann der Auftragnehmer nicht selbst entscheiden, wann er welche Tätigkeiten ausübt, um die Software zu erstellen, trägt er nicht die Projektverantwortung und schuldet auch nicht den Erfolg des Projekts. Vielmehr schuldet er lediglich – ähnlich einem Arbeitnehmer – seine bloße Tätigkeit. Für den Projekterfolg bleibt der Auftraggeber verantwortlich, weshalb auch in diesen Fällen ein Dienstvertrag vorliegen wird. Vereinbaren die Vertragspartner im Rahmen eines Projekts zusammenzuarbeiten und gemeinsame Entscheidungen zu treffen, ist dies gleichfalls regelmäßig als Dienstvertrag einzustufen.

Die Rechtsprechung hat allerdings bisher selten das Vorliegen eines Dienstvertrags angenommen.[155] Die Gerichte gehen vielmehr in aller Regel davon aus, der Kunde begehre letztendlich eine (softwarebasierte) Lösung seines Problems und damit einen bestimmten Erfolg.[156]

Wie bereits angesprochen, ist für die typologische Einordnung eines Vertrags nicht nur bedeutsam, was im Vertragsdokument steht, sondern auch, wie der Vertrag „gelebt" wird.[157] Ein ursprünglich vereinbarter Werkvertrag kann sich also bei einvernehmlich geänderter Durchführung in einen Dienstvertrag

---

153 Vgl. aber OLG Frankfurt v. 12.07.1989 – 9 U 61/88, CR 1990, 585 LS 1: „Die Verpflichtung zur entgeltlichen Abgabe einer Empfehlung, welches EDV-System für ein Unternehmen am besten geeignet ist, stellt einen Werkvertrag dar."

154 Bei einer solchen Konstellation besteht für den Auftraggeber die Gefahr, dass ein Gericht trotz des identischen Vertragsgegenstands das Vertragsverhältnis zwischen ihm und dem Subunternehmer als Dienstvertrag, das zum Endkunden aber als Werkvertrag auslegen kann, Schneider, Handbuch des EDV-Rechts, H. Rn. 21; allgemein zur Gestaltung von Subunternehmerverträgen siehe Redeker, CR 1999, 137.

155 Ausnahmen z.B.: OLG Düsseldorf v. 12.07.1991 – 22 U 30/91, ECR OLG 79; OLG München v. 23.04.1996 – 5 U 5708/95, ECR OLG 231.

156 OLG Karlsruhe v. 16.02.2002 – 1 U 250/01, CR 2003, 95; OLG Köln v. 04.11.2002 – 19 U 27/02, CR 2003, 246, v. 10.03.2006 – 19 U 160/05, CR 2006, 440.

157 BGH v. 10.03.1998 – X ZR 70/91, CR 1998, 393, 394.

wandeln.[158] Beispielsweise kann der Auftraggeber im Laufe des Projekts auf die Erstellung der fachlichen Spezifikation verzichten. Anstelle einer konkret vorgegebenen Leistungsbeschreibung soll der Auftragnehmer die von Mitarbeitern des Bestellers unkoordiniert geäußerten, beliebigen Wünsche und Weisungen DV-technisch umsetzen. Der Leistungsumfang steht in einem solchen Fall nicht mehr fest und der Auftragnehmer kann nicht mehr frei über die Art und Weise der Ausführung hin zum Projekterfolg entscheiden. Die Projektlenkung liegt dann ausschließlich auf Seiten des Auftraggebers. Man spricht in diesem Zusammenhang auch von einem sog. *Zurufprojekt*. Ob diese Konstellation als Werk- oder Dienstvertrag einzustufen ist, ist umstritten.[159] Aus Sicht des Bestellers besteht aber zumindest die Gefahr, dass der Vertrag als Dienstvertrag typisiert wird und er seinen Anspruch auf einen Werkerfolg verliert.

5. Vergütungsmodelle

Hinsichtlich der Vergütung stehen den Vertragspartnern ebenfalls verschiedene Modelle zur Verfügung. In aller Regel findet sich hierzu in den Verträgen eine Regelung, weshalb ein Rückgriff auf § 612 bzw. § 632 BGB, wonach bei Fehlen einer Vereinbarung über die Höhe der Vergütung die übliche Vergütung als vereinbart gilt, grundsätzlich nicht nötig sein wird. Anderes kann bei nachträglichen Leistungsänderungen gelten, bezüglich derer die Parteien keine vertragliche Regelung getroffen haben. Als Vergütungsmodelle kommen vor allem folgende Vereinbarungen in Betracht:

a. Pauschalpreisvereinbarung

Bei einer Pauschalpreisvereinbarung (auch: fixed fee) sollen sämtliche Leistungen des Anbieters von einem festen Preis abgedeckt sein. Für den Besteller bietet dies offenkundig den Vorteil finanzieller Planungssicherheit. Dazu verpflichtet er am besten nur einen Anbieter als Generalunternehmer. Auftragnehmer werden diesem Modell nur sehr ungerne zustimmen, da zu Beginn des Projekts der endgültige Aufwand nur sehr schwer konkret absehbar ist. Insbesondere besteht aus Sicht des Anbieters die Gefahr eines Kalkulationsirrtums. Ein solcher soll nicht einmal dann zugunsten des Anbieters zu berücksichtigen sein, wenn

---

158 Vgl. Redeker, IT-Recht, B. Rn. 499.

159 Für Dienstvertrag: Schneider, Handbuch des EDV-Rechts, H. Rn. 417; derselbe, CR 2003, 317, 318; Schneider/v. Westphalen, Software-Erstellungsverträge, C. Rn. 110; Redeker, IT-Recht, B. Rn. 499; a. A. OLG Karlsruhe v. 16.02.2002 – 1 U 250/01, CR 2003, 95.

der Vertragspartner ihn erkannt hat.[160] Lässt sich der Anbieter auf eine Pauschalpreisvereinbarung ein, wird er daher seiner Kalkulation ein ausreichendes Sicherheitspolster zugrunde legen. Dies kann für den Auftraggeber womöglich bedeuten, dass er letztlich mehr zu bezahlen hat, als im Rahmen einer Aufwandsvergütung vereinbart worden wäre.

b. Aufwandsvergütung

Vorteilhafter aus Sicht des Anbieters ist die Vereinbarung einer Aufwandsvergütung (nach Zeit und Material), da so die Gefahr eines Kalkulationsirrtums weitgehend ausgeschlossen ist. Auch spätere Leistungsänderungen (Change Requests) gehen nicht zu seinen Lasten. Allerdings hat der Besteller bei diesem Vergütungsmodell keine Budgetsicherheit. Aus diesem Grund wird häufig auch eine Vergütung nach Aufwand vereinbart, jedoch mit einer Budgetobergrenze. Wird diese überschritten, ist der Anbieter zwar weiterhin zur Fertigstellung der Software verpflichtet, der Besteller muss aber nicht mehr als den vereinbarten Höchstbetrag entrichten.

c. Kombinationen

Am interessengerechtesten wird eine Kombination beider Vergütungsmodelle sein. Zu denken ist hier etwa an eine kombinierte Vergütung nach Leistungsart. Im Rahmen eines Softwareprojekts übernimmt der Anbieter häufig verschiedene werk- und dienstvertragliche Leistungen. Je nach Leistungsart werden Pauschalpreis oder eine Aufwandsvergütung vereinbart.

Ferner können sich die Parteien auf eine Pauschalpreisvergütung einigen, in die allerdings ein Budgetspielraum in Form einer prozentualen Über- oder Unterschreitung des Pauschalpreises integriert ist.[161] Um zu verhindern, dass der Anbieter den Überschreitungsspielraum regelmäßig ausschöpft, können Nachweispflichten vereinbart werden.

Eine weitere Möglichkeit besteht in einer Bonus-Malus-Regelung. Bleibt die vom Anbieter geltend gemachte Vergütung unter einem bestimmten Betrag, erhält er zusätzlich einen Zuschlag. Wird dieser Betrag jedoch überschritten, muss der Anbieter eine Vertragsstrafe zahlen. Auf diese Weise kann der Anbieter angehalten werden, kostengünstig zu arbeiten.

160 Vgl. BGH v. 07.07.1998 – X ZR 17/97, NJW 1998, 3192 (LS 1).

161 Häuser in: Lehmann/Mertens, Fachanwalt IT-Recht, Kap. 6, Rn. 160.

III. Vertragstyp bei Softwareerstellung – Werkvertrag oder § 651 BGB?

In der Rechtsliteratur ist umstritten, ob auf Verträgen über die Erstellung von Individualsoftware Werkvertragsrecht einschlägig ist oder über die Verweisungsnorm § 651 BGB Kaufrecht Anwendung findet.

Bis zum Inkrafttreten der Schuldrechtsmodernisierung am 01.01.2002 wurde auf die Erstellung von Individualsoftware nahezu unstreitig Werkvertragsrecht angewendet.[162] Im Zuge der Schuldrechtsmodernisierung und der Umsetzung der Europäischen Verbrauchsgüter-Richtlinie 1999/44/EG in nationales Recht wurde unter anderem § 651 BGB neu gefasst. Danach sollen auf Verträge, die die Lieferung herzustellender oder zu erzeugender beweglicher Sachen zum Gegenstand haben, die Vorschriften über den Kauf Anwendung finden. Der Werklieferungsvertrag als eigenständiger Vertragstyp ist durch die Gesetzesänderung entfallen.[163] Durch die weitgehende Angleichung der Mängelhaftung bei Kauf- und Werkvertragsrecht hat die typologische Einordnung eines Vertrags zwar an Bedeutung verloren.[164] Dennoch verbleiben auch nach der Angleichung für die Praxis bedeutende Unterschiede, wie etwa die Abnahme mit ihren besonderen Rechtsfolgen, das unterschiedliche Wahlrecht der Nacherfüllungsart, das werkvertragliche Selbstvornahmerecht und die unterschiedlichen Verjährungsvorschriften. Es stellt sich somit die Frage, ob auf Softwareerstellungsverträge über die Verweisung des § 651 BGB Kaufrecht Anwendung findet oder ob weiterhin die Anwendung der werkvertraglichen Vorschriften sach- und interessengerechter erscheint:

1. Software als „bewegliche Sache"?

§ 651 BGB verlangt die Herstellung einer beweglichen Sache. Diesbezüglich ist bereits umstritten, ob es sich bei Software um eine „Sache" im Sinne des § 90 BGB handelt. Verneint man die Sachqualität von Software, gelangt man schon deshalb nicht in den Anwendungsbereich des § 651 BGB.

---

162 BGH v. 30.01.1986 – I ZR 242/83, CR 1986, 377, 379 = NJW 1987, 1259; v. 04.11.1987 – VIII ZR 314/86, CR 1988, 124, 126 = NJW 1988, 406; v. 07.05.1990 – VIII ZR 56/89, CR 1990, 707, 708 = NJW 1990, 3011; v. 15.05.1990 – X ZR 128/88, CR 1991, 86, 87; v. 24.11.1998 – X ZR 21/96, NJW-RR 1999, 347, 348; v. 20.02.2001 – X ZR 9/99, NJW 2001, 1718, 1719; OLG Köln 29.07.2005 – 19 U 4/05, jurPC Web-Dok. 16/2006; zur Megede, NJW 1989, 2580, 2581; Thewalt, CR 2002, 1, 4; Braun, BB 1992, 154, 155 m.w.N.; Marly, Praxishandbuch Softwarerecht, Rn. 614 m.w.N.

163 Vgl. Mankowski, MDR 2003, 854, 857.

164 BT-Drucks. 14/6040, S. 268.

Der BGH hat die Sachqualität von Software bejaht.[165] Denn Software müsse immer in verkörperter Form vorhanden sein, um nutzbar zu sein, sei es auf einem Wechseldatenträger, einer Festplatte oder auch nur auf einem flüchtigen (stromabhängigen) Speichermedium (etwa Arbeitsspeicher).[166] Als Beispiel führte der BGH das Buch an, welches auch nur wegen seines Inhalts als Ergebnis einer schöpferischen Geistestätigkeit gekauft werde und nicht wegen des Papiers. Dennoch werde die Sachqualität eines Buchs nicht bezweifelt.[167] Da dem BGH die Problematik der Sacheigenschaft von Software auch im Hinblick auf die Anwendbarkeit des § 651 BGB bei Softwareerstellungsverträgen bekannt war, ist davon auszugehen, dass er die Anwendung dieser Vorschrift zumindest nicht wegen einer fehlenden Sachqualität ablehnen wird.

Dieser Ansicht ist aber mit der wohl h. M.[168] entgegen zu treten und die Sachqualität von Software zu verneinen. Sachen können nur körperliche Gegenstände sein, die technisch beherrschbar und einer sinnlichen Wahrnehmung zugänglich sind.[169] Unterstellt wird ein enger räumlicher, abgrenzbarer und untrennbarer physischer Körper.[170] Bei einer Software handelt es sich hingegen um vollständige Anweisungen zur Lösung eines bestimmten Problems durch einen

---

165 Zur alten Rechtslage etwa: BGH v. 04.11.1987 – VIII ZR 314/86, CR 1988, 124; v. 18.10.1989 – VIII ZR 325/88, CR 1990, 24, 26; v. 14.07.1993 – VIII ZR 147/92, NJW 1993, 2436, 2437 = CR 1993, 681; v. 22. 12. 1999 – VIII ZR 299/98, NJW 2000, 1415 = CR 2000, 207; a.A. aber BGH v. 20.01.1994 – I ZR 267/91, CR 1994, 275 (1. Senat, zuständig für Urheberrecht).
Zur neuen Rechtslage: BGH v. 15.11.2006 – XII ZR 120/04, NJW 2007, 2394 = CR 2007, 75 (zum Mietrecht bei ASP-Verträgen).

166 BGH v. 15.11.2006 – XII ZR 120/04, NJW 2007, 2394, Rn. 16.

167 BGH 15.11.2006 – XII ZR 120/04, NJW 2007, 2394, Rn. 16.

168 Heydn, CR 2010, 765, 769 f.; Palandt/Heinrichs, § 90 Rn. 2; Heussen CR 2004, 1, 7; Thewalt, Der SW-Erstellungsvertag nach der SRM, S. 48; Moritz in: Kilian/Heussen, Computerrechts-Handbuch, Kap. 31, Rn. 56; Witte in: Redeker, Handbuch der IT-Verträge, Absch. 1.4, Rn. 14; Müller-Hengstenberg, CR 2004, 161, 164; Redeker, NJW 1992, 1739; Müller-Hengstenberg, CR 2004, 161, 164; Schweinoch/Roas, CR 2004, 326, 327; Stichtenoth, K&R 2003, 105, 106 ff.; Schneidenbach, Zivilrechtliche Haftung für Software im Internet, S. 49; Junker/Benecke, Computerrecht, Rn. 156; Junker, NJW 2005, 2829, 2832; Kath, Softwareentwicklungsverträge, S. 211; MünchKomm./Holch, § 90 Rn. 27; Staudinger/Jickeli/Stieper, § 90 Rn. 13; i. E. auch Hilty, MMR 2003, 3, 9; a.A. BGH v. 15.11.2006 – XII ZR 120/04, NJW 2007, 2394 = CR 2007, 75, 76; OLG Stuttgart v. 08.11.1988 – 6 U 135/87 (nicht rechtskräftig), NJW 1989, 2635, 2636 = CR 1989, 694; Marly, Praxishandbuch Softwarerecht, Rn. 674 ff.; König, NJW 1993, 3121.

169 MünchKomm./Holch, § 90 Rn. 8.

170 Müller-Hengstenberg, CR 2004, 161, 164.

Computer.[171] Sie ist das Ergebnis von Denkprozessen und damit ein rein immaterielles Gut,[172] wie beispielsweise ein Kochrezept oder Roman.[173] Im Unterschied zu einem Buch bleibt sie mit der physischen Systemplattform nicht zwingend verbunden, sondern wird ständig durch Speicher-, Kopier- und Verarbeitungsvorgänge an unterschiedlichen physischen Stellen ausgeführt – abhängig von der jeweils gestellten Aufgabe.[174] Dies zeigt sich insbesondere bei der Datenfernübertragung, die datenträgerlos erfolgt.[175] Auch wenn dabei letztlich die Software auf der Festplatte des Erwerbers verkörpert ist, hat dieser lediglich die Software erworben. Seine Festplatte befand sich ohnehin schon vorher in seinem Eigentum.

Unterstützt wird diese Ansicht durch die Gesetzesmaterialien zu § 453 Abs. 1 BGB n. F., nach dem die Vorschriften über den Sachkauf entsprechend Anwendung auf den Kauf von Rechten und sonstigen Gegenständen finden. Das Gesetz unterscheidet demnach zwischen Sachen, Rechten und sonstigen Gegenständen. Als Beispiel für einen „sonstigen Gegenstand" nennt die Gesetzesbegründung Software.[176] Aus der Tatsache, dass Software ausdrücklich als sonstiger Gegenstand erwähnt wird, lässt sich ableiten, dass der Gesetzgeber Software gerade nicht als Sache i. S. d. § 90 BGB verstanden wissen will.[177]

Fehlt es entgegen der Ansicht des BGH also an der Sachqualität von Software, ist bereits der Anwendungsbereich des § 651 BGB nicht eröffnet. Folgt man jedoch der vom BGH vertretenen Ansicht, könnte grundsätzlich bei Softwareerstellungsverträgen über § 651 BGB – unter Beachtung der in § 651 Satz 3 BGB genannten werkvertraglichen Vorschriften – Kaufrecht anzuwenden sein. Aber auch insoweit ist umstritten, ob die Verweisungsnorm tatsächlich Anwendung findet.

2. Anwendbarkeit von § 651 BGB

Stellenweise wird vertreten, § 651 BGB wortgetreu anzuwenden und somit auch Softwareerstellungsverträge dem Kaufrecht zu unterwerfen.[178] Jedoch werden

---

171 Redeker, NJW 1992, 1739.

172 MünchKomm./Holch, § 90 Rn. 27; Staudinger/Jickeli/Stieper, § 90 Rn. 13.

173 Redeker, NJW 1992, 1739.

174 Müller-Hengstenberg, CR 2004, 161, 164; Redeker, NJW 1992, 1739.

175 Junkers, NJW 2005, 2829, 2832.

176 BT-Drucks. 14/6040, S. 242.

177 Stichtenoth, K&R 2003, 105, 106; Bräutigam/Rücker, CR 2006, 361, 364 f.; Bartsch, CR 2010, 553, 556; a.A. Schweinoch/Roas, CR 2004, 326, 327.

178 Etwa Schweinoch/Roas, CR 2004, 326, 330; Schweinoch, CR 2010, 1, 3; Mankowski, MDR 2003, 854, 857; Schneider, CR 2003, 317, 322; Kotthoff, K&R 2002, 105.

die kaufvertraglichen Vorschriften im Gegensatz zu den werkvertraglichen nicht den Interessen der Vertragspartner gerecht.[179] Das Kaufrecht ist auf einen einmaligen Leistungsaustausch ausgerichtet und berücksichtigt daher keine relativ langen Projektzeiträume, wie sie bei der Softwareerstellung überwiegend vorkommen. Aus Sicht des Bestellers bietet das Werkvertragsrecht insbesondere den Vorteil der Selbstvornahme, das Wahlrecht der Nacherfüllungsart sowie die Abnahme.

Aus diesem Grund wird auch eine *teleologische Auslegung* des § 651 BGB im Rahmen der europäischen Verbrauchsgüter-Richtlinie vertreten.[180] Weil die Richtlinie explizit Verbrauchsgüter nennt, sei § 651 BGB nicht im B2C-Bereich anwendbar. Softwareerstellungsverträge kämen praktisch ausschließlich im B2B-Bereich vor, weshalb sie nicht von der Verweisung erfasst seien.[181] Selbst aber im B2C-Verhältnis würden die Interessen des Verbrauchers mit einem Werkvertrag weit besser berücksichtigt.[182] Allerdings hat der BGH im Zusammenhang mit der Errichtung einer Siloanlage dieser Ansicht eine klare Absage erteilt.[183] Der Wille des Gesetzgebers, Kaufrecht auch auf Verträge anzuwenden, die nach altem Recht noch dem Werkvertragsrecht unterlagen, komme in den Gesetzesmaterialien eindeutig zum Ausdruck. Dieser Wille könne nicht mit dem Argument umgangen werden, die alte Rechtslage habe zu angemesseneren Ergebnissen geführt.[184]

Die wohl h. M. bejaht die Typisierung als Werkvertrag, indem sie auf den *Schwerpunkt der Vertragsleistungen* abstellt.[185] Dieser liege bei Softwareerstellungsverträgen regelmäßig in der Verschaffung der in der Software enthaltenen Informationen und damit in einer geistigen Schöpfung.[186] Die Herstellung des

---

179 Müller-Hengstenberg, CR 2004, 161; Thewalt, CR 2002, 1, 7; Bartsch, CR 2001, 649, 655.

180 Bräutigam/Rücker, CR 2006, 361, 366 ff.; Diedrich, CR 2002, 473, 478 f.

181 Bräutigam/Rücker, CR 2006, 361, 367; Schmidl, MMR 2004, 590, 592; Redeker, CR 2005, 88, 90.

182 Bräutigam/Rücker, CR 2006, 361, 367; Spindler/Klöhn, CR 2003, 81, 82.

183 BGH v. 23.7.2009 – VII ZR 151/08, NJW 2009, 2877.

184 BGH v. 23.7.2009 – VII ZR 151/08, NJW 2009, 2877, 2878 f., Rn. 16.

185 MünchKomm./Busche, § 631 Rn. 254; Marly, Praxishandbuch Softwarerecht, R. 625 ff; Thewalt, CR 2002, 1, 7; Schmidl, MMR 2004, 590, 592; Bartsch, CR 2001, 649, 655; Hoeren, IT-Recht-Skript, S. 227 m.w.N.; derselbe, IT-Vertragsrecht, Rn. 360; Palandt/Putzo, § 433 Rn. 9, Einf. zu § 631 Rn. 22; Ebenroth/Boujong/Joost/Strohn/Müller § 381 Rn. 23; i.E. wohl auch Müller-Hengstenberg, NJW 2010, 1181, 1183; vgl. OLG Hamm v. 08.08.2007 – 12 U 26/07, CR 2008, 77, 78; a.A. Schweinoch, CR 2010, 1, 3.

186 Spindler/Klöhn, CR 2003, 81, 83; MünchKomm./Busche, § 631 Rn. 254; a.A. Schweinoch, CR 2010, 1, 3.

Datenträgers sei dabei vergleichsweise unbedeutend. Geschuldet sei eine im Wesentlichen softwarebasierte Problemlösung, also eine nicht-körperliche Sache.[187] Steht bei einem Vertrag nicht der Leistungsaustausch, sondern ein individueller Erfolg im Vordergrund, ist das Werkvertragsrecht als Vertragsmodell besser geeignet und daher auch anzuwenden.[188]

Dieser Ansicht ist ausdrücklich das OLG München[189] gefolgt. Selbst wenn man in einer Software eine bewegliche Sache sehe, sei § 651 BGB nicht anwendbar. So liege in der geistigen Schöpfung der Software die eigentliche Leistung und nicht in der Lieferung einer beweglichen Sache.[190]

Interessant ist die in diesem Zusammenhang stehende aktuelle Entwicklung der BGH-Rechtsprechung. Konkret zur Anwendung des § 651 BGB bei Softwareerstellungsprojekten hat sich der BGH jedoch bisher nicht geäußert:

a. BGH vom 23.07.2009

In seiner ersten Entscheidung in diesem Zusammenhang hat der BGH (7.Senat)[191] klargestellt, § 651 BGB sei grundsätzlich auf sämtliche Verträge mit einer Verpflichtung zur Lieferung herzustellender oder zu erzeugender beweglicher Sachen anzuwenden, also insbesondere auch im B2B-Bereich.[192] Eine Ausnahme sei denkbar, wenn

> „ein Prototyp einer Maschine entwickelt werde, weil die dafür erforderliche *geistige Leistung den Schwerpunkt* des Vertrags bilde, während die Maschine selbst *nur das Substrat dieser Leistung*“[193]

---

187 Schmidl, MMR 2004, 590, 592.

188 Müller-Hengstenberg, CR 2004, 161, 166; vgl. auch OLG Köln v. 04.11.2002 – 19 U 27/02, CR 2003, 246; OLG Hamm v. 22.08.1991 – 31 U 260/90, CR 1992, 206; es spricht auch noch ein weiterer Punkt für die Anwendung von Werkvertragsrecht. Bei Vertragsabschluss ist insbesondere bei modernen Vorgehensmodellen noch nicht das genaue Projektziel erkennbar. Aber auch bei einem klassischen Vorgehen müssen sich die Parteien noch nicht genau über den Vertragsgegenstand geeinigt haben, um einen Werkvertrag abschließen zu können. Der Vertragsgegenstand muss lediglich bestimmbar sein (siehe unten S. 104) Bei einem Vertrag über die Lieferung einer herzustellenden Sache wird man hingegen davon ausgehen müssen, dass bereits bei Vertragsabschluss feststeht, welche Sache zu liefern ist, Lapp, CR 2010, 69, 70.

189 OLG München v. 23.12.2009 – 20 U 3515/09, CR 2010, 156.

190 OLG München v. 23.12.2009 – 20 U 3515/09, CR 2010, 156, 157.

191 BGH v. 23.07.2009 – VII ZR 151/08, NJW 2009, 2877, 2879.

192 BGH v. 23.07.2009 – VII ZR 151/08, NJW 2009, 2877, 2879.

193 BGH v. 23.07.2009 – VII ZR 151/08, NJW 2009, 2877, 2880, Rn. 22 (Hervorhebungen durch den Verfasser).

sei. Allerdings lässt der 7. Senat diese Problematik ausdrücklich unbeantwortet. Sollte eine solche Ausnahme aber möglich sein, stellt der BGH ebenfalls auf den Schwerpunkt der Leistung ab.

b. BGH vom 09.02.2010

Ähnlich verfährt der 10. Senat. Planungs-, Konstruktions-, Integrations- und Anpassungsarbeiten würden an der Anwendung des § 651 BGB jedenfalls dann nichts ändern, wenn diese Leistungen eine Vorstufe zur im Mittelpunkt stehenden Lieferung einer herzustellenden Sache darstellen. Nur wenn die Planungsleistung so dominant sei, dass sie den Schwerpunkt des Vertrags bildet, könne eine Ausnahme gelten.[194] Demzufolge dürfte auch bei Softwareerstellungsprojekten die Verweisung des § 651 BGB nicht anzuwenden sein, wenn die Planung den Schwerpunkt des Vertrags ausmacht. Denn ebenso wie der Prototyp einer Maschine, der in den Produktionsprozess eines Betriebes einzupassen ist, verhält es sich mit Individualsoftware, die ebenfalls in den Betriebsprozess des Bestellers eingebunden werden soll. Da dem Anbieter neben dem allgemeinen Projektmanagement die Entwicklung der Lösungskonzepte obliegt, kann die Planungsleistung auch durchaus den Schwerpunkt des Vertrags bilden.[195] Auch bei einer Individualsoftware steht die geistige Leistung des Anbieters regelmäßig im Vordergrund. Dies gilt insbesondere dann, wenn der Anbieter vertraglich auch die Ermittlung der betrieblichen Anforderungen (Anforderungsanalyse) übernimmt.[196]

Im Rahmen *moderner Vorgehensmodelle* dürfte der Schwerpunkt noch wahrscheinlicher in der Planungsleistung liegen. Im Gegensatz zu den klassischen Modellen existiert zu Beginn des Projekts noch weniger Planung, wodurch sich ein größerer Planungs- und Projektsteuerungsanteil in die Phase der Projektdurchführung verschiebt.[197] Zum anderen verliert die ganze Problematik bei modernen Modellen an Bedeutung, weil man von der „Lieferung einer herzustellenden Sache" allenfalls hinsichtlich des am Beginn des Projekts stehenden Prototyps sprechen kann. Die sich daran anschließenden Anpassungen und Weiterentwicklungen des Prototyps sind nicht mehr als Lieferung im Sinne des

---

194 BGH v. 23.07.2009 – VII ZR 151/08, NJW 2009, 2877, 2879, Rn. 25.

195 So auch Maume/Wilser, CR 2010, 209, 212.

196 Vorsicht dürfte bei sogenannten System-Verträgen geboten sein, bei denen neben der Erstellung von Software auch die Lieferung von Hard- und/oder Standardsoftware geschuldet ist. Übersteigt der auf die Hardware und/oder Standardsoftware entfallende Anteil der Vergütung den Planungs- und Softwareerstellungsanteil, wird der Schwerpunkt der Leistung eher im kaufvertraglichen Bereich liegen.

197 Vgl. Müller-Hengstenberg, NJW 2010, 1181, 1184.

§ 651 BGB einzuordnen, sondern als Arbeiten an einer bereits hergestellten Sache.

c. BGH vom 04.03.2010

Das Regel-Ausnahme-Verhältnis gegenteilig bewertend hat sich der 3. Senat im Zusammenhang mit einem Webdesign-Vertrag geäußert.

> „Ein solcher Vertrag dürfte – ebenso wie ein Vertrag über die Erstellung oder Bearbeitung einer speziellen, auf die Bedürfnisse des Auftraggebers abgestimmten Software (…) – regelmäßig als Werkvertrag i.S. der §§ 631ff. BGB, unter Umständen auch als Werklieferungsvertrag i.S. von § 651 BGB, anzusehen sein“.[198]

Diese Ausführungen werden als ein „Zurückrudern“ des BGH interpretiert, wonach auf Softwareerstellungsverträge doch grundsätzlich Werkvertragsrecht anwendbar sein soll.[199]

d. BGH vom 25.03.2010

In einer weiteren Entscheidung, in der sich der Anbieter zur Entwicklung eines Software-Prototypen sowie eines Pilotsystems verpflichtet hatte und in der damit tatsächlich eine Softwareerstellung im Mittelpunkt stand, ging der 7. Senat überhaupt nicht auf die Problematik des § 651 BGB ein.[200] Anstelle überhaupt § 651 BGB zu erwähnen, bestätigte der Senat schlicht die durch das Berufungsgericht vorgenommene Qualifizierung als Werkvertrag.[201]

e. Zwischenergebnis

Ein wesentlicher Teil der Literatur stellt richtigerweise auf den Schwerpunkt der Leistung ab. Das OLG München stützt diese Auffassung ausdrücklich speziell für den Fall eines Softwareerstellungsvertrags. Auch der BGH qualifiziert den Softwareerstellungsvertrag offensichtlich als Werkvertrag. Sofern der Schwerpunkt der Leistung in der Planung liegt, wird Werkvertragsrecht anzuwenden

---

198 BGH v. 04.03.2010 – III ZR 79/09, NJW 2010, 1449, 1451, Rn. 21.

199 Hoeren, beck-blog vom 07.04.2010, abrufbar unter: http://blog.beck.de/2010/04/07/bgh-soft ware erstellung-ist-doch-werkvertrag; allerdings stellt der Senat unter anderem auf die fehlende „Lieferung“ bei der Herstellung einer individuellen Website ab, weil diese regelmäßig auf dem beim Anbieter stehenden Server sowie in dessen Verfügung verbleiben würde (BGH v. 04.03.2010 – III ZR 79/09, NJW 2010, 1449, 1451, Rn. 26). Bei der Herstellung einer Software wird diese aber dem Besteller übergeben und verbleibt dann in der Regel auch bei diesem.

200 BGH v. 25.03.2010 – VII ZR 224/08, CR 2010, 422, Rn. 14.

201 BGH v. 25.03.2010 – VII ZR 224/08, CR 2010, 422, Rn. 14.

sein. Allerdings werden die Hürden insbesondere für den Planungsanteil sehr hoch angesetzt.

Da im Rahmen eines Softwareerstellungsvertrags die Planung sowie die geistige Leistung des Anbieters regelmäßig den Schwerpunkt der Leistung ausmachen werden, wird sich ein Softwareerstellungsvertrag ebenso regelmäßig als Werkvertrag darstellen. Die Verweisung des § 651 BGB ins Kaufrecht wäre daher nicht anwendbar.

3. Ergebnis

Die Herstellung einer Individualsoftware unterliegt dem Werkvertragsrecht. Entgegen der Ansicht des BGH fehlt Software die Sachqualität, weshalb der Anwendungsbereich des § 651 BGB nicht eröffnet ist.

Bejaht man hingegen der BGH-Ansicht entsprechend die Sachqualität von Software, ist bei der typologischen Einordnung des Softwareerstellungsvertrags auf den Schwerpunkt der Leistung abzustellen. Findet sich dieser im vom Anbieter zu leistenden Planungsanteil, ist ebenfalls Werkvertragsrecht einschlägig. Die Verweisung auf das Kaufrecht gemäß § 651 BGB greift dann nicht durch.

Aufgrund der dennoch unklaren Rechtslage ist den Vertragsparteien aus praktischer Sicht dringend anzuraten, vorsorglich die wichtigsten werkvertraglichen Regelungen – etwa zur Abnahme, zu Vorbehaltszahlungen, zu den Kündigungsrechten sowie zur Verjährung – ausdrücklich in den Vertrag mit aufzunehmen.

F. Mangelbegriff

Der wesentliche Zweck des Lastenhefts besteht darin, möglichst detailliert zu beschreiben, welche Eigenschaften die geplante Software haben und welchen Anforderungen sie gerecht werden soll. Das Lastenheft definiert den Leistungsumfang des Softwareerstellungsvertrags. Entspricht die erstellte Software später nicht den im Lastenheft vereinbarten Anforderungen, ist die Software mangelhaft und der Auftraggeber kann grundsätzlich von seinen Gewährleistungsrechten Gebrauch machen.

Die Mangelhaftigkeit einer Software muss sich aber nicht alleine aus Abweichungen des Ist-Zustandes und dem im Lastenheft beschriebenen Soll-Zustand ergeben, sondern kann auch durch außerhalb des Lastenhefts liegende Umständen begründet sein. Es können auch solche Eigenschaften der Software geschuldet sein, die nicht im Lastenheft bzw. dem Vertrag ausdrücklich aufgeführt sind. In manchen Fällen haben die Vertragspartner sogar gänzlich von der Erstellung eines Lastenhefts abgesehen. Naturgemäß verschärft sich dann die Frage, was der Auftragnehmer überhaupt genau schuldet. In diesem Zusammenhang ist eine nähere Betrachtung des Mangelbegriffs geboten. Nachfolgend wird aus diesem Grund nach kurzen allgemeinen Ausführungen (I.) auf den Mangelbegriff (II.-IV.) eingegangen. Daran schließt sich eine Einordnung der BGH-Rechtsprechung zum „Stand der Technik bei mittlerem Ausführungsstandard“ (V.) sowie Ausführungen zur Rangfolge innerhalb des Mangelbegriffs (VI.) an. Danach wird untersucht, welche „Unzulänglichkeiten“ ein Lastenheft haben kann (VII.). Abschließend wird kurz der EDV-technische Fehlerbegriff vom juristischen Mangelbegriff abgegrenzt (VIII.).

I. Allgemein zum Mangelbegriff

Der Auftragnehmer schuldet gemäß § 633 Abs. 1 BGB die Verschaffung eines mangelfreien Werkes. Dem Wortlaut des § 633 Abs. 2 BGB zufolge besteht innerhalb des Mangelbegriffs eine Rang- bzw. Stufenfolge. Zunächst ist für die Bestimmung der Mangelfreiheit die vereinbarte Beschaffenheit maßgeblich (Satz 1); *soweit* die Beschaffenheit nicht vereinbart ist, ist auf die Eignung zur nach dem Vertrag vorausgesetzte Verwendung abzustellen (Satz 2 Nr. 1); *sonst* muss das Werk für die gewöhnliche Verwendung geeignet sein und eine Beschaffenheit aufweisen, die bei Werken der gleichen Art üblich ist und die der Besteller nach der Art des Werks erwarten kann (Satz 2 Nr. 2). Haben die Vertragspartner demnach keine Beschaffenheitsvereinbarung getroffen, ist subsidiär auf die vertraglich vorausgesetzte Verwendung abzustellen, der gegenüber wiederum die gewöhnliche Verwendung subsidiär ist.[202] Der Mangelbegriff im Werkvertragsrecht ist entsprechend dem Willen des Gesetzgebers nahezu deckungsgleich mit dem des Kaufrechts (§ 434 Abs. 1 BGB).[203] Zwar geht der Mangelbegriff des Kaufrechts etwas weiter, indem er auch Werbeaussagen des Herstellers (§ 434 Abs. 1 Satz 3 BGB) und die sogenannte IKEA-Klausel gemäß § 434 Abs. 3 BGB mit einbezieht. Hierfür besteht im Werkvertragsrecht aber kein Bedarf.

Wesentliche Unterschiede zum alten Mangelbegriff liegen zum einen darin, dass der subjektive Wille der Parteien mehr in den Vordergrund gerückt wurde. Zum anderen stellt nun grundsätzlich jede Abweichung von der Soll-Beschaffenheit einen Mangel dar, nicht nur wert- oder tauglichkeitsmindernde Abweichungen, wie es nach alter Rechtslage der Fall war. Ferner geht nun die „zugesicherte Eigenschaft" in der „vereinbarten Beschaffenheit" auf.

Hat das Werk einen Mangel, stellt dies eine Pflichtverletzung des Auftragnehmers dar. Dabei ist zwischen *Pflichtverletzung* und *Verschulden* zu differenzieren. Denn nur wenn der Auftragnehmer die Pflichtverletzung zu vertreten hat, kommen Schadenersatzansprüche des Bestellers in Betracht, während verschuldensunabhängig auch die übrigen Gewährleistungsrechte (Nacherfüllung, Selbstvornahme, Minderung und Rücktritt) bestehen können. Auch geringfügige Abweichungen stellen grundsätzlich bereits einen Mangel dar.[204] Allerdings sind bei unerheblichen Pflichtverletzungen Rücktritt (§ 323 Abs. 5 S. 2 BGB) und Schadenersatz (§ 281 Abs. 1 S. 3 BGB) ausgeschlossen. Macht der Besteller einen Mangel geltend, muss er eine entsprechende Pflichtverletzung darlegen und beweisen. Den Auftragnehmer trifft dagegen die Darlegungs- und Beweispflicht dafür, dass er diese Pflichtverletzung nicht zu vertreten hat (§ 280 Abs. 1 Satz 2 BGB).

---

202 MünchKomm./Busche, § 633 Rn. 25; Palandt/Putzo, § 434 Rn. 20; Marly, Praxishandbuch Softwarerecht, Rn. 1366.

203 BT-Drucks. 14/6040, S. 95, 260 f.

204 Ausnahmsweise kann nach dem Grundsatz von Treu und Glauben eine Mangelhaftigkeit zu verneinen sein, wenn die Auswirkungen des Mangels bei gebührender Betrachtung der Interessen des Bestellers so gering sind, dass sie unter keinem Gesichtspunkt Beachtung verdienen, MünchKomm./Busche, § 633 Rn. 9. Das OLG Köln (v. 14.01.1994 – 19 U 183/93, NJW–RR 1994, 1077) sah es beispielsweise nicht als Mangel an, dass ein Bildschirm von einem weißen Streifen durchzogen wurde, wenn dieser zwar eingeschaltet war, aber ansonsten nicht benutzt wurde. Nach Ansicht des Gerichts war dieser Streifen nicht geeignet, den Wert oder Tauglichkeit des Bildschirms zu mindern.

II. Vereinbarte Beschaffenheit

Zunächst ist zu prüfen, ob die Parteien eine bestimmte Beschaffenheit im Vertrag ausdrücklich vereinbart haben. Im Softwareerstellungsvertrag geschieht diese Festlegung im Lastenheft. Maßgeblich ist der Wille der Vertragspartner (daher auch „subjektiver Mangelbegriff"),[205] keine rein objektiven Kriterien. Damit sind nicht nur Eigenschaften des Werkes erfasst, die ihm unmittelbar physisch anhaften, sondern auch Umstände außerhalb des Werkes. Beispielsweise muss ein Rechner an den vertraglich vorgegebenen Stellplatz beim Besteller passen oder etwa die Kompatibilität zu anderen Systemkomponenten gegeben sein, wenn dies vereinbart worden ist. Behauptet ein Vertragspartner, das Verständnis des Vertrags entspräche nicht den mündlichen Abreden, ist er hierfür darlegungs- und beweispflichtig, weil eine Vermutung für die Richtigkeit und Vollständigkeit der Vertragsurkunde spricht.[206] Besprechen die Vertragspartner in vorvertraglichen Gesprächen bestimmte Anforderungen, die die Software erfüllen soll, sind diese dann aber im später abgeschlossenen Vertrag bzw. Lastenheft nicht dokumentiert, werden sie in der Regel auch nicht Vertragsbestandteil.[207]

Die vereinbarte Beschaffenheit kann sich einerseits aus der im Vertrag beschriebenen Ausführungsart ergeben, als auch andererseits aus Angaben über den mit der Ausführung erstrebten Erfolg, der regelmäßig in einer spezifischen Funktionsfähigkeit des Werkes zu sehen ist.[208] Dies hat zur Folge, dass einem Werk auch dann ein Mangel anhaftet, wenn es für sich genommen der vereinbarten Beschaffenheit entspricht und auch sonst funktionstüchtig ist, aber dennoch die vereinbarte oder nach dem Vertrag vorausgesetzte Funktion nicht erfüllt.[209] Haben die Parteien etwa eine bestimmte Ausführungsart vereinbart, mit der die vertragliche Funktionstauglichkeit jedoch nicht erreicht werden kann (sog. „*funktionaler Mangel*"), ändert dies nichts an der Erfolgshaftung des Auftragnehmers. Er hat das Werk so herzustellen, dass es sich für die verabredete

---

205 BT-Drucks. 14/6040, S. 212.

206 BGH v. 13.03.2008 – VII ZR 194/06, NJW 2008, 2106, 2108.

207 BGH v. 15.05.1990 – X ZR 128/88, CR 1991, 86, 89; wird eine Anforderung allerdings in den Vorgesprächen als „selbstverständlich" bezeichnet, kann es eine vorvertragliche Aufklärungspflichtverletzung bedeuten, wenn die Software diese Anforderung später nicht enthält, BGH v. 15.05.1990 – X ZR 128/88, CR 1991, 86, 88. Abweichendes kann gelten, wenn eine Vertragsauslegung ergibt, dass auch die Vorgespräche Inhalt des Vertrags sein sollen.

208 MünchKomm./Busche, § 633 Rn. 14.

209 BGH v. 08.11.2007 – VII ZR 183/05, NJW 2008, 511, 512.

Funktion eignet.[210] Ist dann mit einer darin festgelegten Ausführungsart die gewünschte Funktion nicht umsetzbar, soll nach Ansicht des BGH[211] die Umsetzung dieser Funktion der vereinbarten Ausführungsart vorgehen.

Im Zusammenhang mit dem Lastenheft stellt sich diese Problematik aber in der Regel nicht. Zumindest sollten im Lastenheft keine Vereinbarungen zur Ausführungsart getroffen werden. Bestimmungen zur Ausführungsart betreffen Fragen der DV-technischen Umsetzung. Sie werden im Pflichtenheft beschrieben. Das Lastenheft definiert lediglich die fachlichen Anforderungen an die Software. Es gibt damit exakt die einzelnen Funktionen vor, welche die geplante Software erfüllen soll, sowie daraus folgend auch den zu erreichenden Erfolg. Da den Besteller in der Regel kaum interessiert, wie der Auftragnehmer die Anforderungen umsetzt, als vielmehr, am Ende eine Software zu erhalten, die seinen Anforderungen gerecht wird, wird meistens auch nur das Lastenheft zum Vertragsbestandteil gemacht. Übertragbar ist die Rechtsprechung des BGH indessen, wenn der Auftraggeber doch einmal Wert auf eine bestimmte Art der Ausführung legt und deswegen auch das Pflichtenheft zum Vertragsbestandteil erheben möchte.

III. Vertraglich vorausgesetzte Verwendung

Macht der Besteller einen Mangel geltend, der auf eine Beschaffenheit des Werkes zurückzuführen ist, die nicht vertraglich vereinbart wurde, ist durch Ver-

---

210 BGH v. 08.11.2007 – VII ZR 183/05, NJW 2008, 511, 512; der Werkunternehmer haftet allerdings dann nicht für einen funktionalen Mangel, wenn dieser seinen Ursprung außerhalb seines Verantwortungsbereichs hat und der Unternehmer seiner Prüfungs- und Hinweispflicht nachgekommen ist. Außerhalb seines Verantwortungsbereichs können etwa verbindliche Vorgaben des Bestellers, vom Besteller gelieferte Stoffe oder Bauteile oder Vorleistungen anderer Unternehmer liegen. Die Eigenverantwortlichkeit des Werkunternehmers ist in diesen Fällen eingeschränkt, weshalb eine uneingeschränkte verschuldensunabhängige Haftung nach Treu und Glauben nicht interessengerecht wäre. Aus diesem Grund kann sich der Werkunternehmer einer Haftung entziehen, wenn er seiner Pflicht nachkommt, den Besteller auf Bedenken hinzuweisen, die ihm bei der gebotenen Prüfung gegen die Geeignetheit der verbindlichen Vorgaben, der gelieferten Stoffe oder Bauteile oder der Vorleistung anderer Unternehmer gekommen sind oder bei ordnungsgemäßer Prüfung hätten kommen müssen. Insoweit soll es sich bei der Prüfungs- und Hinweispflicht um einen „Befreiungstatbestand" handeln, BGH, NJW 2008, 511, 513; kritisch zur Verortung in der „vereinbarten Beschaffenheit"": Seibel ZfBR 2009, 107, 111: Funktionstauglichkeit sei eher bei 2. Stufe zu verorten; letztlich bleibt dies aber ohne praktische Bedeutung. Siehe zur Problematik der Prüfungs- und Hinweispflichten ausführlich unten S. 217 ff.

211 Vgl. BGH v. 08.11.2007 – VII ZR 183/05, NJW 2008, 511.

tragsauslegung[212] zu prüfen, ob das Werk der vertraglich vorausgesetzten Verwendung entspricht (§ 633 Abs. 2 Satz 2 Nr. 1 BGB). Die Abgrenzung zu einer konkludent vereinbarten Beschaffenheit kann problematisch sein, hat aber keine praktische Bedeutung. Diese zweite Stufe des Mangelbegriffs findet häufig in Fällen Anwendung, in denen die vertragliche Vereinbarung zur Beschaffenheit nicht nachweisbar ist,[213] etwa, weil ein Lastenheft fehlt oder lückenhaft ist.[214] Die vertraglich vorausgesetzte Verwendung muss nicht von den Vertragsparteien vertraglich vereinbart, sondern lediglich von ihnen übereinstimmend vorausgesetzt worden sein. Dabei können subjektiv geäußerte Vorstellungen der Vertragsparteien,[215] die vorvertragliche Korrespondenz (Angebote, Anforderungsschreiben, Besprechungsprotokolle, Präsentationsunterlagen u. ä.) und auch die Präambel des Vertrags[216] für den Vertragsinhalt maßgeblich sein. Beide Vertragspartner müssen dementsprechend bei Vertragsabschluss identische Vorstellungen von der Verwendung haben, wobei auch eine konkludente Übereinstimmung der Vorstellungen ausreicht.[217] Durch allein einseitig bestehende Vorstellungen, die für den anderen Vertragspartner nicht erkennbar sind, wird keine bestimmte Verwendung gemeinsam vertraglich vorausgesetzt.[218] Die Vorstellungen der Vertragspartner über die Verwendung einer Software müssen sich nicht unbedingt auf Systemeigenschaften beziehen, sondern können auch in einem gedanklichen Zwischenschritt vom Auftragnehmer zu erschließen sein. Ist dem Anbieter etwa bekannt, welches Personal mit der Software arbeiten soll, muss die Software auf diesen Personenkreis abgestimmt und für eine entsprechende Anzahl von Arbeitsplätzen ausgelegt sein.[219]

IV. Gewöhnliche Verwendung

Kann weder eine vertraglich vereinbarte Beschaffenheit noch eine vertraglich vorausgesetzte Verwendung festgestellt werden, ist zu untersuchen, ob das erstellte Werk für die gewöhnliche Verwendung geeignet ist und eine Beschaffenheit aufweist, die bei Werken der gleichen Art üblich ist und die der Besteller

---

212 Koch, Software- und Datenbankrecht, § 5 Rn. 16; Hoeren, IT-Recht Skript, S. 119.

213 Marly, Praxishandbuch Softwarerecht, Rn. 1372.

214 Hier zeigt sich der Vorteil, auch die nicht geschuldeten, vom Leistungsumfang ausgeschlossenen Anforderungen im Lastenheft zu beschreiben. Die Frage, ob eine bestimmte vom Besteller verlangte Funktion zur vereinbarten (oder gewöhnlichen) Verwendung erforderlich ist, kommt dann gar nicht erst auf.

215 MünchKomm./Busche, § 633 Rn. 28.

216 Häuser in: Lehmann/Meents, Fachanwalt IT-Recht, Kap. 6, Rn. 105.

217 BT-Drucks. 14/6040, S. 213.

218 Marly, Praxishandbuch Softwarerecht, Rn. 1372.

219 Koch, Computer-Vertragsrecht, Teil 7 Rn. 56.

nach der Art des Werks erwarten kann (§ 633 Abs. 2 Satz 2 Nr. 2 BGB). Sind subjektive Kriterien also nicht feststellbar, muss ein Rückgriff auf objektive Merkmale erfolgen. Im Rahmen eines IT-Projekts umfasst ein Lastenheft selten sämtliche fachlichen Anforderungen, weil Anforderungen übersehen oder als selbstverständlich vorausgesetzt werden.[220] Zur Ausfüllung dieser Lücken ist dann auf die dritte Stufe des Mangelbegriffs zurückzugreifen. Dazu ist ein Vergleich mit vergleichbaren Sachverhalten zu ziehen. Alleine hieran zeigt sich, dass ein Bestimmen der gewöhnlichen Verwendung bei Individualsoftware in der Praxis äußerst schwierig ist, weil es bei individuell erstellten Werken regelmäßig an einer Zuordnung zu einer bestimmten Gattung und damit an einem Vergleichsmaßstab fehlt.[221] Dennoch ist allgemein anerkannt, dass der Besteller von der Software auch gewisse Minimalanforderungen (*Selbstverständlichkeiten*) erwarten darf, bezüglich derer es keiner ausdrücklichen Erwähnung im Lastenheft bedarf.[222] Zumindest innerhalb eines gewissen Kernbereichs wird man eine Vergleichbarkeit zu anderen Softwareprogrammen ziehen können. So darf etwa ein Anwender, der Daten löschen möchte, erwarten, dass die Software die Möglichkeit einer Sicherheitsabfrage enthält, mit der der Anwender nochmals vor der Löschung zur Bestätigung derselben aufgefordert wird, ohne dass dies im Lastenheft ausdrücklich bestimmt ist. Der Anwender kann auch erwarten, dass die erstellte Software frei von Viren ist. Ebenso soll ohne ausdrückliche Vereinbarung eine „normale" Wartezeit bezüglich der Rechenvorgänge geschuldet sein.[223] Nach Auffassung des BGH gehört ferner stets auch ohne vertragliche Vereinbarung eine Benutzerdokumentation zum Leistungsumfang einer Software.[224] Trotz alledem wird häufig bei Individualsoftware eine Vergleichbarkeit bezüglich bestimmter als Mangel geltend gemachter Funktionen mit anderen Softwareprodukten nicht möglich sein, weswegen auch keine gewöhnliche Verwendung ermittelt werden kann. Sofern dies der Fall ist, wird

---

220 Redeker in: Schneider/v. Westphalen, Software-Erstellungsverträge, D. Rn. 284.

221 Häuser in: Lehmann/Meents, Fachanwalt IT-Recht, Kap. 6, Rn. 105; Witzel in: Schneider/v. Westphalen, Software-Erstellungsverträge, F. Rn. 139.

222 Schaub, CR 1993, 329, 333; Marly, Praxishandbuch Softwarerecht, Rn. 1375; Koch, Software- und Datenbankrecht, § 5 Rn. 17; LG Landau v. 15.11.1983, iur 1986, 456; LG Köln 02.07.1997 – 20 O 276/95, ECR LG 253 (Fakturierungsprogramm ohne Möglichkeit, Bankverbindung auf Rechnung auszudrucken); ähnlich auch: Koch, Computer-Vertragsrecht, Teil 7 Rn. 62; a.A. OLG Stuttgart v. 12.09.1985 – 7 U 280/84, CR 1986, 381, 382: selbst bei Standardsoftware könne wegen der Vielzahl der Variationsmöglichkeiten „von einem standardisierten oder ‚gewöhnlichen' Inhalt eines Programms nicht ausgegangen werden".

223 LG München v. 21.10.1986 – 70 1314/85, CR 1986, 803, 805.

224 BGH v. 04.11.1992 – VIII ZR 165/91, CR 1993, 203; v. 05.07.1989 – VIII ZR 334/88, CR 1990, 189 (bei Hardware).

man auch nicht feststellen können, was vom Auftragnehmer konkret geschuldet ist.[225]

Zusammenfassend ist zu konstatieren, dass sich der Vertragsumfang nicht ausschließlich aus dem Lastenheft ergeben muss. Auch Umstände außerhalb der fachlichen Spezifizierung können auf die Mangelhaftigkeit einer Software Einfluss haben. Daher ist es insbesondere aus Sicht des Auftragnehmers ratsam, eine Klausel in den Vertrag aufzunehmen, wonach der Auftraggeber nach Erstellung des Lastenhefts bestätigen wird, dass darin sämtliche fachlichen Anforderungen an die Software vollständig und richtig wiedergegeben sind und er den durch Änderungen und Unzulänglichkeiten des Lastenhefts später entstehenden Mehraufwand tragen wird.[226]

V. Stand der Technik bei mittlerem Ausführungsstandard

Nach den obigen Ausführungen bestimmt sich die Mangelfreiheit bei Fehlen eines Lastenhefts nach der vertraglich vorausgesetzten Verwendung, ist eine solche nicht feststellbar, nach der gewöhnlichen Verwendung. Der BGH[227] entschied noch zum alten Schuldrecht, der Auftragnehmer schulde mangels Lastenhefts[228] eine Software entsprechend dem „Stand der Technik bei mittlerem Ausführungsstandard". Dies gilt natürlich nur dann, so ist zu ergänzen, wenn der werkvertragliche Erfolg überhaupt ohne Lastenheft erreicht werden kann. Die oberlandesgerichtliche Rechtsprechung[229] ist dem BGH darin mehrfach gefolgt

---

225 Vgl. OLG Düsseldorf v. 10.06.1992 – 19 U 23/91, CR 1993, 361, 364: „Mangels eines ordnungsgemäßen (…) Pflichtenheftes gibt es, (…) kein Kriterium, anhand dessen sich die tatsächlich gelieferte Software als vertragsgemäße Leistung nachweisen ließe."

226 In einer individuell vereinbarten Vertragsklausel dürfte diese Regelung wirksam sein. Denn wenn die Parteien einen bestimmten Punkt abschließend regeln möchten, kann man von einer Regelungslücke im Allgemeinen nicht ausgehen. Die Vereinbarung ist in diesem Fall einer ergänzenden Vertragsauslegung nicht zugänglich, BGH v. 24.04.1985 – IV b ZR 17/84, NJW 1985, 1835, 1836. Ob eine solche Klausel dagegen in Allgemeinen Geschäftsbedingungen wirksam ist, erscheint zweifelhaft.

227 BGH v. 24.11.1991 – X ZR 85/90, CR 1992, 543 = NJW-RR 1992, 556 („vergessene Pflichtenheft"); v. 16.12.2003 – X ZR 129/01, CR 2004, 490 (ebenfalls zum alten Schuldrecht).

228 Der BGH spricht in dieser Entscheidung zwar von einem „Pflichtenheft", meint damit aber das Lastenheft im Sinne der Informatik.

229 OLG Düsseldorf v. 18.07.1997 – 22 U 3/97, CR 1997, 732, 733 = NJW-RR 1998, 345; OLG Köln v. 14.07.1995 – 19 U 293/94, CR 1996, 344; v. 25.06.1993 – 19 U 216/92, BB Beil. 1993/33, 6; KG v. 22.11.1994 – 18 U 7070/93, CR 1995, 151.

und auch in der EDV-rechtlichen Literatur[230] wird diese Rechtsprechung zumeist unkritisch und pauschal für den Fall zitiert, in dem ein Lastenheft fehlt. Fraglich ist, ob die Auffassung des BGH auch noch nach der Schuldrechtsmodernisierung aufrecht erhalten werden kann.

1. Stand der Technik als Qualitätsstufe

Grundsätzlich werden in der Technik drei Qualitätsstufen unterschieden: die (allgemein) anerkannten Regeln der Technik, der Stand der Technik und der Stand der Wissenschaft und Technik.

Bei *allgemein anerkannten Regeln der Technik* handelt es sich um geschriebene und ungeschriebene Regeln für Entwurf und Ausführung von Werkleistungen, die auf Erkenntnissen und Erfahrungen beruhen. Sie haben sich in der Praxis bewährt und sind daher von der Gesamtheit der Techniker als geeignet, angemessen und notwendig anerkannt,[231] weshalb sie auch als theoretisch richtig gelten. Im Baurecht bilden sie deswegen das Mindestmaß. Hiervon unterscheidet sich der *Stand der Technik.* Die hierbei maßgeblichen Regeln sind zwar noch nicht allgemein anerkannt, bilden aber den Entwicklungsstand fortschrittlicher Verfahren ab, deren Eignung für das Erreichen der angestrebten Ziele als gesichert angesehen wird. Da es aber an einer hinreichenden und langjährigen Erprobung fehlt, ist er nur Spezialisten bekannt.[232] Es handelt sich also um die technischen Spitzenleistungen, die derzeit möglich sind und verlangt damit höhere Anforderungen als die allgemein anerkannten Regeln der Technik, die sich nach durchschnittlichen Verhältnissen richten. Die neuesten wissenschaftlichen Erkenntnisse, die bisher noch keinen Einzug in die betriebliche Praxis gefunden haben, bilden den *Stand der Wissenschaft und Technik.*[233]

---

230 Schaub, CR 1993, 329, 331; Moritz in: Kilian/Heussen, Computerrechts-Handbuch, 1. Absch., Teil 3, Rn. 65; Hoeren, IT-Vertragsrecht, Rn. 377; Schneider, Handbuch des EDV-Rechts, H. Rn. 167; derselbe, CR 2003, 317, 318; Koch, Computer-Vertragsrecht, Teil 1 Rn. 32; derselbe, ITRB 2010, 114, 118; derselbe, IT-Projektverträge rechtssicher gestalten, S.13, Skript, Stand Sommer 2009, abrufbar unter: www.anwaltskanzlei-koch. info/IT-Projektvertrage _rechtssicher_gestalten.pdf; Witte, ITRB 2010, 44, 45; ähnlich auch Redeker in: Schneider/v. Westphalen, Software-Erstellungsverträge, D. Rn. 182; a.A. Ihde, CR 1999, 409, 412.

231 MünchKomm./Busche, § 633 Rn. 17 ff., 19; DIN-Normen können zwar die allgemein anerkannten Regeln der Technik wiedergeben; sie können aufgrund ihres Alters indessen auch hinter ihnen zurück bleiben.

232 MünchKomm./Busche, § 633 Rn. 19.

233 MünchKomm./Busche, § 633 Rn. 19.

Dass der Auftragnehmer zur Einhaltung der anerkannten Regeln der Technik auch ohne besondere Vereinbarung verpflichtet ist, gilt als unstreitig.[234] Da der Gesetzgeber dies als selbstverständlich ansah, hielt er eine ausdrückliche Erwähnung im Gesetz für nicht erforderlich.[235] Die allgemein anerkannten Regeln der Technik stehen dem gleich, was im Sinne des § 633 Abs. 2 Satz 2 Nr. 2 BGB üblich ist und der Besteller nach der Art des Werkes von einem durchschnittlichen Werkunternehmer erwarten kann.[236] Hält der Werkunternehmer also die allgemein anerkannten Regeln der Technik ein, kann ihm insoweit nicht entgegengehalten werden, das Werk entspräche nicht der gewöhnlichen Verwendung.

In diesem Zusammenhang ist zu fragen, ob der BGH nicht zu viel vom Anbieter verlangt, wenn dieser eine Software entsprechend dem Stand der Technik zu liefern hat. Denn die Anforderungen an den Stand der Technik sind höher als die der allgemein anerkannten Regeln der Technik. Allerdings besetzt die Bezeichnung „Stand der Technik" bei Juristen nicht dieselbe Bedeutung wie im technischen Bereich. Die EDV-rechtliche Literatur nimmt keine genaue Differenzierung zwischen Regeln der Technik und Stand der Technik vor. Sie versteht überwiegend unter dem Stand der Technik eine durchschnittliche Qualitätsstufe.[237] Daher soll bei der Bestimmung der gewöhnlichen Verwendung auf den Stand der Technik zurückgegriffen werden können.[238] Auch der BGH versteht den Stand der Technik lediglich als eine durchschnittliche Ausführung der Software.[239] Dies zeigt sich vor allem an dem Zusatz *„bei mittlerem Ausfüh-*

---

234 Es sei denn, die Parteien haben das Abweichen von den anerkannten Regeln der Technik ausdrücklich vereinbart.

235 BT-Drucks. 14/6040, S. 261.

236 BT-Drucks. 14/6040, S. 261; BeckOK Bamberger/Roth/Voit BGB, § 633 Rn. 12; Kniffka/Koeble, Kompendium des Baurechts, 11. Teil Rn. 188; Vorwerk, BauR 2003, 1, 3 m.w.N. (Fn. 28, 29).

237 Moritz in: Kilian/Heussen, Computer-Vertragsrecht, Teil 3 Rn. 121; vgl. auch Redeker, IT-Recht, B. Rn. 323; Bartsch, NJW 2002, 1526, 1527; Bohne/Müller in: Hoeren/Sieber, Handbuch Multimedia-Recht, 12.1 Rn. 25 (zum vergleichbaren Fall eines Webdesigners); MünchKomm./Busche, § 633/37; vgl. auch LG Köln v. 21.1.0.1993 – 22 O 673/90, 1994, 624, 625.

238 Siehe Fn. 237.

239 So auch Redeker in: Schneider/v. Westphalen, Software-Erstellungsverträge, D. Rn. 182; in den Entscheidungsgründen verweist der BGH in diesem Zusammenhang auf „RGRK-Glanzmann, 12. Aufl., § 631 BGB Rdnr. 62". Diese Fundstelle hilft bei der Auslegung des Begriffs indessen nicht weiter, weil sie hierzu gerade keine Ausführungen enthält.

rungsstandard".[240] Dabei handelt es sich um keinen technischen Fachbegriff. Gemeint ist eine Ausführung, die ein Produkt mittlerer Art und Güte gewährleistet.[241]

Problematisch kann die unterschiedliche Begriffsverwendung insbesondere dann werden, wenn Gericht und Sachverständiger unter den Begrifflichkeiten etwas Unterschiedliches verstehen. Für den Auftragnehmer besteht dann das Risiko, dass er eine bestmögliche Spitzenleistung nach dem neuesten Erkenntnisstand schuldet und nicht lediglich den allgemein anerkannten und praktisch bewährten Standard.[242] Daher sollte es auch in Vertragsklauseln vermieden werden, etwa im Rahmen der Ausführung pauschal auf den Stand der Technik zu verweisen. Vielmehr sollten die Parteien den gewünschten Standard genau bezeichnen.[243]

2. Stand der Technik bei mittlerem Ausführungsstandard contra Mangelbegriff

Nach dem Verständnis des BGH handelt es sich bei einem „Stand der Technik bei mittlerem Ausführungsstandard" im technischen Sinne eher um die „Regel der Technik", welche unter der dritten Stufe des Mangelbegriffs (Eignung zur gewöhnlichen Verwendung) anzusiedeln sind.[244]

Häufig findet sich in der Literatur[245] unter Verweis auf die BGH-Rechtsprechung die pauschale Aussage, bei Fehlen eines Lastenhefts schulde

240 Im Leitsatz von BGH v. 16.12.2003 – X ZR 129/01, CR 2004, 490 findet sich noch der Zusatz „unter Berücksichtigung des vertraglichen Zwecks". Damit wird nur der Rahmen des Vergleichsmaßstabs näher bestimmt. Hat ein Bauunternehmer etwa ein Luxushaus zu errichten, wird ein anderer Standard anzuwenden sein, als bei einem Plattenbau. Das Werk ist eben an vergleichbaren Luxushäusern zu messen.

241 Koch, Computer-Vertragsrecht, Teil 1 Rn. 33.

242 Für den Anwender besteht anderseits das Risiko, dass er nicht die Qualität bekommt, die er sich eigentlich vorgestellt hat. Obergerichtlich entschieden wurde beispielsweise, dass bei einem Software-System selbst ein „neuester Stand der Technik" nicht bedeutet, dass das System ausschließlich Komponenten der aktuellen Version enthalten muss, OLG Brandenburg v. 01.12.1998 – 6 U 301/97, CR 1999, 768; ähnlich auch OLG Düsseldorf v. 25.03.1993 – 6 U 119/92, NJW 1993, 3142.

243 Der wohl international am meisten anerkannte Standard ist die IT Infrastructure Library (ITIL). Dabei handelt es sich um eine Sammlung von Publikationen zu Best Practice-Verfahren im IT-Service-Management-Bereich (zur Planung, Erbringung und Unterstützung von IT Serviceleistungen). Weitere Informationen hierzu finden sich unter www.itil.org.

244 Ebenso Koch, Computer-Vertragsrecht, Teil 1, Rn. 32.

245 Siehe Fn. 230.

der Auftragnehmer eine Software entsprechend dem Stand der Technik bei mittlerem Ausführungsstandard. In dieser Allgemeinheit ist diese Aussage in Anbetracht der Rangfolge des § 633 Abs. 2 BGB nicht haltbar. Denn dies hätte zur Folge, dass bei fehlender vereinbarter Beschaffenheit unmittelbar auf die gewöhnliche Verwendung zurückzugreifen wäre. Ferner bliebe unberücksichtigt, dass sich – zumindest theoretisch – die vereinbarte Beschaffenheit auch aus anderen Unterlagen ergeben kann.[246] Ist dies nicht der Fall, muss zunächst der Vertragswille der Parteien ausgelegt und ermittelt werden, ob eine vertragliche Verwendung vorausgesetzt worden ist und ob die Software dieser Verwendung gerecht wird. Nur wenn keine vertraglich vorausgesetzte Verwendung feststellbar ist, kann auf den Stand der Technik im Sinne der Eignung zur gewöhnlichen Verwendung zurückgegriffen werden. Dementsprechend führte der BGH auch in seiner noch zum alten Schuldrecht ergangenen Entscheidung vom 16.12.2003 aus, auf den Stand der Technik bei mittlerem Ausführungsstandard sei zurückzugreifen, weil keine weitergehenden Vereinbarungen zum Leistungsumfang getroffen worden waren.[247]

Ob diese Rechtsprechung aufgrund des neu gefassten § 633 Abs. 2 Satz 2 Nr. 2 BGB überhaupt noch Anwendung finden kann, wird stellenweise bezweifelt.[248] Denn selbst auf der dritten Stufe soll der Mangelbegriff noch eine deutliche „Subjektivierung“ erfahren haben.[249] Um mangelfrei zu sein, müsse das Werk nach § 633 Abs. 2 Satz 2 Nr. 2 BGB nämlich nicht nur für die gewöhnliche Verwendung geeignet sein und eine übliche Beschaffenheit aufweisen, sondern darüber hinaus eine Beschaffenheit enthalten, die der Besteller nach der Art des Werkes erwarten könne. Durch diese zusätzliche Anforderung handle es sich selbst auf der dritten Stufe nicht um eine rein objektive Bewertung, sondern es seien auch dort subjektive Erwartungen des Bestellers zu berücksichtigen. Dieser Auffassung kann aber nicht gefolgt werden, weil die (einseitige) subjektive Vorstellung des konkreten Bestellers auf der dritten Stufe keine Bedeutung hat. Maßgeblich ist auf dieser Mangelstufe die gewöhnliche Verwendung, die sich aus Sicht eines durchschnittlichen Erwerbers bestimmt.[250] Die übliche und die vom Besteller erwartete Beschaffenheit sollen dabei lediglich eine Konkretisierung der gewöhnlichen Verwendung darstellen, nicht aber eigene Tatbestands-

---

246 In der Praxis werden andere Unterlagen in der Regel aber nicht ausreichen, um anhand ihrer die Mangelfreiheit der erstellten Software beurteilen zu können.

247 BGH v. 16.12.2003 – X ZR 129/01, CR 2004, 490, 491.

248 In diese Richtung problematisierend: Schneider/v. Westphalen, Software-Erstellungsverträge, B. Rn. 121.

249 Schneider/v. Westphalen, Software-Erstellungsverträge, B. Rn. 121.

250 BT-Drucks. 14/6040, S. 214.

voraussetzungen.[251] Die konkret vorhandenen Vorstellungen des Bestellers wie auch dessen durchschnittlicher technischer Informationsstand sind ohne Bedeutung.[252] Laut BGH ist eine Sache, die dem Stand der Technik entspricht, nicht deshalb nach § 434 Abs. 1 Satz 2 Nr. 2 BGB[253] mangelhaft, weil der Stand der Technik hinter den tatsächlichen Erwartungen des Erwerbers zurückbleibt.[254] Will der Erwerber konkrete Erwartungen erfüllt sehen, muss er diese eben vertraglich fixieren. Eine entsprechende einseitige subjektive Erwartungshaltung reicht hierzu gerade nicht aus.[255]

Aus praktischer Sicht bedeutet das Fehlen eines Lastenhefts für beide Vertragsparteien ein unwägbares Risiko. Auf der einen Seite erhält der Besteller für den vereinbarten Preis (bei Pauschalvergütung) nicht das, was er eigentlich verlangen könnte, nämlich eine exakt auf seine Bedürfnisse abgestellte Software. Auf der anderen Seite muss der Auftragnehmer zunächst auf eigenes Risiko beurteilen, was überhaupt im konkreten Fall Stand der Technik ist. Kommt es später zu einem Rechtsstreit, wird ein Sachverständiger entscheiden müssen, ob die gelieferte Software diesem Stand entspricht. Mangels eigener Sachkunde wird sich das Gericht regelmäßig den gutachterlichen Schlussfolgerungen anschließen. Das Ergebnis eines Sachverständigengutachtens wird sich allerdings regelmäßig von keinem der Vertragspartner prognostizieren lassen, zumal auch verschiedene Sachverständige zu unterschiedlichen Ergebnissen kommen können. Somit weiß zunächst keiner der Vertragspartner genau, ob die Software letztendlich vertragsgemäß ist oder eben nicht.

3. Ergebnis

Der Rechtsprechung des BGH, wonach bei Fehlen eines Lastenhefts eine Software entsprechend dem Stand der Technik bei mittlerem Ausführungsstandard geschuldet ist, ist weiterhin Beachtung zu schenken. Allerdings muss zunächst geprüft werden, ob sich eine vereinbarte Beschaffenheit auf andere Weise feststellen lässt. Ist dies nicht möglich, ist nach einer Eignung zur vertraglich vor-

---

251 Thewalt, Der SW-Erstellungsvertrag nach der SRM, S. 234; Haas, BB 2001, 1313, 1314; BGH v. 07.02.2007 – VIII ZR 266/06, NJW 2007, 1351, 1353; v. 04.03.2009 – VIII ZR 160/08, NJW 2009, 2056, 2057; vgl. auch BT-Drucks. 14/6040, S. 214; a.A. Thode, NZBau 2002, 297, 303.

252 Eggert, DS 2009, 247, 249; a.A. Schneider/v. Westphalen, Software-Erstellungsverträge, B. Rn. 121.

253 § 434 Abs. 1 Satz 2 Nr. 2 BGB ist die korrespondierende Vorschrift zu § 633 Abs. 2 Satz 2 Nr. 2 BGB.

254 BGH v. 04.03.2009 – VIII ZR 160/08, NJW 2009, 2056, 2057.

255 Siehe oben S. 89, bei Fn. 218.

ausgesetzten Verwendung zu fragen ist. Erst wenn auch dies zu verneinen ist, kann auf die Übereinstimmung mit der Eignung zur gewöhnlichen Verwendung abgestellt werden. Soweit der BGH den Begriff „Stand der Technik“ verwendet, ist dieser nicht in Übereinstimmung mit der technischen Bedeutung zu verstehen. Gemeint ist vielmehr eine durchschnittliche Qualität und Ausführung, entsprechend einer gewöhnlichen Verwendung im Sinne von § 633 Abs. 2 Satz 2 Nr. 2 BGB.

VI. Rangfolge des Mangelbegriffs nach § 633 Abs. 2 BGB

Wie ausgeführt,[256] baut der Mangelbegriff seinem gesetzlichen Wortlaut nach auf einem Rang- bzw. Stufenverhältnis auf. Macht der Besteller etwa einen Mangel bezüglich einer Eigenschaft der Software geltend, zu der es keine Beschaffenheitsvereinbarung gibt, ist auf die Eignung zur vertraglich vorausgesetzten bzw. gewöhnlichen Verwendung abzustellen. Eine unvollständige Beschaffenheitsvereinbarung wird somit durch die zweite bzw. dritte Stufe ergänzt.[257]

Problematisch wird es, wenn ein Werk hinsichtlich seiner vertraglich vorausgesetzten bzw. gewöhnlichen Verwendung ungeeignet ist, es aber dennoch der vereinbarten Beschaffenheit entspricht. Gibt etwa ein in Deutschland ansässiges Unternehmen die Erstellung einer Software in Auftrag und bestimmt dabei im Lastenheft ausdrücklich, die Software solle in den Währungen Dollar und Pfund rechnen, ist fraglich, ob die Software auch die Währung Euro berücksichtigen muss. Auf der einen Seite besteht eine ausdrückliche vertragliche Beschaffenheitsvereinbarung, die die Währung Euro gerade nicht mit einschließt. Andererseits können die Parteien übereinstimmend davon ausgegangen sein, die Software solle auch für den Betrieb innerhalb Europas und der Bundesrepublik genutzt werden. Im Rahmen der Eignung zur vertraglich vorausgesetzten Verwendung müsste die Software demnach auch Geschäftsvorfälle in Euro bearbeiten können. Kann der Besteller die Software damit für Geschäftsvorfälle innerhalb Europas nicht nutzen, wäre sie für ihn praktisch nicht brauchbar. Oder es kann beispielsweise in einem Lastenheft eine abteilungsweise Betrachtung in einer Statistik vorgesehen sein.[258] Im Umkehrschluss könnte dies so verstanden werden, als dass eine arbeitsplatzbezogene Betrachtung nicht geschuldet ist. Zur vorgesehenen Verwendung könnte aber eine arbeitsplatzbezogene Betrachtung erforderlich sein. Folgt man in diesen Fällen strikt dem Wortlaut des § 633 Abs.

---

256 Siehe oben S. 86, bei Fn. 202.

257 Vgl. Vorwerk, NZBau 2002, 1, 4; Thode, NZBau 2002, 297, 304.

258 Schneider, Handbuch des EDV-Rechts, D. Rn. 543.

2 BGB, wäre grundsätzlich nur eine Software geschuldet, die in Dollar und Pfund rechnen kann bzw. die nur eine abteilungsweise Betrachtung ermöglicht. Ob dies ein interessengerechtes Ergebnis darstellt, erscheint fraglich. Somit stellt sich das Problem, inwieweit das Rangverhältnis strikt anzuwenden ist und ob es Ausnahmen hiervon geben kann, wenn sich mehrere Stufen widersprechen.

1. BGH

Der BGH äußert sich zwar in seiner Blockheizkraftwerk-Entscheidung[259] nicht zur Frage des Rangverhältnisses. Andererseits ordnet er die vereinbarte Funktion des Werkes der ersten Stufe des Mangelbegriffs zu. Setzen die Parteien übereinstimmend einen bestimmten Zweck des Werkes voraus, soll dabei von einer vereinbarten Beschaffenheit auszugehen sein. Letztlich soll es bei der Beurteilung der vereinbarten Beschaffenheit nicht alleine auf den Inhalt der Leistungsbeschreibung ankommen, sondern auch auf die vertraglich vorausgesetzte Verwendung des Werkes.[260] Problemtisch ist dies in den hier diskutierten Fällen, in denen die Beschaffenheitsvereinbarung nicht nur lückenhaft ist, sondern die vertragliche Verwendung der vereinbarten Beschaffenheit widerspricht. Um der vertraglichen Funktionstauglichkeit gerecht zu werden, müsste der Werkunternehmer nämlich von der vereinbarten Beschaffenheit abweichen. Der BGH räumt in diesem Fall der vereinbarten Funktionstauglichkeit den Vorrang ein.[261] Dadurch wird faktisch das Rangverhältnis umgekehrt und die erste Stufe gegenüber der Zweiten nachrangig.

2. Gesetzesauslegung

Nach teilweiser vertretener Ansicht[262] sollen für die Mangelfreiheit alle drei Stufen des Mangelbegriffs kumulativ vorliegen müssen. Letztlich handle es sich bei dem kaufrechtlichen Mangelbegriff, dem der werkvertragliche Mangelbegriff angeglichen wurde,[263] um eine Umsetzung der Europäischen Verbrauchsgüter-Richtlinie. Nach dieser müssen alle Tatbestandsvoraussetzungen kumulativ vor-

---

259 BGH v. 08.11.2007 – VII ZR 183/05, NJW 2008, 511.

260 Stadler in: Redeker, Handbuch der IT-Verträge, 1.3 Rn. 22; vgl. auch Ostendorf, NZBau 2009, 360, 361, nach dessen Ansicht die vertraglich vereinbarte Verwendung praktisch in der vertraglich vereinbarten Beschaffenheit aufgehen soll, so dass die zweite Stufe weitgehend ins Leere laufe.

261 BGH v. 08.11.2007 – VII ZR 183/05, NJW 2008, 511, 512.

262 Seibl, ZfBR 2009, 107; Schneider, Handbuch des EDV-Rechts, C. Rn. 55.

263 BT-Drucks. 14/6040, S. 95, 260 f.

liegen, um die Vermutung der Mangelfreiheit zu begründen.[264] Die Richtlinie sei somit nur unzureichend in deutsches Recht umgesetzt worden. Indem der deutsche Gesetzgeber die Richtlinie ohne Not im allgemeinen Schuldrecht umgesetzt habe und nicht speziell für den Verbrauchsgüterkauf, sei die Richtlinie auch für die Auslegung des Mangelbegriffs bei Verträgen heranzuziehen, die keinen Verbrauchsgüterkauf zum Gegenstand haben.[265] Dementsprechend müsse eine Werkleistung nicht nur der vertraglich vereinbarten Beschaffenheit entsprechen, sondern darüber hinaus auch stets für den vertraglich vorausgesetzten und den gewöhnlichen Verwendungszweck geeignet sein.[266]

Dass die Ansicht der kumulativen Tatbestandsvoraussetzungen nicht in jedem Fall zu einem angemessenen Ergebnis führt, zeigt folgendes Beispiel, das an die BGH-Entscheidung zum „Krankenschein-Aufkleber"[267] angelehnt ist: Ein Arzt hatte eine DV-Anlage gemietet, mit der mittels ausgedruckter Aufkleber alle Krankenkassenabrechnungen erfolgen sollte. Die Anlage lief an sich korrekt und die Aufkleber wurden auch so ausgedruckt, wie es in der Produktbeschreibung des Anbieters dargestellt war. Allerdings entsprachen diese nicht den Voraussetzungen einiger RVO-Kassen. Der BGH bejahte einen Mangel, weil die Tauglichkeit der Mietsache zum vertragsgemäßen Gebrauch nicht gegeben war. Obwohl der Aufkleber genau im Prospekt beschrieben bzw. abgebildet war, war er für den vertraglich vorausgesetzten Gebrauch nicht geeignet. Der BGH gab der Eignung zum vertraglichen Gebrauch zu Recht den Vorrang.[268] Denn würde man entsprechend dem Wortlaut des § 633 Abs. 2 BGB alleine auf die vereinbarte Beschaffenheit abstellen, wäre dieses Ergebnis unbillig. Denn der Anwender durfte hier davon ausgehen, der Anbieter würde eine derart spezielle Anlage nur in Abstimmung mit den RVO-Kassen anbieten.

Anders wäre aber folgender (abgeänderter) Fall zu beurteilen: Ein Hersteller soll für ein Krankenhaus eine Software entwickeln, mit der Abrechnungsaufkleber ausgedruckt werden. Dabei gibt das Krankenhaus genau vor, wie diese auszusehen haben. Erkennen die Krankenkassen diese Aufkleber nicht an, wäre die Software ebenfalls für den vertraglichen Gebrauch ungeeignet, entspräche aber genau den Vorgaben des Auftraggebers. Geht man von einem Mangelbegriff

264 Art. 2 Abs. 2 RL 1999/44/EG.

265 Schneider, Handbuch des EDV-Rechts, C. Rn. 55; diese Auslegung soll auch für den werkvertraglichen Mangelbegriff gelten, da anderenfalls der Systematik und dem Willen des Gesetzgebers, beide Mangelbegriffe aneinander anzugleichen nicht genüge getan würde, MünchKomm./Busche, § 633 Rn. 11.

266 Vgl. Seibel, ZfBR 2009, 107.

267 BGH v. 05.10.1981 – VIII ZR 259/80, NJW 1982, 696.

268 Kritisch hierzu Müller-Hengstenberg, CR 1995, 198, 201, weil dem Anbieter das gesamte Anwendungsrisiko aufgebürdet werde.

aus, bei dem die Tatbestandsvoraussetzungen kumulativ vorliegen müssen, wäre die Software demzufolge ebenfalls wie im vorherigen Fall mangelhaft. Auf der anderen Seite ist es aber nicht nachvollziehbar, weshalb sich der Auftragnehmer, dessen besondere Fähigkeiten in der Erstellung von Software liegen, nicht darauf verlassen können soll, dass der Auftraggeber mit einer Software, die seinen im Lastenheft beschriebenen Anforderungen entspricht, seinen vorgesehenen Zweck erreichen kann. Immerhin trägt der Auftraggeber das Verwendungsrisiko.[269]

Die beiden Fälle, die sich im Wesentlichen dadurch unterscheiden, welcher der Vertragspartner die Beschaffenheit bestimmt hat, zeigen, dass ein Abstellen alleine auf die Rangfolge zu einem ebenso unbefriedigendem Ergebnis führt, wie die Annahme, Mangelfreiheit sei lediglich bei kumulativem Vorliegen aller Tatbestandsmerkmale gegeben.

3. Vertragsauslegung

Interessengerecht ist es daher, mittels einer Vertragsauslegung zu ermitteln, welche Mangelstufe nach dem Willen der Vertragsparteien ausschlaggebend sein soll.[270] Maßgeblich wird hierfür sein, wer ausgehend von der zugrunde gelegten Verwendung die erforderliche Beschaffenheit vorgegeben hat. Sucht der Besteller eine Software für eine bestimmte Verwendung und soll es beim Anbieter liegen, die hierfür erforderliche Beschaffenheit der Software zu bestimmen, wird die vertragliche Verwendung der Beschaffenheitsvereinbarung vorgehen. Legt hingegen der Besteller selbst die vereinbarte Beschaffenheit fest, wird sie die zweite Stufe verdrängen.

4. Ergebnis

Die Rangfolge innerhalb des Mangelbegriffs ist unproblematisch, wenn sich die verschiedenen Stufen nicht widersprechen. Dies ist etwa dann der Fall, wenn die Leistungsbeschreibung Lücken enthält, die anhand der Eignung zur vertraglichen bzw. gewöhnlichen Verwendung ergänzt werden können. Ist die Eignung des Werkes zur vertraglich vorausgesetzten bzw. gewöhnlichen Verwendung nicht zu erreichen, wenn das Werk mit der vereinbarten Beschaffenheit hergestellt wird, so dass sich unterschiedliche Mangelstufen widersprechen, ist im Rahmen einer Vertragsauslegung auf den Willen der Vertragspartner abzustel-

269 MünchKomm./Ernst, § 275, Rn. 160.

270 So auch BeckOK Bamberger/Roth/Faust BGB, § 434 Rn. 46; Jauernig/Berger § 434 Rn. 12; Ostendorf, NZBau 2009, 360, 361; ähnlich auch Kniffka/Koeble, Kompendium des Baurechts, 11. Teil Rn. 189.

len. Dabei ist zu ermitteln, ob diese der Eignung zur vertraglich vereinbarten bzw. gewöhnlichen Verwendung oder der vereinbarten Beschaffenheit den Vorrang einräumen wollten. Maßgeblich bei der Auslegung kann sein, wer das Lastenheft erstellt hat.

VII. Unzulänglichkeiten des Lastenhefts

Das Lastenheft kann Lücken, ungenaue Beschreibungen, Fehler und/oder Inkonsistenzen enthalten oder auch (objektiv) unausführbar sein. Diese Eigenschaften sollen nachfolgend unter dem Begriff „Unzulänglichkeiten" zusammengefasst werden.

Nach dem hier vertretenen Verständnis handelt es sich um eine *Lücke* im Lastenheft, wenn eine Anforderung überhaupt nicht erwähnt ist, so zum Beispiel, wenn keine Aussage darüber getroffen worden ist, auf welchem Betriebssystem die zu erstellende Software laufen soll. Eine Anforderungsbeschreibung *ist ungenau*, wenn mehrere Alternativen zur Auswahl stehen. Um bei dem Beispiel des Betriebssystems zu bleiben, könnte ein Lastenheft die Anforderung „Lauffähig unter dem Betriebssystem Microsoft Windows" enthalten. Der Hersteller weiß aufgrund dieser Vorgabe zwar, dass der Kunde keine Lauffähigkeit unter dem Betriebssystem „Linux" wünscht. Da es aber eine Reihe unterschiedliche Betriebssysteme mit der Bezeichnung „MS Windows" gibt, ist unklar, welches tatsächlich gewünscht ist. Insoweit besteht Detailierungsbedarf. Ein *Fehler* liegt vor, wenn der Besteller eine Anforderung falsch beschrieben hat. Heißt es in der Beschreibung beispielsweise „Lauffähig unter dem Betriebssystem MS Windows 7", obwohl er eigentlich das auf seiner EDV-Anlage installierte Betriebssystem „Linux" gemeint hat, handelt es sich um eine fehlerhafte Anforderung. Von *Inkonsistenzen* spricht man, wenn zwei Anforderungen, die beide als gültig angesehen werden sollen, nicht miteinander vereinbar sind. An einer Stelle wird etwa die Lauffähigkeit unter Windows 7 verlangt, eine andere Anforderung bezieht sich allerdings auf Linux. Eine objektive *Unausführbarkeit* einer Anforderung liegt vor, wenn sie EDV-technisch nicht umzusetzen ist (z.B. „Das EDV-System verbraucht keinen Strom.").

VIII. Fehler in der Informatik / Mangel im juristischen Sinn

Der Vollständigkeit halber soll kurz auf folgende Problematik hingewiesen werden: aus EDV-technischen Kreisen taucht immer wieder die Aussage auf, Software könne nicht fehlerfrei sein. Der in der Informatik verwendete Fehlerbegriff ist jedoch nicht mit dem juristischen Mangelbegriff gleichzusetzten. Im Sinne der Informatik beinhaltet ein Fehler

> „jegliche Abweichung in Inhalt, Aufbau und Verhalten eines Objekts zwischen ermittelten, beobachteten, gemessenen Daten einerseits und den entsprechenden, in den Zielvorgaben spezifizierten oder theoretisch gültigen Daten andererseits."[271]

Er deckt sich also mit dem juristischen Mangelbegriff insoweit, als dass tatsächlich vorliegende und (ursprünglich) vorgegebene Eigenschaften nicht übereinstimmen. Allerdings gibt es auch EDV-technische Fehler, die nicht die vereinbarte Beschaffenheit der Software beeinflussen oder sich auf die Eignung zur vertraglich vorausgesetzten oder gewöhnlichen Verwendung auswirken. Solche Fehler stellen keine Mängel im juristischen Sinne dar. Der informationelle Fehlerbegriff ist daher gegenüber dem juristischen Mangelbegriff als umfassender zu sehen.

---

271 Thewalt, Der SW-Erstellungsvertrag nach der SRM, S. 236; Redeker, CR 1993, 195; derselbe in: Schneider/v. Westphalen, Software-Erstellungsverträge, D. Rn. 291.

G. Einbeziehung des Lastenhefts in den Vertrag

Auf welche Weise ein Lastenheft zum Vertragsbestandteil gemacht werden und wie sich dies rechtlich auswirken kann, wird anhand der nachfolgenden Ausführungen näher beleuchtet. Dabei ist zunächst zu unterscheiden, ob das Lastenheft bereits bei Vertragsabschluss vorliegt oder ob der Leistungsumfang noch nicht abschließend geklärt ist, die Parteien sich aber dennoch bereits rechtlich aneinander binden möchten. Im Rahmen der hier an zweiter Stelle genannten Alternative stehen den Vertragspartnern verschiedene Vertragskonstellationen zur Auswahl.

I. Lastenheft liegt bei Vertragsabschluss vor

Insbesondere wenn der Besteller den Anbieter mittels einer Ausschreibung zu ermitteln beabsichtigt, liegt bereits bei Abschluss des Softwareerstellungsvertrags ein Lastenheft vor. Will der Auftraggeber das Lastenheft zum Vertragsinhalt machen, muss dieses in den Vertrag mit einbezogen werden. Da das Lastenheft wegen sich später ändernder Anforderungen regelmäßig fortgeschrieben, geändert und ergänzt wird,[272] wird in der Praxis regelmäßig davon abgesehen, die Leistungsbeschreibung in den eigentlichen Vertragstext mit aufzunehmen. Vielmehr wird im Vertrag auf das Lastenheft als Anlage Bezug genommen, weshalb der Vertragstext bei Anforderungsänderungen nicht verändert werden muss. Ohne eine ausdrückliche Bezugnahme des Vertrags auf das Lastenheft wird dieses grundsätzlich nicht zum Vertragsbestandteil und ist daher auch nicht zur Feststellung der Mangelhaftigkeit heranzuziehen.[273]

Eine Ausnahme hiervon kann anzunehmen sein, wenn der Besteller das Lastenheft bereits seiner Ausschreibung beigelegt hat und der Anbieter seinem Angebot ausdrücklich dieses Lastenheft zugrunde legt. Das Lastenheft kann dann trotz fehlender vertraglicher Bezugnahme zur Bestimmung des Leistungsumfangs herangezogen werden.[274]

---

272 Siehe zur Leistungsänderung unten S. 255 ff.

273 Schneider, Handbuch des EDV-Rechts, D. Rn. 419; vgl. auch BGH v. 15.05.1990 – X ZR 128/88, CR 1991, 86, 89.

274 LG Essen v. 16.01.1986 – 43 O 129/84, CR 1987, 428.

II. Lastenheft liegt bei Vertragsschluss noch nicht vor

Nicht selten vereinbaren die Parteien bereits vertraglich die Softwareerstellung, obwohl noch kein die fachlichen Anforderungen beschreibendes Lastenheft existiert. Häufig soll es im Anschluss an den Vertragsschluss durch einen der beiden Vertragspartner oder beide gemeinsam erarbeitet werden (nachträgliches Lastenheft). Es gibt indessen auch Fälle, in denen ganz auf ein Lastenheft verzichtet wird.[275] In solchen Konstellationen stellt sich die Frage, ob es überhaupt zu einem wirksamen (Werk-) Vertragsschluss kommt. Erforderlich hierfür ist nämlich, dass sich die Parteien zumindest über die *essentalia negotii* (Vertragsparteien, Vertragsgegenstand) einig geworden sind.[276] Wie sich nachfolgend zeigen wird, erscheint dies aber wegen der fehlenden Beschreibung des Leistungsinhalts nur vordergründig problembehaftet. Komplizierter ist die rechtsdogmatische Einordnung einer nachvertraglichen Lastenhefterstellung.

1. Bestimmbarkeit

Die Frage, ob mangels Lastenhefts ein wirksamer Vertrag zustande kommt, hängt von den Umständen des Einzelfalls ab. Allgemein lässt sich jedoch festhalten, dass das Fehlen eines Lastenhefts alleine noch nicht einem wirksamen Vertragsabschluss entgegen steht. Maßgeblich ist, inwieweit das Ziel konkret skizziert wurde. Bei technisch komplizierten Werken reicht es aus, wenn das Vertragsziel abstrakt beschrieben wird.[277] Eine konkrete Beschreibung des Werkerfolges oder eine Festlegung einzelner Leistungsschritte muss noch nicht vorhanden sein.[278] Entscheidend ist hingegen, dass der Vertragsgegenstand bestimmbar ist.[279]

---

275 Siehe z.B. BGH v. 24.11.1991 – X ZR 85/90, CR 1992, 543 = NJW-RR 1992, 556 („vergessenes Pflichtenheft“); v. 16.12.2003 – X ZR 129/01, CR 2004, 490; vgl. auch: OLG Düsseldorf v. 10.06.1992 – 19 U 23/91, CR 1993, 361; v. 18.07.1997 – 22 U 3/97, CR 1997, 732.

276 MünchKomm./Busche, § 631 Rn. 47.

277 Z.B.: „Software zur automatischen Zeichnungserstellung von Gitterrostverlegeplänen, Gitterrosteinzelteilzeichnungen sowie zur Bereitstellung von Geometriedaten für die NC-Steuerung“, OLG Düsseldorf v. 10.06.1992 – 19 U 23/91, CR 1993, 361, 362.

278 MünchKomm./Busche, § 631 Rn. 64; Staudinger/Jacoby, § 631 Rn. 7; BGH v. 13.07.1988 – VIII ZR 292/87, CR 1989, 102; v. 16.07.2002 – X ZR 27/01, CR 2003, 244; OLG Düsseldorf v. 10.06.1992 – 19 U 23/91, CR 1993, 361; OLG Karlsruhe v. 16.08.2002 – 1 U 250/01, CR 2003, 95, 96.

279 Köhler CR 1988, 623, 625; Malzer, Der Softwarevertrag, S. 275; OLG Düsseldorf v. 18.07.1997 – 22 U 3/97, CR 1997, 732.

In diesem Zusammenhang wird die Frage aufgeworfen, ob nicht wegen des Fehlens eines Lastenhefts ein Dissens vorliegen kann.[280] Haben sich die Parteien nach § 154 Abs. 1 BGB noch nicht über alle Punkte eines Vertrags geeinigt, über die nach der Erklärung auch nur einer Partei eine Vereinbarung getroffen werden soll, ist im Zweifel der Vertrag nicht geschlossen („offener Dissens“). In der hier dargestellten Konstellation allerdings sind sich die Parteien bei Vertragsschluss durchaus darüber bewusst, nicht alle Einzelheiten abschließend geklärt zu haben. Aus diesem Grund vereinbaren sie gerade die nachträgliche Lastenhefterstellung. Es bestehen daher keine Zweifel daran, dass die Parteien im Bewusstsein der fehlenden konkreten Leistungsbeschreibung den Vertragsabschluss wollen.[281] Anders kann es sich allerdings dann verhalten, wenn die Parteien über einzelne Eigenschaften der geplanten Software zwar gesprochen haben, sich jedoch im Bezug auf diese nicht einigen konnten. In solchen Fällen können die Regeln über den offenen bzw. versteckten Dissens nach §§ 154, 155 BGB Anwendung finden.

2. Rechtsdogmatische Einordnung

Wird ein Lastenheft erst nach Abschluss des Softwareerstellungsvertrags erarbeitet, ist fraglich, wie dieses Vorgehen aus rechtsdogmatischer Sicht einzuordnen ist. Jedenfalls reicht es nicht aus, wenn der Auftraggeber das Lastenheft nach Vertragsschluss seinerseits nachschiebt und die darin beschriebenen Anforderungen als maßgeblichen Leistungsumfang bezeichnet, ohne dass es eine entsprechende Vereinbarung zwischen den Parteien gibt.[282] Andererseits können die Parteien vertraglich bestimmen, wer das Lastenheft im Anschluss an den Vertragsabschluss erstellen soll. Dies kann entweder der Auftraggeber oder der Auftragnehmer sein. Ferner kann vereinbart werden, das Lastenheft gemeinsam zu erarbeiten. Die nachträgliche Einbeziehung des Lastenhefts kann insbesondere dann bedeutsam werden, wenn die Parteien über die Verbindlichkeit des Lastenhefts bzw. dessen Inhalts streiten. An späterer Stelle wird erläutert und aufgezeigt, wer das Lastenheft zu erstellen hat, wenn die Parteien darüber keine vertragliche Regelung getroffen haben.[283]

280 Nauroth, CR 1987, 153, 154; Brandi-Dohrn, CR 1990, 312, 316 f.; Ihde, CR 1999, 409, 410; Knörzer in: Anm. zu LG Kiel, CR 1987, 22, 25.

281 Im Ergebnis auch: Nauroth, CR 1987, 153, 154; Brandi-Dohrn, CR 1990, 312, 316 f.

282 Vgl. OLG Köln v. 25.06.1993 – 19 U 216/92, NJW-RR 1993, 1529 = CR 1994, 213.

283 Siehe hierzu unten S. 119 ff.

a. Nachvertragliche Erstellung durch den Besteller

Eher selten dürften die Parteien vereinbaren, dass der Besteller alleine das Lastenheft nach Vertragsschluss erstellt. Soweit er hierzu nämlich in der Lage ist, wird er dieses in der Regel bereits vor Abschluss des Softwareerstellungsvertrags erarbeitet haben. Dennoch ist auch diese Konstellation denkbar. Wie sie dogmatisch einzuordnen ist, hat in der juristischen Literatur noch keine große Beachtung gefunden. Dieser Fall kann insbesondere dann Bedeutung erlangen, wenn der Auftraggeber in das Lastenheft Anforderungen aufnimmt, von denen der Anbieter der Ansicht ist, sie seien nicht vom vertraglich vorgegebenen Rahmen umfasst und deren Umsetzung könne daher nicht von ihm verlangt werden. Als Rechtsgrundlage kommen eine einseitige Leistungsbestimmung gemäß § 315 ff. BGB sowie ein Spezifikationskauf nach § 375 HGB in Betracht:

(1) Einseitige Leistungsbeschreibung nach §§ 315 ff. BGB

Nachdem im Folgenden die allgemeinen Voraussetzungen der einseitigen Leistungsbeschreibung dargestellt werden, erfolgt eine Subsumtion des Softwareerstellungsvertrags.

i. Allgemeine Voraussetzungen der einseitigen Leistungsbestimmung nach § 315 BGB

Grundsätzlich kommt kein Vertrag zustande, wenn sich die Vertragsparteien über den Vertragsgegenstand oder andere wesentliche Umstände nicht einig sind. Eine Ausnahme bildet die einseitige Leistungsbestimmung gemäß § 315 BGB. Da mit ihr keine bewussten Einigungsmängel, sondern lediglich Vertragslücken überwunden werden,[284] findet § 315 BGB nur Anwendung, wenn die Parteien ein Schuldverhältnis begründen wollen, einen Vertrag fest geschlossen haben und dabei ausschließlich die Bestimmung der Leistung einer Partei (oder einem Dritten, § 317 BGB) überlassen wollen.[285] Die Parteien müssen hierzu eine *Unterwerfungsvereinbarung* treffen, durch die einem Vertragsteil die einseitige Festlegung des Vertragsinhalts gestattet wird, der sich der andere Teil unterwirft;[286] dies kann ausdrücklich oder auch konkludent erfolgen. Zwar ist bei einer Auslegung im Hinblick auf eine konkludente Unterwerfungsvereinbarung grundsätzlich Zurückhaltung geboten, da Einigungsmängel nicht umgangen werden dürfen. Vereinbaren Besteller und Anbieter allerdings, der Besteller werde seine Anforderungen noch in einem Lastenheft detailliert zusammenstel-

284 MünchKomm./Gottwald, § 315 Rn. 1a.
285 MünchKomm./Gottwald, § 315 Rn. 12.
286 MünchKomm./Gottwald, § 315 Rn. 3, 14; Staudinger/Rieble, § 315 Rn. 233 ff.

len, ist ihnen bewusst, dass der im Vertrag grob umrissene Leistungsumfang, ohne den bereits ein wirksamer Vertragsschluss abzulehnen ist,[287] noch konkretisiert werden muss. Soll diese Konkretisierung durch den Besteller alleine erfolgen, unterwirft sich der Auftragnehmer grundsätzlich auch der einseitigen Bestimmung des Bestellers. Eigentlich muss darüber hinaus der *Entscheidungsmaßstab* für die Leistungsbestimmung durch die Parteien rahmenmäßig im Vertrag festgelegt werden.[288] Unterlassen die Parteien dies, richtet sich der Maßstab der Leistungsbestimmung im Zweifel nach *billigem Ermessen* (§ 315 Abs. 1 BGB). Billig ist die Ermessensentscheidung, wenn sie alle Umstände des Einzelfalls angemessen und ausgleichend berücksichtigt. Daher hat der Berechtigte auch die Interessen seines Vertragspartners zu berücksichtigen.[289] Entspricht die Leistungsbestimmung nicht der Billigkeit, ist sie für den anderen Teil nicht verbindlich[290], § 315 Abs. 3 Satz 1 BGB. Klärung kann über eine richterliche Entscheidung herbeigeführt werden.

Bei der einseitigen Leistungsbestimmung handelt es sich um eine einseitige Gestaltung. Übt der Berechtigte die Bestimmung aus, tritt die Rechtswirkung *ohne Mitwirkung oder Zustimmung des anderen Teils*, eventuell sogar *gegen dessen Willen* ein.[291] Behält sich der Anbieter also vor, dem Inhalt des vom Auftraggeber erstellten Lastenhefts später zustimmen zu müssen, bevor dessen Inhalt verbindlich wird, handelt es sich um keinen Fall des § 315 BGB. Als Gestaltungsrecht ist dessen Ausübung eine einseitige, rechtsgeschäftliche Willenserklärung, die gemäß § 315 Abs. 2 BGB gegenüber dem anderen Teil formfrei zu erklären ist. Dieses Gestaltungsrecht ist grundsätzlich *unwiderruflich* und als *einmaliges Recht* mit seiner Ausübung verbraucht.[292] Eine nachträgliche einseitige Abänderung der Leistungsbestimmung durch den Berechtigten ist demgemäß nicht mehr möglich.[293] Man könnte meinen, dies stünde im Widerspruch zu der noch später genauer zu behandelnden Prüfungspflicht des Auftragnehmers,[294] da eine solche Prüfung nur dann sinnvoll sein kann, wenn die dabei

287 Vgl. oben S. 104.

288 MünchKomm./Gottwald, § 315 Rn. 14.

289 Staudinger/Rieble, § 315 Rn. 305 ff.

290 Unverbindlichkeit ist eine Sonderform der Unwirksamkeit und kann nur durch Klage oder Einrede geltend gemacht werden. Bis dahin ist die Leistungsbestimmung (vorläufig) verbindlich, Palandt/Grüneberg, § 315 Rn. 16.

291 Staudinger/Rieble, § 315 Rn. 94.

292 MünchKomm./Gottwald, § 315 Rn. 35.

293 Einvernehmlich haben die Parteien aber die Möglichkeit, die erfolgte Leistungsbestimmung durch einen Änderungsvertrag aufzuheben, Staudinger/Rieble, § 315 Rn. 251. Vor Ausübung des Bestimmungsrechts lässt sich das Gestaltungsrecht auch einvernehmlich aufheben, Staudinger/Rieble, § 315 Rn. 250.

294 Siehe unten S. 217 ff.

aufgedeckten Unzulänglichkeiten des Lastenhefts auch zu beseitigen bzw. auszubessern sind, wogegen die Unwiderruflichkeit der Leistungsbestimmung sprechen könnte. Letztendlich besteht aber kein Unterschied zu jenem Fall, in dem das Lastenheft bereits bei Vertragsschluss vorliegt und einvernehmlich zum Inhalt des Vertrags gemacht wird. Auch hier ist eine einseitige nachträgliche Änderung nicht ohne weiteres möglich. Unter welchen Voraussetzungen etwas anderes gelten kann, wird später genauer unter dem Oberbegriff „Leistungsänderungen“ behandelt.[295]

ii. Einseitige Leistungsbestimmung bei nachträglicher Lastenhefterstellung durch den Besteller

Das einseitige Leistungsbestimmungsrecht kann mitunter konkludent vereinbart werden. Bestimmen die Parteien, das Lastenheft soll noch durch den Auftraggeber erstellt werden, ohne dass der Anbieter sich ein Zustimmungsrecht vorbehält, kann darin – abhängig vom Einzelfall – eine Unterwerfungsvereinbarung gesehen werden.[296] Der Besteller hat dann die Bestimmung des Leistungsumfangs nach *billigem Ermessen* vorzunehmen. Das heißt, er muss sich im Rahmen des durch den Softwareerstellungsvertrag bereits Vorgegebenen halten und kann keine willkürlichen oder für den Anbieter unzumutbaren sowie unverhältnismäßigen Anforderungen in das Lastenheft aufnehmen. Der Besteller muss dem Vertragspartner die Leistungsbestimmung mitteilen, was grundsätzlich formfrei geschehen kann. Die Parteien vereinbaren jedoch eine besondere Form, wenn ein Lastenheft erstellt werden soll. Die Bestimmung der Anforderungen muss dann schriftlich und auch systematisch gegliedert erfolgen.

(2) Spezifikationskauf gemäß § 375 HGB

Einen besonders geregelter Fall zu § 315 BGB bildet der handelsrechtliche Bestimmungskauf nach § 375 HGB. Zwar bleibt § 315 Abs. 1 BGB anwendbar. Allerdings wird auf der Rechtsfolgenseite § 315 Abs. 3 BGB durch § 375 Abs. 2 HGB verdrängt:[297]

i. Bestimmungspflicht nach § 375 HGB

Nach § 375 Abs. 1 HGB ist der Käufer einer beweglichen Sache, soweit ihm die nähere Bestimmung über Form, Maß oder ähnliche Verhältnisse vorbehalten ist, verpflichtet, die vorbehaltene Bestimmung zu treffen. Die Vorschrift erhebt die Vornahme der Bestimmung (Spezifikation) damit zu einer Bestimmungspflicht

---

295 Siehe unten S. 255 ff.

296 So i.E. auch Koch, ITRB 2009, 160, 164.

297 MünchKomm./Gottwald, § 315 Rn. 24.

des Käufers.[298] Sie setzt ferner voraus, dass der Kauf für zumindest eine Seite ein Handelsgeschäft ist (§ 345 HGB), das zumindest auf Seiten des Anbieters stets der Fall sein wird. Im Unterschied zu § 315 BGB kann der Käufer seine Bestimmung jedoch nach freiem, nicht nur nach billigem Ermessen ausüben.[299] Beispielsweise bräuchte der Käufer keine Lieferschwierigkeiten des Verkäufers berücksichtigen.[300]

Auf der Rechtsfolgenseite hat der Verkäufer grundsätzlich vier Reaktionsmöglichkeiten, wenn der Käufer sich mit seiner Bestimmung in Verzug befindet:

§ 375 Abs. 2 Satz 1 HGB erlaubt ihm zum einen die vorbehaltene Bestimmung *selbst* anstelle des Käufers *vorzunehmen*. Dann muss er gemäß § 375 Abs. 2 Satz 2 HGB dem Käufer seine Bestimmung mitteilen und ihm zugleich eine angemessene Frist zur Vornahme einer anderweitigen Bestimmung setzen. Erst wenn diese Frist erfolglos verstreicht, bindet die Bestimmung des Verkäufers beide Parteien, § 375 Abs.2 Satz 3 HGB.

Da es sich bei der Bestimmungspflicht des Käufers um eine Hauptpflicht handelt, kann der Verkäufer die Bestimmungserfüllung auch *einklagen*, wenn er selbst nicht in der Lage ist, die Bestimmung vorzunehmen. Dann wird von einem für eine Klage erforderlichen Rechtsschutzbedürfnis auszugehen sein.[301]

Alternativ sieht § 375 Abs. 2 Satz 1 HGB aber auch die Möglichkeit für den Verkäufer vor, *Schadenersatz* (§§ 280, 281 BGB) zu verlangen und/oder vom Vertrag *zurücktreten* (§ 323 BGB).

ii. Anwendbarkeit beim Werkvertrag

Der Softwareerstellungsvertrag ist nach der hier vertretenen Ansicht als Werkvertrag zu typisieren. Da der Wortlaut des § 375 HGB auf (Handels-) Käufe abstellt, und über § 381 Abs. 2 HGB auf Verträge über die Lieferung herzustellender oder zu erzeugender beweglicher Sachen anwendbar ist, könne hierfür allenfalls eine analoge Anwendung in Betracht kommen. Dazu fehlt es jedoch bereits an einer erforderlichen Regelungslücke. Kommt der Besteller einer seiner Vertragspflichten nämlich nicht nach, sieht das Gesetz ausreichende Reaktionsmöglichkeiten in den §§ 280 ff. BGB und §§ 323 ff. BGB für den Werkunternehmer vor.[302] Darüber hinaus wird allgemein die Anwendung der §§ 375, 381 HGB auf Werkverträge verneint, weil man von Kaufleuten erwarten kann, dass sie eine

---

298 Baumbach/Hopt, § 375 Rn. 5.
299 Baumbach/Hopt, § 375 Rn. 5.
300 Baumbach/Hopt, § 375 Rn. 5.
301 Vgl. MünchKomm.HGB/Grunewald, § 375 Rn. 10.
302 A.A. Thewalt, Der SW-Erstellungsvertrag nach der SRM, S. 147.

entsprechende Vereinbarung treffen, wenn sie dies wirklich für erforderlich halten.[303]

iii. Anwendbarkeit bei Kaufrecht (§ 651 BGB)

Wendet man allerdings entgegen der hier vertretenen Ansicht auf den Softwareerstellungsvertrag über § 651 BGB Kaufrecht an, sind davon auch die Vorschriften des Handelskaufs umfasst.[304] Dies gilt grundsätzlich auch für § 375 HGB.

Nach § 375 HGB hat der Käufer die Bestimmung über Form, Maß oder ähnliche Verhältnisse vorzunehmen, wenn ihm dies vorbehalten ist. Die genauere Bestimmung des Leistungsinhalts durch das Lastenheft lässt sich allenfalls unter „ähnliche Verhältnisse" subsumieren. Bei der Auslegung dieser Verhältnisse ist von den Begriffen Form und Maß auszugehen, denen die „Verhältnisse" ähnlich sein müssen. Gleichgeordnet werden etwa Farbe, Dichte, Verarbeitung, Herkunft, Menge bzw. Größe und die Zusammensetzung der Grundstoffe sowie die Güteklasse.[305] Im Rahmen der Auslegung soll im Zweifel ein weiter Spielraum angesetzt werden.[306] Insbesondere die nähere Bestimmung von Sonderwünschen einer Maschine sah das Reichsgericht bereits als „ähnliche Verhältnisse" an.[307] Vergleichbar dreht sich die Erstellung von Software um Sonderwünsche des Bestellers.

Vergegenwärtigt man sich allerdings die Rechtsfolgen, ist fraglich, ob die Anwendung des § 375 HGB für den Verkäufer tatsächlich einen Vorteil bringt. Ihm steht einerseits ein Selbstbestimmungsrecht zu. Um dieses ausüben zu können, ist der Hersteller einer Individualsoftware praktisch immer auf die Mitwirkung des Bestellers angewiesen. Dies gilt insbesondere, wenn er das Lastenheft erstellt. Bereits hieran wird eine Selbstbestimmung vielfach scheitern. Ein weitere Gefahr besteht darin, dass der Anbieter gemäß § 375 Abs. 2 Satz 2 HGB dem Käufer eine angemessene Frist zur Vornahme einer anderweitigen Bestimmung zu setzen hat. Somit besteht für den Anbieter das Risiko, ein Lastenheft zu erstellen, welches durch ein vom Besteller fristgerecht nachgereichtes Lastenheft hinfällig wird. Auch in Bezug auf den Schadenersatzanspruch ist der Nutzen von § 375 HGB fraglich. Der wesentliche Schaden, welcher dem Anbieter

---

303 Baumbach/Hopt § 381 Rn. 6; MünchKomm.HGB/Grunewald, § 381 Rn. 5; Ebenroth/Boujong/Joost/Strohn/Müller, § 381 Rn. 10a, 23 (speziell i.Z.m. Verträgen über Computersoftware).

304 § 381 Abs. 2 HGB hat insofern lediglich klarstellende Funktion, Ebenroth/Boujong/Joost/Strohn/Müller, § 381 Rn. 10.

305 MünchKomm.HGB/Grunewald, § 375 Rn. 7.

306 Ebenroth/Boujong/Joost/Strohn/Müller § 375 Rn. 13; MünchKomm.HGB/Grunewald, § 375 Rn. 7.

307 RG v. 15.5.1934 – II 68/34, HRR 1934 Nr. 1302.

durch die Nichterstellung des Lastenhefts entstehen kann, liegt im Vorhalten von Ressourcen, die durch den Verzug entstehen, sowie der entgangene Gewinn, sofern der Vertrag beendet wird. Ersterer Schaden wird jedoch bereits durch die §§ 642 f. BGB abgedeckt. Den entgangenen Gewinn erhält der Anbieter nach einhelliger Meinung bei Gefährdung des Vertragszwecks wegen unterlassener Mitwirkung durch den Besteller ebenfalls ersetzt.[308] Der Erfüllungsanspruch zu guter Letzt stellt für den Anbieter ebenfalls keine große Hilfe dar. Denn zur Vornahme der Bestimmung kann er den Besteller damit faktisch nicht zwingen. Diesem steht nämlich weiterhin sein (willkürliches) Kündigungsrecht gemäß § 649 BGB zu.[309]

(3) Zwischenergebnis

Soll der Besteller nach Vertragsschluss das Lastenheft erstellen, kann eine einseitige Leistungsbestimmung im Sinne des § 315 BGB vorliegen. Mangels ausdrücklicher Vereinbarung ist dies anhand einer Auslegung zu ermitteln. Behält sich der Anbieter kein Zustimmungsrecht vor, kann dies für einen Fall des § 315 BGB sprechen. Allerdings sind hieran strenge Anforderungen zu stellen. Ist eine einseitige Leistungsbestimmung zu bejahen, ist diese nach billigem Ermessen vorzunehmen, so dass im Zweifel auch Leistungsanforderungen gegen den Willen des Anbieters Vertragsinhalt werden können.

Die besonderen Vorschriften des handelsrechtlichen Bestimmungskaufs finden im Rahmen des Softwareerstellungsvertrags als Werkvertrag keine Anwendung, da eine analoge Anwendung mangels Regelungslücke ausscheidet. Wendet man allerdings auf den Softwareerstellungsvertrag entgegen der hier vertretenen Ansicht Kaufrecht an, kann § 375 HGB Anwendung finden, wobei der praktische Nutzen dieser Vorschrift für den Anbieter in Frage zu stellen ist.

b. Nachträgliche Erstellung durch den Auftragnehmer

Sofern der Auftragnehmer die Erstellung des Lastenhefts übernehmen soll, ist fraglich, ob auch hierin eine Unterwerfungsvereinbarung zulasten des Bestellers gesehen werden kann. Zwar legt der Auftragnehmer grundsätzlich mit der alleinigen Erstellung des Lastenhefts den Leistungsumfang einseitig fest. Jedoch gibt der Besteller seine betrieblichen Bedürfnisse vor, von denen die fachlichen Anforderungen und damit auch der Inhalt des Lastenhefts abhängig sind. Anders als bei der alleinigen Erstellung durch den Besteller, bei der der Auftragnehmer grundsätzlich keinen Einfluss auf die Leistungsbestimmung nehmen kann, hat hier der Besteller die Möglichkeit, durch die Vorgabe der betrieblichen Bedürf-

308 Vgl. unten S. 131, bei Fn. 383.
309 Thewalt, Der SW-Erstellungsvertrag nach der SRM, S. 147.

nisse den Leistungsinhalt zu beeinflussen. Insbesondere im Rahmen der „Soll-Analyse“ ist der Besteller maßgeblich zu beteiligen. Somit ist zu prüfen, inwieweit wirklich mit der Erstellung des Lastenhefts eine einseitige Leistungsbestimmung durch den Anbieter erfolgt. Dabei ist zu differenzieren:

(1) Kein Interesse des Bestellers an Details

Es kann Fälle geben, in denen der Besteller im Grunde am Projekt so wenig wie möglich beteiligt werden möchte und am liebsten nicht mehr zu tun gedenkt, als am vereinbarten Fertigstellungstermin die Software entgegen zu nehmen. Zwar ist die Ermittlung der betrieblichen Bedürfnisse ohne sein Mitwirken kaum möglich. Er kann sich jedoch darauf beschränken wollen, dem Anbieter Zutritt zu seinem Betrieb zu verschaffen und von diesem gestellte Fragen zu beantworten. Mit der Festlegung des grob definierten Leistungsumfangs gibt er sich bereits zufrieden. Für die fachlichen Anforderungen im Detail interessiert er sich jedoch nicht, weswegen er die Ermittlung der erforderlichen fachlichen Anforderungen in das Ermessen des Auftragnehmers stellt. Mit dem Vertrag wäre dann ein Rahmen vorgegeben, innerhalb dessen der Auftragnehmer die Leistungsbestimmung einseitig und nach billigem Ermessen vorgeben kann. Zwar kann dieser Rahmen eng gesteckt sein, dennoch wird ein bestimmungsbedürftiger Bereich offen bleiben, der dann vom Anbieter auszufüllen wäre. Ergibt also eine Vertragsauslegung, dass der Besteller auf den Inhalt des Lastenhefts praktisch keinen Einfluss nehmen will, kommt ein einseitiges Leistungsbestimmungsrecht des Anbieters in Betracht.[310]

§ 375 HGB kann keine Anwendung finden, da er nur bei einer Leistungsbestimmung durch den Käufer einschlägig ist.[311]

Zum einen ist eine solche Herangehensweise für den Besteller riskant, weil die geplante Software möglicherweise nicht alle Funktionen enthält, die er am Ende gerne hätte. Auf der anderen Seite relativiert sich diese Gefahr, weil der Anbieter nach billigem Ermessen vorzugehen hat. Dieser hat alle für das Erreichen des vereinbarten Vertragszwecks notwendigen Anforderungen und Funktionen zu ermitteln und im Lastenheft zu dokumentieren.

Zum anderen stellt sich aber auch die Frage, warum der Anbieter überhaupt ein Lastenheft erstellen sollte. Sofern der Besteller den Inhalt des Lastenhefts ohnehin nicht mehr mitbestimmen kann, könnte die Konkretisierung dann auch gleich durch die Realisierung der Software erfolgen. Diese Schlussfolgerung hat

---

310 So wohl auch Koch, Computer-Vertragsrecht, Teil 1, Rn. 20; derselbe, ITRB 2009, 160, 164.

311 Ebenroth/Boujong/Joost/Strohn/Müller, § 381 Rn. 8.

bereits der BGH gezogen.[312] Im zugrunde liegenden Sachverhalt hatte es der Anbieter zwar übernommen, das Lastenheft zu erstellen. Dieser vertraglichen Pflicht kam er jedoch nicht nach, sondern erstellte die Software, deren Abnahme der Besteller nach Ansicht des BGH zu Unrecht verweigerte. Denn die Verpflichtung zur Lastenhefterstellung sei mit der Erstellung der Software hinfällig geworden.[313] Die Festlegung des Vertragsumfangs, die eigentlich im Lastenheft erfolgen sollte, habe letztlich durch die Entwicklung der Software stattgefunden.[314]

Diese Konstellation dürfte in der Praxis den absoluten Ausnahmefall darstellen, nicht nur, weil bei der Annahme einer einseitigen Leistungsbestimmung Zurückhaltung geboten ist, sondern auch, weil die Gefahr sehr hoch ist, dass der Besteller am Ende eine Software bekommt, die nicht alle von ihm gewünschten Funktionen enthalten muss.

(2) Einflussnahme des Bestellers auf Inhalt des Lastenhefts

Auf der anderen Seite stehen die Projekte, in denen der Besteller weiterhin einen gewissen Einfluss auf den Inhalt des Lastenhefts nehmen will, auch wenn er dessen Erstellung dem Auftragnehmer überlässt. Dazu kann er sich etwa die Abnahme bzw. Freigabe oder Zustimmung des Lastenhefts ausdrücklich vorbehalten, ohne die das Projekt nicht in die Realisierungsphase übergehen darf.[315] Mit einer solchen Regelung signalisiert er, dass die fachlichen Anforderungen an die Software nicht alleine in das billige Ermessen des Anbieters gestellt werden und nicht sogar gegen seinen Willen Teil bzw. nicht Teil des Leistungsumfangs werden sollen. Ebenso spricht es gegen eine Unterwerfung im Sinne des § 315 BGB, wenn die Erstellung der Software von der erfolgreichen Lastenhefterstellung abhängig gemacht wird. Die Projektfortsetzung soll dann von der Zustimmung des Bestellers abhängen. Eine einseitige Leistungsbestimmung durch den Auftragnehmer kommt in diesem Fall nicht in Betracht.[316] Wird die Zu-

312 BGH v. 24.09.1991 – X ZR 85/90, CR 1992, 543 = NJW-RR 1992, 556 = Beil. BB 1993 Heft 5, 2.

313 BGH v. 24.09.1991 – X ZR 85/90, NJW-RR 1992, 556, 557; a.A. OLG Düsseldorf v. 10.06.1992 – 19 U 23/91, CR 1993, 361, 364.

314 Siehe unten S. 247.

315 Vgl. etwa: BeckOF/Grapentin/Schultze-Melling, 9.1.1, §§ 9, 10 des Vertragsmusters; vgl. auch die Vertragsklausel bei OLG Düsseldorf v. 10.06.1992 - 19 U 23/91, CR 1993, 361.

316 A.A. wohl Koch, Computer-Vertragsrecht, Teil 1, Rn. 20; derselbe, ITRB 2009, 160, 164.

stimmung allerdings zu Unrecht verweigert, kann der Anbieter diese einklagen.[317]

Aber auch falls die Vertragsparteien keine ausdrückliche Vereinbarung hinsichtlich einer erforderlichen Zustimmung (Abnahme/Freigabe) getroffen haben, wird eine Vertragsauslegung in der Regel ergeben, dass der Besteller den Inhalt des Lastenhefts nicht alleine vom Auftragnehmer festlegen lassen will. Vielmehr wird das Lastenheft nach dessen Erstellung zunächst vom Besteller akzeptiert werden müssen. Denn wenn es auf die Zustimmung nicht ankäme und der Anbieter stets ohne weitere Absprache mit der Realisierung beginnen könnte, dann wäre auch das Lastenheft von Anfang an zur Konkretisierung des endgültigen Leistungsinhalts überflüssig. Die Festlegung des Vertragsinhalts würde sonst immer (erst) in der konkreten Realisierung der Software erfolgen, was indessen von den Parteien gerade nicht gewollt wäre.

Die Zustimmung bedeutet allerdings nicht nur ein Recht des Bestellers, sondern ebenso eine Verpflichtung. Denn ohne die Zustimmung kann das Lastenheft keine verbindliche Wirkung erlangen, die jedoch notwendig ist, um den Sinn und Zweck des Lastenhefts erfüllen zu können. Denn mangels Verbindlichkeit wäre es nicht geeignet, um daran die Mangelfreiheit der Software beurteilen und hiermit eine Abnahme durchführen zu können. Das Lastenheft wäre bedeutungslos und seine Erstellung überflüssig. Indem die Parteien aber die Lastenhefterstellung durch den Anbieter im Bewusstsein dessen Bedeutung vertraglich regeln, streben sie eine verbindliche Vorgabe des detailliert beschriebenen Leistungsumfangs an. Die Verpflichtung zur Zustimmung ergibt sich demnach aus der *besonderen Vertragskonstellation des Softwareerstellungsvertrags*, bei dem die Lastenhefterstellung dem Anbieter übertragen wird.[318] Allerdings bedeutet die Zustimmung nicht (ebenso wenig wie eine Abnahme), der Auftraggeber erkenne das Lastenheft als mangelfrei an. Er erklärt lediglich die beschriebenen Anforderungen mit seinen Vorstellungen für übereinstimmend.[319] Ob sie etwa DV-technisch realisierbar oder in sich konsistent sind, kann der Besteller

317 Abzuraten ist dem Anbieter, trotz (zu Unrecht) verweigerter Zustimmung mit der Realisierung zu beginnen. Denn im Einzelfall kann die Gefahr bestehen, dass die Verweigerung des Bestellers als Kündigung gemäß § 649 BGB, für die es keinen besonderen Grund bedarf, ausgelegt wird. In diesem Fall müsste der Besteller die weiteren Aufwendungen des Anbieters, die nach Zugang der Verweigerung bzw. Kündigung noch entsteht, nicht vergüten. Abgesehen davon besteht das Risiko, ein Gericht könnte die Zustimmungsverweigerung als zulässig ansehen.

318 Ähnlich LG Landau v. 15.11.1983 – HK O 120/81, iur 1986, 456; siehe auch: Zahrnt in: Anm. zu LG Landau, iur 1986, 457.

319 Koch, Software- und Datenbank-Recht, § 1 Rn. 39; Intveen/Lohmann CR 2003, 640, 646.

dahingegen oft nicht beurteilen. Was er aber beurteilen kann, ist, ob er alle seine Vorstellungen fehlerlos und vollständig berücksichtigt sieht und er mit der festgelegten Prioritätensetzung einverstanden ist. Auch kann er beschriebene Funktionen als überflüssig und unwichtig einstufen und somit herausstreichen lassen.[320] Dies setzt aber eine für den Besteller verständliche Formulierung der Anforderungen voraus, weshalb auf DV-technische Beschreibungen im Lastenheft verzichtet werden sollte. Hier kann es hilfreich sein, dem Anwender das Lastenheft im Rahmen eines Gespräches zu erläutern, um ihm einen möglichst tiefen Einblick zu ermöglichen und auf diese Weise spätere Einwendungen, der Anwender habe dies oder jenes gar nicht erkennen können, auszuschließen. Ist der Anwender selbst nicht in der Lage, eine entsprechende Überprüfung durchzuführen, muss er sich externer Unterstützung bedienen.[321]

Die Zustimmung kann durch *konkludentes Verhalten* erklärt werden. Selbst Schweigen kann in bestimmten Situationen eine Zustimmung bedeuten, etwa, wenn das Lastenheft aufgrund von Korrekturvorschlägen des Auftraggebers bereits (mehrfach) nachgebessert worden ist und dann kommentarlos zurück an den Auftragnehmer gesendet wird.[322] Voraussetzung ist jedoch, der Anbieter hat das Lastenheft zuvor dem Besteller zugesandt und ihn zur Prüfung und Zustimmung aufgefordert. Koordiniert der Anbieter das Projekt, muss er dem Besteller mitteilen, wann dieser in welcher Weise an der Projektdurchführung mitzuwirken hat.

Dogmatisch ist die Zustimmung zum Lastenheft dann als einvernehmliche Vertragsanpassung einzuordnen, bei der in der Erstellung des Lastenhefts und dessen Übergabe ein Angebot und in der Zustimmung die Annahme zu sehen ist.

c. Gemeinsame nachträgliche Erstellung

Die Parteien können indessen auch beschließen, das Lastenheft in gemeinsamer Arbeit zu erstellen. Sie einigen sich hier ständig mit Fortschritt der Erstellung des Lastenhefts über dessen Inhalt. Mindestens wird das Lastenheft konkludent durch einvernehmliche Billigung Vertragsbestandteil.

---

320 Schneider/v. Westphalen, Software-Erstellungsverträge, C. Rn. 142 spricht von einer Faustformel, nach der 10% Streichungen zu 30% und mehr Aufwandseinsparung führen sollen.

321 So bereits auch LG Landau v. 15.11.1983 – HK O 120/81, iur 1986, 456, 457; auch Koch, Software- und Datenbank-Recht, § 1 Rn. 39; Intveen/Lohmann, CR 2003, 640, 646.

322 LG Landau v. 15.11.1983 – HK O 120/81, iur 1986, 456.

Die Gefahr einer gemeinsamen Erstellung liegt in der Verwischung der Grenzen der Verantwortlichkeiten, aufgrund derer sich letztlich nicht mehr feststellen lässt, wem ein eventuelles Scheitern der Lastenhefterstellung bzw. eine im Lastenheft enthaltene Unzulänglichkeit zuzuordnen ist. Sind die jeweils zu erbringenden Mitwirkungshandlungen im Rahmen der Lastenhefterstellung nicht weiter beschrieben, kann eine Zuordnung der Verantwortlichkeiten sehr schwer fallen. In diesem Zusammenhang kann ein detaillierter Aktivitäten- und Fristenplan[323] helfen, indem beiden Vertragsteilen jeweils bestimmte Arbeitsschritte zugewiesen werden, die bis zu einem bestimmten Zeitpunkt abzuarbeiten sind. Durch eine genaue Zuweisung der fristgebundenen Tätigkeiten dürfte es sich bei diesen um einklagbare Leistungspflichten handeln. Diese können aufgrund des Aktivitäten- und Fristenplans zeitlich sowie inhaltlich – je nach Ausgestaltung im Einzelfall – relativ genau bestimmt werden. Auf diese Weise ließe sich feststellen, wer für das Scheitern, Verzögerungen oder Unzulänglichkeiten verantwortlich ist. Schwierig fällt diese Feststellung dagegen, wenn die Parteien ohne genauere Detaillierung lediglich die gemeinsame Erarbeitung des Lastenhefts vereinbart haben. Zudem kann aus Sicht des Bestellers problematisch sein, dass er im Rahmen einer Lastenhefterstellung zu gleichen Teilen die Verantwortung für den Erfolg trägt. Dies kann zu einer Änderung des Vertragstyps führen. Ein ursprünglich gewollter Werkvertrag kann sich zu einem Dienstvertrag umkehren.[324] Entschärft wird diese Problematik durch den Abschluss eines separaten Vertrags über die Erstellung des Lastenhefts.

III. Ergebnis

Liegt bereits bei Vertragsschluss ein Lastenheft vor, wird dieses durch Bezugnahme im Vertragsdokument zum Vertragsbestandteil gemacht.

Fehlt hingegen noch bei Abschluss des Softwareerstellungsvertrags das Lastenheft, stellt dies kein Hindernis für einen wirksamen Vertragsschluss dar, solange der Vertragsinhalt bestimmbar ist. Erfolgt die nachträgliche Lastenhefterstellung durch den Besteller, handelt es sich hierbei regelmäßig um eine einseitige Leistungsbestimmung, sofern sich der Anbieter kein Mitspracherecht vorbehalten hat. Der Besteller kann dann den Leistungsinhalt nach billigem Ermessen bestimmen. Wird hingegen das Lastenheft vom Anbieter nachträglich erstellt, ist dies nur in Ausnahmefällen als eine einseitige Leistungsbestimmung einzuordnen. Der Besteller darf an den Details der Leistung im Grunde kein Interesse haben. Regelmäßig wird dem Besteller aber ein Zustimmungsrecht zu-

---

323 Siehe oben S. 52.

324 Vgl. LG München v. 21.07.1994 – 7 O 9748/92, CR 1995, 33, 34.

stehen, wonach der Anbieter nicht mit der Erstellung der Software beginnen darf, bevor der Besteller dem Inhalt des Lastenhefts zugestimmt hat.

H. Pflicht zur Lastenhefterstellung bei fehlender vertraglicher Regelung

Zum Teil schließen die Vertragspartner einen Softwareerstellungsvertrag nicht nur ohne Vorliegen eines Lastenhefts ab, sondern unterlassen es auch festzulegen, wer dieses nachträglich erstellen soll. In diesem Fall stellt sich dann die Frage, in wessen Verantwortungsbereich die Lastenhefterstellung nach der Gesetzeslage fällt. Neben wirtschaftlichen Gesichtspunkten[325] ist diese Frage auch im Hinblick für die Beurteilung von Mängeln, den Verzugseintritt sowie eine vorzeitige Beendigung des Vertrags von Bedeutung.

Stellenweise wird vertreten, der Auftragnehmer habe aufgrund seines hohen Fachwissens das Lastenheft zu erstellen. Nach einer gegenläufigen Ansicht sei die Pflicht zur Erstellung des Lastenhefts ausschließlich beim Besteller zu sehen, da nur er bestimmen kann, welche Anforderungen er an die zu erstellende Software stellt und was er von dieser erwartet:

I. Verantwortungsbereich des Auftragnehmers

Insbesondere in den späten 80er und frühen 90er Jahre des letzten Jahrhunderts wurde die Ansicht vertreten, der Auftragnehmer habe das Lastenheft zu erstellen, wenn keine anderslautende Vereinbarung getroffen wurde.[326] Dies wurde selbst dann angenommen, als es sich bei dem Besteller selbst um ein Softwarehaus handelte.[327]

II. Verantwortungsbereich des Auftraggebers

Inzwischen sieht jedoch die h. M. in Rechtsprechung und Literatur die Erstellung des Lastenhefts grundsätzlich als Aufgabe des Bestellers, sofern keine anders lautende vertragliche Vereinbarung getroffen wurde.

---

325 Schaub, CR 1993, 329 Fn. 4: sofern der Auftraggeber das Lastenheft durch den Anbieter oder einen Dritten erstellen lässt, werden ihm nicht selten bis zu 25% der Auftragssumme des IT-Projekts in Rechnung gestellt. Lapp, CR 2004, 801, 804 spricht sogar ausgehend von der vertraglichen Leistung des Anbieters von 30-50% an Eigenleistung des Bestellers.

326 OLG Saarbrücken v. 30.04.1986 – 1 U 21/84, CR 1988, 470, 472; LG Bamberg v. 08.11.1988 – 1 O 250/86, BB Beil. 11/89, 2; Nauroth, CR 1987, 153, 157; Rehmann, CR 1989, 961; ähnlich auch KG v. 1.06.1990 – 14 U 4238/86, CR 1990, 768.

327 LG Bamberg v. 08 .11.1988 – 1 O 250/86, BB Beil. 11/89, 2.

1. Rechtsprechung

Der BGH hat seine Tendenz in diese Richtung in einigen Entscheidungen klar vorgegeben. Er stellt die Beibringung der fachlichen Vorgaben grundsätzlich in den Verantwortungsbereich des Bestellers. Demnach sei es seine genuine Aufgabe, das Lastenheft beizubringen.

a. BGH, CR 1989, 102 – „Registrierkassen"

Die grundlegende Ausgangsentscheidung in dieser Hinsicht wird im „*Registrierkassen*"-Urteil[328] gesehen. Zwar wird darin nicht ausdrücklich der Begriff des Lasten- oder Pflichtenhefts verwendet. Der BGH stellt aber fest, die Übergabe der Programmunterlagen gehöre auch ohne ausdrückliche Regelung aus in der Natur der Sache liegenden Gründen

> „zu den geschuldeten *Mitwirkungspflichten*"[329]

des Auftraggebers. Da dieser

> „wünschte, die Registrierkassen sollten die ihnen zugedachte innerbetriebliche Aufgabe nach einem auf seine Bedürfnisse zugeschnittenen Anwenderprogramm erledigen, mußte er nicht nur die *Aufgabenstellung mitteilen*, sondern auch das Material, das elektronisch verarbeitet werden sollte, angeben. *Das versteht sich von selbst.*"[330]

b. BGH, CR 1992, 543 – „vergessenes Pflichtenheft"

Ebenso lässt sich der bereits angesprochenen Entscheidung zum „*vergessenen Pflichtenheft*"[331] entnehmen, dass die Erstellung des Lastenhefts nicht zu den Aufgaben des Anbieters gehört. Danach schulde der Auftragnehmer mangels Lastenheft nur eine Software, die dem Stand der Technik bei einem mittleren Ausführungsstandard entspricht.[332] Die Erstellung eines Lastenhefts ist demnach nicht zwingende Voraussetzung für die Herstellung einer Software. Wird diese Phase ausgelassen, liegt darin nach Ansicht des BGH keine Pflichtverletzung des Anbieters. Im Fall des BGH hatte der Anbieter die Erstellung des Lastenhefts sogar vertraglich übernommen, später aber ohne Lastenheft die Software erstellt. Nach Ansicht des BGH war die Verpflichtung zur Lastenhefterstellung

---

328 BGH v. 13.07.1988 – VIII ZR 292/87, CR 1989, 102.

329 BGH v. 13.07.1988 – VIII ZR 292/87, CR 1989, 102, 104 (Hervorhebung durch den Verfasser).

330 BGH v. 13.07.1988 – VIII ZR 292/87, CR 1989, 102, 104 (Hervorhebungen durch den Verfasser).

331 BGH v. 24.09.1991 – X ZR 85/90, CR 1992, 543 = NJW-RR 1992, 556 = Beil. BB 1993 Heft 5, 2 (mit Pflichtenheft bezeichnet der BGH hier das Lastenheft).

332 BGH v. 24.09.1991 – X ZR 85/90, CR 1992, 543, 544; siehe oben S. 91 ff.

durch die tatsächliche Auftragsdurchführung hinfällig geworden.[333] Daraus lässt sich folgender Schluss ziehen: Hat der Anbieter das Lastenheft (nach Auftragsdurchführung) selbst dann nicht zu erstellen, wenn er diese Aufgabe vertraglich übernommen hat, muss dies erst recht gelten, wenn diesbezüglich überhaupt keine vertragliche Regelung getroffen wurde. Der Anbieter hat mangels Lastenheft also lediglich eine Software entsprechend dem Stand der Technik bei mittlerem Ausführungsstandard zu liefern. Will der Besteller hingegen eine genau auf seine Bedürfnisse abgestimmte Software, liegt es bei ihm, die hierzu erforderlichen Vorgaben detailliert zu beschreiben.

c. BGH, CR 2004, 490 – „Quellcode-Überlassung"

Der BGH bestätigte diese Entscheidung mit seinem Urteil zur „*Quellcode-Überlassung*",[334] in der die Vertragspartner überhaupt keine Regelung zur Lastenhefterstellung getroffen hatten. Sofern die Vertragspartner nicht im Einzelnen vereinbart haben,

> „was das zu erstellende Programm zu leisten hat, schuldet der Unternehmer ein Datenverarbeitungsprogramm, das unter Berücksichtigung des vertraglichen Zwecks des Programms dem Stand der Technik bei einem mittleren Ausführungsstandard entspricht."[335]

Auch diese BGH-Entscheidung zeigt, dass eine unterlassene Lastenhefterstellung keine Pflichtverletzung des Anbieters darstellen soll. Vielmehr muss sich der Besteller mit einer Software entsprechend dem Stand der Technik zufrieden geben, wenn er es versäumt, seine spezifischen fachlichen Anforderungen genau zu beschreiben.

d. BGH, NJW 1998, 2132 – „Warentermingeschäft"

Die gleiche Richtung führt die sog. „*Warentermingeschäft*"-Entscheidung weiter fort:[336] Der BGH hatte zu prüfen, ob sich der Auftragnehmer mit seiner Leistung in Verzug befand. Der Auftragnehmer trug damals vor, der Besteller habe die notwendigen Unterlagen über dessen Geschäftssystem, in das die Software integriert werden sollte, sowie den für die Finanzbuchhaltung erforderlichen Kontenrahmen nicht vorgelegt. Auch seien wichtige Parameter für den Warenterminbereich (insbesondere die Provisionsstruktur des Bestellers) und Grundlagen

---

333 BGH v. 24.09.1991 – X ZR 85/90, CR 1992, 543, 544.

334 BGH v. 16.12.2003 – X ZR 129/01, CR 2004, 490.

335 BGH v. 16.12.2003 – X ZR 129/01, CR 2004, 490 (LS 2).

336 BGH v. 10.03.1998 – X ZR 70/96, NJW 1998, 2132 = CR 1998, 393.

der Währungsumrechnung nicht bezeichnet worden.[337] Zu diesen Behauptungen war bisher noch nicht Beweis erhoben worden, weshalb der BGH die Sache an das Berufungsgericht zurückverwies. Er war aber der Ansicht, sofern diese Behauptungen bestätigt würden und die Software mangels erforderlicher Mitwirkungen des Bestellers nicht fertig gestellt werden konnte, sei kein Verzug eingetreten.[338] Demnach fällt die Mitteilung der Betriebsprozesse und (fachlichen) Vorgaben unverkennbar in den Verantwortungsbereich des Auftraggebers.

e. BGH, CR 1995, 265 – „verbranntes Pflichtenheft"

In diesem Zusammenhang als Meilenstein bezeichnet[339] wird des Weiteren die BGH-Entscheidung zum „*verbrannten Pflichtenheft*".[340] Der Entscheidung könne die genuine Aufgabe des Auftraggebers zur Beschaffung des Lastenhefts entnommen werden, weil sogar die Nachlieferung nach dem Verlust des Lastenhefts noch zu seinen Pflichten gehöre.[341] Allerdings ist dieser Rückschluss problematisch. Im zugrunde liegenden Fall hatte die klagende Bestellerin das Lastenheft durch einen Dritten erstellen lassen und es der Anbieterin überlassen. Da das Lastenheft durch einen Brand bei der Anbieterin vernichtet worden war, bat diese um Zusendung einer neuen Ausfertigung des Lastenhefts, was die Bestellerin jedoch (zunächst) verweigerte. Wenngleich die Anbieterin die Software aus diesem Grund nicht vertragsgemäß erstellen konnte, befand sie sich nach Ansicht des BGH nicht in Schuldnerverzug. Indem die Bestellerin die Übergabe des Lastenhefts verweigert hatte, sei sie ihrer notwendigen Mitwirkungspflicht nicht nachgekommen und habe sich auf diese Weise in Annahmeverzug befunden.[342] Die Bestellerin hätte der Anbieterin also eine weitere Ausfertigung des Lastenhefts zur Verfügung stellen müssen. Dies müsse dann erst recht auch für die ursprüngliche Beschaffung des Lastenhefts gelten.[343]

Das Besondere an diesem Fall war indessen, dass bereits ein Lastenheft existierte und es für die Bestellerin nur einen minimalen Aufwand bedeutet hätte, der beklagten Herstellerin eine Kopie auszuhändigen. Diesen Umstand be-

337 BGH v. 10.03.1998 – X ZR 70/96, NJW 1998, 2132, 2133.

338 BGH v. 10.03.1998 – X ZR 70/96, NJW 1998, 2132, 2133.

339 Vgl. Schneider, Handbuch des EDV-Rechts, D. Rn. 433; Schneider/v. Westphalen, Software-Erstellungsverträge, C. Rn. 32 f.

340 BGH v. 28.06.1994 – X ZR 95/92, CR 1995, 265 (auch hier steht das Pflichtenheft in seiner Bedeutung dem Lastenheft gleich).

341 Schneider/v. Westphalen, Software-Erstellungsverträge, C. Rn. 33.

342 BGH v. 28.06.1994 – X ZR 95/92, CR 1995, 265, 266.

343 Schneider/v. Westphalen, Software-Erstellungsverträge, C. Rn. 33; ungenau auch der Leitsatz des Urteils in CR 1995, 265: „Der Kunde hat dem Softwarelieferanten die zur Realisierung eines EDV-Projekts erforderlichen Unterlagen zur Verfügung zu stellen."

rücksichtigte der BGH, indem er auf den Grundsatz von Treu und Glauben abstellte, wonach die Zurverfügungstellung des Lastenhefts vom Besteller zu erwarten war.[344] Das Gericht wog demnach ab, ob der Klägerin die Herausgabe einer Lastenheftkopie zumutbar war und bejahte dies zu Recht, da das Lastenheft ursprünglich von Seiten der Bestellerin zur Verfügung gestellt worden war. Die Anbieterin hatte die fachlichen Anforderungen der Bestellerin nie ermittelt. Aber selbst unter der Annahme, sie hätte das Lastenheft anfänglich erstellt, hätte sie die Übergabe einer weiteren Kopie verlangen können, wenn ihre Ausfertigung vernichtet worden wäre. Denn auch in dieser Konstellation wäre es unzumutbar, von ihr eine Neuerstellung des Lastenhefts zu verlangen, obwohl die Bestellerin bereits ein Exemplar besitzt. Darüber hinaus hätte eine Neu-Erarbeitung des Lastenhefts durch die Anbieterin eine enorme Projektverzögerung sowie großen Aufwand der Bestellerin an Mitwirkungsleistungen bedeutet, weshalb auch die Bestellerin ein Interesse an der Zurverfügungstellung des Lastenhefts haben musste. Aus dieser speziellen Konstellation abzuleiten, es sei Aufgabe des Auftraggebers, das Lastenheft zu beschaffen, geht daher zu weit.

f. Zusammenfassung

Nach Ansicht des BGH handelt es sich bei der Beibringung der fachlichen Vorgaben um eine genuine Aufgabe des Auftraggebers.[345] Da die fachlichen Anforderungen in einem Lastenheft bzw. nach der Begriffsverwendung des BGH in einem Pflichtenheft zusammengefasst werden, fällt das Lastenheft grundsätzlich in den Verantwortungsbereich des Auftraggebers. Dieser Auffassung folgt mittlerweile auch der weit überwiegende Teil der Rechtsprechung.[346] Ebenso sehen die in der Literatur[347] vertretenen Ansichten die Lastenhefterstellung grundsätz-

---

344 BGH v. 28.06.1994 – X ZR 95/92, CR 1995, 265, 266.

345 In einer weiteren Entscheidung vom 20.02.2001 – X ZR 9/99, NJW 2001, 1718, 1720, hatte der BGH nur noch kurz festgestellt, dass unter anderem die Erstellung des Lastenhefts mit den Anforderungen, die der Auftraggeber an die Software stellt, zu dessen Mitwirkungshandlungen gehört.

346 OLG Celle v. 20.02.1991 – 6 U 15/90, CR 1991, 610, 611; OLG Köln v. 07.02.1992 – 19 U 117/91, CR 1992, 470; v. 18.06.1993 – 19 U 215/92, CR 1993, 624; v. 25.06.1993 – 19 U 216/92, CR 1994, 213; v. 26.08.1994 – 19 U 278/93, NJW-RR 1995, 1460; v. 22.09.1994 – 19 U 65/94, CR 1996, 20; v. 06.03.1998 – 19 U 228/97, CR 1998, 459; v. 29.07.2005 – 19 U 4/05, JurPC 16/2006; OLG Oldenburg v. 12.02.1986 – 3 U 43/85, CR 1986, 552; LG Koblenz v. 19.03.1994 – 8 O 337/90, CR 1994, 470; LG Köln v. 21.10.1993 – 22 O 673/90, CR 1994, 624; LG Frankfurt v. 08.06.1988 – 3/12 O 181/86, BB Beil. 11/1989, 5.

347 Ihde, CR 1999, 409, 410; Koch, Software- und Datenbank-Recht, § 1 Rn. 31; derselbe, IT-Projektrecht, Rn. 41; derselbe, ITRB 2009, 160, 161; Schaub, CR 1993, 329, 332;

lich als Aufgabe des Auftraggebers, wenn vertraglich keine abweichende Regelung vereinbart wurde.

2. Stellungnahme

Dieser Auffassung ist zu folgen. Die Beistellung des Lastenhefts als Beschreibung der fachlichen Anforderungen an die gewünschte Software fällt grundsätzlich in den Kenntnis- und damit Verantwortungsbereich des Bestellers. Sofern die Vertragspartner keine abweichende Vereinbarung getroffen haben, hat er die Anforderungsanalyse durchzuführen und das Ergebnis in einem Lastenheft zusammenzufassen. Denn die hierfür notwendigen Informationen stammen aus seiner Sphäre und er hat den unmittelbaren Zugriff auf diese. Er kennt insbesondere seine Betriebsprozesse, in die die Software eingebettet werden soll, besser als irgendjemand sonst. Somit kann letztlich auch nur der Besteller entscheiden, wie die Software beschaffen sein soll und welchen Zweck er mit ihrem Einsatz verfolgt.[348] Wie paradox ein anderes Ergebnis wäre, zeigt augenfällig nachfolgende Fallgestaltung. Vergleichbar ist nämlich die Situation mit der eines Taxigastes, der den Fahrer bittet, so schnell wie möglich zu fahren, da er es eilig habe. Auf die Frage des Fahrers, wohin er denn fahren solle, antwortet der Fahrgast, das wisse er nicht. Er sei doch nicht der Fahrer.[349]

Die Verantwortungszuweisung wird darüber hinaus von den *allgemeinen Darlegungs- und Beweislast-Regeln* gestützt. Im Rahmen eines Sachmängelprozesses hat der Besteller das Vorliegen eines Mangels und somit das Abweichen der Ist- von der Soll-Beschaffenheit darzulegen und zu beweisen. Ist die Soll-Beschaffenheit strittig, hat der Besteller demnach auch den Vertragsinhalt zu beweisen, ohne dass es darauf ankommt, ob eine Abnahme bereits stattgefunden

---

Marly, Praxishandbuch Softwarerecht, Rn. 1305; Heussen, CR 1988, 986, 987; Witzel in: Schneider/v. Westphalen, Software-Erstellungsverträge, F. Rn. 146; Intveen/Lohmann, CR 2003, 640, 644; Häuser in: Lehmann/Mertens, Fachanwalt IT-Recht, 6. Kap. Rn. 43; Moritz in: Kilian/Heussen, Computerrechts-Handbuch, Kap. 30, Rn. 16; Köhler, CR 1988, 623, 628; Junker/Benecke, Computerrecht, Rn. 224; Etter in: Anm. zu BGH, CR 1986, 799, 802; MünchKomm./Busche, § 642 Rn. 10; Staudinger/Peters/Jacoby, Vorbem. zu §§ 631 ff, Rn, 80; Redeker, IT-Recht, B. Rn. 302a; a.A.: Bartsch in: Anm. zu OLG Nürnberg, CR 1993, 553, 558; Zahrnt in: Anm. zu OLG Saarbrücken, BB 1995 Beil. 16, 12, 13.

348 Ihde, CR 1999, 409, 410.

349 Angermeier, Ein Lastenheft professionell erstellen, projekt management, Ausgabe 1/2005, abrufbar unter: www.projektmagazin.de/magazin/abo/dwnld/2005/01053_Lastenheft.pdf.

hat oder nicht.[350] Denn der durch die Abnahme eintretende Gefahrübergang bezieht sich nur auf die Ist-Beschaffenheit. Diesem Grundsatz wird es gerecht, dass der Auftraggeber das Lastenheft zu erstellen hat. Verpflichtet man den Anbieter zur Ermittlung der fachlichen Anforderungen, würde dies praktisch zu einer Beweislastumkehr führen. Unterließe er nämlich die Ermittlung, würde es letztlich auch an einer Soll-Beschreibung fehlen. Der Anwender könnte zwar seiner Beweislast nicht nachkommen. Für diesen Umstand müsste dann aber der Anbieter haften, weil er seiner vermeintlichen Verpflichtung nicht nachgekommen ist.[351] Dies würde im Ergebnis zu einer Beweislastumkehr führen, die das Gesetz nicht vorsieht.[352]

Nichts anderes wird grundsätzlich bei einer Zahlungsklage des Anbieters gelten. Zwar hat dieser vor der Abnahme die Mangelfreiheit des Werkes zu beweisen. Fehlt es aber an einer konkreten Beschaffenheitsvereinbarung in Form des Lastenhefts, muss er lediglich beweisen, dass die erstellte Software zur vertraglich vorausgesetzten bzw. gewöhnlichen Verwendung geeignet ist.[353] Sofern eine solche Eignung besteht, ist die Software mangelfrei und der Auftraggeber zur Abnahme und Zahlung des Werklohns verpflichtet. Trägt der Besteller vor, dass darüber hinaus noch bestimmte Eigenschaften oder Funktionen – wie sie das Lastenheft beschreiben würde – geschuldet sind, hat er dies zu beweisen.

Darüber hinaus bietet es dem Auftraggeber einige Vorteile, selbst die Anforderungsanalyse sowie die Erstellung des Lastenhefts durchzuführen, unabhängig von der Frage, ob er hierzu auch juristisch verpflichtet ist. Da sich der Auftraggeber im Rahmen der Anforderungsanalyse eingehend mit seinen Betriebsabläufen befassen muss, können unter Umständen dabei bereits andere Lösungsmöglichkeiten aufgetan werden, etwa durch Umstellung der Prozesse, wodurch eventuell eine Softwareentwicklung nicht mehr notwendig ist. Überträgt der Besteller hingegen diese Aufgabe dem Softwarehersteller, ist zu befürchten, dass dieser dem Besteller auch Funktionalitäten unterschiebt, derer dieser gar nicht notwendig bedarf.

Der *differenzierenden Auffassung von Zahrnt*[354] ist kritisch zu betrachten. Auch er sieht es grundsätzlich als Aufgabe des Bestellers an, das Lastenheft zu erstellen. Dabei zieht er einen naheliegenden Vergleich zum Bauherrn, der die Pläne mitbringen muss, wenn er vom Bauunternehmer ein Haus gebaut haben

---

350 Vgl.: BGH v. 13.11.1997 – X ZR 66/95, NJW-RR 1998, 1128, 1129; Nierwetberg, NJW 1993, 1745, 1746.

351 A.A. OLG Koblenz v. 11.11.1988 – 2 U 4/86, CR 1990, 41.

352 Ähnlich: Schaub, CR 1993, 329, 332.

353 BGH v. 24.09.1991 – X ZR 85/90, CR 1992, 543 = NJW-RR 1992, 556; v. 16.12.2003 – X ZR 129/01, CR 2004, 490.

354 Zahrnt in: Anm. zu OLG Düsseldorf, CR 1994, 404.

will. Wenn er sich zur Erstellung der Pläne nicht in der Lage sieht, habe er einen Architekten hiermit zu beauftragen. Im IT-Bereich kann diese Aufgabe auch der Anbieter übernehmen. Der Besteller könne daher zunächst den Anbieter mit der Erstellung des Lastenhefts beauftragen.[355] Dies gelte aber nur vor Abschluss des Realisierungsvertrags. Nach Vertragsschluss sei die Lastenhefterstellung bei Festpreisprojekten hingegen Sache des Auftragnehmers; der Auftraggeber müsse nur Informationen liefern.[356] Zur Begründung verweist Zahrnt lediglich auf das Verständnis der Praxis.

Dieser Differenzierung nach den Zeiträumen vor und nach Abschluss des Softwareerstellungsvertrags ist jedoch nicht zuzustimmen. Denn der Vertragsschluss ändert nichts an der ureigenen Aufgabe des Bestellers, das von ihm gewünschte Werk zu beschreiben und den von ihm verfolgten Zweck eigenverantwortlich zu bestimmen. Dies gilt auch noch nach Vertragsabschluss.

Zusammenfassend bedeutet dies, dass der Besteller grundsätzlich für die Erstellung des Lastenhefts verantwortlich ist. Inwieweit den Anbieter in diesem Zusammenhang „Unterstützungspflichten" treffen können, wird im nächsten Abschnitt zu erörtern sein. Zunächst ist noch zu klären, ob man diese Aufgabenzuweisung auch an einer gesetzlichen Norm festmachen kann. Zudem ist umstritten, ob es sich bei dieser Aufgabe um eine Verpflichtung im Sinne einer einklagbaren Leistungspflicht des Bestellers oder lediglich um eine Obliegenheit handelt. Zwar wird häufig von einer (Mitwirkungs-)Pflicht gesprochen. Dies muss jedoch nicht bedeuten, dass damit stets eine Pflicht im rechtlichen Sinne gemeint ist, da zwischen Leistungs-, Hinweispflichten und –obliegenheiten nicht genügend exakt differenziert wird.

Als Rechtsgrundlagen für eine Zuweisung der Verantwortlichkeit für die Lastenhefterstellung kommen insbesondere folgende Normen in Betracht:

a. §§ 315 ff. BGB

Zunächst ist an eine einseitige Leistungsbestimmung nach § 315 BGB zu denken. Diese Vorschrift ist auf Fälle anwendbar, in denen eine Leistung zwar noch nicht bestimmt, jedoch bestimmbar ist. Wie aber bereits oben gezeigt,[357] setzt die Anwendbarkeit des § 315 BGB eine Vereinbarung der Vertragsparteien voraus, nach der einer von ihnen die Leistungsbestimmung vornehmen soll und sich der andere dieser Bestimmung unterwirft. Die Zuweisung der Lastenhefterstellung an einen der Vertragspartner erfolgt also ausschließlich aufgrund einer ver-

---

355 Zahrnt in: Anm. zu OLG Düsseldorf, CR 1994, 404.

356 Zahrnt in: Anm. zu OLG Düsseldorf, CR 1994, 404.

357 Siehe oben S. 112 f.

traglichen Regelung. Eine gesetzliche Aufgabenzuweisung kann hieraus nicht abgeleitet werden.

b. § 645 BGB

Stellenweise wurde auch vertreten, die Verantwortungszuweisung ergebe sich aus § 645 BGB, wonach der Besteller eines Werkes für Anweisungen an den Unternehmer verantwortlich ist.[358] Nach dieser Vorschrift geht die Vergütungsgefahr auf den Besteller über, wenn das Werk aufgrund eines Mangels des vom Besteller gelieferten Stoffes oder einer vom Besteller für die Ausführung erteilten Anweisung vor der Abnahme untergeht, zerstört oder unausführbar wird. Hintergrund ist, dass der Werkunternehmer verschuldensunabhängig nur für solche Mängel einstehen soll, die ihm auch zuzurechnen sind.[359] Selbst wenn man das vom Auftraggeber erstellte Lastenheft als Anweisung im Sinne dieser Vorschrift einordnet,[360] kann aus ihr lediglich abgeleitet werden, dass darin enthaltene Unzulänglichkeiten dem Besteller zuzurechnen sind. Die Norm besagt jedoch nicht, der Besteller habe überhaupt Anweisungen zu erteilen.

c. § 642 BGB

Allerdings lässt sich eine Verantwortungszuweisung des Bestellers aus § 642 BGB ableiten:

(1) Anwendungsbereich

Nach § 642 Abs. 1 BGB soll der Werkunternehmer eine angemessene Entschädigung verlangen können, wenn für die Herstellung des Werkes eine Handlung des Bestellers erforderlich ist und dieser durch das Unterlassen der Mitwirkungshandlung in Verzug der Annahme kommt. Häufig hängt die individuelle Erstellung eines Werkes von der Mitwirkung des Bestellers ab, weshalb diese auch regelmäßig zum typischen Charakter eines Werkes gehört. Dies gilt insbesondere für Software-Projekte.

Liegt bei Vertragsschlusses kein Lastenheft vor und kennt der Anbieter die Wünsche, Bedürfnisse und betrieblichen Anforderungen des Bestellers nicht in ausreichendem Umfang, um eine Software, die sich für die vertraglich vorausgesetzte bzw. gewöhnliche Verwendung eignet, erarbeiten zu können, ist er nicht

358 Junker, NJW 1993, 824, 829; OLG Köln v. 25.06.1993 – 19 U 216/92, NJW-RR 1993, 1529, 1530.

359 MünchKomm./Busche, § 634 Rn. 79.

360 Das Lastenheft als Spezifikation der fachlichen Anforderungen stellt nach hier vertretener Ansicht aber keine Anweisung im Sinne des § 645 BGB dar, vgl. unten S. 231.

in der Lage, die in Auftrag gegebene Individualsoftware zu bewerkstelligen. Er ist auf die Mitwirkung des Bestellers zwingend angewiesen. Da der Anbieter ohne die Spezifizierung der Wünsche des Bestellers in einem Lastenheft nicht mit der Softwareerstellung fortfahren kann, handelt es sich bei dieser um eine für die Herstellung des Werkes erforderliche Mitwirkung des Bestellers i. S. v. § 642 BGB. Der Besteller muss dem Auftragnehmer ein Leistungsprofil zur Verfügung stellen, aus dem sich die objektiven Voraussetzungen an die Software ableiten lassen.[361] Nach dem Wortlaut der Vorschrift bezieht sich die Mitwirkungshandlung zwar nur auf Handlungen „bei" der Herstellung des Werkes. Sie findet allerdings auch Anwendung, wenn die Mitwirkung bereits für den Beginn der Leistung des Anbieters – also vor Herstellung – erforderlich ist.[362]

(2) Rechtsfolgen der §§ 642, 643 BGB

Die Folgen einer unterbliebenen oder nicht ordnungsgemäß erfüllten Mitwirkungshandlung richten sich nach §§ 642, 643 BGB. Ist für die Herstellung des Werkes eine Mitwirkungshandlung des Bestellers erforderlich, muss der Werkunternehmer den Besteller zunächst zur Vornahme der Handlung innerhalb einer angemessenen Frist auffordern und kann ihn so in Verzug setzten.[363] Nach erfolglosem Ablauf der gesetzten Frist kann der Anbieter eine *angemessene Entschädigung* verlangen. Über den Aufwendungsersatz nach § 304 BGB hinaus soll der Werkunternehmer für das Bereithalten von Kapital und Arbeitskräften entschädigt werden.[364] Entgangener Gewinn ist allerdings nicht nach § 642 BGB ersatzfähig. Dafür besteht der Anspruch aber auch unabhängig vom weiteren Schicksal des Vertrages[365] und neben anderen Ansprüchen wie dem Vergütungsanspruch (sofern das Werk noch fertiggestellt wird bzw. gemäß § 649 BGB gekündigt wird) oder neben einem Schadenersatzanspruch gemäß §§ 280 ff. BGB fort.[366]

Darüber hinaus kann der Anbieter mit seiner Lieferungspflicht nicht mehr in Schuldnerverzug geraten.[367] Der Unternehmer hat es somit nicht zu vertreten, wenn Fristen, an die die Parteien den Projektverlauf gebunden haben, nicht eingehalten werden können, weil der Besteller seiner erforderlichen Mitwirkung nicht nachgekommen ist.

---

361 MünchKomm./Busche, § 642 Rn. 10; Palandt/Sprau, § 642 Rn. 1.

362 MünchKomm./Busche, § 642 Rn. 14.

363 MünchKomm./Busche, § 642 Rn. 12.

364 Palandt/Sprau, § 642 Rn. 5.

365 MünchKomm./Busche, § 642 Rn. 16.

366 Palandt/Sprau, § 642 Rn. 5.

367 Vgl. z. B. BGH v. 13.07.1988 – VIII ZR 292/87, CR 1989, 102; v. 23.01.1996 – X ZR 105/93, CR 1996, 467, 468.

Ferner kann sich der Werkunternehmer unter den Voraussetzungen des § 643 BGB vom Vertrag lösen. Dazu muss er dem Besteller eine weitere angemessene Frist zur Vornahme der Handlung mit der Erklärung setzen, er kündige den Vertrag, wenn die Mitwirkungshandlung nicht bis zum Fristablauf vorgenommen sein sollte. Mit erfolglosem Ablauf der Frist tritt die Kündigungswirkung dann automatisch ein; es bedarf also keiner weiteren Erklärung.[368] Mit Eintritt der Kündigungswirkung wird gemäß §§ 645 Abs. 1 Satz 2 i.V.m. 643 BGB der der geleisteten Arbeit entsprechende Teil der Vergütung (abzüglich ersparter Aufwendungen)[369] fällig, einschließlich der in der Vergütung nicht eingeschlossenen Auslagen.

(3) Mitwirkungsobliegenheit

Obwohl offenbar in der Software-Branche ein starker Wunsch nach einer (einklagbaren) Verpflichtung des Bestellers bezüglich der Erstellung des Lastenhefts besteht,[370] statuiert § 642 BGB die Mitwirkungshandlung lediglich als eine Obliegenheit, nicht als echte Schuldnerpflicht.[371] Im Unterschied zu einer vertraglichen oder gesetzlichen Pflicht hat der Vertragspartner keine Ansprüche auf Erfüllung oder Schadenersatz und Rücktritt. Der Adressat muss seiner Obliegenheit lediglich zur Vermeidung eigener Rechtsnachteile nachkommen.

Dass es sich bei der Mitwirkungshandlung nach § 642 BGB um eine Obliegenheit handelt, zeigt sich vor allem durch die Bezugnahme auf die Regeln des Gläubigerverzugs[372] sowie das Kündigungsrecht nach § 649 BGB, wonach sich der Besteller jederzeit auch ohne Vorliegen besonderer Gründe vom Vertrag lösen und auf die Fertigstellung des Werks verzichten kann.[373] Der Unternehmer hat in aller Regel auch kein besonderes Interesse an der Durchführung des Projekts, weil er sich ansonsten anders verhalten würde. Für ihn steht vielmehr die vereinbarte Vergütung im Mittelpunkt.[374] Folglich hat der Softwareanbieter grundsätzlich keinen klagbaren Anspruch auf Erstellung des Lastenhefts bzw.

368 Palandt/Sprau, § 643 Rn. 2.

369 Staudinger/Peters/Jacoby, § 645 Rn. 44.

370 So Redeker in: Schneider/v. Westphalen, Software-Erstellungsverträge, D. Rn. 271; vgl. BeckOF/Grapentin/Schultze-Melling, 9.1.1, Anm. 5; Witzel in: Schneider/v. Westphalen, Software-Erstellungsverträge, F. Rn. 146; Thewalt, Der SW-Erstellungsvertrag nach der SRM, S. 141 ff.

371 Palandt/Sprau, § 642 Rn. 2; BeckOK Bamberger/Roth/Voit BGB, § 642 Rn. 6; MünchKomm./Busche, § 642 Rn. 4 m. w. N.

372 Staudinger/Peters/Jacoby, § 642 Rn. 17; MünchKomm./Busche, § 642 Rn. 4 m.w.N.

373 Staudinger/Peters/Jacoby, § 642 Rn. 18.

374 A.A. Nicklisch, BB 1979, 533, 539 f. (bei Großprojekten).

auf Schadenersatz wegen Unterlassen der Lastenhefterstellung gegen den Auftraggeber.[375]

Die Vertragspartner können die Lastenhefterstellung aber auch zur Vertragspflicht erheben.[376] Der Anbieter kann sich etwa von einem erfolgreichen Projektabschluss Folgeaufträge versprechen und damit ein besonderes Interesse an einer erfolgreichen Projektdurchführung haben. Individualvertraglich bestehen keine Bedenken gegen eine Vertragsklausel, durch die die Lastenhefterstellung zu einer Schuldnerpflicht des Bestellers erhoben wird.[377] Bei der Formulierung der entsprechenden Vertragsklausel ist ansonsten darauf zu achten, dass der Charakter einer Verpflichtung deutlich zum Ausdruck kommt.[378] Fehlt es an einer ausdrücklichen Vertragsregelung, ist durch Auslegung zu ermitteln, ob eine solche Vereinbarung von den Parteien zwar gewollt war, aber die entsprechende schriftliche Fixierung „vergessen“ wurde. Hierbei wird vertreten, im Wege der Auslegung könne man zu einer Mitwirkungs*pflicht* gelangen, wenn der Unternehmer besonderen Wert auf die Herstellung des Werkes gelegt hat und dies für den Besteller auch erkennbar war.[379] Insbesondere im Zusammenhang mit Langzeitverträgen wie etwa bei größeren Bauprojekten oder bei der Herstellung industrieller Anlagen soll eine echte Vertragspflicht vorliegen können, wenn der Unternehmer sich bei derartigen Prestigeprojekten erkennbar Neben- und Folgeaufträge auch von dritter Seite erhofft.[380] In Einzelfällen kann eine Vertragsauslegung auch im IT-rechtlichen Zusammenhang zu einer entsprechenden Schuldnerpflicht führen.[381] Regelmäßig wird aber alleine das Vorliegen eines werkver-

---

375 Ihde, CR 1999, 409, 413.

376 MünchKomm./Busche, § 642 Rn. 4; Staudinger/Peters/Jacoby, § 642 Rn. 17.

377 In AGB des Anbieters allerdings dürfte eine Erhebung sämtlicher Mitwirkungsobliegenheiten des Bestellers zu Schuldnerpflichten gemäß § 307 Abs. 2 Nr. 1 BGB problematisch sein, weil dies dem gesetzlichen Leitbild widerspräche, siehe Redeker, IT-Recht, B. Rn. 415.

378 Vgl. die Formulierungsvorschläge bei Roth, ITRB 2001, 194, 197.

379 BeckOK Bamberger/Roth/Voit BGB, § 642 Rn. 6.

380 Nicklisch, BB 1979, 533, 540; Nicklisch/Weick, VOB Verdingungsordnung für Bauleistungen Teil B, § 4 Rn. 13b; MünchKomm./Busche, § 642 Rn. 22; BeckOK Bamberger/Roth/Voit BGB, § 642 Rn. 6; Palandt/Sprau, § 642 Rn. 3; in diesen Fällen wird man im Wege der Vertragsauslegung darüber hinaus zu einem Ausschluss des Kündigungsrechts nach § 649 BGB kommen, da der Besteller anderenfalls jederzeit ohne besonderen Grund kündigen und auf diese Weise das Projekt zu Fall bringen könnte.

381 Vgl. OLG Saarbrücken v. 22 09.1994 – 8 U 64/91, BB 1995 Beil. 16, 12: der Entwickler wollte die für die Auftraggeberin erstellte Software auch an andere Kunden weiterveräußern, weshalb der Werklohn auch nur 3.000 DM anstatt ca. 74.000 DM betragen sollte. In diesem Fall konnte man eine Schuldnerpflicht annehmen, weil sich der Anbieter offensichtlich Folgegeschäfte erwartet hatte.

traglichen Langzeitvertrags kein besonderes Interesse des Anbieters an der Vertragsdurchführung rechtfertigen.[382] Deswegen sollte jeder Anbieter, der an der erfolgreichen Projektdurchführung besonders interessiert ist, unbedingt die Mitwirkung des Bestellers (individualvertraglich) zu einer Verpflichtung machen.

Ausnahmsweise soll die Mitwirkungshandlung des Bestellers bei grundloser Vertragszweckgefährdung auch ohne vertragliche Regelung eine Pflicht darstellen.[383] Allerdings gilt dies nur für den Fall, in dem der Besteller seine Mitwirkungshandlung unterlässt und auf diese Weise den Werkunternehmer an dessen Leistungserbringung hindert, weil er – aus welchen Gründen auch immer – das Interesse an der Projektfortführung verloren hat. Eigentlich müsste er den Vertrag nach § 649 BGB kündigen, wonach der Anbieter einen Anspruch auf die volle Höhe der vereinbarten Vergütung abzüglich ersparter Aufwendungen und anderweitigem Erwerb hat. Versucht er jedoch durch sein Unterlassen den Anbieter seinerseits zu einer Kündigung zu veranlassen, würde er aus §§ 643, 645 Abs. 1 Satz 2 i. V. m. Satz 1 BGB lediglich einen der geleisteten Arbeit entsprechenden Teil der Vergütung und Ersatz der in der Vergütung nicht inbegriffener Auslagen schulden. Dadurch würde der Besteller besser stehen, als es das Gesetz durch § 649 BGB vorsieht. Um diesem Wertungswiderspruch zu begegnen, wird das Unterlassen der Mitwirkungshandlung als positive Vertragsverletzung angesehen,[384] wodurch die Mitwirkungshandlung letztlich zu einer Vertragspflicht erhoben wird. Diese führt zwar zu einem Schadenersatzanspruch, die Handlung ist aber dennoch nicht einklagbar. Eine andere Ansicht löst die Problematik, indem sie die unterlassene Handlung als eine konkludente Kündigung nach § 649 BGB wertet.[385]

d. § 375 HGB

Vereinzelt wird aus § 375 HGB eine Pflicht des Bestellers zur Lastenhefterstellung abgeleitet.[386] Dieser Meinung ist allerdings aus zwei Gründen nicht zu folgen: Zum einen ist der Softwareerstellungsvertrag als Werkvertrag zu typisieren.[387] Aufgrund einer fehlenden Regelungslücke kommt eine analoge Anwendung nicht in Betracht.[388] §§ 642, 643 BGB stellen eine einschlägige Regelung

---

382 Staudinger/Peters/Jacoby, § 642 Rn. 18 ; a.A. Nicklisch, BB 1979, 533, 540.

383 Palandt/Sprau, § 642 Rn. 3.

384 BGH v. 16.05.1968 – VII ZR 40/66, NJW 1968, 1873.

385 BeckOK Bamberger/Roth/Voit BGB, §642 Rn. 8; Staudinger/Peters/Jacoby, § 643 Rn. 18 f.

386 Thewalt, Der SW-Erstellungsvertrag nach der SRM, S. 141 ff.

387 So auch Thewalt, Der SW-Erstellungsvertrag nach der SRM, S. 144.

388 Siehe oben S. 109.

für das Unterlassen von Mitwirkungshandlungen dar.[389] Des Weiteren ist Voraussetzung, dass dem Käufer die Bestimmung *vorbehalten* ist. Insoweit baut § 375 HGB auf § 315 BGB auf. Der Verkäufer muss (konkludent) eine Unterwerfungserklärung abgegeben haben.[390] Fehlt es aber gänzlich an einer Vereinbarung über die Lastenhefterstellung, kann eine konkludente Unterwerfungserklärung nicht in Betracht kommen, zumal hieran strenge Anforderungen gestellt werden. In diesem Zusammenhang wird indessen vorgebracht, es sei widersprüchlich, einerseits das Vorliegen einer Obliegenheit hinsichtlich der Lastenhefterstellung zu bejahen, auf der anderen Seite jedoch eine stillschweigende Vereinbarung zu verneinen, nach der sich der Besteller die Bestimmung der Leistung vorbehalte.[391] Dem ist jedoch entgegen zu halten, dass sich aus der Obliegenheit des Bestellers nicht zwingend auch eine Unterwerfung des Anbieters ergeben muss. Die Erstellung des Lastenhefts als Obliegenheit des Bestellers bedeutet lediglich, dass diese in seinen Verantwortungsbereich fällt, er also darin enthaltene Unzulänglichkeiten grundsätzlich zu vertreten und die Kosten für dessen Erstellung zu tragen hat. Die Rechtsfolgen des § 375 HGB gehen hingegen viel weiter. Insbesondere müsste der Besteller nicht einmal auf die Interessen des Anbieters Rücksicht nehmen, wie er es zumindest im Rahmen des § 315 BGB (billiges Ermessen) tun müsste.[392]

e. Zwischenergebnis

Ohne vertragliche Regelung stellt die Lastenhefterstellung eine Obliegenheit des Bestellers dar. Kommt er dieser nicht oder nicht ordnungsgemäß nach, kann der Anbieter unter den Voraussetzungen des § 642 BGB Entschädigung verlangen sowie bei Vorliegen der Voraussetzungen des § 643 BGB den Vertrag kündigen und den auf die bisher erbrachte Arbeit entfallenden Teil der Vergütung verlangen. (Individual-) vertraglich können die Parteien die Lastenhefterstellung aber auch zur Schuldnerpflicht erheben, wodurch ein einklagbarer Anspruch entstehen kann.

---

389 Dies sieht grundsätzlich auch Thewalt, Der SW-Erstellungsvertrag nach der SRM, S. 147, so, hält diese aber für nicht abschließend. Jedenfalls konkurrierende Ansprüche des Werkunternehmers sollen denkbar sein, wenn den Besteller Verschulden hinsichtlich der unterlassenen Mitwirkung trifft. Dabei verweist Thewalt auf Staudinger/Peters/Jacoby, § 643 Rn. 23. Dort wird diese Ansicht jedoch ausdrücklich nur für den Fall vertreten, in dem die Mitwirkungshandlung vertraglich zu einer Hauptpflicht erhoben worden ist.

390 Siehe oben S. 106.

391 Thewalt, Der SW-Erstellungsvertrag nach der SRM, S. 150.

392 Siehe oben S. 108.

f. Zustimmungsvorbehalt des Anbieters

Damit ist die Frage geklärt, dass die Lastenhefterstellung in den Aufgabenbereich des Auftraggebers fällt. Wie erlangt aber das Lastenheft seine rechtliche Verbindlichkeit? Wie bereits ausgeführt, liegt eine wesentliche Aufgabe des Lastenhefts darin, den Leistungsumfang verbindlich für beide Vertragsteile festzuschreiben. Anderenfalls würde es sich nicht zum Vergleich zwischen Soll- und Ist-Beschaffenheit der Software im Rahmen der Abnahme bzw. der Beurteilung der Mangelhaftigkeit eignen.

Wird dem Besteller ausdrücklich im Vertrag die Erstellung des Lastenhefts überlassen, ohne dass der Anbieter sich ein Zustimmungsrecht vorbehält, kann darin eine konkludente Unterwerfungserklärung des Anbieters gesehen und ein einseitiges Leistungsbestimmungsrecht des Bestellers angenommen werden.[393] Haben die Parteien dagegen keine Vereinbarung zur Lastenhefterstellung getroffen, kann man eine derart weitreichende Erklärung des Anbieters nicht unterstellen. Man wird nämlich nicht davon ausgehen können, der Anbieter sei damit einverstanden, dass möglicherweise gegen seinen Willen einzelne Bestimmungen bzw. Anforderungen Vertragsbestandteil werden können.[394]

Da beide Vertragsparteien die Lückenhaftigkeit des Vertragsumfangs beim Abschluss kennen und ihnen die nachträgliche Konkretisierung bewusst ist, wird der Vertrag regelmäßig dahingehend auszulegen sein, die Parteien haben eine nachträgliche Einigung gewollt. Demzufolge ist wegen des Einigungscharakters die Zustimmung des Anbieters notwendig, um das Lastenheft verbindlich werden zu lassen. Dies kann auch durch schlüssiges Verhalten geschehen. Widerspricht der Anbieter dem vom Besteller erstellten Lastenheft nicht, sondern beginnt mit der Realisierung der Software, wird darin eine konkludente Zustimmung zu sehen sein.

3. Ergebnis

Enthält der Softwareerstellungsvertrag keine abweichende Regelung, obliegt es dem Besteller, seine Anforderungen zu ermitteln und diese dann in einem Lastenheft niederzulegen. Er ist grundsätzlich für die Beibringung des Lastenhefts und damit auch für dessen Inhalt verantwortlich. Ohne diese Mitwirkungshandlungen lässt sich das Projekt regelmäßig nicht fortsetzen. Sie stellt eine Obliegenheit im Sinne von § 642 BGB dar. Daher kann der Besteller auch nicht zur Vornahme der erforderlichen Handlungen (gerichtlich) gezwungen werden. Dem Anbieter stehen bei Unterlassen der Handlung lediglich die Rechte aus

393 Siehe oben S. 108.

394 Vgl. oben S. 107, bei Fn. 291.

§§ 642 f. BGB zu. Verliert der Besteller allerdings sein Interesse an der geplanten Software und unterlässt er deswegen seine Mitwirkungshandlungen, steht dem Anbieter sein voller Vergütungsanspruch (abzüglich ersparter Aufwendungen) zu (vgl. § 649 BGB). Hat der Anbieter ein besonderes Interesse an der erfolgreichen Projektdurchführung, sollte er unbedingt auf die Aufnahme einer Vertragsklausel bestehen, die die Mitwirkung des Bestellers zu einer Schuldnerpflicht erhebt.

Nachdem der Besteller das Lastenheft erstellt und dem Anbieter übergeben hat, muss dieser noch seine Zustimmung zu dessen Inhalt geben. Dies erfolgt meist durch konkludentes Verhalten, indem er mit der Realisierung beginnt. In der Zusammenschau mit der oben erwähnten Projektverantwortung des Anbieters[395] ergibt sich hieraus, dass grundsätzlich der Besteller seine fachlichen Wünsche, Vorstellungen und Bedürfnisse genau beschreiben muss. Damit trägt er auch das Risiko von Unzulänglichkeiten[396] innerhalb des Lastenhefts. Den Anbieter hingegen trifft die Verantwortung für die erfolgreiche Durchführung des Projekts, d.h. er ist dafür verantwortlich, die im Lastenheft festgelegten fachlichen Anforderungen auch tatsächlich DV-technisch umzusetzen. Allerdings gilt dies nicht uneingeschränkt. Denn den Anbieter können Informations- und/oder Mitwirkungspflichten in Bezug auf die Erstellung des Lastenhefts treffen, wodurch die Verantwortlichkeit für darin enthaltene Unzulänglichkeiten wieder relativiert wird. Mit dieser Problematik befasst sich der nachfolgende Abschnitt.

---

395 Siehe oben S. 70, bei Fn. 139.

396 Siehe oben S. 101 f.

J. Informations- und Mitwirkungspflichten des Anbieters

Wie soeben dargestellt, ist grundsätzlich der Auftragnehmer für die Beibringung des Lastenhefts verantwortlich. Daher gehen auch darin enthaltene Unzulänglichkeiten grundsätzlich zu seinen Lasten. Allerdings ist zu beachten, dass sich die Pflichten des Auftragnehmers nicht alleine in der Herstellung der gewünschten Software erschöpfen. Neben dieser Pflicht kennt das Gesetz auch noch weitere, sogenannte Rücksichtpflichten (§ 241 Abs. 2 BGB). Hierzu gehören insbesondere Informations- und Mitwirkungspflichten. Ob diese auch in Zusammenhang mit der Erstellung des Lastenhefts eine Rolle spielen, und falls dies zu bejahen ist, in welchem Umfang, ist Gegenstand der nachfolgenden Ausführungen. Zunächst sollen diese Pflichten kurz in die gesetzliche Systematik eingeordnet werden (I.). Nach den daran anschließenden allgemeinen Voraussetzungen und Rechtsfolgen von Informations- und Mitwirkungspflichten (II.-III.) wird zu einzelnen Informations- und Mitwirkungspflichten im Zusammenhang mit der Erstellung des Lastenhefts Stellung genommen (IV.).

I. Abgrenzung Hauptleistungs-, Nebenleistungs- und Rücksichtspflichten

Das Gesetzt beschreibt in § 241 Abs. 1 BGB allgemein die Leistungspflicht des Schuldners. Diese unterteilt sich in Haupt- und Nebenleistungspflichten. In § 241 Abs. 2 BGB werden die sogenannten Rücksichtspflichten (auch Schutzpflichten genannt) angesprochen.

1. Hauptleistungspflichten

Die Hauptleistungspflichten bestimmen den Vertragstyp und stehen im wechselseitigen Austauschverhältnis (sog. „Synallagma“).[397] Dementsprechend ist etwa beim Werkvertrag die Hauptleistungspflicht des Werkunternehmers das Herstellen des Werkes. Die Hauptleistungspflicht des Bestellers ist die Bezahlung des Werklohns. Beide Leistungen stehen im synallagmatischen Austauschverhältnis zueinander und sind jeweils einklagbar.

397 Weller, Die Vertragstreue, S. 239.

2. Nebenleistungspflichten

Die Nebenleistungspflichten dienen der Vorbereitung, Sicherung und Unterstützung der vollständigen Hauptleistungspflichten (z.B. Rückgabe der Mietsache, Rückzahlung des Darlehns). Ebenso wie die Hauptleistungspflichten sind sie ebenfalls einklagbar, stehen aber in der Regel nicht in einem synallagmatischen Verhältnis.[398] Die Nebenleistungspflichten beziehen sich nicht auf vertragstypbestimmende Leistungsgegenstände. Nebenleistungspflichten können etwa die Leistungstreue- und die Mitwirkungspflicht sein.[399] Verpflichtet sich der Auftragnehmer im Rahmen eines Softwareerstellungsvertrags, das Lastenheft zu erstellen, stellt dies eine im synallagmatischen Verhältnis stehende Hauptleistungspflicht dar, weil der Anbieter die Lastenhefterstellung nur gegen zusätzliche Vergütung übernehmen wird.[400] Maßgeblich war diese Frage vor allem vor der Schuldrechtsmodernisierung, weil gemäß §§ 325, 326 BGB a.F. Rücktritt oder Schadenersatz nur bei Verzug mit einer Hauptleistungspflicht in Betracht kamen.[401] Die §§ 281, 323, 325 BGB n. F. stellen nun auf die Verletzung lediglich einer Leistungspflicht ab, weshalb der Unterscheidung heute keine vergleichbare Bedeutung mehr zukommt.[402]

3. Rücksichtspflichten

Die in § 241 Abs. 2 BGB beschriebenen Rücksichtspflichten dienen dem Schutz des Integritätsinteresses des Vertragsgegners, also der Erhaltung dessen personen- und vermögensrechtlichen status quo.[403] Sie müssen nicht ausdrücklich vereinbart werden, sind allerdings auch nicht selbstständig einklagbar, sondern begründen lediglich Sekundäransprüche, insbesondere Schadenersatzansprüche. Hierunter fallen etwa die Aufklärungs- und Schutzpflichten. Inhalt und Umfang der Rücksichtspflichten ergeben sich aus den konkreten Umständen des Einzelfalls. Zusammen mit den Nebenleistungspflichten werden sie unter dem Oberbegriff „Nebenpflichten“ zusammengefasst.

398 Weller, Die Vertragstreue, S. 239.

399 Palandt/Heinrichs, § 242 Rn. 25.

400 Im Ergebnis auch: Redeker, IT-Recht, Rn. 307; Intveen/Lohmann, CR 2003, 640, 644; Ihde, CR 1999, 409, 412 (zumindest bei komplexen SW-Erstellungsprojekten); Zahrnt in: Anm. zu BGH, BB Beil. 1993/5, 2, 3.

401 Ausführlich zu dieser Diskussion Ihde, CR 1999, 409, 412.

402 Allerdings besteht das Zurückbehaltungsrecht gemäß § 320 BGB weiterhin nur, wenn die betreffende Pflicht im Gegenseitigkeitsverhältnis steht.

403 Palandt/Heinrichs, § 241 Rn. 6.

II. Allgemeine Darstellung der Informationspflichten

Unter dem Begriff „Informationspflichten“ lassen sich Aufklärungs- und Beratungspflichten zusammenfassen.[404] Die beiden Begriffe sind allerdings nicht deckungsgleich, wenn sie auch vielfach synonym verwendet werden. Aufklärung versteht sich als die bloße Mitteilung bestimmter Umstände zur Vermeidung von Gefahren und Nachteilen für den Vertragspartner.[405] Bei der Beratung werden darüber hinaus auch Entscheidungsalternativen dargestellt und bewertet.[406] Dem Besteller wird ein Rat weitergegeben, indem ihm nicht nur Tatsachen mitgeteilt werden bzw. auf bestimmte Umstände hingewiesen wird, sondern bereits mögliche Konsequenzen erläutert werden, um ihm die Entscheidungsfindung zu erleichtern.[407] Auf der Rechtsfolgenseite wirkt sich diese Unterscheidung aus, wenn der Informationsempfänger aus den erhaltenen Informationen die falschen Schlüsse gezogen hat. Bestand lediglich eine Aufklärungspflicht, trifft den Informationsempfänger dieses Risiko. Hält er sich aber an eine aufgrund der Beratung geäußerte Empfehlung und führt dies zu einer fehlerhaften Entscheidung, kann der Beratende hierfür haften.[408] Da sich durch die Schuldrechtsreform in Bezug auf die Informationspflichten keine wesentlichen Änderungen ergeben haben, kann auf die alte Rechtsprechung weiterhin verwiesen werden. Eine pflichtgemäße Aufklärung bzw. Beratung kann eine Änderung bzw. Anpassung des Vertragsumfangs erforderlich machen.[409]

1. Aufklärungspflichten

Zunächst werden die Voraussetzungen der Aufklärungspflicht sowie die Rechtfolgen bei einer Verletzung erörtert.

a. Voraussetzungen

Grundsätzlich besteht keine allgemeine Pflicht zur Aufklärung des Vertragspartners.[410] Denn prinzipiell ist jeder Vertragspartner für sich selbst verantwortlich.

---

404 Vgl. Staudinger/Olzen, § 241 Rn. 427.

405 Palandt/Sprau, § 675 Rn. 32.

406 Palandt/Sprau, § 675 Rn. 32.

407 Hörl, Aufklärung und Beratung beim Computer-„Kauf“, S. 47.

408 Hörl, Aufklärung und Beratung beim Computer-„Kauf“, S. 48.

409 Siehe hierzu unten S. 255 ff.

410 BGH v. 13.07.1983 – VIII ZR 142/82, NJW 1983, 2493, 2494; v. 13.12.1993, NotZ 40/92, NJW-RR 1994, 753, 754; so auch für EDV-Geschäfte LG Stuttgart v.

Eine Aufklärungspflicht kann daher prinzipiell nur in Ausnahmefällen bestehen. Im Zusammenhang mit EDV-Sachverhalten scheint dieser Grundsatz vielfach in Vergessenheit geraten zu sein. Eine Aufklärungspflicht setzt einen Informationsvorsprung einer Partei über wesentliche Tatsachen voraus. Erkennt eine Vertragspartei, dass der andere Teil nicht über Informationen verfügt, die für den Vertragsschluss bzw. für die Erreichung des Vertragszwecks für diesen von wesentlicher Bedeutung sind oder vernünftigerweise sein müssten, und kann von ihr nach Treu und Glauben die Mitteilung dieser Tatsachen erwartet werden, kann eine Aufklärungspflicht bestehen.[411] Ist eine solche Pflicht zu bejahen, ist dem anderen Teil diese Information *unaufgefordert* (eigeninitiativ) mitzuteilen.[412] Auf der anderen Seite umfasst die Aufklärungspflicht aber auch nicht mehr als das Bereitstellen von Informationen.[413] Sie erstreckt sich auf die gesamte Dauer des Schuldverhältnisses und kann die Vertragsparteien auch dann treffen, wenn es diesbezüglich an einer entsprechenden Vereinbarung fehlt. Keine Aufklärungspflicht besteht indessen hinsichtlich solcher Umstände, die dem Besteller bereits ausreichend bekannt sind, über die er sich ohne weiteres selbst informieren kann oder zu denen er bereits anderweitig beraten worden ist.[414] Wann man redlicher Weise mit einer Aufklärung durch den Vertragspartner rechnen darf, hängt von den konkreten Umständen des Einzelfalls ab.[415]

(1) Wissensvorsprung

Für die Beurteilung eines Informations- bzw. Wissensvorsprungs spielen im Bereich der EDV-Rechtsprechung folgende Kriterien eine maßgebliche Rolle: die

---

25.03.1997 – 3 KfH O 56/97, CR 1997, 547; a.A. OLG Stuttgart v. 18.10.1988 – 6 U 64/88, CR 1989, 598; OLG Celle v. 21.02.1996 – 13 U 255/95, CR 1996, 538.

411 Breidenbach, Informationspflichten beim Vertragsschluß, S. 61 ff.; MünchKomm./Kramer, § 241 Rn. 123; Palandt/Sprau, § 631 Rn. 14; Staudinger/Olzen, § 241 Rn. 437; st. Rspr. des BGH, etwa v. 27.02.1974 – V ZR 85/72, NJW 1974, 849; v. 16.01.1985 – VIII ZR 317/83, NJW 1985, 1769, 1771 m.w.N.; v. 19.11.1999 – V ZR 321/98, NJW 2000, 803, 804; v. 13.06.2007 – VIII ZR 236/06, NJW 2007, 3057, 3059; v. 04.04.2001 – VIII ZR 32/00, MDR 2001, 1002.

412 Marly, Praxishandbuch Softwarerecht, Rn. 1117; BeckOK Bamberger/Roth/Grüneberg/ Sutschet BGB, § 241 Rn. 77.

413 Breidenbach, Informationspflichten beim Vertragsschluß, S. 11 (der dort zwar von „Informationspflichten“ spricht, diesen Begriff aber nicht als Oberbegriff für Aufklärung und Beratung verwendet, sondern darunter nur die Aufklärungspflicht versteht (S. 4).)

414 Koch, Software- und Datenbank-Recht, § 1 Rn. 292; OLG Köln v. 08.01.1993 – 19 U 187/92, CR 1993, 563, 564.

415 BGH v. 17.07.2008 – XI ZR 79/07, BeckRS 2008 13091; v. 16.01.1991 – VIII ZR 335/89, NJW 1991, 1223, 1224.

Fachkenntnis des Herstellers, die Erfahrung des Kunden im EDV-Bereich sowie das Vertrauen des einen Vertragspartners in die Kompetenz und die Kenntnisse des anderen.[416] Der Begriff „*Fachkenntnis*“ kann sich dabei aber nicht auf den gesamten EDV-Bereich beziehen, sondern nur auf den jeweiligen Vertragsgegenstand.[417] Denn aufgrund der Komplexität und Spezialität der jeweiligen Teilbereiche der EDV kann niemand in allen Bereichen fachkundig sein. Bezüglich des Vertragsgegenstands ist allerdings vom Vorliegen des entsprechenden Fachwissens auszugehen, unabhängig davon, ob der Anbieter tatsächlich hierüber verfügt.[418] Mangelt es dem Hersteller an erforderlichem Fachwissen, wird er regelmäßig verpflichtet sein, sich dieses entweder zu verschaffen[419] oder alternativ den Vertragspartner über sein fehlendes eigenes Wissen aufzuklären.[420] Dementsprechend kann ein Informationsvorsprung in der Regel nur in Hinsicht auf EDV-technische Belange,[421] auf projekttypische Probleme sowie eventuell auch auf Aspekte der Projektfinanzierung unterstellt werden.[422] Hinsichtlich betrieblicher oder gar betriebswirtschaftlicher Bereiche wird ein besserer Informationsstand überwiegend beim Auftraggeber anzunehmen sein. Die Abgrenzung kann sich im Einzelfall schwierig gestalten.

Bei der Auslegung des Begriffs „*Laie*“ ist ebenfalls darauf zu achten, ob der Kunde beispielsweise bereits Erfahrungen auf dem Gebiet der Hardware gesammelt hat, im Bereich der Softwareerstellung aber noch völlig unerfahren ist.[423] Allgemein ist aber im Rahmen einer Beurteilung zum einen dem Umstand Rechnung zu tragen, dass heute das Wissensgefälle zwischen Besteller und Anbieter durch den breiten Einsatz von EDV in nahezu allen unseren Lebensberei-

416 Marly, Praxishandbuch Softwarerecht, Rn. 1119.

417 So auch Hörl, Aufklärung und Beratung beim Computer-„Kauf“, S. 192.

418 BGH v. 02.11.1995 – X ZR 81/93, NJW-RR 1996, 789, 791.

419 MünchKomm./Busche, § 634 Rn. 84.

420 Schneider, Handbuch des EDV-Rechts, H. Rn. 42; Redeker in: Schneider/v. Westphalen, Software-Erstellungsverträge, D. Rn. 13.

421 Allerdings wird der Lieferant bereits die individuellen technischen Bedingungen beim Kunden regelmäßig nicht kennen, Schneider, Handbuch des EDV-Rechts, D. Rn. 251.

422 Schneider, Handbuch des EDV-Rechts, D. Rn. 253; a.A. Moritz in: Kilian/Heussen, Computerrechts-Handbuch, Kap. 30, Rn. 16, der auch von einem fachlichen Kompetenzvorsprung des Anbieters ausgeht.

423 Vgl. OLG Hamm v. 8.08.2007 – 12 U 26/07, CR 2008, 77, 78, wo die Anwenderin zwar über einen „Computer-Fachmann“ verfügte, von dem sie ihre EDV warten und pflegen ließ. Dennoch rechnete das Gericht dieses Wissen der Anwenderin nicht zu, da es sich bei der von der Anbieterin zu erbringenden Leistung um eine „Spezialmaterie des elektronischen Datenaustauschs“ handelte.

chen zunehmend geringer wird.[424] Viele Unternehmen verfügen heute über eigene IT-Abteilungen, die sich mit EDV-spezifischen Fragen oft ebenso gut auskennen wie Softwareanbieter. Zum anderen kann nicht ausschließlich auf die tatsächliche Sachkunde des Bestellers abgestellt werden. Es kommt auch darauf an, was ihm an Kenntnis unterstellt werden darf.[425] Der Anbieter kann nämlich denjenigen Kenntnisstand voraussetzen, der von einem Anwender der entsprechenden Branche zu erwartet ist.[426]

Je stärker das *Vertrauensverhältnis* zwischen den Vertragspartnern besteht, desto eher ist die Pflicht zur Aufklärung geboten, je größer das Wissensgefälle, umso mehr darf auf die Erteilung eines Hinweises vertraut werden.[427]

In den meisten Fällen wird im Rahmen eines Softwareerstellungsprojekts der Anbieter über das bessere Fachwissen verfügen mit der Folge der ihn treffenden Aufklärungspflicht. Grundsätzlich kann aber auch umgekehrt der Besteller zur Aufklärung des Anbieters verpflichtet sein,[428] wenn die entsprechenden Voraussetzungen vorliegen.

(2) Umstände von wesentlicher Bedeutung

Eine Aufklärungspflicht besteht lediglich bezüglich solcher, dem Aufzuklärenden nicht bekannter Umstände, die den mit dem Vertrag verfolgten Zweck vereiteln können oder – als geringere Stufe – für den anderen Teil von wesentlicher Bedeutung sind.[429] Mit abnehmender Bedeutung der Umstände schwächt sich auch die Aufklärungspflicht entsprechend ab.[430] Im *vorvertraglichen* Verhältnis kann regelmäßig von wesentlichen Umständen auszugehen sein, wenn der aufklärungsbedürftige Teil den Vertrag bei Kenntnis der Umstände nicht abgeschlossen hätte. *Nach* Vertragsschluss sind im Wesentlichen Umstände tangiert,

---

424 So auch Ihde, CR 1999, 409, 411; Redeker, IT-Recht S. 94 Rn. 305; einschränkend Moritz in: Kilian/Heussen Kap. 30 Rn. 21; OLG Celle v. 5.10.1994, CR 1995, 152; Schneider, Handbuch des EDV-Rechts, D. Rn. 251 spricht sogar von einem gewissen „Mythos“ der überlegenen Fachkunde des Anbieters.

425 Vgl. OLG Oldenburg v. 12.02.1986, CR 1986, 552, 553: „Wer sich darauf einläßt, einen Computer und die zugehörige Software zu erwerben, darf nicht bar jeder Kenntnis sein.“

426 Schmidt, CR 1992, 709, 713; Köhler, CR 1988, 625, 629.

427 Zahrnt, NJW 1995, 1785; Breidenbach in: Anm. zu OLG Stuttgart, CR 1989, 598, 601.

428 BGH v. 25.11.1986 – X ZR 38/85, NJW-RR 1987, 664 = WM 1987, 263, 265.

429 Koch, Software- und Datenbank-Recht, § 1 Rn. 297; Kluth/Böckmann/Grün, MDR 2003, 241, 242.

430 Kluth/Böckmann/Grün, MDR 2003, 241, 242.

die das Vermögen oder andere Rechtsgüter des anderen Vertragspartners betreffen.[431]

(3) Erkennbarkeit

Für den Aufklärungsverpflichteten muss erkennbar sein, welche Zwecke der Aufklärungsbedürftige mit dem Abschluss des Vertrages verfolgt. Sofern dies nicht offensichtlich ist, kann letzterer eine Aufklärung nur erwarten, wenn er seine spezifischen Vertragszwecke rechtzeitig mitteilt bzw. zu erkennen gibt.[432] Daher obliegt es den Parteien, für sie jeweils bedeutsame Entscheidungsvoraussetzungen deutlich auszusprechen.

(4) Treu und Glauben

Im Rahmen einer Abwägung ist im Einzelfall zu ermitteln, ob die Aufklärungshandlung für den Verpflichteten zumutbar ist. Dabei ist einerseits die Eigenverantwortlichkeit des Aufklärungsbedürftigen und auf der anderen Seite die Zumutbarkeit der Haftung als Folge der Pflichtverletzung des Verpflichteten zu berücksichtigen.[433] Das OLG Dresden[434] sah etwa den Anbieter einer Standardsoftware nicht in der Pflicht, seinen Kunden von sich aus auf preisgünstigere Konkurrenzprodukte hinzuweisen.

b. Rechtsfolgen

Die Erteilung einer Aufklärung ist nicht einklagbar. Es handelt sich nämlich bei den betroffenen Informationen stets um solche, die der Aufklärungsbedürftige zwar nicht gekannt hat, sein früheres Verhalten bei deren Kenntnis jedoch daran ausgerichtet hätte (sog. retrospektive Betrachtung).[435] Daher ist die Rechtsfolge einer schuldhaften Aufklärungspflichtverletzung auf einen Schadenersatzanspruch gerichtet, vorausgesetzt, es ist überhaupt ein Schaden entstanden. Die Anspruchsgrundlage richtet sich nach dem Zeitpunkt, in dem die Aufklärung hätte erfolgen müssen: hätte die Information bereits vor Vertragsschluss mitgeteilt werden müssen, sind § 311 Abs. 2 i.V.m. § 241 Abs. 2 BGB die richtigen Anspruchsgrundlagen, nach Vertragsschluss die §§ 280 Abs. 1, 3, 282, 241 Abs.

431 Staudinger/Olzen, § 241 Rn. 442.

432 Schneider, Handbuch des EDV-Rechts, D. Rn. 272.

433 Staudinger/Olzen, § 241 Rn. 444.

434 OLG Dresden v. 08.07.1998 – 8 U 3526/97, CR 1998, 598, 600.

435 BeckOK Bamberger/Roth/Grüneberg/Sutschet BGB, § 241 Rn. 77; MünchKomm./Kramer, § 241 Rn. 114; hiervon zu unterscheiden ist der Auskunftsanspruch, bei dem die Auskunft über Umstände verlangt wird, an denen das zukünftige Verhalten ausgerichtet werden soll.

2 BGB. Der Besteller ist dann gemäß § 249 Satz 1 BGB so zu stellen, wie er bei ordnungsgemäßer Aufklärung gestanden hätte. Das kann im Rahmen des Ersatzes des negativen Interesses auch die Rückabwicklung des Vertrags bedeuten, wenn der Geschädigte bei Kenntnis des verschwiegenen Umstands den Vertrag nicht abgeschlossen hätte.[436] Darüber hinaus kann insbesondere Ersatz nutzlos aufgebrachter Aufwendungen verlangt werden, wie etwa die nutzlose Eingabe von Daten in das neue System[437] oder die unnötige Bereitstellung von Mitarbeitern.

Die *Darlegungs- und Beweislast* hinsichtlich der Pflichtverletzung, der Entstehung eines Schadens sowie des kausalen Zusammenhangs beider hat der Aufklärungsbedürftige zu tragen. Dabei wird er einerseits darzulegen und zu beweisen haben, dass sich der Vertragspartner als Fachmann ausgab sowie andererseits dass dieser die (relative) Laien-Stellung und das Vertrauen in seine Fachkompetenz hätte erkennen müssen. Gelingt ihm dieser Nachweis, liegt es am Aufklärungsverpflichteten zu beweisen, dass der Schaden auch bei pflichtgemäßer Aufklärung eingetreten wäre, weil sich der Aufklärungsbedürftige auch bei Kenntnis der Informationen darüber hinweggesetzt hätte.[438]

2. Beratungspflichten

Von den eigeninitiativen Aufklärungspflichten sind die Beratungspflichten des Herstellers abzugrenzen. Sie treffen diesen normalerweise nur, wenn der Kunde ausdrücklich oder konkludent den Wunsch nach Beratung äußert und der Anbieter hierauf eingeht.[439] Da der Hersteller erst auf Anfrage des Kunden tätig werden muss, wird auch von einer *fremdinitiativen Aufklärungspflicht* gesprochen.[440] Es ist zu differenzieren, ob die Parteien einen selbstständigen Beratungsvertrag schließen wollen oder ob die gewünschte Beratung lediglich im Rahmen des (Softwareerstellungs-) Vertrages als Nebenleistung erfolgen soll. Die Unterscheidung kann vor allem im Hinblick auf den Umfang der Beratung sowie eine unterschiedliche Anspruchsverjährung von Bedeutung sein.

---

436 BGH v. 26.09.1997 – V ZR 29/96, NJW 1998, 302, 303.

437 Vgl. LG Münster v. 13.02.1991 – 1 S 383/90, CR 1991, 665, 666.

438 BGH v. 05.07.1973 – VII ZR 12/73, NJW 1973, 1688.

439 Marly, Praxishandbuch Softwarerecht, Rn. 1117; Hörl, ITRB 2004, 39; Schneider, Handbuch des EDV-Rechts, D. Rn. 243; wohl auch OLG Dresden v. 08.07.1998 – 8 U 3526/97, CR 1998, 598, 600; a.A. Moritz in: Kilian/Heussen, Computerrechts-Handbuch, Kap. 30, Rn. 22; OLG Köln v. 18.06.1993 – 19 U 215/92, CR 1993, 624; OLG Düsseldorf v. 10.12.1993 – 17 U 33/93, CR 1994, 351.

440 Marly, Praxishandbuch Softwarerecht, Rn. 1117.

a. Selbstständiger Beratungsvertrag

Selbstständige Beratungsverträge[441] sind im Rahmen von größeren IT-Projekten keineswegs unüblich, sondern häufig auch sinnvoll, wenn der Besteller nicht über ausreichendes eigenes EDV-Know-how verfügt. Der Beratungsvertrag kann sich bei Entgeltlichkeit entweder nach Dienstvertragsrecht richten, wenn eine reine Tätigkeit geschuldet wird. Soll der Anbieter hingegen auch für die Erreichung eines bestimmten Erfolges einzustehen haben, kann ein Werkvertrag vorliegen, so etwa, wenn der Anbieter am Ende seiner Tätigkeit eine Empfehlung abgeben soll (sog. Gutachtervertrag) oder eine Machbarkeitsstudie erstellen soll.

Schwierigkeiten treten allerdings auf, wenn es an einer ausdrücklichen Regelung fehlt und lediglich der konkludente Abschluss eines Beratungsvertrages in Betracht kommt. Alleine aus dem Umstand, dass eine Beratung erteilt worden ist, lässt sich nicht automatisch schließen, es bestehe ein rechtsgeschäftlicher Wille zum Abschluss eines Vertrages.[442] Eine dahingehende Auslegung ist nur unter engen Voraussetzungen möglich.[443] Auch hier richtet sich eine Beurteilung nach den Umständen des Einzelfalls. Als Indizien für einen Vertragsabschluss sieht der BGH Fälle an, in denen die Auskunft für den Beratenen erkennbar von erheblicher Bedeutung ist und er diese zur Grundlage wesentlicher Entscheidungen machen will.[444] Nach Ansicht des BGH sind die Voraussetzungen für einen selbständigen Beratungsvertrag erfüllt, wenn sich die

> „beratende Tätigkeit nach Inhalt, Umfang, Intensität und Bedeutung für den Käufer so sehr verselbständigt hat, daß sie gewissermaßen als andersartige, auf eigener rechtlicher und tatsächlicher Grundlage beruhende Aufgabe des Verkäufers erscheint und als vertragliche Verpflichtung eigener Art neben dem Kaufvertrag steht".[445]

Ein selbstständiger Beratungsvertrag ist umso eher anzunehmen,

> „je größer der Wissensvorsprung des als Fachmann in Anspruch genommenen Verkäufers/Beraters gegenüber dem ratsuchenden Käufer ist, je intensiver die Beratung

441 Sehr ausführlich zum Beratungsvertrag bei Softwareerstellungsprojekten siehe: Schneider/v. Westphalen, Software-Erstellungsverträge, C. Rn. 1 ff.

442 Palandt/Sprau, § 675 Rn. 36.

443 BGH v. 16.06.2004 – VIII ZR 303/03, NJW 2004, 2301, 2302 m.w.N. zur Rspr. des BGH.

444 BGH v. 13.12.2005 – KZR 12/04, NJW-RR 2006, 993; so auch Müglich/Lapp, CR 2004, 801, 803.

445 BGH v. 23.07.1997 – VIII ZR 238/96, NJW 1997, 3227, 3229.

> erfolgt und je bedeutsamer sie für die Kaufentscheidung des Beratenen und deren erkennbare wirtschaftliche Folge ist.“[446]

Beratung im Rahmen von Absatzbemühungen der Ware durch den Lieferanten alleine begründet dahingegen noch keinen selbstständigen Beratungsvertrag. Vielmehr ist erforderlich, dass besondere Umstände hinzutreten.[447]

b. Unselbständige Beratungspflicht

Eine Beratungspflicht kann sich für den Hersteller aber auch aus dem bereits bestehenden Vertragsverhältnis (daher *unselbständige Beratungspflicht*) ergeben, wenn der Besteller um Beratung bittet oder dem Anbieter auf anderem Weg zu erkennen gibt, dass er Rat sucht, und der Anbieter hierauf eingeht.[448] Denn mit der Bitte um Beratung zeigt der Besteller sein besonderes Vertrauen in die Fachkenntnis des Herstellers, wodurch der Informationsverpflichtete eine Vertrauensstellung einnimmt.[449] Hierfür kann es bereits ausreichen, wenn sich der Kunde erkennbar auf den erteilten Rat verlässt. Das Vertrauensverhältnis führt regelmäßig zu *besonderen Sorgfaltspflichten*[450] bei der Beratung und somit auch zu weitreichenderen Anforderungen hinsichtlich Umfang, Inhalt und Sorgfalt der Informationserteilung als bei der eigeninitiativen Aufklärungspflicht.[451] Die Beratung ist gewissenhaft und vollständig zu erteilen. Daraus kann sich auch eine *Erkundigungspflicht* des Herstellers insbesondere über den geplanten Verwendungszweck oder die fachlichen Anforderungen des Bestellers entwickeln, sofern deren Kenntnis für eine vollständige und gewissenhafte Beratung erforderlich ist.[452] Will oder kann der Anbieter keine Auskunft erteilen, hat er die Beratung ausdrücklich abzulehnen.[453] Hieraus folgt andererseits aber, dass eine *ge-*

---

446 BGH v. 16.06.2004 – VIII ZR 258/03, NJOZ 2004, 2607, 2609.

447 BGH v. 06.06.1984 – VIII ZR 83/83, CR 1986, 79.

448 Koch, Computer-Vertragsrecht, Teil 2, Rn. 10; kommt der Kunde etwa mit konkreten Vorstellungen über den Umfang seiner Bestellung zum Anbieter, ist nicht von einem Beratungsverhältnis auszugehen, vgl. OLG Köln v. 08.01.1993 – 19 U 187/92, CR 1993, 563.

449 Kluth/Böckmann/Grün, MDR 2003, 241, 243.

450 BGH v. 06.06.1984 – VIII ZR 83/83, CR 1986, 79 = NJW 1984, 2938.

451 Zahrnt, NJW 1995, 1785; Marly, Praxishandbuch Softwarerecht, Rn. 1128.

452 Marly, Praxishandbuch Softwarerecht, Rn. 1130; Koch, Computer-Vertragsrecht, Teil 2, Rn. 10.

453 Marly, Praxishandbuch Softwarerecht, Rn. 1129; Redeker in: Schneider/v. Westphalen, Software-Erstellungsverträge, D. Rn. 13; Breidenbach in: Anm. zu OLG Stuttgart, CR 1989, 598, 602; MünchKomm./Emmerich, § 311 Rn. 123; Koch, Software- und Datenbank-Recht, § 1 Rn. 294; ähnlich Kather in: Anm. zu OLG München, CR 1987, 675, 679.

nuine Pflicht zur Beratung grundsätzlich nicht besteht.[454] Das Beratungsverhältnis kann zwar auch konkludent begründet werden. Von einer Beratungspflicht lässt sich aber – anders als bei einer Aufklärungspflicht – erst dann sprechen, wenn eine vertragliche Grundlage für ein Beratungsverhältnis geschaffen worden ist. Es unterliegt somit der Entscheidung des Herstellers, ob und in welchem Umfang er gegenüber dem Besteller Beratung übernehmen möchte.[455] Sofern er sich allerdings auf die Beratung einlässt und dem Besteller Auskünfte erteilt, ist er verpflichtet, diese auch sachgerecht zu erbringen und bei falscher Informationserteilung dafür (verschuldensabhängig) einzustehen.[456] Gibt der Anbieter also eine Auskunft, muss diese richtig sein, auch wenn er zur Mitteilung der Information an sich nicht verpflichtet gewesen wäre, etwa weil keine Aufklärungspflicht bestand.[457]

Die Initiative zur Beratung muss nicht zwingend vom Besteller ausgehen. Auch der Anbieter kann von sich aus mit Beratungsleistungen beginnen, ohne dass der Auftraggeber darum zuvor gebeten hat. Auch hierdurch kann ein besonderes Vertrauensverhältnis entstehen, weil der Anbieter genauso auf das Fachwissen vertraut. Auf Grund dieses Vertrauensverhältnisses kann der Anwender gleichermaßen eine ordnungsgemäße und vollständige Beratung erwarten.

c. Umfang der Beratung

Wie bereits angedeutet, geht der Umfang der Beratung weiter als der der Aufklärungspflicht. Indem der Besteller um Beratung bittet, zeigt er dem Hersteller, er messe seiner Beratung besondere Bedeutung zu und gewähre ihm eine *besondere Vertrauensstellung*. Damit offenbart er seinem Vertragspartner, in welchen Bereichen er über nur geringe Kenntnisse verfügt und er auf eine ordnungsgemäße Beratung angewiesen ist, um daran sein weiteres Verhalten auszurichten. Letztlich richtet sich der Umfang der Beratungspflicht stets nach den Umständen

---

454 So auch Hörl, ITRB 2004, 39, 40; Schneider, Handbuch des EDV-Rechts, D. Rn. 239; wohl auch Zahrnt, NJW 2000, 3746, 3747; a.A. Moritz in: Kilian/Heussen Kap. 30 Rn. 22; OLG Köln v. 18.06.1993 – 19 U 215/92, CR 1993, 624; OLG Düsseldorf v. 10.12.1993 – 17 U 33/93, CR 1994, 351

455 In der Praxis wird der Hersteller allerdings in den seltensten Fällen eine Beratung ablehnen, will er den Besteller als Kunden nicht verlieren.

456 Koch, Software- und Datenbank-Recht, § 1 Rn. 295; derselbe in: Computer-Vertragsrecht, Teil 2, Rn. 14; Schneider, CR 2000, 27; derselbe, Handbuch des EDV-Rechts, D. Rn. 239; Breidenbach in: Anm. zu OLG Stuttgart, CR 1989, 598, 601.

457 Vgl. in MünchKomm./Kramer, § 241 Rn. 115; Breidenbach in: Anm. zu OLG Stuttgart, CR 1989, 598, 601.

des Einzelfalls.[458] Bei der Bestimmung können aber folgende Aspekte in die Bewertung einfließen:

Die Beratung bezieht sich nur auf den Bereich, hinsichtlich dessen um Beratung gebeten worden ist. Dem Beratenden müssen insoweit zumindest Anhaltspunkte erkennbar sein, die auf Fehlvorstellungen oder einen Beratungsbedarf des anderen hindeuten.[459] Auf das Vertrauensverhältnis kann sich der Besteller nur insoweit berufen, wie er dem Beratenden auch zu erkennen gibt, worüber er beraten werden will. Der Kunde soll somit grundsätzlich von sich aus seine speziellen Anforderungen kundtun, nicht der Anbieter diese zu erfragen haben.[460] Hier liegt grundsätzlich die Grenze der Beratungspflicht. Innerhalb dieses Rahmens richtet sich der Umfang insbesondere danach, inwieweit der Kunde erkennbar auf die Fachkunde des Anbieters vertraut und wie groß sein Beratungsbedarf ist.[461] Im EDV-Sektor wird sich die Beratung im Prinzip auf den DV-technischen Bereich beschränken, wenn der Kunde nicht ausdrücklich Beratung zu kaufmännischen Fragen wünscht und der Hersteller hierauf von sich aus eingeht.[462]

Ferner ist die Beratung im Rahmen eines unselbständigen Beratungsverhältnisses von der Beratung im Rahmen eines selbstständigen Vertrages zu unterscheiden. Wie bereits dargestellt, ist von einem Beratungsvertrag auszugehen, wenn sich die beratende Tätigkeit unter anderem nach ihrem Umfang derart verselbständigt, dass sie gewissermaßen als andersartige, auf eigener rechtlicher und tatsächlicher Grundlage beruhende Aufgabe des Anbieters erscheint und als vertragliche Verpflichtung eigener Art neben dem Hauptvertrag steht. Im Rahmen eines selbständigen Beratungsvertrags muss der Beratungssuchende demnach von einer weit umfangreicheren Beratung ausgehen dürfen, als derjenige, der Beratung lediglich als Nebenleistung eines anderweitigen Hauptvertrages in Anspruch nimmt. Wo hier allerdings genau die Grenze zu ziehen ist, kann nur anhand des Einzelfalls entschieden werden.

Ebenso kann der Beratungsumfang von der Vergütung abhängen. Bei einem Softwareerstellungsvertrag mit Pauschalvergütung wird der Anbieter bei der Kalkulation seines Angebotes einen bestimmten Teil des Aufwandes für die Beratung des Kunden veranschlagt haben. Hiervon wird der Kunde zumindest red-

458 BGH v. 16.06.2004 – VIII ZR 303/03, NJW 2004, 2301, 2302 m.w.N.

459 Vgl. BeckOK Bamberger/Roth/Voit BGB, § 631 Rn. 52; Koch, Software- und Datenbank-Recht, § 1 Rn. 305.

460 Schneider, Handbuch des EDV-Rechts, D. Rn. 235; vgl. auch OLG Hamm v. 23.11.1988 – 31 U 63/88, BB Beil. 15/89, 3; LG Frankfurt a. M. v. 08.06.1988 – 3/12 O 181/86, BB Beil. 11/89, 5 (zumindest bei einem DV-erfahrenen Kunden).

461 Palandt/Sprau, § 631 Rn. 14.

462 Koch, Software- und Datenbank-Recht, § 1 Rn. 311.

licher Weise ausgehen können. Dagegen kann er indessen nicht erwarten, der Hersteller werde im gleichen Umfang Beratung leisten, wie im Falle eines gesondert zu vergütenden Beratungsvertrages. Im Zusammenhang mit einer nicht selbstständig vergüteten Beratung kann den Anbieter allerdings wiederum eine Aufklärungspflicht insoweit treffen, als er den Besteller darüber zu informieren hat, dass er ohne zusätzliche Vergütung keine weitere Beratung leisten wird.[463]

d. Rechtsfolgen, Verjährung, Verhältnis c.i.c. zu Mängelhaftungsansprüchen

Im Rahmen eines Beratungsvertrags stellt die Beratung eine Hauptleistungspflicht dar. Abhängig vom jeweils einschlägigen Vertragstyp sind die entsprechenden Gewährleistungsrechte anzuwenden. Handelt es sich, wie es zumeist bei EDV-Projekten der Fall sein wird, um einen Dienstvertrag, kann eine pflichtwidrige Beratung zu einer Haftung gemäß § 280 Abs. 1, Abs. 3, Satz 1 bzw. § 284 BGB führen. Der Ersatzanspruch unterliegt dann der regelmäßigen Verjährung nach §§ 195, 199 BGB. Die Verjährungsfrist beträgt entweder drei Jahre und beginnt mit dem Schluss des Jahres, in dem der Anspruch entstanden ist und der Geschädigte von den den Anspruch begründenden Umständen und der Person des Schuldners Kenntnis erlangt hat oder ohne fahrlässige Unkenntnis hätte erlangen müssen. Wenn – wie meist – ein Vermögensschaden vorliegt, ist die Verjährung kenntnisunabhängig auf 10 Jahre beschränkt, § 199 Abs. 3 Satz 1 Nr. 1 BGB.

Bei einer unselbständigen Beratungspflicht handelt es sich dagegen um eine Nebenpflicht des dem Geschäft zugrunde liegenden Vertrags. Deren Verletzung kann einer Schadenersatzhaftung wegen Verschuldens *bei* Vertragsabschluss gemäß §§ 311 Abs. 2, 241 Abs. 2, 280 Abs. 1 BGB unterliegen. Bei fehlerhafter Informationserteilung *nach* Vertragsschluss folgt die Haftung aus positiver Vertragsverletzung (§§ 280 Abs. 1 und 3, 282, 241 Abs. 2 BGB). Grundsätzlich würden solche Schadenersatzansprüche ebenfalls wie im Rahmen eines Beratungsvertrages der drei- bzw. zehnjährigen Regelverjährung unterliegen. Nach ständiger Rechtsprechung des BGH finden aber auf Ansprüche aus der Verletzung von unselbständigen Informationspflichten die (kürzeren) *Sonderverjährungsregeln des Gewährleistungsrechts* (6 Monate nach altem Recht, 2 Jahre nach neuem Recht) Anwendung, wenn der entstandene Schaden in unmittelbarem Zusammenhang mit einem Mangel oder einer die Verwendungsfähigkeit beeinflussenden Eigenschaft der Kaufsache steht.[464] Entsprechendes hat wegen

463 OLG Oldenburg v. 12.02.1986 – 3 U 43/85, CR 1986, 552, 553.

464 BGH v. 30.05.1990 – VIII ZR 367/89, NJW RR 1990, 1301, 1302 m.w.N.; vgl. auch BGH v. 02.03.2005 – VIII ZR 174/04, NJW-RR 2005, 866, 867; gerechtfertigt wird

der vergleichbaren Rechtssystematik auch für das Werkvertragsrecht zu gelten. Die meisten fehlerhaften Beratungen werden sich in einem Sachmangel niederschlagen.[465]

Diese Differenzierung ist auch im Zusammenhang mit einem Lastenheft bzw. dessen Erstellung stehenden Beratungsverletzungen von Bedeutung. Das Lastenheft beschreibt ausführlich die Eigenschaften der zu erstellenden Software und es ist durchaus üblich, im Lastenheft die Verwendungsfähigkeit der Software für den nach dem Vertrag vorausgesetzten Zweck festzulegen. Gibt der Anbieter demnach im Rahmen der Lastenhefterstellung dem Besteller Hinweise bzw. berät er ihn dabei schuldhaft nicht ordnungsgemäß, kann dies entweder zu Unzulänglichkeiten des Lastenhefts führen oder es werden darin Funktionen beschrieben, die für eine vertraglich vereinbarte Verwendung der Software ungeeignet sind. Erstellt der Anbieter dann aber die Software entsprechend den im Lastenheft vereinbarten Anforderungen, wird die Software der vereinbarten Beschaffenheit (§ 633 Abs. 2 Satz 1 BGB) entsprechen und daher nicht mangelhaft sein.[466] In diesem Fall kann jedoch dann eine Aufklärungspflicht- bzw. Beratungsverletzung vorliegen, die der regelmäßigen Verjährung unterliegt.[467]

Auch nach der Schuldrechtsmodernisierung besteht diese Problematik fort, da die Verjährungsfristen nicht vereinheitlicht wurden. Die zum alten Schuldrecht ergangene Rechtsprechung ist auf das neue Schuldrecht übertragbar, da der Gesetzgeber diese Frage nicht abweichend entscheiden wollte.[468] Allerdings ist sie nicht auf den Beratungs*vertrag* anwendbar, selbst dann nicht, wenn sich die Beratung auf die Verwendungsfähigkeit der Sache bezieht.[469]

3. Zusammenfassung

Ohne vertragliche Vereinbarung kann ein Vertragspartner verpflichtet sein, dem anderen Teil auch ungefragt Informationen zukommen zu lassen, die für den Vertragsabschluss oder die Vertragsdurchführung von wesentlicher Bedeutung sind. Diese Pflicht beschränkt sich allerdings auf das Erteilen von Hinweisen.

---

dies unter anderem mit dem Zweck der gewährleistungsrechtlichen Verjährung, welche auf die baldige Wiederherstellung des Rechtsfriedens abzielt und die mit zunehmendem Zeitablauf schwieriger werdenden Ermittlungen über Vorhandensein und Folgen von Mängeln berücksichtigt.

465 Kluth/Böckmann/Grün, MDR 2003, 241, 245.

466 Vgl. OLG Köln v. 12. 11. 2004 – 6 U 109/04, NJW 2005, 1666 (Polstermöbel).

467 Ähnlich Zahrnt, NJW 2000, 3746, 3748.

468 Vgl. BT-Drucks. 14/6040, S. 161 f.

469 BGH v. 30.05.1990 – VIII ZR 367/89, NJW-RR 1990, 1301, 1302.

Eine in Bezug auf Umfang und Intensität weitergehende Verpflichtung kann im Rahmen eines ausdrücklich oder konkludent vereinbarten Beratungsverhältnisses bestehen, aufgrund dessen der Beratende unter Umständen auch zu eigenen Ermittlungen angehalten sein kann. Sofern Hinweise gegeben bzw. Beratung erteilt wird, haftet der Auskunftgebende stets verschuldensabhängig für deren Richtigkeit.

III. Allgemeine Darstellung der Mitwirkungspflichten

Weitere Nebenpflichten sind die Mitwirkungspflichten (auch Leistungstreuepflichten). Sie sind zum Teil gesetzlich normiert (etwa im Werkvertragsrecht die Abnahmepflicht gemäß § 640 BGB, die Mitwirkung nach § 642 BGB oder die Einräumung einer Sicherheit im Sinne der §§ 648, 648a BGB), zum anderen werden sie auch aus § 241 Abs. 1 BGB abgeleitet. Denn weder Schuldner noch Gläubiger dürfen sich alleine mit der Erfüllung ihrer Hauptleistungspflicht i. S. d. § 362 BGB begnügen. Beide sind vielmehr angehalten, alles zu tun, um die Voraussetzungen für die Durchführung des Vertrages zu schaffen und Hindernisse zu beseitigen. So kann jeder Teil über seine eigentliche Leistungspflicht hinaus zu weiteren Handlungen im Rahmen des Zumutbaren verpflichtet sein, um den angestrebten Leistungserfolg herbeizuführen, sofern ihm daraus keine Nachteile entstehen. Mitwirkungspflichten sind immer dann denkbar,

- wenn ein Hindernis in den *Risikobereich beider Parteien* fällt oder[470]
- einer der Vertragspartner in primär seinem Verantwortungsbereich auf das Mitwirken des anderen *angewiesen* ist, um den Vertragszweck erreichen zu können, und diesem sein Mitwirken *ohne Preisgabe eigener Interessen* möglich und auch zumutbar ist.[471]

Im Hinblick auf die Erstellung des Lastenhefts wurde bereits festgestellt, dass diese mangels anderslautender Vereinbarung in den Verantwortungsbereich und damit auch in den Risikobereich des Bestellers fällt. Daher kann eine Mitwirkungspflicht des Auftragnehmers nur in Frage kommen, wenn der Besteller auf seine Unterstützung angewiesen ist und diese für den Auftragnehmer zumutbar und möglich ist, ohne eigene Interessen zurückstellen zu müssen.

---

470 MünchKomm./Roth, § 241 Rn. 47.

471 BGH v. 20.06.1989 – KZR 13/88, ZIP 1990, 224, 227; v. 05.03.1976 – V ZR 106/74, BeckRS 1976, 31117704; MünchKomm./Roth, § 241 Rn. 47.

IV. Einzelne Informations-/Mitwirkungspflichten

Inwieweit in Softwareerstellungsprojekten den Anbieter gegenüber dem Besteller Informations- und Mitwirkungspflichten treffen können, ist umstritten. Rechtsprechung wie Literatur bewerten diese Frage höchst unterschiedlich. Die Anforderungen an die Pflichten des Anbieters können deshalb je nach vertretener Ansicht sehr weit auseinander gehen. Es ist zu untersuchen, wie durch die Informations- und Mitwirkungspflichten des Anbieters ein Korrelativ zur Obliegenheit des Bestellers, das Lastenheft zu erstellen, geschaffen werden kann, durch das eine sach- und interessengerechte Verteilung der Verantwortung erfolgt. Die Schwierigkeit dabei liegt insbesondere darin, dass Umfang und Inhalt der Informationspflichten, wie oben dargestellt, stets von den Umständen des Einzelfalls abhängig sind und es sich damit um reine Wertungsfragen handelt.

1. Aufklärung über Lastenhefterstellung als Aufgabe des Bestellers

Bereits während der Verhandlungen über den Abschluss eines Softwareerstellungsvertrags hat der Anbieter im Rahmen seiner Aufklärungspflichten einen im EDV-Bereich *unerfahrenen Besteller* darauf hinzuweisen, dass grundsätzlich er es ist, der sich um die Ermittlung und Feststellung der fachlichen Anforderungen zu kümmern und diese dann in einem Lastenheft systematisch zusammenzufassen hat. Zwar wird dieser Hinweis regelmäßig nur bei Bestehen eines Wissensgefälles gegenüber einem unerfahrenen Besteller anzunehmen sein. In diesem Fall verpflichtet die Unerfahrenheit des Bestellers den Anbieter aber umso mehr, ihm besonders deutlich

- die Bedeutung einer Anforderungsbeschreibung zu erläutern,[472]
- darüber aufzuklären, dass die Erstellung des Lastenhefts in den Aufgabenbereich des Bestellers fällt,
- ohne Lastenheft eine den Regeln der Kunst entsprechende Softwareerstellung praktisch nicht möglich ist[473] sowie
- auf die Komplexität der Lastenhefterstellung hinzuweisen.[474]

---

472 Ihde, CR 1999, 409, 412; Schmidt, CR 1992, 709, 714; Redeker in: Schneider/v. Westphalen, Software-Erstellungsverträge, D. Rn. 180; OLG Koblenz v. 11.11.1988 - 2 U 4/86, CR 1990, 41, 43.

473 Vgl. OLG Köln v. 18.02.1994 – 19 U 102/93, CR 1995, 28; Hörl, Aufklärung und Beratung beim Computer-„Kauf", S. 271; Redeker, IT-Recht, Rn. 303; derselbe in: Schneider/v. Westphalen, Software-Erstellungsverträge, D. Rn. 8, 180; Schneider, Handbuch des EDV-Rechts, H. Rn. 44; Breidenbach in: Anm. zu OLG Stuttgart, CR 1989, 598, 602.

Diese Pflicht ergibt sich einmal daraus, dass diese Umstände für einen unkundigen Besteller durchaus bedeutsame Informationen darstellen. Denn auch dieser wird bei der Überlegung hinsichtlich einer Software-Neuanschaffung genau kalkulieren, welchen Aufwand diese Anschaffung für ihn nach sich ziehen wird. Im Rahmen dieser Kalkulation und damit auch für den Vertragsabschluss ist die Kenntnis der Mitwirkungshandlungen von wesentlicher Bedeutung. Deswegen muss der Hinweis auch bereits vor Abschluss des Softwareerstellungsvertrages erteilt werden. Der finanzielle und personelle Aufwand, der bei der Erstellung des Lastenhefts erforderlich wird, kann aus Sicht eines unerfahrenen Bestellers schnell ungeahnte Dimensionen annehmen.[475] Diese Situation ist für den Anbieter auch unschwer erkennbar. Zu berücksichtigen ist ferner der Aufklärungsaufwand. Eine Aufklärungspflicht ist umso mehr in Betracht zu ziehen, je kleiner der zur sachgerechten Aufklärung erforderliche Aufwand ist.[476] Der Anbieter kann die hier angesprochenen Hinweise, die für den Besteller erhebliche Bedeutung haben können, in wenigen Sätzen geben. Ebenso wird der Softwareersteller gerade einen unerfahrenen Anwender darüber hinaus zu unterrichten haben, dass für die Zusammenstellung und Beschreibung der Anforderungen die Hinzuziehung von sachkundigem Personal oder externen Beratern erforderlich sein kann.[477]

Hingegen darf der Anbieter bei einem *erfahrenen Auftraggeber*, der bereits an einem Softwareerstellungsprojekt beteiligt war, grundsätzlich von dessen Kenntnis über Bedeutung und Aufwand der Lastenhefterstellung ausgehen. Ihm gegenüber besteht daher keine Aufklärungspflicht.

---

474 OLG Stuttgart v. 18.10.1988 – 6 U 64/88, CR 1989, 598, 600; Zahrnt, NJW 1995, 1785; Redeker, IT-Recht, Rn. 303; derselbe in: Schneider/v. Westphalen, Software-Erstellungsverträge, D. Rn. 8; Breidenbach in: Anm. zu OLG Stuttgart, CR 1989, 598, 602; wohl auch: Schneider, Handbuch des EDV-Rechts, D. 303, H. Rn. 44, (einschränkend aber in D. Rn. 457).

475 Schaub, CR 1993, 329 Fn. 4: sofern der Besteller das Lastenheft durch den Anbieter oder einen Dritten erstellen lässt, werden ihm nicht selten bis zu 25% der Auftragssumme des IT-Projekts in Rechnung gestellt.

476 OLG Saarbrücken v. 19.10.2004 – 4 U 146/04, BeckRS 2005, 01452.

477 Redeker in: Schneider/v. Westphalen, Software-Erstellungsverträge, D Rn. 10, 15; ob der Anbieter diesen Hinweis auch in Form seiner AGB geben kann, ist zu bezweifeln. Eine entsprechende Klausel dürfte unwirksam sein, Schneider, Handbuch des EDV-Rechts, H. Rn. 147b.

2. Erkannte Unzulänglichkeiten und Fehlvorstellungen des Bestellers

Erkennt der Auftragnehmer Unzulänglichkeiten in dem vom Besteller erstellten Lastenheft, hat er auf diese hinzuweisen. Das gebietet seine Aufklärungspflicht, wonach er auf dem anderen Vertragsteil unbekannte Umstände hinzuweisen hat, die erkennbar von wesentlicher Bedeutung sind und die die Erreichung des vom Vertrag verfolgten Zwecks vereiteln könnten.[478] Gleiches gilt, wenn der Auftragnehmer im Laufe der Vertragsdurchführung von Umständen Kenntnis erlangt, die ihn erkennen lassen, dass der Auftraggeber von falschen Vorstellungen ausgeht oder der vom Auftraggeber beabsichtigte Vertragszweck nicht auf dem eingeschlagenen Weg erreicht werden kann. Der Besteller muss dann zumindest auf sein Beratungsbedürfnis aufmerksam gemacht werden.[479] Hegt der Hersteller lediglich Zweifel an der Fehlerfreiheit des Lastenhefts, so dass er keine Unzulänglichkeiten genau bezeichnen kann, hat er gleichwohl seine Bedenken dem Auftraggeber mitzuteilen.[480] Ist der Anbieter der Ansicht, die vom Anwender zur Verfügung gestellten Vorgaben sind detaillierungsbedürftig, muss er ebenfalls hierauf hinweisen.[481] Diese Hinweispflichten erstrecken sich allerdings nur auf Unzulänglichkeiten von *wesentlicher* Bedeutung.[482] Abweichende vertragliche Regelungen sind jedoch möglich.[483]

---

478 Vgl. oben S. 137 ff.

479 LG Kiel v. 26.03.1984 – 2 O 192/83, CR 1987, 22 = CR 1986, 772 (ohne Abdruck der Entscheidungsgründe); Koch, Computer-Vertragsrecht, Teil 2, Rn. 9.

480 Vgl. OLG Celle v. 26.02.1986 – 6 U 154/84, CR 1988, 303; Junker/Benecke, Computerrecht, Rn. 223

481 Koch, Computer-Vertragsrecht, Teil 2, Rn. 67; Köhler, CR 1988, 623, 627; OLG Köln v. 06.03.1998 – 19 U 228/97, CR 1998, 459 = NJW-RR 1999, 51.

482 So auch OLG Frankfurt v. 15.06.1988 – 13 U 151/87, CR 1990, 127 (LS); Zahrnt, NJW 2000, 3746, 3748; Köhler, CR 1988, 623, 627; LG Osnabrück v. 01.10.1984 – 3 O 42/83, CR 1985, 32 (LS 2); Koch, Computer-Vertragsrecht, Teil 2, Rn. 57; Redeker in: Schneider/v. Westphalen, Software-Erstellungsverträge, D. Rn. 175.

483 Ziffer 6.1 EVB-IT System (Ergänzenden Vertragsbedingungen) erweitert beispielsweise die Mitteilungspflicht des Auftragnehmers auf Vorgaben des Auftraggebers, die nicht in unwesentlichem Umfang fehlerhaft, unvollständig, widersprüchlich oder objektiv nicht ausführbar oder beigestellte Systemkomponenten nicht vertragsgemäß sind.

3. Unterstützung/Beratung im Rahmen der Lastenhefterstellung

Wird das Lastenheft erst nach Vertragsabschluss durch den Besteller erstellt, ist unklar, inwieweit der Anbieter den Besteller dabei zu unterstützen und zu beraten hat. Die Rechtsansichten gehen in dieser Frage ebenfalls weit auseinander. Zunächst wird im nachfolgenden Abschnitt die insoweit vorliegende BGH-Rechtsprechung wiedergeben. Anschließend wird auf die wesentlichen Entscheidungen der Landes- und Oberlandesgerichte eingegangen. Zum Teil werden diese im Zusammenhang mit der Lastenhefterstellung in der juristischen Literatur genannt, obwohl sie in dieser Hinsicht nicht passen. Zuletzt folgt eine eigene Stellungnahme.

a. BGH-Rechtsprechung

Folgende, zum Teil bereits zitierten BGH-Entscheidungen sind hier von Bedeutung:

(1) BGH, CR 1986, 79 – „Auswahlberatung"

Eine der ersten Entscheidungen des BGH („*Auswahlberatung*")[484], die sich mit den Beratungspflichten des IT-Anbieters befasst, stammt aus dem Jahr 1984. Dem damals klagenden Importunternehmen wurde im Wege eines Finanzierungsleasings eine EDV-Anlage, bestehend aus Hard- und Standardsoftware, zur Verfügung gestellt, die für die zu bewältigende Aufgabe jedoch ungeeignet war. Bevor die beklagte EDV-Lieferantin ihr Verkaufsangebot abgab, hatte sie aufgrund einer von ihr durchgeführten Bedarfsanalyse die Aufgabenstellung formuliert und einen 35-seitigen Organisationsvorschlag vorgelegt. Worüber die Klägerin beraten werden wollte und welche Umorganisation sie beabsichtigte, war der Lieferantin damit bekannt.[485] Zur Problemlösung der gestellten Aufgabe hielt die Lieferantin die von ihr angebotene Anlage fälschlicherweise für geeignet.[486]

Da die Lieferantin die betrieblichen Anforderungen kannte, jedoch eine ungeeignete Anlage empfahl, ging der BGH von einer *Falschberatung* aus. Die vorausgehende Beratung habe spezifische Sorgfaltspflichten begründet.[487]

Hervorzuheben ist bei dieser Entscheidung, dass der BGH sich lediglich mit den Folgen einer geleisteten, aber (fahrlässig) fehlerhaften Beratungstätigkeit

---

484 BGH v. 06.06.1984 – VIII ZR 83/83, CR 1986, 79 = NJW 1984, 2938.

485 BGH v. 06.06.1984 – VIII ZR 83/83, CR 1986, 79, 82.

486 BGH v. 06.06.1984 – VIII ZR 83/83, CR 1986, 79, 82.

487 BGH v. 06.06.1984 – VIII ZR 83/83, CR 1986, 79, 82.

befasste. Da ein intensives Beratungsverhältnis im vorliegenden Fall unstreitig bestanden hatte, statuierte er dennoch keine grundsätzliche nebenvertragliche Verpflichtung des Lieferanten, Beratungsleistungen auszuführen. Insofern wurde diese Entscheidung von einigen Oberlandesgerichten missinterpretiert, die daraus eine generelle Beratungspflicht gegenüber dem Kunden abgeleitet hatten, ohne jedoch im jeweiligen Fall das tatsächliche Vorliegen eines Beratungsverhältnisses festzustellen.[488]

Auch sonst lässt sich dem Urteil nichts entnehmen, was auf eine ungefragte Beratung hinsichtlich der fachlichen Anforderungen hindeutet. Zum einen hatte es die Lieferantin (freiwillig) übernommen, die Bedarfsanalyse durchzuführen und die Aufgabenstellung zu formulieren. Zum anderen standen die fachlichen Anforderungen unbestritten fest. Der Lieferantin wurde vielmehr zum Vorwurf gemacht, nicht die richtige Problemlösung für diese Anforderungen in Form einer geeigneten EDV-Anlage ausgewählt und empfohlen zu haben. Denn die ausgewählte Anlage war

> „für die Bewältigung der innerbetrieblichen Aufgaben in der Finanzbuchhaltung und Lagerhaltung unterdimensioniert".[489]

Übertragen auf ein Softwareerstellungsprojekt bedeutet dies, dass als fachliche Anforderung die „Bewältigung der Finanzbuchhaltung und Lagerhaltung" vorgegeben war und die Aufgabe des Herstellers darin besteht, hierfür eine DV-technische Problem*lösung* in Form einer optimal dimensionierten EDV-Anlage zu finden. Dies entspricht der allgemeinen Verantwortungsverteilung, wonach der Besteller für die fachlichen Anforderungen, der Anbieter für deren Realisierung verantwortlich ist. Die DV-Lösung der fachlichen Vorgaben ist gerade die werkvertragliche Aufgabe des Anbieters.

Im Zusammenhang mit Beratungsleistungen ist eine Bezugnahme auf diese Entscheidung daher nur möglich, wenn das Vorliegen eines Beratungsverhältnisses bereits festgestellt wurde. Das Besondere war hier nämlich die freiwillige Formulierung der Aufgabenstellung nach der Durchführung einer Bedarfsanalyse durch den Anbieter. Aus diesem Grund ist diese Entscheidung nicht geeignet, aus ihr eine allgemeine Pflicht des Anbieters zur Lastenhefterstellung abzuleiten. Selbst bei Vorliegen eines Beratungsverhältnisses muss sich dieser Rückschluss nicht zwingend ergeben. Maßgeblich ist nämlich hierbei der Umfang des Beratungsverhältnisses, der wiederum einzelfallabhängig ist.[490]

---

488 OLG München v. 25.09.1986 – 24 U 775/85, CR 1987, 675, 677; LG Münster v. 19.06.1987 – 4 O 87/87, CR 1988, 467; OLG Düsseldorf v. 10.12.1993 – 17 U 33/93, CR 1994, 351; OLG Dresden v. 08.07.1998 – 8 U 3526/97, CR 1998, 598.

489 BGH v. 06.06.1984 – VIII ZR 83/83, CR 1986, 79, 82.

490 Siehe oben S. 145.

(2) BGH, CR 1989, 102 – „Registrierkassen“

Ferner ist in diesem Zusammenhang das „*Registrierkassen*“-Urteil[491] von Bedeutung. Ein Wirt wollte Registrierkassen mit auf seine betrieblichen Bedürfnisse angepassten Programmen mieten. Um diese Programme an die Bedürfnisse des Wirts anzupassen, übergab die Anbieterin dem Wirt sogenannte „Programmblätter“. Darin sollte der Wirt Warengruppen, Preise und auf sechs Buchstaben beschränkte Kurzbezeichnungen der Waren eintragen.[492] Da der Wirt nach mehrfachen Aufforderungen die „Programmblätter“ zu übergeben, keine bzw. lediglich unzureichend ausgefüllte Unterlagen übersandte, konnten die Programme nicht entsprechend den individuellen Anforderungen erstellt werden. Von der Anbieterin wurden daher nur mit einem Grundprogramm ausgestattete Kassen angeboten. Die vereinbarten Anwenderprogramme fehlten. Für den BGH stand damit die Frage zur Entscheidung, ob sich die Vermieterin mit ihrer Leistungspflicht in Verzug befand, der Wirt aus diesem Grund wirksam vom Vertrag zurückgetreten und damit seiner (Rück-) Zahlungsklage stattzugeben war oder ob die Anbieterin einen Anspruch auf den vereinbarten Mietzins hatte.

Da der Kläger Registrierkassen mieten wollte, deren Programme auf seine betrieblichen Bedürfnisse zugeschnittenen sein sollten, musste der Auftraggeber nach Ansicht des BGH

> „nicht nur die *Aufgabenstellung mitteilen*, sondern auch das Material, das elektronisch verarbeitet werden sollte, angeben. *Das versteht sich von selbst.*“[493]

Sofern er damit Schwierigkeiten habe, habe er die Auftragnehmerin um Unterstützung zu bitten.[494] Als sich herausstellte, dass der Kläger mit dem Ausfüllen der Programmblätter nicht zurechtkam, habe die Anbieterin ihm die gebotene Unterstützung zukommen lassen, indem ihm der Umgang mit den Programmblättern persönlich erklärt wurde.[495] Da die Hauptaufgabe des Wirts nur darin bestand, die Speisen- und Getränkeangaben für das Programm jeweils auf Begriffe mit nicht mehr als sechs Buchstaben zu verkürzen und hierzu ein branchenkundiger Gastronom auch in der Lage sei, käme es, folge man der Ansicht des Berufungsgerichts, zu einer Überspannung der Sorgfaltspflichten und

---

491 BGH v. 13.07.1988 – VIII ZR 292/87, CR 1989, 102.

492 BGH v. 13.07.1988 – VIII ZR 292/87, CR 1989, 102, 104.

493 BGH v. 13.07.1988 – VIII ZR 292/87, CR 1989, 102, 104 (Hervorhebungen durch den Verfasser).

494 BGH v. 13.07.1988 – VIII ZR 292/87, CR 1989, 102, 104.

495 BGH v. 13.07.1988 – VIII ZR 292/87, CR 1989, 102, 104.

> „*im konkreten Falle* zur Beseitigung einer sachgerechten Mitwirkungspflicht des Mieters“.[496]

Dies lehnte der BGH jedoch ab. Demnach war die Vermieterin nicht in Schuldnerverzug geraten und der Wirt musste sich so behandeln lassen, als sei vertragsgemäß geliefert worden.

Hieraus wird folgendes abgeleitet:[497] Einerseits fällt die Ermittlung der fachlichen Vorgaben in den Verantwortungsbereich des Anwenders. Andererseits sei dieser zudem verpflichtet, den Hersteller um Unterstützung zu bitten, sofern er mit der Erstellung der erforderlichen Programmvorgaben nicht zurechtkommt. Die Initiative habe vom Anwender auszugehen. Von sich aus müsse der Anbieter nur bei gegebenem Anlass, nämlich entweder auf Nachfrage des Kunden oder bei erkannten Unzulänglichkeiten der kundenseitigen Vorgaben, tätig werden.

Einen insofern allgemeinen Grundsatz aus dieser Entscheidung abzuleiten, erscheint allerdings in Anbetracht der Umstände des Einzelfalls bedenklich. In diesem speziellen Fall war die Aufgabenspezifizierung sehr einfach gelagert. So bestand die Aufgabe des Wirts lediglich darin, die Speisen- und Getränkeangaben für das Programm jeweils auf Begriffe mit nicht mehr als sechs Buchstaben zurückzuführen und in das hierfür vorgesehene Formular einzusetzen. Diese Art der Beschreibung von betrieblichen Anforderungen ist aber nicht annähernd vergleichbar mit einer Spezifizierung von hunderten, zum Teil wechselwirkenden Anforderungen. Der BGH berücksichtigte dies auch, indem er ausführt, eine Beurteilung, wie sie das Berufungsgericht angestellt habe, führe

> „*im konkreten Fall* zur Beseitigung einer sachgerechten Mitwirkungspflicht des Mieters“[498].

Daher ist zu bezweifeln, der BGH habe mit diesem Urteil eine Grundsatzentscheidung treffen wollen. Vielmehr liegt nahe, seine die Unterstützung betreffenden Ausführungen sollten speziell nur für diesen konkreten Fall gelten.[499] Denn im hier vorliegenden Fall musste der Anbieter nicht ohne weiteres mit Problemen des Anwenders beim Ausfüllen der Programmblätter rechnen. Hält der BGH es zugunsten des Anbieters in einem einfachen Fall für nicht erforder-

---

496 BGH v. 13.07.1988 – VIII ZR 292/87, CR 1989, 102, 104 (Hervorhebung durch den Verfasser).

497 Schneider, Handbuch des EDV-Rechts, D. Rn. 427.

498 BGH v. 13.07.1988 – VIII ZR 292/87, CR 1989, 102, 104 (Hervorhebung durch den Verfasser).

499 A.A. Schneider, Handbuch des EDV-Rechts, D. Rn. 434; Schmidt, CR 1992, 709, 712 f.; Koch, Computer-Vertragsrecht, Teil 2, Rn. 57; Intveen/Lohmann, CR 2003, 640, 643, 644.

lich, von sich aus ohne besonderen Anlass in irgendeiner Weise beratend oder unterstützend tätig zu werden, kann daraus noch nicht der Schluss gezogen werden, dies solle auch bei komplexeren Projekten gelten. Allerdings lässt sich der Entscheidung ebenso wenig entnehmen, bei komplexeren Projekten bestünde eine Beratungs- bzw. Unterstützungspflicht. Generalisierend kann lediglich der Rückschluss gezogen werden, dass bei einfach gelagerten Fällen der Anbieter nicht ohne besonderen Anlass von sich aus Unterstützung offerieren muss.

Offen lässt der BGH, was er genau unter *Unterstützung* versteht, weshalb der Begriff auszulegen ist. Vorliegend kann nur eine Unterstützung bei der Bearbeitung der Vorlagen gemeint sein. Der Anbieter muss allerdings bei der Ermittlung der Anforderungen nicht unterstützend im Sinne einer gemeinsamen oder sogar ersatzweisen Vornahme der Anforderungsspezifizierung tätig werden.[500] Vom Anbieter hatte der BGH nämlich nicht verlangt, sich vor Ort einen Überblick über den Betrieb, insbesondere die angebotenen Speisen und Getränke, zu machen. Die gebotene Unterstützungsleistung hatte der Vermieter erfüllt, indem er dem Wirt das Ausfüllen der Formularbögen erklärt hatte.[501] An eine Unterstützung im Sinne einer Pflicht zur Ermittlung der Anforderungen hatte der BGH dabei wohl nicht gedacht. Gerade in diesem speziellen Fall hätte es im Vergleich zu umfangreichen und komplizierten Erstellungsprojekten für den Anbieter nur einen relativ geringen Arbeitsaufwand bedeutet, sich einen Überblick über das Angebot des Wirtes zu verschaffen. Dennoch mutete der BGH dem Anbieter eine derartige Verpflichtung nicht zu. Übertragen auf das Softwareerstellungsprojekt hat der Anbieter dem Besteller allenfalls zu erläutern, wie dieser seine Anforderungen zu ermitteln und in einem Dokument (Lastenheft) zu formulieren hat. Nicht hingegen hat er die Ermittlung der Anforderungen zu übernehmen.

Interessant ist diese Entscheidung auch im Hinblick auf die *Laien-Eigenschaft* des Bestellers. Es kann davon ausgegangen werden, dass es sich bei dem Kläger um einen EDV-unkundigen Anwender handelte, obwohl der BGH dies nicht ausdrücklich festgestellte. Dies war auch nicht notwendig, da der BGH nur auf die Kenntnisse des Klägers bezüglich der Gastronomie-Branche abstellte. Von einem „*branchenkundigen Gastronom*" könne erwartet werden, in der Lage zu sein, die angesprochenen Angaben zu machen.[502] Im Gegensatz zu EDV-technischen Kenntnissen kam es dem BGH auf die betrieblichen Kenntnisse des Klägers an, wobei nicht die tatsächlichen (konkret-individuellen) Fä-

500 Wohl gleicher Ansicht: Malzer, CR 1991, 203, 208.

501 BGH v. 13.07.1988 – VIII ZR 292/87, CR 1989, 102, 104.

502 BGH v. 13.07.1988 – VIII ZR 292/87, CR 1989, 102, 104.

higkeiten des Anwenders maßgeblich waren, sondern das, was von einem branchenkundigen Anwender erwartet werden könne.[503]

Festzuhalten bleibt: Diese Entscheidung ist nur bedingt für das Ziehen allgemeiner Rückschlüsse geeignet. Aus ihr kann nicht generalisierend abgeleitet werden, stets habe hinsichtlich der Unterstützung des Anbieters die Initiative vom Besteller auszugehen. Allerdings geht aus dem Urteil auch nichts Gegenteiliges hervor. Übertragen kann man die Entscheidung lediglich auf ähnlich einfach gelagerte Fälle. Ferner kann der Entscheidung nicht entnommen werden, der Anbieter müsse auf Initiative des Kunden hin Unterstützung leisten. Der Wortlaut der Entscheidungsgründe deutet zwar darauf hin. Jedoch wurde die Unterstützung vorliegend auch ordnungsgemäß geleistet, weswegen der BGH sich nicht wirklich mit den Konsequenzen auseinandersetzen musste. Deutlicher dahingegen ist, was der BGH unter „Unterstützung" versteht, nämlich lediglich Erläuterungen in Bezug auf die formelle Darstellung der Ergebnisse der Anforderungsanalyse. Er verlangt indessen keine Hilfeleistung im Rahmen der Anforderungsanalyse selbst. Hinsichtlich des Fachwissens stellt der BGH richtigerweise nicht auf die EDV-Kenntnisse des Anwenders ab, sondern auf dessen fachbetriebliche – hier gastronomische – Erfahrungen. Nur diese waren zum Feststellen und Ausfüllen der Programmblätter erforderlich.

(3) BGH, CR 1992, 543 – „vergessenes Pflichtenheft"

Einen weiteren Ansatz zugunsten des Softwarelieferanten bietet die Entscheidung des BGH[504] zum *„vergessenen Pflichtenheft"*[505]. Der beklagte Anbieter sollte für die Klägerin ein elektronisches Zugangskontrollsystem (ZKS) erstellen. Vertraglich hatte er sich zwar zur Erstellung eines Lastenhefts verpflichtet, die Parteien waren dann aber anders vorgegangen und der Anbieter hatte ein ZKS erstellt, ohne zuvor ein Lastenheft zu formulieren. Dann kam es zu Meinungsverschiedenheiten unter anderem über den geschuldeten Leistungsumfang. Insbesondere bemängelte der Kläger Funktionsdefizite, die die Brauchbarkeit einschränken würden.[506]

Das OLG Düsseldorf als Berufungsgericht sowie der BGH waren beide der Auffassung, der Anbieter schulde mangels konkreter Absprachen, die ihren Niederschlag in einem Lastenheft hätten finden können, ein ZKS, welches dem Stand der Technik bei mittlerem Ausführungsstandard entspreche;[507] vorausge-

503 BGH v. 13.07.1988 – VIII ZR 292/87, CR 1989, 102, 104.

504 BGH v. 24.11.1991 – X ZR 85/90, CR 1992, 543 = NJW-RR 1992, 556.

505 Den Begriff „Pflichtenheft" verwendet der BGH hier gleichbedeutend mit „Lastenheft".

506 BGH v. 24.11.1991 – X ZR 85/90, CR 1993, 543.

507 BGH v. 24.11.1991 – X ZR 85/90, CR 1992, 543, 544.

setzt, der werkvertragliche Erfolg kann ohne Lastenheft überhaupt erreicht werden. Allerdings hielt das Berufungsgericht eine Beweiserhebung hinsichtlich der Tatsache, ob die gelieferte Software diesem Stand entsprach, für nicht erforderlich. Bereits der Umstand, dass der Anbieter kein Lastenheft erstellt hatte, habe die Klägerin zur Annahmeverweigerung berechtigt.[508] Diese Auffassung verwarf der BGH, weil das Lastenheft seiner Aufgabe nur gerecht werden könne, wenn es vor Ausführung des Werkvertrages erstellt worden ist.[509] Der BGH verwies die Sache zurück an das Berufungsgericht mit dem Hinweis, Beweis darüber zu erheben, ob das erstellte ZKS dem Stand der Technik bei mittlerem Ausführungsstandard tatsächlich entsprach.

Damit ging das Fehlen des Lastenhefts zum Nachteil des Bestellers. Da dieser nicht darlegen und beweisen konnte, was seiner Ansicht nach im Einzelnen genau geschuldet war, musste er sich letztlich mit einer Software begnügen, die nicht seinen spezifischen Bedürfnissen, sondern bloß einem allgemeinen Standard in Form der gewöhnlichen Verwendung entsprach. Zwar hatten sich die Parteien über bestimmte Punkte geeinigt, da anderenfalls kein Werkvertrag zustande gekommen wäre.[510] Da aber detaillierte Konkretisierungen fehlten, unterstellte der BGH, hinsichtlich aller ungeklärten Punkte sei der Stand der Technik bei mittlerem Ausführungsstandard geschuldet. Wird es folglich unterlassen, sämtliche wichtigen fachlichen Anforderungen exakt zu definieren und zum Vertragsbestandteil zu machen, schuldet der Anbieter nicht das, was der Besteller sich möglicherweise vorstellt und was tatsächlich seinen Wünschen und betrieblichen Bedürfnissen entsprechen mag, er aber unausgesprochen lässt, sondern bloß einen mittleren Ausführungsstandard. Dies bedeutet im Umkehrschluss, den Anbieter trifft gerade keine Verpflichtung, eigene Nachforschungen und Ermittlungen im Hinblick auf die betrieblichen Bedürfnisse des Kunden anzustellen.

Dem ließe sich allerdings entgegen halten, der Besteller habe hier (konkludent) auf die Anforderungsermittlung verzichtet, weshalb aus dieser Entscheidung nicht der allgemein gültige Rückschluss gezogen werden könne, der Anbieter müsse nicht an der Lastenhefterstellung mitwirken: Nach der vertraglichen Vereinbarung sollte der Anbieter das Lastenheft erstellen. Allerdings sind

508 BGH v. 24.11.1991 – X ZR 85/90, CR 1992, 543, 544.
509 BGH v. 24.11.1991 – X ZR 85/90, CR 1992, 543, 544.
510 Vgl. hierzu oben S. 104.

> „die Parteien hier anders vorgegangen“.[511]

Der Besteller könnte demnach auf die Lastenhefterstellung nachträglich (konkludent) verzichtet haben.[512] Hieraus könnte man in einem weiteren Schritt ableiten, dass nicht nur auf die Erstellung des Lastenhefts, sondern darüber hinaus auch zugleich auf die vorgeschaltete Ermittlung der individuellen Bedürfnisse des Bestellers verzichtet worden war und eine Software dem Stand der Technik bei mittlerem Ausführungsstandard entsprechend konkludent vereinbart wurde. Dann kann diese Rechtsprechung aber nicht auf solche Fälle übertragen werden, in denen überhaupt nicht über die Erstellung des Lastenhefts gesprochen wird, weil ein (konkludenter) Verzicht in solchen Fällen nicht in Betracht kommen wird. Allerdings verschafft die Entscheidung zur „*Quellcode-Überlassung*“ entsprechende Klarheit.

(4) BGH, CR 2004, 490 – „Quellcode-Überlassung“

In der „*Quellcode-Überlassung*“-Entscheidung bestätigt der BGH seine Rechtsprechung zum „*vergessenen Pflichtenheft*“, wonach der Anbieter

> „die Erstellung eines Datenverarbeitungsprogramms, das dem *Stand der Technik bei einem mittleren Ausführungsstandard* entspricht“[513]

schuldet, wenn weitergehende Vereinbarungen zum Leistungsumfang nicht getroffen worden sind. Dieser Entscheidung ist im Gegensatz zum „*vergessenen Pflichtenheft*“ nicht zu entnehmen, die Parteien könnten einvernehmlich auf die Erstellung eines Lastenhefts und damit auch auf eine Beratung bzw. Anforderungsermittlung durch den Anbieter verzichtet haben. Aus diesem Grund hat der oben gezogene Rückschluss letztendlich doch seine Berechtigung: Ist der Anbieter bei fehlender Konkretisierung des Leistungsumfangs verpflichtet, eine Software entsprechend dem Stand der Technik bei mittlerem Ausführungsstandard zu liefern, kann er im Umkehrschluss nicht verpflichtet sein, zunächst die betrieblichen Bedürfnisse und Wünsche des Bestellers zu ermitteln und in einem Lastenheft zu dokumentieren.

Beide Entscheidungen lassen sich folglich dahingehend zusammenfassen, dass der BGH die Lastenhefterstellung nicht als Aufgabe des Anbieters, sondern als Mitwirkungshandlung des Bestellers betrachtet. Kommt dieser seiner Mitwirkung nicht nach, kann der Anbieter vertragserfüllend leisten, indem die Software dem Stand der Technik bei mittlerem Ausführungsstandard entspricht.

---

511 BGH v. 24.11.1991 – X ZR 85/90, CR 1992, 543, 544.

512 Zwar hatte keine der beiden Instanzen einen „Verzicht“ ausdrücklich festgestellt; die Ausführungen des BGH können aber dahingehend ausgelegt werden; kritisch insoweit: Zahrnt in: Anm. BGH, BB Beil. 1993/5, S. 2, 3.

513 BGH v. 16.12.2003 – X ZR 129/01, CR 2004, 490, 491.

Im Umkehrschluss braucht der Anbieter sich bei unterlassener Mitwirkung des Bestellers nicht selbst um die Ermittlung dessen fachlicher Anforderungen kümmern.

(5) Zusammenfassung

Für die Frage, inwieweit der Anbieter den Besteller bei der Erstellung des Lastenhefts zu unterstützen und zu beraten hat, liefert die hierzu bisher ergangene Rechtsprechung des BGH lediglich bedingt übertragbare Ansätze. Kommt ein Beratungsverhältnis zwischen den Vertragsparteien ausdrücklich oder konkludent zustande, entstehen daraus spezifische Sorgfaltspflichten.

In einfach gelagerten Konstellationen kann zunächst der Besteller um Unterstützung zu bitten haben, bevor der Anbieter beratend tätig werden muss. In Bezug auf nicht einfach gelagerte Fälle kann dieses Ergebnis nicht pauschal übernommen werden. Offen hat es die bisherige Rechtsprechung des BGH gelassen, ob der Anbieter dann auch wirklich zur Beratung/Unterstützung verpflichtet ist oder ob nicht ein Hinweis auf das Beratungsbedürfnis des Bestellers ausreicht.

Unter „Unterstützung" versteht der BGH eine helfende Tätigkeit bei der Formulierung der Anforderungen. Der Anbieter braucht hingegen nicht bei unterlassener Mitwirkung des Bestellers selbst die betrieblichen Bedürfnisse und die fachlichen Anforderungen ermitteln.

Hinsichtlich des für die Lastenhefterstellung erforderlichen Fachwissens des Bestellers stellt der BGH auf die Kenntnisse seines Betriebes und seiner Branche ab, nicht auf dessen EDV-Kenntnisse.

b. OLG-Rechtsprechung

In der landes- und oberlandesgerichtlichen Rechtsprechung ist die Frage, inwieweit der Auftragnehmer die betrieblichen Bedürfnisse des Bestellers zu ermitteln bzw. diesen bei der Ermittlung zu unterstützen hat, vielfach behandelt worden. Nachfolgend werden zunächst die wesentlichen Entscheidungen besprochen, denen eine kaufvertragliche Konstellation zugrunde lag. Daran anschließend wird auf Entscheidungen eingegangen, in denen Werkverträge vorlagen. Die Urteile werden dabei jeweils in chronologischer Reihenfolge dargestellt.

(1) Entscheidungen zum Kaufrecht

Nachfolgende Urteile befassten sich mit den Informationspflichten im Rahmen eines Kaufvertrags:

i. LG Kiel, CR 1987, 22

Eine der ersten Entscheidungen in diesem Zusammenhang stammt vom LG Kiel.[514] Einem auf Zahlung verklagten Heizungsbauer ging es beim Erwerb einer Computeranlage den Ausführungen des Gerichts zufolge darum, eine für sein Geschäft geeignete Anlage zu finden.

> „Angesichts dieses Anliegens des Beklagten und seiner - als *Nichtfachmann* - *ersichtlich unvollkommenen Vorstellungen* darüber, wie solche System(e; sic!) arbeiten, wie sie betriebsgerecht einzusetzen sind und was sie im einzelnen zu leisten vermögen, trafen die Klägerin in bezug auf die Eigenschaften des Vertragsgegenstandes bestimmte *Aufklärungs- und Beratungspflichten.* Es bedurfte einer eingehenden Aufklärung und - auch praktischer - Beratung, um den Beklagten *in die Lage zu versetzen, die richtige Wahl zu treffen.* Diese Fragen des betriebsgerechten Einsatzes konnten aufgrund eines einzigen Gespräches anläßlich des Messebesuches *ganz offensichtlich* nicht geklärt werden.“[515]

Im Nachhinein stellte sich heraus, dass die Anlage nicht über eine ausreichende Speicherkapazität verfügte, da der Kunde auch sogenannte Nachkalkulationen mit der Anlage erarbeiten wollte. Ob die Fähigkeit der Anlage, auch Nachkalkulationen erarbeiten zu können, vom Kunden in irgendeiner Weise angesprochen worden war und Vertragsbestandteil wurde, hielt das Gericht nicht für entscheidungserheblich. Daher unterließ es auch eine Beweiserhebung zu diesem Thema. Denn wenn diese Fähigkeit der Software nicht Vertragsbestandteil geworden war, habe insoweit die erforderliche Beratung gefehlt.[516]

Nach dieser Auffassung wäre der Anbieter also nur dann seiner Beratungspflicht nachgekommen, wenn er sämtliche Vorstellungen und Wünsche des Bestellers zunächst ermittelt hätte, also auch solche, die der Kunde im Zweifel nicht einmal erkennen ließ. Wo diese Verpflichtung ihre Rechtsgrundlage finden soll, ließ das Gericht offen. Scheinbar unterstellte das LG Kiel einfach das Vorliegen eines Beratungsverhältnisses zwischen den Parteien. Wie dieses zustande gekommen war, wird dabei nicht beantwortet. Ob von einem derart weitreichenden Beratungsverhältnis ausgegangen werden kann, ist jedoch zweifelhaft. Selbst nach den Ausführungen des Gerichts konnte der betriebsgerechte Einsatz „*ganz offensichtlich*“ nicht aufgrund eines einzigen Gespräches während eines Messebesuches geklärt werden. Dann dürfte es allerdings ebenso für den Kunden erkennbar gewesen sein, dass nicht sämtliche in seinem Betrieb vorhande-

---

514 LG Kiel v. 26.03.1984 – 2 O 192/83, CR 1987, 22 = CR 1986, 772 (ohne Abdruck der Entscheidungsgründe).

515 LG Kiel v. 26.03.1984 – 2 O 192/83, CR 1987, 22, 24 (Hervorhebungen durch den Verfasser).

516 LG Kiel v. 26.03.1984 – 2 O 192/83, CR 1987, 22, 24.

nen Prozesse dem Anbieter bekannt sein konnten. Insofern konnte der Kunde kaum besonders darauf vertrauen, der Anbieter werde von dem Wunsch, auch Nachkalkulationen zu bearbeiten, wissen oder diesen erkennen können. Zumindest gibt das Urteil keine Hinweise hierauf. Deswegen konnte der Kunde ferner nicht von einem Vertragsinhalt ausgehen, wonach der Anbieter eine Anlage liefert, die allen seinen betrieblichen Anforderungen entspricht. Aufgrund nur *eines* Gesprächs muss von einem geringeren Beratungsumfang ausgegangen werden, als er bei einer Vielzahl von Unterredungen oder bei einem Besuch des Anbieters im Betrieb des Kunden entsteht.

Die Ansicht des LG Kiels würde bedeuten, der Lieferant habe bei (ersichtlich) unvollkommenen Vorstellungen des Kunden hinsichtlich aller aus Laiensicht denkbaren Aufgabenbereiche, aufzuklären und zu beraten. Demzufolge könnte der Kunde im Nachhinein stets behaupten, die Anlage entspräche seinen Vorstellungen und betrieblichen Anforderungen nicht und er sei daher nicht ordnungsgemäß beraten worden, unabhängig davon, ob diese Anforderungen überhaupt thematisiert worden waren. Hinzu tritt die Schwierigkeit, dass für einen Anbieter gar nicht ohne weiteres zu erkennen ist, welche (zum Teil abwegigen) Vorstellungen ein Kunde verwirklichen will, und er hinsichtlich dieser folglich auch nicht aufklären oder beraten kann. Hingegen ist es für den Kunden leichter und zumutbar, seine Wünsche und Vorstellungen dem Anbieter rechtzeitig kund zu tun. So sieht es auch der BGH, indem er die Mitteilung der Aufgabenstellung als eine genuine Pflicht dem Auftraggeber zuweist.[517] Wollte der Käufer also auch Nachkalkulationen mit der Anlage erfassen, musste er diesen Wunsch auf eine für den Lieferanten erkennbare Weise zum Ausdruck bringen. Das Gericht hätte der Frage nachgehen müssen, ob der Kunde entsprechende Andeutungen zu Nachkalkulationen vor oder bei Vertragsschluss gemacht hatte.

Zusammenfassend kann der Entscheidung des LG Kiel nicht gefolgt werden. Anders verhielte es sich, wenn das Gericht einen Hinweis des Bestellers festgestellt hätte, wonach dieser unter anderem die Durchführung von Nachkalkulationen beabsichtigte. Dann hätte diese Vertragsbestandteil werden können und der Anbieter hätte ermitteln müssen, welche Kapazitäten für die technische Umsetzung dieser Anforderungen erforderlich gewesen wären.

---

517 BGH v. 13.07.1988 – VIII ZR 292/87, CR 1989, 102, 104; vgl. auch BGH v. 13.07.1988, VIII ZR 224/87, NJW 1989, 763, 764: der Verkäufer hat „*nicht auf Umstände hinzuweisen, von denen er annehmen darf, dass er nach ihnen gefragt werde, falls auf sie Wert gelegt wird.*“

ii. OLG Hamm, BB-Beil. 15/89, 3

Eine ebenfalls sehr weitgehende Ansicht vertritt das OLG Hamm.[518] Die Klägerin verkaufte eine EDV-Anlage mit Mehrplatzsystem für bis zu acht Arbeitsplätze an eine Dachdeckerfirma, die eine erstmalige Umstellung auf elektronische Datenverarbeitung beabsichtigte. Diese verweigerte später die Zahlung des Kaufpreises, weil sie lediglich ein Einzelplatzsystem benötigt habe und die Anschaffung wegen des entsprechend hohen Preises für acht Arbeitsplätze wirtschaftlich für sie unsinnig sei. Hierauf hätte die Klägerin nach Ansicht der Käuferin hinweisen müssen. Das Gericht führte zustimmend aus, der fachkundige Lieferant einer EDV-Anlage habe die Pflicht

> „zur ausführlichen Beratung des Käufers bei der Auswahl der Hard- und Software (vgl. BGH NJW 1984, 2938 = WM 1984, 1092). Eine Fachfirma *muss (1)* feststellen, welche Umorganisationen der Kunde beabsichtigt, *(2)* sodann die Aufgabenstellung formulieren und *(3)* einen Organisationsvorschlag zur Problemlösung erstellen."[519]

Demnach scheint der Senat von einer grundsätzlichen Beratungspflicht auszugehen, die auch ohne ein zugrunde liegendes Beratungsverhältnis bestehen kann. Zur Begründung verweist das Gericht aber auf BGH NJW 1984, 2938. Allerdings hatte der BGH darin keine Pflicht zur Beratung statuiert, weil der Anbieter sich auf eigene Initiative hin mit dem Betrieb des Kunden befasst und einen Organisationsvorschlag formuliert hatte. Daraus kann nicht entnommen werden, die Feststellung der beabsichtigten Umorganisation, die Formulierung der Aufgabenstellung sowie das Erstellen eines Organisationsvorschlags gehören zu den Aufgaben des Anbieters. Letztlich musste das OLG Hamm nicht tiefer in diese Problematik einsteigen, da unstreitig eine Beratungstätigkeit stattgefunden hatte.[520] Die Frage nach einer selbstständigen Beratungspflicht stellte sich daher im konkreten Fall nicht.

Im Ergebnis lehnte das Gericht sowohl das Vorliegen eines Mangels wie auch eine Beratungsverletzung des Lieferanten ab. Ein Mangel kam hier nicht in Frage, da die Überdimensionierung nicht die Tauglichkeit der EDV-Anlage für den vertraglich vorausgesetzten Zweck minderte.[521] Das Gericht stellte darüber hinaus im Ergebnis fest, dass in ausreichendem Maße beraten wurde, weil dem Kunden alternativ auch andere Modelle angeboten sowie auf die Dimensionie-

---

518 OLG Hamm v. 23.11.1988 – 31 U 63/88, BB Beil. 15/89, 3.

519 OLG Hamm v. 23.11.1988 – 31 U 63/88, BB Beil. 15/89, 3, 4 (Hervorhebung und Nummerierung durch den Verfasser).

520 OLG Hamm v. 23.11.1988 – 31 U 63/88, BB Beil. 15/89, 3, 4.

521 Nach dem neuen Mangelbegriff stellt jedes Abweichen von der Soll-Beschaffenheit einen Mangel dar, also auch ein solches, das der Sache eigentlich zugutekommt.

rung ausreichend hingewiesen wurde.[522] Dass die Anlage sich aus wirtschaftlicher Sicht wegen ihres hohen Anschaffungspreises nicht für den Besteller eignete, falle in dessen Risikobereich. Als Vollkaufmann sei von ihm zu erwarten, sich bei den aufgezeigten Alternativen selbst Gedanken über die Wirtschaftlichkeit zu machen.[523]

Im Ergebnis ging das Gericht von umfangreichen Pflichten des Lieferanten aus, ohne diese näher zu begründen. Aufgrund der Bezugnahme auf die BGH-Entscheidung ist jedoch fraglich, ob das OLG Hamm wirklich hinsichtlich der genannten „Pflichten" von einer selbstständigen Beratungsverpflichtung des Anbieters ausging. Jedenfalls lag ein Beratungsverhältnis ausdrücklich vor, weshalb sich diese Entscheidung auch nicht eignet, eine selbstständige Beratungspflicht des Lieferanten zu begründen.

iii. OLG München, CR 1987, 675

Das OLG München[524] verhandelte über einen Sachverhalt, in dem die Bestellerin eine EDV-Anlage samt Software erwerben wollte. Mit der Anlage sollte unstreitig neben der Finanzbuchhaltung ein Musikalienkatalog abgespeichert und verwaltet werden. Der Musikalienkatalog war auf maximal 150.000 Katalogtitel festgeschrieben. Die Gesamtkapazität der Anlage war allerdings unterdimensioniert, weshalb die Bestellerin die Anlage nicht entgegennehmen wollte. Nach dem vom Gericht beauftragten Sachverständigen hätte die Kapazität der Anlage bei einer Satzlänge von maximal 256 Bytes pro Titel ausgereicht. Fast 80% aller Titel beanspruchten aber zwischen 300 und 399 Bytes.[525] Das OLG München bejahte einen Schadenersatzanspruch wegen einer schuldhaft fehlerhaften Beratung neben ebenfalls begründeten Gewährleistungsansprüchen.[526] Hierzu führte es zunächst aus:

> „Nach der Rechtsprechung des BGH begründet die der Anschaffung einer EDV-Anlage vorausgehende Beratungstätigkeit spezifische Sorgfaltspflichten des Herstellers/Lieferanten von Hardware und Software gegenüber dem an ihrer Einführung interessierten Kunden. Dazu tritt regelmäßig, wie auch im vorliegenden Fall von der Beklagten geltend gemacht worden ist, das Vertrauen des Laien in die Sachkunde des Herstellers (vgl. BGH NJW 1984, 2938)."[527]

Hieraus leitet der Senat aber nicht nur ab, eine vorausgehende Beratung begründe spezifische Sorgfaltspflichten. Vielmehr geht er weiter und leitet bereits aus

522 OLG Hamm v. 23.11.1988 – 31 U 63/88, BB Beil. 15/89, 3, 4.
523 OLG Hamm v. 23.11.1988 – 31 U 63/88, BB Beil. 15/89, 3, 4.
524 OLG München v. 25.09.1986 – 24 U 775/85, CR 1987, 675.
525 OLG München v. 25.09.1986 – 24 U 775/85, CR 1987, 675, 678.
526 OLG München v. 25.09.1986 – 24 U 775/85, CR 1987, 675, 676.
527 OLG München v. 25.09.1986 – 24 U 775/85, CR 1987, 675, 677.

der Anschaffung selbst eine Beratungspflicht ab. Denn an anderer Stelle spricht das Gericht davon, die Verkäuferin habe vor dem Verkauf

> „ihre Verpflichtung zur Beratung (…) zu erfüllen“[528]

sowie von einer vorvertraglichen Beratungspflicht[529].

Obwohl aus der zitierten BGH-Entscheidung keine selbstständige Beratungspflicht abgeleitet werden kann,[530] kam es hierauf aber wiederum nicht an, weil eine Beratung tatsächlich stattgefunden hatte. Diese war jedoch unzureichend:

> „Nach der Darstellung der Beklagten hat die *fehlerhafte Beratung* durch die Klägerin dazu geführt, daß sie sich zur Anschaffung einer EDV-Anlage entschlossen hat, die für die Bewältigung der innerbetrieblichen Aufgaben in der Finanzbuchhaltung und Katalogführung unterdimensioniert und damit *für den Vertragszweck nicht hinreichend geeignet* war.“[531]

Das Gericht scheint demnach sowohl das Vorliegen eines Mangels zu bejahen, da die Anlage nicht für den vom Vertrag vorausgesetzten Gebrauch geeignet war, als auch eine schuldhafte fehlerhafte Beratung anzunehmen, weil die Käuferin deswegen eine unterdimensionierte Anlage bestellt hatte. Aus diesem Grund versagte das Gericht der Klägerin einen Zahlungsanspruch.

Im Ergebnis ist der Entscheidung zu folgen. Überträgt man den Sachverhalt auf ein Softwareerstellungsprojekt, würde es sich bei der Vorgabe, mit der zu erstellenden Software soll unter anderem die Finanzbuchhaltung sowie ein Musikalienkatalog mit 150.000 Titel verwaltet werden, um fachliche Anforderungen handeln. Diese Anforderungen auch DV-technisch umzusetzen, ist Aufgabe des Herstellers. Wenn es bei der Bestimmung einer ausreichenden Kapazität auf die durchschnittliche Größe der Titel ankommt, hat der Anbieter diese zu ermitteln. Aufgrund seines Know-how ist er in der Lage, die tatsächliche Größe der einzelnen Titel festzustellen und daraus die erforderliche Gesamtkapazität zu berechnen. Denn die Größe der Titel betrifft nicht die Frage, „was“ umgesetzt werden soll, sondern das „Wie“ der Realisierung. Insoweit ist die Problematik dem DV-technischen Bereich der Softwareentwicklung zuzuordnen, für den der Anbieter aufgrund seines Fachwissens die Verantwortung trägt. Die Entscheidung steht damit in Einklang mit der allgemeinen Verantwortungsverteilung,

---

528 OLG München v. 25.09.1986 – 24 U 775/85, CR 1987, 675, 677.

529 OLG München v. 25.09.1986 – 24 U 775/85, CR 1987, 675, 677.

530 Vgl. oben S. 153, Fn. 487; so auch: Kather in: Anm. zu OLG München, CR 1987, 675, 679.

531 OLG München v. 25.09.1986 – 24 U 775/85, CR 1987, 675, 677 (Hervorhebungen durch den Verfasser).

nach der der Besteller für die Bestimmung der Aufgabenstellung, der Anbieter für deren Umsetzung verantwortlich ist.

Ferner bejaht das OLG München ebenfalls eine Aufklärungspflichtverletzung. Für die Eingabe und Abspeicherung eines Titels war ein Zeitaufwand von durchschnittlich 10 Minuten pro Titel veranschlagt worden. Bei 150.000 Katalogtiteln wäre die Bestellerin mehr als 10 Jahre mit der Dateneingabe beschäftigt gewesen.[532] Auch hierdurch wird deutlich, wie stark die frühe Rechtsprechung den Anbieter in die Verantwortung nahm. Denn es ist naheliegend, dass auch die Bestellerin diesen außergewöhnlich hohen Zeitaufwand hätte erkennen müssen und daher ein zur Aufklärung verpflichtendes Wissensgefälle nicht vorlag. Immerhin ist es grundsätzlich Sache des Bestellers, sich über die Wirtschaftlichkeit der zu erwerbenden Sache Gedanken zu machen.[533]

Alles in allem lässt sich zusammenfassen: Die Entscheidung bezieht sich hinsichtlich der Verletzung einer tatsächlich erfolgten Beratung auf DV-technische Belange. Eine Beratungspflicht hinsichtlich fachlicher Anforderungen kann dem Urteil indessen nicht entnommen werden.

iv. LG Frankfurt, BB-Beil. 11/89, 5

Zu einem anbieterfreundlichen Ergebnis gelangte das LG Frankfurt.[534] Die beklagte Käuferin zweier EDV-Anlagen wollte den Kaufpreis mindern, weil den gelieferten Anlagen eine sogenannte „Autoloading"-Funktion fehlte. Was darunter genau zu verstehen war, blieb zwischen den Parteien unklar. Nach Auffassung der Käuferin sollte mit dieser Funktion ein Anwendungsprogramm durch einfachen Eingabebefehl gestartet werden können, nicht erst mittels Kommando auf Betriebssystemebene. Bei dieser Funktion handelte es sich um einen sehr speziellen Wunsch. Ohne diese Funktion wäre die gelieferte Anlage nämlich auch für einen normalen Anwender ausreichend und sachgerecht gewesen. Daher sei es

> „Aufgabe des Käufers, sich vor dem Kauf durch entsprechendes Befragen und Vorführen der Geräte darüber zu vergewissern, ob der Kaufgegenstand unter dem Gesichtspunkt des ‚Autoloading' für den beabsichtigten industriellen Einsatz geeignet ist oder nicht. Dies gilt insbesondere dann, wenn der Käufer sachkundig ist."[535]

Da die beklagte Käuferin dies jedoch unterlassen hatte, lehnte das Gericht das Vorliegen eines Fehlers im Sinne des § 459 BGB a.F. ab.

---

532 OLG München v. 25.09.1986 – 24 U 775/85, CR 1987, 675, 678.
533 Vgl. OLG Hamm v. 23.11.1988 – 31 U 63/88, BB Beil. 15/89, 3.
534 LG Frankfurt v. 08.06.1988 – 3/12 O 181/86, BB Beil. 11/1989, 5.
535 LG Frankfurt v. 08.06.1988 – 3/12 O 181/86, BB Beil. 11/1989, 5.

Darüber hinaus sah das Gericht keine Verletzung von Aufklärungs- oder Beratungspflichten:

> „Ansprüche nach den Grundsätzen der ‚culpa in contrahendo' stehen der Beklagten nicht zu; dies selbst dann nicht, wenn dem Hamburger Verkaufsleiter ... der Klägerin dargestellt worden ist, der Computer solle dazu dienen, eine Abfüllung von Tankfahrzeugen zu automatisieren. *Welche spezifischen Voraussetzungen die Kaufsache* unter diesen Umständen haben muß, insbesondere unter dem Gesichtspunkt des ‚Autoloading', kann der *sachkundige Käufer eher beurteilen als der Verkäufer.*"[536]

Nach Ansicht der Kammer reicht es also nicht aus, wenn der Erwerber angibt, wofür er die Anlagen einzusetzen beabsichtigt (hier im Rahmen der automatisierten Betankung von Tankfahrzeugen). Darüber hinaus obliegt es dem Anwender mitzuteilen, welche spezifischen Anforderungen hieran zu stellen sind. Das Gericht ging zu Recht davon aus, dass die Beklagte die Anforderungen, die an eine EDV-Anlage zur Tankwagenbefüllung zu stellen sind, genauer kannte als die Verkäuferin. In diesem Bereich lag die Spezialisierung der Beklagten. Vom Lieferant konnte nicht erwartet werden, das Erfordernis der „Autoloading"-Funktion, ohne die die Eignung der Anlagen fehlte, zu kennen.[537]

Allerdings ist im Rahmen dieser Entscheidung auch zu beachten, dass die Käuferin über EDV-Fachkenntnisse verfügte. Bei ihr handelte es sich um ein Unternehmen, das die EDV-Anlagen mit einem weiteren Anwenderprogramm aufrüsten und an eigene Kunden weiterveräußern wollte.[538]

Im Ergebnis entspricht diese Rechtsprechung der hier vertretenen Auffassung: Der Anwender verfolgt mit dem Einsatz der Software einen bestimmten Zweck. Was die Software für Eigenschaften und Funktionen haben muss, um diesen Zweck zu erreichen, kann der Anwender besser entscheiden. Wie diese dann technisch realisiert werden, ist Aufgabe des Anbieters.

v. OLG Stuttgart, CR 1989, 598

Das erste Urteil nach Erlass der „*Registierkassen*"-Entscheidung des BGH stammt vom OLG Stuttgart.[539] Der Sachverhalt lässt sich (vereinfacht)[540] folgendermaßen zusammenfassen: Ein Bauunternehmen hatte erstmalig eine EDV-

536 LG Frankfurt v. 08.06.1988 – 3/12 O 181/86, BB Beil. 11/1989, 5, 6 (Hervorhebungen durch den Verfasser).

537 So auch Malzer, CR 1991, 203, 206; Hörl, Aufklärung und Beratung beim Computerkauf, S. 291.

538 LG Frankfurt v. 08.06.1988 – 3/12 O 181/86, BB Beil. 11/1989, 5.

539 OLG Stuttgart v. 18.10.1988 – 6 U 64/88, CR 1989, 598.

540 Dem Fall lag eine leasingvertragliche Konstellation zugrunde, auf die hier nicht weiter eingegangen werden soll.

Anlage bestehend aus Hard- und Software erworben, mit der es die Buchhaltung und die branchenspezifische Kalkulation von Bauaufträgen (Angebot, Massenermittlung und Fakturierung) erledigen wollte. Im Prozess wurde vorgetragen, die EDV-Anlage sei für die betrieblichen Bedürfnisse des Bauunternehmens nicht geeignet, weil beispielsweise das Programm bei der Baustellenabrechnung nicht an die Holzliste und an das Aufmaß für das verwendete Bauholz angepasst wurde, verschiedene Einzelposten nicht programmiert werden konnten und bei der Fakturierung eine Trennung von Material- und Personalkosten unstreitig nicht möglich war. Zwar sind diese Punkte als fachliche Anforderungen zu qualifizieren. Jedoch waren weder diese noch andere Wünsche des Bauunternehmens schriftlich fixiert worden. Die Beweisaufnahme ergab, dass die gelieferte Anlage nicht geeignet war, um die im Gerichtsprozess geäußerten Wünsche des Bauunternehmens zu realisieren.[541] Nicht festgestellt werden konnte jedoch, was bei Vertragsschluss vereinbart worden war. Denn wegen der fehlenden schriftlichen Fixierung der Kundenwünsche war der vertraglich vorausgesetzte Gebrauch nicht ausreichend genau spezifiziert worden.[542] Für diesen Umstand machte das Gericht den Anbieter wegen Verschulden bei Vertragsschluss verantwortlich.

> „Wendet sich ein mittlerer Handwerksbetrieb als EDV-Einsteiger *ohne ausreichende eigene EDV-Kenntnisse* an einen fachlich ausgerichteten EDV-Lieferanten zum Zwecke einer Problemlösung durch Systemverschaffung, dann ist der Lieferant verpflichtet,
>
> 1. den Anwender darüber *aufzuklären*, daß der vertraglich vorausgesetzte Zweck nur in einem intensiven Dialog mit dem Anwender konkretisiert werden kann, dessen Ergebnis in der Regel in einem Pflichtenheft festzuhalten ist
>
> und er muß
>
> 2. von sich aus die *Konkretisierung anbieten*.
>
> Versäumt er dies, und ist infolgedessen das System für den Anwender nicht brauchbar, so haftet er (...) dem Anwender aus *Verschulden bei Vertragsschluß*."[543]

Als eines der wenigen Gerichte begründet das OLG Stuttgart seine Ansicht. Es war sich der Problematik bewusst, dass ein Besteller, der als EDV-Einsteiger keinerlei EDV-Vorkenntnisse hat, eine Problemlösung zur Rationalisierung seiner kaufmännisch-betrieblichen Abläufe sucht, jedoch nicht weiß, welche Hard- und Software er hierfür benötigt, wie die Systemkomponenten zusammenarbeiten oder wie Programme solche Probleme lösen und wie diese aufgebaut sind.[544]

541 OLG Stuttgart v. 18.10.1988 – 6 U 64/88, CR 1989, 598, 600.

542 OLG Stuttgart v. 18.10.1988 – 6 U 64/88, CR 1989, 598, 600.

543 OLG Stuttgart v. 18.10.1988 – 6 U 64/88, CR 1989, 598, 600 (Hervorhebungen durch den Verfasser).

544 OLG Stuttgart v. 18.10.1988 – 6 U 64/88, CR 1989, 598, 600.

Umgekehrt kenne der EDV-Lieferant zwar die EDV-gestützten Lösungsmöglichkeiten, nicht aber die betrieblichen Probleme. Nur in einem mehrstufigen Dialog könne eine Konkretisierung in Form eines Lastenhefts möglich sein. Weil der Lieferant diese Kommunikationsproblematik kenne, soll von ihm die Initiative ausgehen. Er soll zunächst über diese Problematik aufklären und im Anschluss die Konkretisierung von sich aus anbieten.

Das Gericht legt in *Ziffer 1* damit zunächst eine Aufklärungspflicht fest, nach der der Anbieter über das Erfordernis eines intensiven Dialogs zur Bestimmung des Vertragszwecks, der dann in einem Lastenheft festzuhalten ist, aufzuklären hat. Da es bereits hieran im vorliegenden Fall fehlte, bejahte es richtigerweise einen Schadenersatzanspruch des Bauunternehmens. Das OLG Stuttgart stimmt insoweit mit der oben dargestellten Auffassung überein, wonach der Anwender über die Bedeutung des Lastenhefts vor Vertragsschluss aufzuklären ist.[545]

Ziffer 2 ließe sich dem Wortlaut nach als ein Beratungszwang auslegen. Die Konkretisierung im Rahmen eines Dialogs ist nichts anderes als eine Beratung durch den Lieferanten. Diese hat der Anbieter zwar nur anzubieten. Dahinter steht aber, auf Wunsch des Kunden die Konkretisierung auch durchzuführen, weshalb man darin einen Beratungszwang sehen kann.[546] Es ist aber auch nicht auszuschließen, dass das Gericht dem Lieferanten die Möglichkeit nicht vorenthalten wollte, darauf hinzuweisen, dass er die Beratung – aus welchen Gründen auch immer – nicht vornehmen werde oder könne.[547] Auf diese zweite Alternative musste das Gericht nicht weiter eingehen, da sich aus dem Sachverhalt eine gewisse, aber unzureichende Beratung ergab. Darüber hinaus gibt das OLG Stuttgart ein Stufenverhältnis vor, wonach zunächst der Auftragnehmer aufzuklären und Konkretisierung anzubieten hat. Kommt der Besteller mit der Konkretisierung dann nicht zurecht, muss er sich an den Auftragnehmer wenden und dessen Unterstützungsangebot annehmen.

Zusammenzufassend kann auch aus dieser Entscheidung nicht unmittelbar eine Beratungspflicht des Anbieters abgeleitet werden. Das OLG Stuttgart verlangt vom Anbieter eine Aufklärung über das Erfordernis eines Dialogs und der Erstellung eines Lastenhefts, die vorliegend unterlassen wurde. Ob dieser Dialog dann zwingend mit dem Anbieter zu führen ist und dieser ihn eigeninitiativ anbieten muss, geht aus der Entscheidung nicht unmittelbar hervor. Der Anwender kann sich auch durch einen Dritten beraten lassen und sich dann mit konkreten Vorstellungen an den Anbieter wenden. Entscheidend ist lediglich, dass der

545 Vgl. oben S. 150 ff.

546 Vgl. Hörl, Aufklärung und Beratung beim Computer-„Kauf“, S. 271.

547 a.A. Schmidt, CR 1992, 709, 710.

Anwender über die Problematik um die Konkretisierung des Vertragsgegenstands in Kenntnis gesetzt wird. Hervorzuheben ist ferner, dass der Anwender hier ein EDV-Einsteiger war, der seinen Betrieb erstmalig auf EDV umstellen wollte. Dies wird durch den Senat ausdrücklich zu dessen Gunsten berücksichtigt.

vi. OLG Koblenz, CR 1990, 41

Eine ebenfalls dem Kaufrecht zuzuordnende Entscheidung fällte das OLG Koblenz, das ein Recht des Anwenders auf Wandelung mangels Fehlerhaftigkeit zwar ablehnte, jedoch einen Schadenersatzanspruch wegen fehlerhafter Beratung durch den Lieferanten bejahte.[548] Die Beklagte hatte mittels eines Finanzierungsleasings eine aus Hard- und Software bestehende EDV-Anlage erworben. Im gerichtlichen Verfahren behauptete sie, vor Abschluss des Vertrags habe Einigkeit darüber bestanden, dass

> „der Rechner mit den Programmen ‚Finanzbuchhaltung ...‘ und ... geeignet sei, die gesamte Buchhaltung ihres Unternehmens mit ca. 800 Kunden, ca. 1.100 Buchhaltungsbuchungen pro Monat, ca. 330 Buchungen von Geschäftsvorfällen einschließlich Erstellung einer Kundenkartei und deren Auflistung nach bestimmten Ordnungsfaktoren, Rechnungsstellung, Mahnwesen, offene Posten, Erstellung von Angeboten zu verarbeiten sowie die Büroorganisation zu erledigen“.[549]

Neben der Finanzbuchhaltung wollte die Beklagte demzufolge die Anlage in weiteren Arbeitsbereichen nutzen. Da aber kein Lastenheft mit Angaben darüber erstellt worden war,

> „welche Aufgaben zu lösen seien, welche Standardprogramme eingesetzt werden könnten, welche betriebsindividuellen Programme entwickelt werden müßten, welche Maschinenkapazität erforderlich sei, welchen Integrationsgrad die Programme aufweisen sollten, welcher Bedienungskomfort erwartet werde usw.“,[550]

konnte die Beklagte nicht beweisen, dass auch diese weiteren Anforderungen Gegenstand der Vertragsverhandlungen waren. Die Beweisaufnahme ergab lediglich, dass die Anlage zur Bewältigung der Finanzbuchhaltung des Unternehmens geeignet sein sollte, wozu sie prinzipiell auch im Stande war.[551] Aus diesem Grund hielt der Senat die Anlage für mangelfrei.

Er bejahte jedoch die Verletzung vorvertraglicher Aufklärungs- und Beratungspflichten. Die beklagte Bestellerin habe in Bezug auf ihre Erwartungen an die EDV-Anlage durch die Lieferantin Beratung gewünscht.

548 OLG Koblenz v. 11.11.1988 – 2 U 4/86, CR 1990, 41.
549 OLG Koblenz v. 11.11.1988 – 2 U 4/86, CR 1990, 41, 43.
550 OLG Koblenz v. 11.11.1988 – 2 U 4/86, CR 1990, 41, 43.
551 OLG Koblenz v. 11.11.1988 – 2 U 4/86, CR 1990, 41, 43.

> „Der Lieferantin hätte es dann *oblegen*, unter *Mitwirkung der Beklagten* (vgl. BGH WM 1988, 1451, 1453, Anm. d. Red.: = CR 1988, 921 [Ls.]) ein *Pflichtenheft zu erstellen* und die Wünsche der Beklagten im einzelnen festzuhalten, um auf diese Weise eine geeignete Diskussionsgrundlage für die Ausstattung der von der Beklagten gewünschten Anlage zu finden. Ohne eine solche detaillierte Ermittlung der Benutzerwünsche war es nicht möglich, das für diese Aufgaben geeignete System zusammenzustellen. So sind die Wünsche der Beklagten weitgehend unberücksichtigt geblieben und *auch nicht Vertragsinhalt geworden*. Das gilt insbesondere für den Umfang der Finanzbuchhaltung und die Menge der dabei zu verarbeitenden Daten."[552]

Im Unterschied zum OLG Stuttgart interpretiert das OLG Koblenz hier die Pflichten des Anbieters weiter. Der Anbieter muss nicht nur über das Erfordernis einer Konkretisierung der Benutzerwünsche aufklären, sondern darüber hinaus diese selbst im Rahmen seiner „Beratung" – unter Mitwirkung des Bestellers – ermitteln und ein Lastenheft erstellen. Für den Auftragnehmer bedeutet dies eine Handlungspflicht, durch die er Aufgaben übernehmen soll, die eigentlich dem Anwender obliegen. Insofern interpretiert hier das OLG Koblenz auch die zitierte „*Registrierkassen*"-Entscheidung des BGH fehl, in der dieser die Vorgabe der Aufgabenstellung beim Besteller sah.[553] Das verstehe sich von selbst.[554] Nur wenn er damit nicht zurechtkommt, könne er den Anbieter um Unterstützung bitten.[555] Dieses Verhältnis verkehrt das Oberlandesgericht hier in sein Gegenteil. Zunächst müsse der Anbieter das Lastenheft erstellen. Wenn er dies nicht alleine schaffe, müsse er den Anwender um Unterstützung bitten, der dann mitzuwirken habe. Ferner stellte der Senat darauf ab, dass die Anwenderin Beratung durch die Lieferantin wünschte. Insoweit scheint das OLG dies mit der vom BGH erwähnten „Bitte um Unterstützung" gleichzusetzen und hieraus zu folgern, der Lieferant habe auf diese Bitte einzugehen, und die betrieblichen Anforderungen zu ermitteln sowie im Lastenheft festzuhalten. Tatsächlich bezog der BGH die „Unterstützung" indes auf die Formulierung der Anforderungen.[556] Durch die Hilfestellung des Anbieters soll der Anwender selbst in die Lage versetzt werden, seine Anforderungen zu ermitteln und das Lastenheft abzufassen.

Die Entscheidung steht darüber hinaus auch in Widerspruch zur – erst später ergangenen – Rechtsprechung des BGH („*vergessenes Pflichtenheft*"). Das OLG Koblenz macht die Anbieterin dafür verantwortlich, kein Lastenheft erstellt so-

---

552 OLG Koblenz v. 11.11.1988 – 2 U 4/86, CR 1990, 41, 43 (Hervorhebungen durch den Verfasser); bei der zitierten BGH-Entscheidung handelt es sich um das „Registrierkassen"-Urteil.

553 BGH WM 1988, 1451, 1453 = CR 1988, 921 [Ls.] = BGH CR 1989, 102.

554 BGH v. 13.07.1988 – VIII ZR 292/87, CR 1989, 102, 104.

555 BGH v. 13.07.1988 – VIII ZR 292/87, CR 1989, 102, 104.

556 Vgl. hierzu oben S. 157, bei Fn. 500.

wie die Wünsche der Anwenderin nicht ermittelt zu haben, weshalb diese auch nicht Vertragsinhalt wurden. Es sieht darin die Verletzung von Aufklärungs- und Beratungspflichten. Hingegen schuldet nach Ansicht des BGH der Anbieter mangels konkreter Absprachen nur eine Software entsprechend dem Stand der Technik bei mittlerem Ausführungsstandard.[557] Für den Fall mangelnder Absprachen hat der BGH keine Verletzung von Aufklärungspflichten oder Beratung angenommen.

Allerdings hätte das Oberlandesgericht prüfen müssen, ob eine Aufklärung hinsichtlich der Bedeutung des Lastenhefts durch den Anbieter erfolgt war.

Die Entscheidung des OLG Koblenz ist dahingehend zusammenzufassen, dass es den Anbieter verpflichtet sieht, die Wünsche des Bestellers zu ermitteln und das Lastenheft zu erstellen. Werden die anwenderseitigen Wünsche nicht Vertragsinhalt, soll dessen Fehlen zulasten des Anbieters gehen. Im Rahmen der Begründung dieser Verantwortungsverteilung zieht der Senat die „*Registrierkassen*"-Entscheidung des BGH heran, deutet diese jedoch nicht korrekt. Auch die spätere BGH-Rechtsprechung zum „*vergessenen Pflichtenheft*" widerspricht der Ansicht des OLG Koblenz.

vii. OLG Köln, CR 1991, 154

Das OLG Köln stellte zunächst auf den vertraglich vorausgesetzten Zweck ab:

> „Beim Kauf einer Computeranlage *für einen bestimmten Einsatz* ist selbstverständlich, daß diese dem konkreten Bedarf des vorgesehenen Benutzers gerecht werden soll. Dies ist keine Frage des Verwenderrisikos, sondern ist Mittelpunkt des Vertragszwecks, wie für beide Vertragspartner ohne weiteres klar ist."[558]

Der Bedarf war mit

> „ca. 1.000 Kunden und 5.000 Artikel, deren Stammdaten zur Erstellung von Rechnungen und Lieferscheinen sowie Listen verwendet werden sollten"[559],

konkret vorgegeben. Die gelieferte EDV-Anlage hatte nicht die hierfür erforderliche Kapazität. Der Senat hob jedoch hervor, auch ohne die Mitteilung des zahlenmäßigen Datenbestandes sei es Sache des Anbieters gewesen, den konkreten Bedarf von sich aus zu ermitteln.[560]

---

557 BGH v. 24.11.1991 – X ZR 85/90, CR 1992, 543 = NJW-RR 1992, 556 („*vergessene Pflichtenheft*"); v. 16.12.2003 – X ZR 129/01, CR 2004, 490 („*Quellcode-Überlassung*").

558 OLG Köln v. 26.10.1990 – 19 U 28/90, CR 1991, 154 = NJW 1991, 2156 (Hervorhebungen durch den Verfasser).

559 OLG Köln v. 26.10.1990 – 19 U 28/90, CR 1991, 154.

560 OLG Köln v. 26.10.1990 – 19 U 28/90, CR 1991, 154.

viii. OLG Köln, CR 1992, 607

Im Rahmen eines Hardware-Kaufvertrags fehlte es an einer zahlenmäßigen Konkretisierung der zu verarbeitenden Daten.[561] Nicht ganz nachvollziehbar ist, weshalb das OLG Köln hier ausführte, der Anwender sei aufgrund seiner Laien-Stellung zur Bestimmung einer bestimmten Artikelzahl nicht in der Lage gewesen. Gerade der zuvor beschriebene Fall zeigt, dass der Anwender hierzu durchaus fähig ist.

Der klagende Anwender brachte jedoch bei den Vertragsverhandlungen zum Ausdruck, die Anlage solle alle von seinem Elektrogroßhändler auf Diskette gespeicherten Artikel einlesen können, um sie dann zu eigenen Angeboten verarbeiten zu können.[562]

> „Damit war zwischen den Parteien vereinbart, daß der Beklagte dem Kläger eine Computeranlage andienen mußte, die in der Lage war, alle auf den Disketten der Firma L gelieferten Daten zu verarbeiten, *ohne daß es seitens des Klägers genauerer Angaben hierzu bedurfte*. Den zur Erfüllung dieser Aufgaben erforderlichen Speicherbedarf *zu ermitteln* und dem Kläger eine ausreichend dimensionierte Anlage anzubieten, in die alle Disketten der Firma L eingelesen werden konnten, war *Aufgabe des Beklagten als Fachbetrieb*, der Kläger als Laie konnte zur Lösung dieser Aufgabe nicht beitragen."[563]

Demnach soll die Ermittlung des erforderlichen Speicherbedarfs in den Aufgabenbereich des Anbieters fallen. Denn er weiß, wie der Bedarf konkret berechnet wird und welche Informationen hierfür maßgeblich sind. Fehlen ihm erforderliche Informationen, hat er diese – bestenfalls vor Abschluss des Vertrags – beim Anwender zu erfragen. In diesem Fall war die fachliche Anforderung an die Anlage vom Anwender beschrieben worden. Er gab vor, sämtliche Disketten sollten mit der Anlage eingelesen werden können. Auf die offensichtlich für die Konkretisierung einer geeigneten Anlage unzureichende Beschreibung hatte der Anbieter hinzuweisen. Dagegen hatte sich hier der Anbieter aber auf angebliche Erfahrungen mit vergleichbaren Betrieben verlassen, anstelle beim Anwender den tatsächlichen Bedarf abzufragen, was offensichtlich nicht ausreichend war.

ix. OLG Düsseldorf, CR 1994, 351

Aus Sicht des Anbieters noch folgenschwerer ist eine Entscheidung des OLG Düsseldorfs.[564] Die klagende Anwenderin hatte Hard- und Software gekauft. Die

---

561 OLG Köln v. 08.05.1992 – 19 U 234/91, CR 1992, 607.

562 OLG Köln v. 08.05.1992 – 19 U 234/91, CR 1992, 607.

563 OLG Köln v. 08.05.1992 – 19 U 234/91, CR 1992, 607, 608 (Hervorhebungen durch den Verfasser).

564 OLG Düsseldorf v. 10.12.1993 – 17 U 33/93, CR 1994, 351 = Zahrnt, ECR, OLG 144.

Software war für ihre Bedürfnisse jedoch ungeeignet, weil sie lediglich zehnstellige Artikelnummern berücksichtigen konnte, die Anwenderin aber mit dreizehnstelligen Artikelnummern arbeitete. Das OLG Düsseldorf führte hierzu aus:

> „Wird eine EDV-Anlage - wie hier - von einem *Fachmann an einen Laien* verkauft, so ist es grundsätzlich Sache des Fachmanns, sich ein *Bild über die mit der EDV-Anlage zu bewältigenden innerbetrieblichen Aufgaben zu verschaffen* und dem Kaufinteressenten dann eine dafür passende Anlage vorzuschlagen (BGH NJW 1984, 2938 f; OLG Köln NJW 1991, 2156 [Anm. d. Red.: = CR 1991, 154]). (…) Daß die *Klägerin kein Pflichtenheft erstellt* hatte und ihre Wünsche zunächst möglicherweise auch sonst nur ungenau formuliert hat, *ist unerheblich*. Der Beklagte als der EDV-Fachmann hätte selbst für die notwendige Klarheit sorgen müssen.“[565]

Diese Ausführungen sind noch weitreichender als etwa die Ansicht des OLG Koblenz. Hier kommt es schon gar nicht mehr auf eine Mitwirkung des Anwenders an. Es soll alleine Aufgabe des Anbieters bleiben, den betrieblichen Bedarf zu ermitteln. Vor allem aber soll nach Auffassung des OLG Düsseldorfs der konkrete, jedoch nicht näher beschriebene Bedarf des Kunden Vertragsgegenstand werden. Dem Urteil ist hingegen nicht zu entnehmen, die Länge der Artikelnummern sei zu irgendeinem Zeitpunkt Gesprächsstoff gewesen. Gleichwohl verlangt der Senat vom Anbieter, auch diese Frage im Rahmen des Vertrautmachens mit dem Betrieb des Kunden zu klären. Die Länge der Artikelnummern ist selbstverständlich Bestandteil der Betriebsprozesse und gehört damit auch zu den zu bewältigenden innerbetrieblichen Aufgaben. Letztendlich sollen zum Bedarf des Kunden damit einfach sämtliche betrieblichen Anforderungen gehören, unabhängig davon, ob diese im Einzelnen auch angesprochen wurden oder für den Anbieter auf andere Weise erkennbar waren. Folglich müsste also der Anbieter die betrieblichen Anforderungen ermitteln und in einem Lastenheft dokumentieren. Zu diesem Ergebnis passen jedoch bereits die Ausführungen des Gerichts nicht, wonach die unterlassene Lastenhefterstellung durch die Anwenderin unerheblich sei. Demnach scheint es die Lastenhefterstellung dem Anwender zuzuordnen, dem Unterlassen aber keine Folgen beizumessen. Faktisch dreht es die Verantwortungsverteilung um, wodurch das Verwendungsrisiko des Anwenders vollständig auf den Anbieter abgewälzt wird.

Begründet wird diese Auffassung mit dem Fachmann-Laie-Verhältnis sowie einer Bezugnahme auf den BGH und das OLG Köln. Die zitierte Rechtsprechung des BGH setzte aber ein Beratungsverhältnis voraus, im Rahmen dessen sich der Anbieter zur Ermittlung der betrieblichen Anforderungen freiwillig verpflichtet hat. Das OLG Düsseldorf geht hingegen von einer ungefragten Ver-

565 OLG Düsseldorf v. 10.12.1993 – 17 U 33/93, CR 1994, 351 (Hervorhebungen durch den Verfasser).

pflichtung des Anbieters aus. Zudem unterscheidet sich der Fall des OLG Düsseldorf in einem wesentlichen Punkt von der BGH-Entscheidung ebenso wie von der zitierten Entscheidung des OLG Köln: In den zitierten Entscheidungen waren die Kapazitäten der gelieferten Anlagen zu gering für den betrieblichen Bedarf. Der betriebliche Bedarf stand jedoch fest. Im Fall des BGH sollte die Anlage die Finanzbuchhaltung und Lagerhaltung des Anwenders bewältigen. Beim OLG Köln sollten mit der Anlage Rechnungen und Lieferscheine erstellt werden können. Die fachlichen Anforderungen waren somit vorgegeben – wenn vielleicht auch nicht sehr konkret. Problematisch war die Ermittlung der für die Umsetzung dieser Anforderungen erforderliche Speicherkapazität. Im Fall des OLG Düsseldorf stand die Eigenschaft einer dreizehnstelligen Artikelnummer im Focus, bei der es sich um eine fachliche Anforderung handelt. Diesbezüglich ist aber kein besonderes EDV-Fachwissen erforderlich.

Im Ergebnis läuft die Auffassung des OLG Düsseldorf darauf hinaus, dass der Anbieter im Grunde sämtliche fachlichen Anforderungen, die die betrieblichen Bedürfnisse des Kunden ausmachen, zu ermitteln haben soll. Stellt sich heraus, dass die gelieferte Software nicht allen betrieblichen Bedürfnissen entspricht und ist sie daher für den Anwender ungeeignet, soll der Anbieter hierfür verantwortlich sein. Um dieser Verantwortung nachzukommen, müsste der Anbieter ungefragt eine Anforderungsanalyse beim Kunden durchführen.

Allerdings kann der Entscheidung aus anderem Grund im Ergebnis gefolgt werden. Denn das Gericht hatte die positive Kenntnis des Anbieters in Bezug auf die Ungeeignetheit der Anlage festgestellt.

x. OLG Köln, CR 1994, 212

Das OLG Köln hat sich später im Vergleich zu den soeben erörterten Entscheidungen zurückhaltener geäußert:

> „Der Anbieter von Software, der im Regelfall über *ein größeres Know-how* und eine umfangreichere Erfahrung im EDV-Bereich verfügt als der Anwender (...), *hat* den Anwender bei Vertragsabschluß und bei Erstellung des Anforderungsprofils *zu beraten*, wenn er erkennt, daß dieser nicht über die nötige Sachkunde verfügt, es sei denn, der Anwender verlangt eine bestimmte Software, etwa, weil er sich im Vorfeld anderweitig sachkundig gemacht hat (...). Zu den Mitwirkungspflichten des Anbieters gehört die *Mitwirkung bei der Ermittlung der betrieblichen Bedürfnisse* des Anwenders, wobei er erkennbare Unklarheiten und Widersprüche bei der Zielvorgabe aufklären muß. Dies insbesondere dann, wenn er erkennt, daß der Kunde keine oder nur laienhafte Vorstellungen und Vorkenntnisse hat."[566]

566 OLG Köln v. 22.10.1993 – 19 U 62/93, CR 1994, 212 (Hervorhebungen durch den Verfasser).

Zwar statuiert der Senat auch hier eine eigeninitiative Beratungspflicht des Anbieters, jedoch mit gewissen Einschränkungen: Zunächst beschränkt er wie bereits früher die Beratungsverpflichtung auf ein Fachmann-Laie-Verhältnis. Dabei muss der Lieferant jedoch auch das Fehlen der erforderlichen Sachkunde des Anwenders erkennen. Darüber hinaus darf der Anwender nicht eine konkrete Software verlangen, etwa weil er bereits durch einen Dritten beraten worden ist.

Wichtigster Punkt dürfte allerdings sein, dass der Senat unter Beratung offenbar nur noch ein Mitwirken des Anbieters bei der Ermittlung der betrieblichen Bedürfnisse des Anwenders sieht. Mitwirken bedeutet nicht das alleinige Ermitteln durch den Anbieter. Vielmehr kann es so verstanden werden, der Anbieter habe den Anwender bei dessen Ermittlungen zu unterstützen und ihn bei erkennbaren Unklarheiten und Widersprüchen aufzuklären. Was das Gericht genau unter Mitwirkung verstand, brauchte es nicht näher auszuführen. Denn der Anwender hatte hier ausdrücklich nach einer günstigeren Software-Version gefragt, die seine eingeschränkten betrieblichen Anforderungen ebenfalls noch abdecke. Der Anbieter, der auch günstigere Versionen vertrieb, hatte diese Frage allerdings verneint. Da diese Aussage unzutreffend war, leistete der Anbieter schuldhaft eine fehlerhafte Beratung, für die er auch haftete.[567]

xi. OLG Köln, CR 1995, 16

Zugunsten des Anbieters ging der 19. Senat noch einen Schritt weiter mit einer Entscheidung, in der er keine Beratungsverletzung des beklagten Anbieters angenommen hatte:

> „Wenn die *Klägerin* bestimmte Eigenschaften der Programme sichergestellt hätte wissen wollen, *hätte sie insoweit ein präzises Anforderungsprofil festlegen müssen.* Die Klägerin hat es hier unterlassen, eindeutig festzulegende Eigenschaften der Programme oder Geräte zu nennen. Dies war indes ihre Aufgabe; denn *es ist grundsätzlich Sache des Bestellers bzw. Käufers, für den Auftragnehmer bzw. Verkäufer ein Anforderungsprofil, das sogenannte Pflichtenheft, zu erstellen.* (…) Jedenfalls von der Klägerin, die bereits vorher mit einem EDV-Gerät gearbeitet hatte, konnte eine hinreichend präzise Angabe, welche Eigenschaften die Anlage in bestimmten Punkten haben sollte, erwartet werden, wenn sie hierauf Wert gelegt hätte.“[568]

Demnach sollen jedenfalls erfahrene Anwender die Erstellung des Lastenhefts zu übernehmen haben, wenn sie auf bestimmte Eigenschaften einer Software besonderen Wert legen. Von einem erfahrenen Anwender soll auszugehen sei,

567 Eine Mängelhaftung nach § 459 BGB a. F. war hier ausgeschlossen, da die Tauglichkeit aufgrund der Überdimensionierung nicht „eingeschränkt oder aufgehoben“ war.

568 OLG Köln v. 26.08.1994 – 19 U 278/93, CR 1995, 16, 20 (Hervorhebungen durch den Verfasser).

wenn er bereits zuvor mit einer EDV-Anlage gearbeitet hat.[569] Mit der Rechtsprechung des BGH besteht insoweit Übereinstimmung.

xii. OLG Celle, CR 1996, 538

Das OLG Celle[570] hatte sich ebenfalls mit den „Beratungspflichten" des Anbieters auseinanderzusetzten. Nach Ansicht des Gerichts hatte die klagende Käuferin einen Schadenersatzanspruch gegen den Verkäufer einer EDV-Anlage wegen fehlerhafter Beratung bejaht. Einleitend führte das Gericht aus, ein Schadenersatzanspruch aus Verschulden bei Vertragsschluss könne neben einen Gewährleistungsanspruch treten,

> „wenn der Veräußerer im Rahmen eingehender Vertragsverhandlungen die Beratung des Erwerbers übernommen *oder zu übernehmen hatte* und die Beratung sich auf die Beschaffenheit des erworbenen Gegenstandes bezieht."[571]

Bereits diesen Ausführungen lässt sich entnehmen, dass das OLG Celle eine Verpflichtung zur Beratung zumindest für grundsätzlich möglich hielt. Da der Verkäufer ein kompetenter Fachmann mit umfangreichen Kenntnissen im EDV-Bereich und die Klägerin erkennbar ein Laie auf diesem Gebiet war,

> „*hatte* er sie über die Geeignetheit der Software für ihre speziellen betrieblichen Belange *zu beraten*. Nur er hatte die notwendigen Kenntnisse, wie bestimmte Arbeitsabläufe im Betrieb der Klägerin sinnvoll in der Datenverarbeitung umzusetzen sind."[572]

Auch nach dieser Formulierung lässt das OLG Celle aus dem Verhältnis EDV-Fachmann und Laie eine Pflicht zur Beratung erwachsen, unabhängig davon, ob der Kunde um Beratung gebeten bzw. der Verkäufer sie „freiwillig" angeboten hat. Begründet wird diese Ansicht mit der notwendigen Kenntnis des Anbieters, wie bestimmte Betriebsabläufe sinnvoll in der DV umgesetzt werden können. Diese Umsetzung ist gerade die Aufgabe des Anbieters. Hiervon loszulösen ist jedoch die Frage, wer die Arbeitsprozesse und betrieblichen Anforderungen ermitteln und festlegen muss. Daher bezieht das OLG Celle die Beratung auch nicht auf die Ermittlung der betrieblichen Abläufe, sondern auf die „*Geeignetheit der Software für die speziellen betrieblichen Belange.*" Stehen diese Belange fest, kann der Anbieter aufgrund seiner speziellen EDV-Kenntnisse das am besten geeignete Produkt ermitteln und empfehlen.

---

569 Ebenso: OLG Köln v. 22.10.1993 – 19 U 62/93, CR 1994, 212.

570 OLG Celle v. 21.02.1996 – 13 U 255/95, CR 1996, 538.

571 OLG Celle v. 21.02.1996 – 13 U 255/95, CR 1996, 538 (Hervorhebung durch den Verfasser).

572 OLG Celle v. 21.02.1996 – 13 U 255/95, CR 1996, 538 (Hervorhebung durch den Verfasser).

Allerdings besteht im vorliegenden Fall eine Besonderheit. Der Lieferant war an zwei Tagen im Unternehmen der Klägerin, um die Betriebsvorgänge zu erfassen.[573] Er hatte sich damit freiwillig verpflichtet, die betrieblichen Abläufe zu ermitteln und eine geeignete Anlage auszuwählen, ähnlich dem Fall des BGH zur „*Auswahlberatung*".[574] Hierbei waren dem Lieferanten Fehler unterlaufen. Denn anderenfalls hätte er keine ungeeignete Anlage empfohlen.[575] Dafür muss er richtigerweise einstehen, sofern er den Fehler zu vertreten hat. Übernimmt der Anbieter die Ermittlung der betrieblichen Vorgänge, darf der Besteller sich darauf verlassen, dass diese ordnungsgemäß erfolgt und die ihm im Anschluss angebotene EDV seinen betrieblichen Bedürfnissen auch entspricht. Insofern ist die Entscheidung BGH-konform.

Darüber hinaus beinhaltet das Urteil eine interessante Ausführung zur Laien-Stellung. Führt ein Anwender informelle Gespräche zur bloßen Orientierung, verschaffe dies einem EDV-Laien noch keine ausreichenden Kenntnisse über die Einsatzmöglichkeiten einer Software.

> „Derartige Kenntnisse sind allenfalls dann bei einem Erwerber vorauszusetzen, wenn er *bereits in seinem Betrieb mit Datenverarbeitung umgegangen ist* und sich nunmehr ein für ihn geeigneteres System zulegen möchte."[576]

Demzufolge soll ein vorvertraglicher Gebrauch einer EDV-Anlage ausreichen, um die Tauglichkeit einer Software für den gewählten Einsatzzweck beurteilen zu können.

Zusammenfassend geht das OLG Celle bei der Definition der Beratungspflicht nicht auf die Frage ein, wer die betrieblichen Anforderungen des Anwenders zu ermitteln bzw. inwieweit der Anbieter dabei mitzuwirken hat, wenn es an einer vertraglichen Regelung hierüber fehlt. Dies war vorliegend nicht erforderlich, da der Anbieter die Ermittlung freiwillig übernommen hatte.

xiii. OLG Dresden, CR 1998, 598

Ähnlich wie im Falle des OLG Köln (CR 1994, 212) war auch in einem Fall des OLG Dresden[577] die verkaufte Software in Anbetracht der betrieblichen Erfordernisse zwar überdimensioniert und dementsprechend teuer. Ein Schadenersatzanspruch des Käufers wegen Verschulden bei Vertragsschluss wurde aber verneint. Ein solcher käme zwar bei inhaltlich nachteiligen Verträgen in Be-

---

573 OLG Celle v. 21.02.1996 – 13 U 255/95, CR 1996, 538.

574 Vgl. oben S. 153 f.

575 OLG Celle v. 21.02.1996 – 13 U 255/95, CR 1996, 538.

576 OLG Celle v. 21.02.1996 – 13 U 255/95, CR 1996, 538 (Hervorhebung durch den Verfasser).

577 OLG Dresden v. 08.07.1998 – 8 U 3526/97, CR 1998, 598.

tracht, wenn diese durch pflichtwidrige Einwirkung auf die Willensbildung zustande gekommen sind. Wie im oben besprochenen Fall des OLG Köln[578] machte der Kläger geltend, er sei nicht darüber aufgeklärt worden, dass die angebotene Software für seinen Betrieb überdimensioniert sei. Der entscheidende Unterschied des hier vorliegenden Sachverhalts bestand allerdings darin, dass der Kunde nicht ausdrücklich nach günstigeren Alternativen gefragt hatte. Ungefragt musste aber nicht auf die Möglichkeit, das Programm auch in größeren Betrieben einzusetzen, hingewiesen werden.[579] Darüber hinaus vertrieb die Verkäuferin – anders als im Fall des OLG Köln – neben der angebotenen keine weiteren „abgespeckten“ Softwareversionen. Daher hatte auch keine Verpflichtung bestanden,

> „ungefragt auf preisgünstigere Konkurrenzprodukte anderer Hersteller (…) hinzuweisen.[580]

Da es um Fragen der Bewertung des Preis-Leistungs-Verhältnisses und damit die wirtschaftliche Disposition ging, hätte der Anwender nachfragen müssen,

> „ob der konkrete Kauf ‚sinnvoll‘ im Sinne von preiswert und ‚rentabel‘ sei.“[581]

Folglich schied eine Mangelhaftigkeit der Software gemäß § 459 BGB a.F. aus, weil die Überdimensionierung der Software nicht die Tauglichkeit zu ihrem vertraglich vereinbarten Gebrauch aufhob oder minderte. Ein Beratungsverschulden kam nicht in Betracht, weil der Kunde zu diesem Punkt keine Beratung verlangt hatte. Und zuletzt bestand keine Aufklärungspflicht, weil unter dem Gesichtspunkt von Treu und Glauben nicht von einem Verkäufer zu erwarten ist, von sich aus ungefragt auf günstigere Produkte von Konkurrenzherstellern hinzuweisen.

(2) Entscheidungen zum Werkvertragsrecht

All diese Entscheidungen betrafen Sachverhalte, in denen es um die Überlassung von EDV-Anlagen und/oder Standardsoftware ging und auf die folgerichtig Kaufrecht angewendet worden war. Im Zusammenhang mit Werkverträgen befassten sich nachfolgende Gerichtsentscheidungen mit den Informationspflichten des Anbieters:

---

578 OLG Köln v. 22.10.1993 – 19 U 62/93, CR 1994, 212.
579 OLG Dresden v. 08.07.1998 – 8 U 3526/97, CR 1998, 598, 600.
580 OLG Dresden v. 08.07.1998 – 8 U 3526/97, CR 1998, 598, 600.
581 OLG Dresden v. 08.07.1998 – 8 U 3526/97, CR 1998, 598, 600.

i. LG Düsseldorf, CR 1987, 292

Durch das LG Düsseldorf[582] erging eine der ersten veröffentlichten Entscheidungen, bei der Werkvertragsrecht zur Anwendung gelangte. Zur automatischen Stückzahlermittlung bot die Klägerin einem Gießbetrieb eine Divisionszählanlage an, die nach den betrieblichen Bedürfnissen der Bestellerin erstellt werden sollte. Unter anderem wurde an der Anlage bemängelt, Stammdaten könnten nicht einfach verändert werden, ohne zuvor eine Großauswertung durchführen zu müssen. Eine Großauswertung hatte unbestritten erhebliche Beeinträchtigungen des Betriebs der Beklagten zur Folge. Das Gericht folgte der Ansicht der Beklagten und bejahte einen Werkmangel gemäß § 633 Abs. 1 BGB a.F. Denn die Beklagte habe aufgrund der Vertragsverhandlungen, in denen die betrieblichen Bedürfnisse besprochen worden waren, annehmen dürfen, die Leistungsfähigkeit der Anlage entspreche den betrieblichen Anforderungen.[583]

> „Die Klägerin hätte sich als *Unternehmer, dessen Sachkunde* die Beklagte voraussetzen durfte, *mit den Produktionserfordernissen vertraut machen müssen*, soweit davon die Eigenschaften der zu erstellenden Anlage abhängig waren."[584]

Damit soll sich die Leistungsfähigkeit der Anlage auch hier schlichtweg an den tatsächlich vorherrschenden Betriebsprozessen orientieren, die der Anbieter hätte ermitteln müssen.[585] Dem Anbieter soll letztlich die Festlegung der Aufgabenstellung obliegen, was wieder mit seiner überlegenen Sachkunde begründet wird. Fehler sollen nicht zu einer Beratungsverletzung, sondern zu einem (verschuldensunabhängigen) Mangel führen.

Diese Ausführungen hätte das Gericht überhaupt nicht vornehmen müssen. Es lag nämlich auch ein Lastenheft vor, aus dem sich ebenfalls die Mangelhaftigkeit der gelieferten Anlage ergab.[586]

ii. OLG Oldenburg, CR 1986, 552

Sehr zugunsten des Anbieters geht eine Entscheidung des OLG Oldenburg[587], in der eine selbstständige Beratungspflicht abgelehnt wurde. Die Anbieterin hatte die bestellte Software unstreitig nicht geliefert, berief sich jedoch darauf, das Lastenheft sei aufgrund unterlassener Mitwirkung der Bestellerin unvollständig

582 LG Düsseldorf v. 29.04.1985 – 41 O 92/84, CR 1987, 292 = iur 986, 458.

583 LG Düsseldorf v. 29.04.1985 – 41 O 92/84, CR 1987, 292, 294.

584 LG Düsseldorf v. 29.04.1985 – 41 O 92/84, CR 1987, 292, 294 (Hervorhebungen durch den Verfasser).

585 Ebenso später: OLG Düsseldorf v. 10.12.1993 – 17 U 33/93, CR 1994, 351, siehe oben S. 174 ff.

586 LG Düsseldorf v. 29.04.1985 – 41 O 92/84, CR 1987, 292, 294.

587 OLG Oldenburg v. 12.02.1986 – 3 U 43/85, CR 1986, 552.

gewesen, wodurch sie an der Erstellung der Software gehindert war. Die unterlassene Mitwirkung war allerdings darauf zurückzuführen, dass die Bestellerin von der Anbieterin zum Lastenheft aufgeworfenen Fragen nicht verstand und sich daher nicht in der Lage sah, diese zu beantworten und in diesem entsprechend nachzuarbeiten. Nach Ansicht des Gerichts kam es allerdings nicht darauf an, ob die von der Anbieterin gestellten Fragen für die Bestellerin verständlich waren oder nicht. Denn die individuelle Sachkunde und Auffassungsgabe des Bestellers könne kein Maßstab dafür sein,

> „wie ein Sollkonzept zu entwickeln ist, um als vertragsgemäße Leistung gelten zu können. Wer sich darauf einläßt, einen Computer und die zugehörige Software zu erwerben, darf nicht bar jeglicher Kenntnis sein.“[588]

Dabei betont der Senat sogar, er verstehe die Fragen selbst nicht.[589] Die Anbieterin sei jedoch verpflichtet gewesen,

> „die Klägerin darauf *hinzuweisen*, daß sie von ihr *zumindest ohne zusätzliches Entgelt keine weitere Hilfe* erwarten dürfe und sich anderweitig sachkundig machen müsse.“[590]

Dies hatte die Anbieterin aber nicht getan, sondern stattdessen Besprechungstermine in Aussicht gestellt, zu denen es nie kam. Danach sah der Senat den Hersteller nicht einmal dann in der Pflicht, den Besteller bei der Erstellung des Lastenhefts zu beraten, wenn er erkennt, dass dieser damit nicht zurechtkommt. Vielmehr soll der Hersteller die freie Wahl haben, entweder den Besteller bei der Erstellung des Lastenhefts – gegen Mehrvergütung – zu unterstützen oder eine (weitergehende) Beratung abzulehnen.

iii. OLG Celle, CR 1988, 303

Auch eine Entscheidung des OLG Celle[591] wird im Zusammenhang mit Softwareerstellung genannt. Die Beklagte hatte sich verpflichtete, eine Konzeption für die EDV einer Versicherungsagentur zu erarbeiten und ein Programm zu erstellen, welches auf der bereits vorhandenen Hardware der Bestellerin laufen sollte. Das Programm war aber in Verbindung mit dem bei der Klägerin vorhandenen Rechner sowie der beabsichtigten Datenmenge für den vorgesehenen Zweck unbrauchbar, weil der von der Klägerin verwendete Rechner nicht über die erforderlichen Speicherkapazitäten verfügte. Das OLG Celle bejahte einen

---

588 OLG Oldenburg v. 12.02.1986 – 3 U 43/85, CR 1986, 552, 553; kritisch Mehrings in seiner Anm. zu diesem Urteil.

589 OLG Oldenburg v. 12.02.1986 – 3 U 43/85, CR 1986, 552, 553.

590 OLG Oldenburg v. 12.02.1986 – 3 U 43/85, CR 1986, 552, 553 (Hervorhebungen durch den Verfasser).

591 OLG Celle v. 26.02.1986 – 6 U 154/84, CR 1988, 303.

Anspruch der Versicherungsagentur auf Rückzahlung des Werklohns, weil die Werkleistung für den vorgesehenen Zweck unbrauchbar war. Nach Ansicht des Gerichts hatte die Beklagte eingestanden,

> „daß beim Grobkonzept versäumt worden ist, die bekannten Anforderungen der Klägerin mit den Möglichkeiten ihrer Anlage zu vergleichen."[592]

Selbst die Beklagte habe sich außer Stande gesehen, die vereinbarte Aufgabe mit der Anlage der Klägerin zu lösen.[593] Das Gericht lastete der Beklagten an, die Klägerin nicht unmissverständlich darauf hingewiesen zu haben, es könnten sich Restriktionen für die Anwendung des Programms auf dem Rechner der Klägerin ergeben, obwohl ihr dies bekannt war.[594]

Im Mittelpunkt des Falls stand damit nicht die Frage, auf welche Weise das Lastenheft zu erstellen ist und wer dabei in welcher Form mitzuwirken hat. Dies war vorliegend unproblematisch, da die Beklagte das EDV-Konzept unter Mitwirkung der Bestellerin erstellt hatte. Da beiden Parteien klar war, dass das zu erstellende Programm auf dem Rechner der Klägerin betrieben werden sollte, hätte dies bei der Konzeption berücksichtigt werden müssen. Für Fehler in der Konzeption musste daher auch die Beklagte einstehen. Die Frage, inwieweit ein Softwareersteller bei der Erstellung des Lastenhefts mitzuwirken hat, lässt sich jedoch durch dieses Urteil nicht beantworten.

iv. LG Augsburg, CR 1989, 22

Im Fall des LG Augsburg[595] war eine individuell erstellte Software mangelhaft, weil unter anderem beim Ausdrucken sämtliche Umlaute mit einem Fragezeichen dargestellt wurden. Obwohl die auf Zahlung klagende Lieferantin für die Beseitigung dieses schnell zu behebenden Fehlers den Ausführungen des Gerichts zufolge ausreichend Zeit gehabt hatte, unterließ sie eine fristgerechte Nachbesserung.[596] Dabei berief sich die Lieferantin erfolglos darauf, es sei zu einer Verzögerung wegen unklarer Vorstellungen und ständiger Änderungswünsche der Bestellerin gekommen. Einerseits hatten die unklaren Vorstellungen richtigerweise nichts mit dem Mangel „Fragezeichen statt Umlaute" zu tun.[597]

---

592 OLG Celle v. 26.02.1986 – 6 U 154/84, CR 1988, 303, 305.

593 OLG Celle v. 26.02.1986 – 6 U 154/84, CR 1988, 303, 304.

594 OLG Celle v. 26.02.1986 – 6 U 154/84, CR 1988, 303, 305.

595 LG Augsburg v. 05.05.1988 – HKO 3588/87, CR 1989, 22 (bestätigt durch OLG München v. 15.02.1989 – 27 U 386/88, CR 1990, 646).

596 LG Augsburg v. 05.05.1988 – HKO 3588/87, CR 1989, 22, 26.

597 So auch ausdrücklich das LG Augsburg v. 05.05.1988 – HKO 3588/87, CR 1989, 22, 26.

> „Zum andern ist es eine *ganz wesentliche Verpflichtung* des Anbieters von EDV-Anlagen gegenüber einem Kunden, der auf dem Gebiet der EDV kein *Fachmann* ist, die *Wünsche und Erwartungen des Kunden zu ermitteln* und ihn bei der Auswahl der Hard- und Software *zu beraten* (Landgericht Kiel CR 1987, 22). Bleibt hier etwas unklar, so stellt dies ein Verschulden des EDV-Anbieters *bei den Vertragsverhandlungen* dar und ist nicht dem Kunden anzulasten, der Laie auf dem Gebiet der EDV ist (vgl. OLG Celle CR 1988, 303; OLG München CR 1987, 675, 677; OLG Stuttgart CR 1987, 172).“[598]

Diese weiteren Ausführungen zur Beratungsverpflichtung wären aufgrund des bereits festgestellten Mangels nicht erforderlich gewesen. Dennoch hebt das LG Augsburg hervor, der Anbieter habe die Wünsche und Erwartungen des Kunden zu ermitteln und zu beraten, obwohl es sich offensichtlich nicht mit den Eigenheiten eines Erstellungsprojekts näher auseinander gesetzt hatte: Zur Begründung einer Beratungspflicht verweist das Gericht auf die Laien-Stellung des Anwenders. Allerdings ist zu beachten, dass es bei der Erstellung von Software nicht um die Auswahl geeigneter Hard- bzw. Software geht. Eine Auswahl verschiedener Programme besteht gerade nicht. Auch der Rückschluss, es solle ein Verschulden *bei* Vertragsschluss darstellen, wenn bezüglich der Kundenwünsche und -erwartungen etwas unklar bleibt, passt nicht zu einem Softwareerstellungsprojekt, da bei solchen regelmäßig der Vertragsgegenstand noch ungenau bestimmt ist. Die Ansicht des LG Augsburg wäre auch unbillig, weil der Lieferant zu einem Zeitpunkt eine – u.U. sehr umfangreiche – Bedarfsermittlung durchzuführen hätte, in dem noch unklar ist, ob er überhaupt den Auftrag über die Softwareerstellung erhält.[599] Daher ist die Verbindlichkeit der zitierten Ausführungen des LG Augsburg in Frage zu stellen.

Gestützt wird dies durch die Verweise auf die übrigen Entscheidungen: Im Falle des OLG Celle hatte der Softwarehersteller die fachliche Anforderungskonzeption für die EDV des Bestellers freiwillig erarbeitet, wobei jedoch sein Konzept fehlerhaft war. Die Werkleistung des Herstellers für den vorausgesetzten Zweck war daher unbrauchbar.[600] Aus diesem Grund kam das OLG Celle auch nicht zu dem Ergebnis, Unklarheiten in Bezug auf die Vorstellungen des Anwenders seien generell dem Anbieter anzulasten, sondern der Softwarehersteller müsse für Fehler in der von ihm erstellten Konzeption einstehen.

---

598 LG Augsburg v. 05.05.1988 – HKO 3588/87, CR 1989, 22, 26 (Hervorhebungen durch den Verfasser).

599 In der vom LG Augsburg zitierten Entscheidung des OLG Stuttgart wurde daher auch keine vorvertragliche Pflichtverletzung angenommen, sondern eine Pflichtverletzung während der Vertragsdurchführung.

600 OLG Celle v. 26.02.1986 – 6 U 154/84, CR 1988, 303, 305.

Ebenso wenig spricht das Urteil des OLG München für die Ansicht des LG Augsburg. Damals waren die Wünsche des Kunden klar definiert. Der Kunde hatte deutlich seine Wünsche fixiert. Problematisch war lediglich, wer für die unzureichende Kapazität der gekauften EDV-Anlage verantwortlich war.

Gleiches gilt im Zusammenhang mit der Entscheidung des OLG Stuttgart, deren Sachverhalt sich um eine Pflicht des Anbieters zur ordnungsgemäßen Einarbeitung und Einweisung (Schulungen) in die erworbene Anlage drehte.[601] Gegenstand der Entscheidung war keine Verpflichtung des Anbieters zur Ermittlung der kundenseitigen Wünsche und Vorstellung in Bezug auf die Eigenschaften und Funktionen einer Software.

Die Ausführungen des LG Augsburg sind zusammenfassend wegen dreier Gesichtspunkte zu kritisieren: Zunächst sieht das Gericht eine unterlassene Ermittlung von Kundenwünschen als eine vorvertragliche Pflichtverletzung an. Dabei bleibt die gängige Praxis bei Softwareerstellungsprojekten unberücksichtigt, die Anforderungen erst nach Vertragsschluss zu ermitteln, das eine unzureichende Auseinandersetzung des Gerichts mit den Besonderheiten eines Softwareerstellungsprojekts zeigt. Zweitens wird auf Entscheidungen Bezug genommen, deren Sachverhalte nicht auf den Fall des LG Augsburg übertragbar sind. Und zuletzt war das Gericht auf diese Ausführungen nicht angewiesen, da ein anspruchsbegründender Mangel bereits aus anderem Grund feststand. Daher wird sich das Gericht mit der Frage der Beratungsverpflichtung nur oberflächlich beschäftigt haben, was generelle Rückschlüsse aus diesen Ausführungen problematisch macht.

v. OLG Köln, CR 1993, 624

In mehreren Entscheidungen hatte das OLG Köln zu den Beratungs- bzw. Mitwirkungspflichten des Anbieters Stellung genommen. Dabei hat es im Zusammenhang mit der Lastenhefterstellung einen ausführlichen Katalog an Mitwirkungspflichten des Anbieters aufgestellt. Gegenstand einer Entscheidung aus dem Jahre 1993 war eine Vereinbarung zwischen der auf Rückzahlung des Werklohns klagenden Bestellerin und dem beklagten Softwarehersteller. Geschuldet war unter anderem die Erstellung von Konvertierungsprogrammen für die bei der Auftraggeberin bereits vorhandenen Datenbestände sowie die Einspeisung dieser Daten auf die vom Beklagten erweiterte Anlage der Auftraggeberin.[602] Im Rahmen des Gerichtsverfahrens berief sich der Beklagte darauf, die Klägerin habe nicht angegeben, welche Anpassungen sie eigentlich verlange. Außerdem habe sie kein Lastenheft erstellt. Daher habe der Anbieter die ihm zur

601 OLG Stuttgart v. 23.06.1986 – 2 U 252/85, CR 1987, 172, 173.

602 OLG Köln v. 18.06.1993 – 19 U 215/92, CR 1993, 624.

vollständigen Vertragserfüllung gesetzte Frist nicht einhalten können.[603] Dieser Einwand sollte den Beklagten aber nicht entlasten:

> „Zwar obliegen dem Anwender gewichtige Pflichten, denn er muß seine Wünsche und Vorstellungen dem Anbieter deutlich machen. Deshalb ist es Pflicht des Anwenders, ein sogenanntes Pflichtenheft zu erstellen. Die Erstellung eines Pflichtenheftes liegt aber nicht einseitig beim Anwender. *OLG Stuttgart, CR 1989, 598*, sieht den Anbieter als verpflichtet an, das Pflichtenheft zu erstellen. Auch der Anbieter muß daran *mitwirken*. Er muß z.B. *(1)* von sich aus die innerbetrieblichen Bedürfnisse ermitteln, *(2)* darauf drängen, dass der Anwender sie in einem Pflichtenheft niederlegt, *(3)* für ihn erkennbare Unklarheiten und Bedürfnisse aufklären, *(4)* bei der Formulierung der Aufgabenstellung mitwirken und *(5)* einen Organisationsvorschlag zur Problemlösung unterbreiten, *OLG Köln, VersR 1991, 106 ff. (107):* Pflicht des Anbieters, aufgrund der vom Anwender ermittelten Zahl der Daten (Kunden, Artikel, Geschäftsvorfälle) den Speicherbedarf der Anlage zu ermitteln; Schmidt, Beratungsleistungen und Mitwirkungspflichten, CR 1992, 709 f. (710). All das folgt aus dem *Know-how* des Anbieters und seiner im Regelfall *umfangreicheren Erfahrung* im Software- und EDV-Bereich, *OLG Stuttgart, CR 1989, 598 (600)*. Versäumt der Anbieter diese Pflicht, kann er dem Anwender nicht vorwerfen, daß dieser die rechtzeitige Vertragserfüllung vereitelt hat.“[604]

Derart detaillierte Ausführungen zu den Mitwirkungspflichten des Anbieters hätte es im vorliegenden Fall nicht bedurft. Denn ein Rückgriff auf die allgemeinen Grundsätze hätte hier bereits ausgereicht: Mit der zur vollständigen Vertragserfüllung gesetzten Frist befand sich der Beklagte in Verzug. Zwar berief sich der Beklagte auf den Rechtsgedanken des § 642 BGB, wonach der Werkunternehmer nicht in Verzug gerät, wenn der Besteller sich mit einer Mitwirkungshandlung in Verzug befindet.[605] Hierfür wäre es allerdings erforderlich gewesen, dass der Beklagte der Bestellerin zur Übergabe der einzuspielenden Daten aufgefordert hätte.[606] Denn die Migration der Altdaten stellte eine fachliche Anforderung dar. Sollte der Hersteller für die technische Umsetzung dieser fachlichen Anforderung weitere Informationen oder eben die Übergabe der wesentlichen Datenbestände benötigen, muss er sich an den Besteller wenden und diesen zu seiner Mitwirkungshandlung auffordern. Diese Problematik steht allerdings nicht in Zusammenhang mit der Ermittlung der betrieblichen Bedürfnisse des Bestellers. Das betriebliche Bedürfnis stand hier in Form der Überspielung der vorhandenen Datenbestände unstreitig fest. Daher hätte es der Ausfüh-

---

603 OLG Köln v. 18.06.1993 – 19 U 215/92, CR 1993, 624.

604 OLG Köln v. 18.06.1993 – 19 U 215/92, CR 1993, 624 (Nummerierungen und Hervorhebungen durch den Verfasser).

605 MünchKomm./Busche, § 642 Rn. 12.

606 MünchKomm./Busche, § 642 Rn. 12.

rungen des Gerichts zur Verpflichtung des Herstellers, bei der Erstellung des Lastenhefts mitzuwirken, hier nicht bedurft.

Das OLG Köln begründete den Katalog mit dem Know-how des Anbieters und seiner umfangreichen Erfahrung im Software- sowie EDV-Bereich und bezieht sich auf die Entscheidung des OLG Stuttgart CR 1989, 598, 600. Allerdings gehen die an den Anbieter gestellten Anforderungen dort nicht so weit, da vom Anbieter lediglich verlangt wird, auf das Erfordernis eines mehrstufigen Dialogs zwischen den Vertragspartnern hinzuweisen und eine Konkretisierung anzubieten. Es begründet dies mit dem unterschiedlichen Informationsstand der Vertragspartner zu Beginn des Projekts. Das EDV-Fachwissen des Anbieters begründet jedoch nicht ohne weiteres eine besondere Fähigkeit, die betrieblichen Bedürfnisse besser oder leichter ermitteln zu können.[607]

In Zusammenhang mit dem verfassten „Mitwirkungskatalog" ist auch die Bezugnahme auf OLG Köln VersR 1991, 106 (= CR 1991, 154) nicht geeignet. Wie bereits erwähnt,[608] standen auch in diesem Fall die fachlichen Anforderungen unbestritten fest. Problematisch war, dass der Anbieter die einzelnen Datensätze nicht auf ihre Größe hin überprüft hatte, um den erforderlichen Speicherbedarf des Kunden errechnen zu können. Diese Problematik ist dem EDV-technischen Bereich und damit ohnehin dem Verantwortungsbereich des Anbieters zuzuordnen.

Auf den „Mitwirkungskatalog" wird noch im Rahmen der Stellungnahme detaillierter eingegangen.[609]

vi. LG Köln, CR 1994, 624

Mehr zu Lasten des Softwareherstellers geht eine Entscheidung des LG Köln.[610] Die Klägerin, ein Fachunternehmen im EDV-Bereich, welches Endkunden mit EDV-Geräten und Programmen belieferte, beauftragte den Beklagten mit der Erstellung eines Individualprogramms. Nach Übergabe des erstellten Programms machte die Klägerin mehrere Mängel geltend, insbesondere eine zu geringe Arbeitsgeschwindigkeit und eine unbefriedigende Netzwerkfähigkeit des Programms. Im Rahmen eines Beweissicherungsverfahrens kam ein Sachverständiger zu dem Ergebnis, das Programm arbeitete in den Bereichen der Rechnungserstellung und Auftragsverarbeitung langsam und ein Verlassen von Funktionsbereichen sei teilweise nur sehr umständlich zu erreichen. Sein abschließendes Ergebnis war, das Programm entspreche wegen seiner sehr einge-

607 Siehe hierzu ausführlich unten S. 201.

608 Siehe oben S. 173.

609 Siehe unten S.198 ff.

610 LG Köln v. 21.10.1993 – 22 O 673/90, CR 1994, 624.

schränkten Einsatzfähigkeit nicht dem Stand der Technik.[611] Während sich der Beklagte noch um Nachbesserung bemühte, erstellte die Klägerin in eigener Regie ein neues Programm. Da die Nachbesserungsversuche des Beklagten erfolglos blieben, verlangte die Klägerin Schadenersatz für die Programmierarbeiten bezüglich des von ihr selbst erstellten Programms.

Das LG Köln bejahte einen Schadenersatzanspruch gemäß § 635 BGB a.F. bzw. wegen positiver Vertragsverletzung.[612] Aufgrund des Sachverständigengutachtens stand fest, dass das Programm ursprünglich mangelhaft gewesen war. Da es noch nicht abgenommen war, musste der Beklagte den Erfolg seiner Nachbesserungsversuche beweisen. Dabei brachte er vor, die Informationen bezüglich des Programmzweckes und Einsatzbereiches seien unzureichend gewesen.[613] Diesen Einwand verwarf das LG Köln, da aufgrund zahlreicher Gespräche dem Beklagten sowohl die betriebliche Organisation als auch die vorgegebenen Anwendungserfordernisse zur Kenntnis gelangt seien. Daher seien ihm die Anforderungen an das Programm klar erkennbar gewesen.

> „Wenn der Beklagte als verantwortlicher Programmersteller dann ein Programm installierte, welches den Bedürfnissen der Firma K aufgrund mangelnder betrieblicher Verwendungsbereiche nicht gerecht wurde, so trifft die nicht zureichende Einsatzfähigkeit den Beklagten. Denn insoweit *obliegt* ihm bei fehlender Leistungsbeschreibung eine erweiterte *Pflicht*, die *erforderlichen Erkundigungen* bei dem zukünftigen Anwender vor Programmerstellung *einzuholen* (LG Düsseldorf CR 1987, 292; Köhler a.a.O., S. 628).“[614]

Bei Nichterfüllung der Obliegenheit zur Lastenhefterstellung durch den Auftraggeber soll demnach den Hersteller eine erweiterte Pflicht treffen, Erkundigungen bezüglich sämtlicher Vorstellungen und Wünsche des Anwenders vor Programmerstellung einzuholen. Das Gericht bleibt eine Begründung dieser Pflicht schuldig. Es verweist lediglich auf die Entscheidung des LG Düsseldorf und einen Aufsatz von *Köhler*. Zum einen war im Fall des LG Düsseldorf aber ein Lastenheft vorhanden, zum anderen betonten die Richter die gegenüber dem Kunden überragende Sachkunde des Herstellers. Die Sachkunde ist im vorliegenden Fall aber gerade ausgewogen, da es sich bei der Klägerin selbst um ein EDV-Fachunternehmen handelte, das sogar in der Lage war, das gewünschte Programm letztlich selbst zu erstellen. In diesem Fall wäre die Pflicht der Anforderungsermittlung zumindest nicht mit einer überragenden Sachkenntnis des Anbieters zu rechtfertigen, wenn der Besteller seiner Obliegenheit zur Lasten-

---

611 LG Köln v. 21.10.1993 – 22 O 673/90, CR 1994, 624, 625.

612 Das Gericht legte sich insoweit nicht fest.

613 LG Köln v. 21.10.1993 – 22 O 673/90, CR 1994, 624, 625.

614 LG Köln v. 21.10.1993 – 22 O 673/90, CR 1994, 624, 625 (Hervorhebungen durch den Verfasser).

hefterstellung nicht nachkommt. Im vorliegenden Fall wäre der Hersteller nicht einmal verpflichtet gewesen, die Bestellerin auf diese Obliegenheit und die Bedeutung des Lastenhefts hinzuweisen. Denn der Hersteller durfte davon ausgehen, die Bestellerin habe als Fachunternehmen Kenntnis von ihrer entsprechenden Obliegenheit.[615] *Köhler* verweist seinerseits ebenfalls auf das LG Düsseldorf.[616] Er geht davon aus, der Hersteller müsse sich gegebenenfalls mit den betrieblichen Anforderungen beim Besteller vertraut machen, allerdings nur dann, wenn der Besteller auf die sachkundige Hilfe des Herstellers angewiesen ist, was hier ersichtlich nicht der Fall war.

Im Ergebnis entsprach das Programm nicht dem Stand der Technik und war daher bereits aus diesem Grund mangelhaft. Dennoch stellt das LG Köln fest, der Anbieter habe die notwendigen Erkundigungen einzuholen, wenn der Auftraggeber die Lastenhefterstellung unterlässt. Dies soll sogar gelten, wenn es sich beim Auftraggeber um einen dem Anbieter gleichgestellten Fachmann handelt.

vii. OLG Köln, CR 1998, 459

Die fünf Pflichten des oben genannten „Mitwirkungskatalogs" wiederholte das OLG Köln in einem weiteren Fall, in dem die bestellte Individualsoftware unter anderem Adelsprädikate in der Briefanrede nicht korrekt wiedergab.[617] Das vom Kläger erstellte Lastenheft war in diesem Punkt offenbar unklar formuliert, weshalb die beklagte Anbieterin die diesbezüglichen Wünsche des Klägers hätte erfragen müssen.[618]

> „Denn die Erstellung eines möglichst umfassenden Pflichtenheftes liegt nicht einseitig bei dem Anwender; auch der Anbieter von Software und sonstigen EDV-Produkten muß daran mitwirken. Er muß beispielsweise von sich aus die *innerbetrieblichen Bedürfnisse ermitteln*, darauf *drängen*, daß der Anwender sie in einem *Pflichtenheft niederlegt*, für ihn *erkennbare Unklarheiten und Bedürfnisse aufklären, bei der Formulierung der Aufgabenstellung* mitwirken und einen *Organisationsvorschlag zur Problemlösung* unterbreiten. All dies folgt aus dem *Know-how* des Anbieters und seiner im Regelfall umfangreicheren *Erfahrung* im Software- und EDV-Bereich. Versäumt der Anbieter die Erfüllung dieser Pflicht, so ist er verantwortlich dafür, wenn einer Anlage beziehungsweise einem Programm die erforderliche Unkompliziertheit und Eignung für die individuellen Bedürfnisse des Anwenders fehlt (…)."[619]

---

615 Siehe oben S. 151, nach Fn. 477.

616 Köhler, CR 1988, 623, 628.

617 OLG Köln v. 06.03.1998 – 19 U 228/97, CR 1998, 459 = NJW-RR 1999, 51.

618 OLG Köln v. 06.03.1998 – 19 U 228/97, NJW-RR 1999, 51, 52.

619 OLG Köln v. 06.03.1998 – 19 U 228/97, NJW-RR 1999, 51, 52 (Hervorhebungen durch den Verfasser).

Nach Ansicht des Gerichts hätte die Anbieterin hier Rücksprache mit dem Besteller halten müssen.

Aber auch ohne eine Rücksprache wäre eine korrekte Anrede in den Briefköpfen geschuldet gewesen. Sofern das Lastenheft hierzu lückenhaft war, fehlte es an einer vereinbarten Beschaffenheit, weswegen eine Eignung zur vertraglich vorausgesetzten bzw. gewöhnlichen Verwendung geschuldet gewesen wäre. Sowohl die Eignung zur vertraglich vorausgesetzten als auch die zur gewöhnlichen Verwendung hätten eine korrekte Anrede eingeschlossen.

viii. OLG Köln, BeckRS 2005, 10355

Das OLG Köln wiederholte später noch einmal seine Ansicht, wonach der Besteller grundsätzlich das Lastenheft zu erstellen hat, den Hersteller aber bestimmte Mitwirkungspflichten treffen.[620] Die Bestellerin verklagte die Herstellerin auf Rückzahlung des bereits gezahlten Werklohns sowie Schadenersatz. Sie behauptete, zwei fachliche Anforderungen seien nicht in der erstellten Software umgesetzt worden. In diesem Fall war tatsächlich einmal der Inhalt des Lastenhefts streitig.

Die Bestellerin hatte Zweigstellen in Frankreich und England, weshalb die Software mehrsprachig sein sollte. Die Software war zwar mehrsprachig, es war aber nicht möglich, in jedem Land, in dem die Klägerin eine Zweigstelle betrieb, mit einem fremdsprachigen Kunden in dessen Muttersprache zu kommunizieren und ihm insbesondere eine in seiner Muttersprache formulierte Auftragsbestätigung unmittelbar auszuhändigen. Nach dem Vortrag der Klägerin sei dies aber vereinbart gewesen. Weiterhin konnte der Fließtext der von der Software generierten Auftragsbestätigung für den Kunden in einem bestimmten Textfeld maximal 160 Zeichen darstellen. Die Klägerin behauptete in diesem Zusammenhang, die Software hätte vereinbarungsgemäß eine Auftragsbestätigung mit beliebig vielen Zeichen zulassen sollen. Werkvertragliche Wandelungs- und Schadenersatzansprüche scheiterten nach Ansicht des Senats daran, weil die Bestellerin der ihr obliegenden Darlegungs- und Beweislast nicht nachkommen konnte. Ihr hatte es zu beweisen oblegen,

> „auch über den Zeitpunkt der Abnahme hinaus die Sollbeschaffenheit (…) zu beweisen.“[621]

Auch einen Schadenersatzanspruch wegen Verschulden bei Vertragsschluss sahen die Richter als nicht gegeben an. Der Senat führte erneut aus, zwar sei es grundsätzlich Sache des Bestellers das Anforderungsprofil zu erstellen.

---

620 OLG Köln v. 29.07.2005 – 19 U 4/05, JurPC 16/2006 = BeckRS 2005 10355.

621 OLG Köln v. 29.07.2005 – 19 U 4/05, JurPC 16/2006, Abs. 18.

„Der Auftragnehmer muss daran aber in der Weise mitwirken, dass er *(1)* von sich aus die innerbetrieblichen Bedürfnisse, Wünsche und Vorstellungen ermittelt, *(2)* für ihn erkennbare Unklarheiten aufklärt, *(3)* bei der Formulierung der Bedürfnisse hilft und *(4)* Organisationsvorschläge zur Problemlösung unterbreitet (vgl. Senat NJW-RR 1993, 1528; 1999, 51, 52).“[622]

Gegen diese Mitwirkungspflicht habe die Beklagte hier aber nicht verstoßen. Sie habe die Aufstellung der Anforderungen veranlasst und mit der Klägerin über die zu erfüllenden Aufgaben gesprochen.[623] Die Punkte Mehrsprachigkeit und Zeichenzahl seien thematisiert worden und es habe keine Veranlassung bestanden, über das von der Beklagten Wahrgenommene hinaus weitere Ermittlungen zu den Vorstellungen der Klägerin vorzunehmen.[624] Darüber hinaus sei die Intensität der Beratungspflicht von vornhinein begrenzt gewesen, weil die Klägerin über eine eigene IT-Abteilung verfügte, bereits Erfahrung mit der EDV eines anderen Anbieters sowie genaue Vorstellungen über die von ihr benötigte Software hatte.

„Die Kl. war damit zumindest ein *in der Anwendung der EDV erfahrener Laie*, von dem die Bekl. hinreichend präzise Angabe darüber, welche Leistungen die Anlage in bestimmten Punkten erbringen sollte, erwarten konnte (vgl. Senat NJW-RR 1993, 1529, 1530).“[625]

Die Intensität der Beratungspflicht machten die Richter demnach vom Wissensgefälle zwischen Besteller und Anbieter abhängig. Daraus folgt, dass die Beratungspflicht grundsätzlich auch im Verhältnis zwischen EDV-Fachleuten bestehen bleiben sollte, wenn auch in abgeschwächter Form.

(3) Zusammenfassung der Entscheidungen

Die genauere Betrachtung der zu den „Informations- und Mitwirkungspflichten“ des Softwarelieferanten ergangene Rechtsprechung der Land- sowie Oberlandesgerichte und der jeweils zugrundeliegenden Sachverhaltskonstellationen zeigt, dass sich nicht alle in diesem Zusammenhang herangezogenen Entscheidungen zur Beantwortung der Frage eignen, ob und in welchem Maße der Anbieter Pflichten gegenüber dem Auftraggeber hat, welche die Erstellung des Lastenhefts betreffen. Nachfolgend werden die Entscheidungen nochmals ausgehend von der jeweils geforderten Intensität und dem Umfang der Informations- bzw. Mitwirkungspflichten zusammengefasst:

---

622 OLG Köln v. 29.07.2005 – 19 U 4/05, JurPC 16/2006, Abs. 34 (Nummerierungen und Hervorhebungen durch den Verfasser).

623 OLG Köln v. 29.07.2005 – 19 U 4/05, JurPC 16/2006, Abs. 34.

624 OLG Köln v. 29.07.2005 – 19 U 4/05, JurPC 16/2006, Abs. 34.

625 OLG Köln v. 29.07.2005 – 19 U 4/05, JurPC 16/2006, Abs. 34 (Hervorhebungen durch den Verfasser).

Die wohl am stärksten zulasten des Anbieters gehende Ansicht vertrat das *LG Kiel*[626], indem es von diesem verlangte, den Kunden – als Nichtfachmann – in die Lage zu versetzen, die richtige Wahl einer für sein Geschäft passenden EDV-Anlage zu treffen. Insofern träfen den Anbieter Aufklärungs- und Beratungspflichten. Sofern der Lieferant bestimmte – möglicherweise auch unausgesprochene – Vorstellungen des Kunden nicht kennt, liege das an einer unzureichenden Beratung. Der Lieferant soll demnach selbst dann verantwortlich sein, wenn die gelieferte Anlage bestimmten Vorstellungen des Kunden nicht gerecht wird, die dieser ursprünglich weder angesprochen hat, noch sonst für den Lieferanten erkennbar waren.

Eine in die gleiche Richtung gehende Auffassung vertrat das *LG Köln*,[627] indem es vom Softwareersteller bei fehlender Leistungsbeschreibung verlangt, vor der Erstellung der Software die notwendigen Erkundigungen beim Auftraggeber einzuholen.[628] Diese Ansicht geht insbesondere deswegen sehr weit, weil im zugrundeliegenden Fall der Auftraggeber selbst derart EDV-fachkundig war, dass er die gewünschte Software später selbst programmierte. Im Übrigen war das Gericht auf diese Ausführungen nicht angewiesen, weil die gelieferte Software nicht dem Stand der Technik entsprach und daher ohnehin mangelhaft war.

Das *LG Augsburg*[629] sah es als eine ganz wesentliche Verpflichtung des Anbieters von EDV-Anlagen gegenüber einem Kunden an, die Wünsche und Erwartungen des Kunden zu ermitteln und ihn bei der Auswahl von Hard- und Software zu beraten. Auch hier soll es zu Lasten des Lieferanten gehen, wenn in Bezug auf die Kundenwünsche irgendetwas unklar bleibt. Allerdings handelte es sich in diesem Fall um keinen EDV-Fachmann.

Ebenso unterstellte das *OLG Hamm*[630] beim fachkundigen Lieferanten eine Pflicht zur ausführlichen Beratung des Anwenders. Er habe *(1)* festzustellen, welche Umorganisationen der Kunde beabsichtigt, *(2)* sodann die Aufgabenstellung zu formulieren und *(3)* einen Organisationsvorschlag zur Problemlösung zu erstellen. Unklar ist aber bei dieser Entscheidung, ob diese Forderungen an den Anbieter auch selbstständig, also ohne Vorliegen eines Beratungsverhältnisses gelten sollen, da vorliegend unstreitig beraten wurde.

Anders als LG Kiel, LG Augsburg und OLG Hamm, die ein Verschulden bei Vertragsschluss annahmen, ging das *OLG Düsseldorf* von einem Mangel aus, der die Anwender zur Wandelung berechtigte, weil die EDV-Anlage nicht für den vertraglich vorausgesetzten Zweck geeignet war. Dass die Käuferin kein

---

626 LG Kiel v. 26.03.1984 – 2 O 192/83, CR 1987, 22.

627 LG Köln v. 21.10.1993 – 22 O 673/90, CR 1994, 624.

628 LG Köln v. 21.10.1993 – 22 O 673/90, CR 1994, 624, 625.

629 LG Augsburg v. 05.05.1988 – HKO 3588/87, CR 1989, 22.

630 OLG Hamm v. 23.11.1988 – 31 U 63/88, BB Beil. 15/89, 3.

Lastenheft erstellt hatte, hielt das OLG Düsseldorf – ähnlich wie bereits das *LG Düsseldorf*[631] – ausdrücklich für unerheblich, da die Käuferin davon ausgehen durfte, ihr werde eine für ihre Bedürfnisse geeignete Anlage angeboten. Denn der Anbieter habe als EDV-Fachmann für die erforderliche Klarheit zu sorgen.[632] Daher sei Vertragsgegenstand eine den betrieblichen Anforderungen der Käuferin entsprechende EDV-Anlage geworden. Es sei im Rahmen seiner Erfüllungspflicht Sache des Anbieters gewesen, sich mit dem Betrieb der Klägerin vertraut zu machen und die betrieblichen Bedürfnisse des Anwenders zu ermitteln. Eine Mitwirkung des Anwenders dabei oder eine von ihm auszugehende Initiative verlangte das Gericht nicht.

Eine ähnliche Ansicht vertrat das *OLG Koblenz*.[633] Zwar sollte bereits mit Aufnahme der Vertragsverhandlungen ein besonderes Vertrauensverhältnis entstehen, welches zur Beratung verpflichten könne. Dementsprechend obliege es dem Anbieter, die Benutzerwünsche detailliert zu ermitteln, um so eine geeignete Diskussionsgrundlage für die Ausstattung der gewünschten Anlage zu finden. Im Gegensatz zum OLG Düsseldorf jedoch sei das Lastenheft unter Mitwirkung des Anwenders zu erstellen, nachdem dieser um Beratung gebeten hat. Der Kunde wird somit nicht grundsätzlich von jeglicher Mithilfe entbunden. Da die Bestellerin nicht beweisen konnte, dass bestimmte von ihr später verlangte Anforderungen Bestandteil der Vertragsverhandlungen waren, lehnte das OLG Koblenz eine Mangelhaftigkeit ab, bejahte jedoch im konkreten Fall wegen der unterlassenen Anforderungsermittlung die Verletzung vorvertraglicher Beratungspflichten. Das Gericht prüfte dabei offenbar nicht, ob überhaupt vorvertraglich irgendwelche Anhaltspunkte bezüglich der später verlangten Anforderungen bestanden. Das bedeutet im Umkehrschluss, der Anbieter müsste ebenfalls sämtliche Benutzerwünsche ermitteln, auch wenn im Einzelnen keine dahingehenden bestehen.

Das *OLG Celle* ging zwar von der Möglichkeit einer Beratungspflicht des Anbieters aus, begründet diese jedoch damit, nur der Anbieter habe die notwendige Kenntnis hinsichtlich der sinnvollen DV-technischen Umsetzung der Arbeitsabläufe im Betrieb der Anwenderin.[634] Dies betrifft nicht die Frage, wer die Arbeitsabläufe zu ermitteln hat, sondern gewinnt erst einen Schritt später an Bedeutung. Sind die Betriebsabläufe und fachlichen Anforderungen ermittelt und festgelegt, hat der Anbieter herauszuarbeiten, welche DV-technische Lösung am

---

631 LG Düsseldorf v. 29.04.1985 – 41 O 92/84, CR 1987, 292; allerdings kam es dort auf die „Ermittlungspflicht“ der Anbieterin nicht an, da diese ein Lastenheft faktisch erstellt hatte, aufgrund dessen die streitige Anforderung ausdrücklich festgelegt war.

632 OLG Düsseldorf v. 10.12.1993 – 17 U 33/93, CR 1994, 351.

633 OLG Koblenz v. 11.11.1988 – 2 U 4/86, CR 1990, 41.

634 OLG Celle v. 21.02.1996 – 13 U 255/95, CR 1996, 538.

besten für die spezifischen Bedürfnisse des Anwenders geeignet ist. Genau dies ist seine Aufgabe und der Grund, weshalb sich der Anwender überhaupt an den Anbieter als Fachmann wendet, der unstreitig auch beraten hatte. Dementsprechend entschieden auch das *OLG Köln*[635] sowie das *OLG München*[636] übereinstimmend, dass die Ermittlung des notwendigen Speicherbedarfs richtigerweise Aufgabe des Anbieters ist. Die fachlichen Anforderungen hatte der Kunde jeweils vorgegeben, wodurch klar war, „was" die Anlage können sollte. Als Fachbetriebe waren nur die Anbieter in der Lage, die erforderlichen Kapazitäten zu errechnen. Da die empfohlenen Anlagen nicht über den erforderlichen Speicherbedarf verfügten, waren sie nach Ansicht der Richter mangelhaft. In beiden Fällen hatte der Anbieter Beratung übernommen und einen Vertrauenstatbestand geschaffen, weshalb sich keine der drei Entscheidungen eignet, um hieraus eine selbstständige Beratungspflicht abzuleiten. Dies gilt aber vor allem auch deswegen, weil sich die Senate nicht mit der Ermittlung der fachlichen Anforderungen zu beschäftigen hatten, sondern lediglich deren DV-technische Umsetzung dem Verantwortungsbereich des Anbieters zuordneten.

Eine deutliche Verschiebung des Verantwortungsbereichs zugunsten des Anbieters zeigt eine Reihe von Entscheidungen des *OLG Köln*[637] (zum Werkvertragsrecht). Grundsätzlich sei es Sache des Anwenders, seine Wünsche und Vorstellungen deutlich zu machen und das Lastenheft zu erstellen. Den Anbieter sollen dabei aber Mitwirkungspflichten treffen. Er müsse beispielsweise *(1)* von sich aus die innerbetrieblichen Bedürfnisse ermitteln, *(2)* darauf drängen, dass der Anwender sie in einem Lastenheft niederlegt, *(3)* für ihn erkennbare Unklarheiten und Bedürfnisse aufklären, *(4)* bei der Formulierung der Aufgabenstellung mitwirken und *(5)* einen Organisationsvorschlag zur Problemlösung unterbreiten. Dieser Mitwirkungskatalog wird mit dem Know-how des Anbieters und seiner im Regelfall umfangreichen Erfahrung im EDV-Bereich begründet. Näher geht das Gericht hierauf nicht ein. In einer weiteren Entscheidung zum Kaufrecht hatte das *OLG Köln*[638] sich etwas kürzer gehalten und lediglich festgestellt, dass die Anforderungsermittlung eigentlich die Aufgabe des Kunden sei. Wegen des größeren Know-how und einer umfangreicheren Erfahrung im EDV-Bereich habe der Anbieter dennoch den Kunden grundsätzlich zu beraten.[639]

---

635 OLG Köln v. 08.05.1992 – 19 U 234/91, CR 1992, 607, 608.

636 OLG München v. 25.09.1986 – 24 U 775/85, CR 1987, 675.

637 OLG Köln v. 18.06.1993 – 19 U 215/92, CR 1993, 624; v. 06.03.1998 – 19 U 228/97, NJW-RR 1999, 51, 52; v. 29.07.2005 – 19 U 4/05, JurPC 16/2006.

638 OLG Köln v. 22.10.1993 – 19 U 62/93, CR 1994, 212.

639 OLG Köln v. 22.10.1993 – 19 U 62/93, CR 1994, 212.

Einen Mittelweg beschritt das *OLG Stuttgart*[640], das für einen erfolgreichen EDV-Anlagenkauf einen mehrstufigen Dialog zwischen den Vertragspartnern voraussetzte. Dadurch könne das Informationsdefizit zwischen Anwender und Anbieter ausgeglichen werden. Der Anwender, der eine DV-gestützte Problemlösung zur Rationalisierung seiner kaufmännisch-betrieblichen Abläufe suche, wisse nicht, welche EDV er hierfür benötige. Umgekehrt kenne der Anbieter die Lösungsmöglichkeiten, nicht aber die betrieblichen Probleme. Da der Anbieter mit dieser Problematik besser vertraut sei, habe er den EDV-Einsteiger über das Erfordernis eines intensiven Dialogs aufzuklären.[641] Darüber hinaus müsse er die Konkretisierung anbieten. Im Gegensatz zu der bisher dargestellten Rechtsprechung wird vom Anwender zunächst lediglich eine Aufklärung verlangt. Erst in einem zweiten Schritt, nämlich erst, wenn der Anwender nicht mit der Erstellung des Lastenhefts zurechtkommt, soll der Anbieter auf Verlangen des Kunden zur Konkretisierung verpflichtet sein. Bei Unterlassen könne der Anbieter wegen Verschulden bei Vertragsschluss haften. Im Unterschied zu etwa OLG Düsseldorf sah das OLG Stuttgart aber den Anbieter nicht in der Verpflichtung, eine sämtliche Bedürfnisse berücksichtigende Anlage zu verschaffen.

Einen weiteren Schritt in Richtung des Anbieters ging das *OLG Oldenburg*.[642] Weil die Anwenderin mit der Erstellung des Lastenhefts nicht zurechtkam, war dieses lückenhaft. Dabei könne die individuelle Sachkunde der Anwenderin kein Maßstab für die Erstellung eines fachlichen Sollkonzepts sein. Der Kunde dürfe bei der Anschaffung eines Computers samt Software nicht bar jeglicher Kenntnis sein, wobei das Gericht sogar ausdrücklich betonte, es selbst verstehe die aufgeworfenen Fragen nicht.[643] Das OLG Oldenburg verlangte lediglich eine Aufklärung des Anwenders über dessen Beratungsbedarf.[644] Der Anbieter kann seine Mithilfe gegen zusätzliche Vergütung anbieten, ist hierzu aber nicht verpflichtet. Diese Entscheidung stützt damit die Auffassung, ein Beratungsverhältnis komme nur durch eine einvernehmliche Vertragsvereinbarung zustande.

Ähnlich entschied auch das *OLG Köln*[645] bei einem erfahrenen Anwender, der bemängelte, das gekaufte Programm arbeite für seine Bedürfnisse nicht schnell genug. Die gewünschten Eigenschaften der Anlage, insbesondere deren Zeitverhalten, exakt zu beschreiben, waren nach Auffassung des Gerichts vom

---

640 OLG Stuttgart v. 18.10.1988 – 6 U 64/88, CR 1989, 598.

641 OLG Stuttgart v. 18.10.1988 – 6 U 64/88, CR 1989, 598, 600.

642 OLG Oldenburg v. 12.02.1986 – 3 U 43/85, CR 1986, 552.

643 OLG Oldenburg v. 12.02.1986 – 3 U 43/85, CR 1986, 552, 553.

644 OLG Oldenburg v. 12.02.1986 – 3 U 43/85, CR 1986, 552, 553.

645 OLG Köln v. 26.08.1994 – 19 U 278/93, CR 1995, 16 = NJW-RR 1995, 1460.

Anwender zu erwarten, da er bereits mit einer EDV-Anlage gearbeitet habe.[646] Das Gericht stellt damit klar, bereits der Umgang mit einer EDV-Anlage reiche aus, um dem Anwender hinreichende Kenntnis zu unterstellen, seine Wünsche zu beschreiben. Die Möglichkeit einer Aufklärungspflichtverletzung diskutierte der Senat nicht einmal ansatzweise.

Gleicher Auffassung war zuvor schon das *LG Frankfurt*[647] gewesen. Welche spezifischen Voraussetzungen eine EDV-Anlage im Einzelnen haben muss, um für den Kunden nutzbar zu sein, könne der sachkundige Käufer eher beurteilen als der Anbieter.[648] Eine Aufklärungspflichtverletzung lehnte das Gericht ausdrücklich ab. Anders als für das OLG Düsseldorf[649] war für das LG Frankfurt nicht der vertraglich vorausgesetzte Gebrauch der Anlagen maßgeblich, der hier wegen Fehlens einer erforderlichen Funktion nicht erreicht wurde, sondern die einzelnen spezifischen Anforderungen. Denn der Anwender wisse besser, welche spezifischen Anforderungen eine Anlage oder Software erfüllen muss, damit sie seinen Bedürfnissen gerecht wird. Dies gelte zumindest bei einem fachkundigen Anwender.

Ins Auge stechend bei der hier erörterten Rechtsprechung ist, dass nahezu jede Entscheidung, die eine Mitwirkung des Anbieters bejaht, im Rahmen der Begründung auf die *Fachkenntnis* des Anbieters oder die *Laienhaftigkeit* des Anwenders abstellt, unabhängig davon, ob von einem Verschulden bei Vertragsschluss, einem Mangel oder sogar einer genuinen Verpflichtung des Anbieters ausgegangen wird. Eine darüber hinausgehende Begründung lassen praktisch sämtliche Entscheidungen vermissen.[650] Auffällig ist, dass es sich bei den laienhaften Anwendern häufig um Erstanwender handelte, die zuvor nie mit einer EDV-Anlage gearbeitet hatten.[651] Demensprechend beschreibt das OLG Köln[652] einen unerfahrenen Kunden als einen Anwender, der ersichtlich über keine Vorkenntnisse verfüge, etwa weil er bisher mit keiner EDV-Anlage gearbeitet habe. An anderer Stelle führt das OLG aus, von einem Anwender, der bereits zuvor

---

646 OLG Köln v. 26.08.1994 – 19 U 278/93, CR 1995, 16, 20.

647 LG Frankfurt v. 08.06.1988 – 3/12 O 181/86, BB Beil. 11/1989, 5.

648 LG Frankfurt v. 08.06.1988 – 3/12 O 181/86, BB Beil. 11/1989, 5, 6.

649 OLG Düsseldorf v. 10.12.1993 – 17 U 33/93, CR 1994, 351.

650 Eine Ausnahme bildet das OLG Stuttgart v. 18.10.1988 – 6 U 64/88, CR 1989, 598.

651 OLG Celle v. 26.02.1986 – 6 U 154/84, CR 1988, 303; v. 21.02.1996 – 13 U 255/95, CR 1996, 538; OLG Stuttgart v. 18.10.1988 – 6 U 64/88, CR 1989, 598; OLG Hamm v. 23.11.1988 – 31 U 63/88, BB Beil. 15/89, 3; OLG Köln v. 29.10.1990 – 19 U 28/90, CR 1991, 154; v. 22.10.1993 – 19 U 62/93, CR 1994, 212; wohl auch: LG Kiel v. 26.03.1984 – 2 O 192/83, CR 1987, 22; OLG München v. 25.09.1986 – 24 U 775/85, CR 1987, 675.

652 OLG Köln v. 22.10.1993 – 19 U 62/93, CR 1994, 212.

mit einem EDV-Gerät gearbeitet hat, könne erwartet werden, hinreichend präzise anzugeben, welche Eigenschaften die Anlage in bestimmten Punkten haben soll.[653]

Auffällig ist das einheitliche Verhalten der Oberlandesgerichte, die kaum auf die zu diesem Thema ergangene *BGH-Rechtsprechung* eingehen. Lediglich die Entscheidung des BGH aus dem Jahre 1984 zur „*Auswahlberatung*", in der zu den Folgen einer tatsächlich geleisteten, fehlerhaften Beratung Stellung genommen wurde, fand in einigen Urteilen[654] Beachtung, wurde allerdings auch stellenweise[655] fehlinterpretiert. Auf die „*Registrierkassen*"-Entscheidung wurde lediglich einmal vom OLG Koblenz Bezug genommen. Allerdings wurde die Entscheidung auch hier nicht im richtigen Zusammenhang zitiert, weil das OLG Koblenz die Lastenhefterstellung unter Mitwirkung des Anwenders dem Anbieter auferlegte. Der BGH hatte indes genau umgekehrt entschieden.

Auf die Rechtsprechung des BGH zum „*vergessenen Pflichtenheft*"[656] bzw. „*Überlassung des Quellcodes*"[657], nach der mangels konkreter Absprachen hinsichtlich des Leistungsumfangs der Auftragnehmer eine Software entsprechend dem Stand der Technik bei mittlerem Ausführungsstandard schuldet und aus denen abgeleitet werden kann, dass der Anbieter auch ohne Lastenheft eine vertragsgemäße Software erstellen kann, bezieht sich keine der Entscheidungen.

Darüber hinaus ist zu beachten, dass bei einigen der hier besprochenen Entscheidungen eine *Stellungnahme* zu den Informations- und Mitwirkungspflichten des Anbieters *nicht notwendig war*. Auch ohne die Ausführungen bezüglich des Lastenhefts bzw. der Mitwirkung des Anbieters an dessen Erstellung wären die Gerichte zum gleichen Ergebnis gelangt.[658] Aus diesem Grund ist zweifel-

---

653 OLG Köln v. 26.08.1994 – 19 U 278/93, CR 1995, 16, 20; v. 29.07.2005 – 19 U 4/05, JurPC 16/2006, Abs. 34; Intveen/Lohmann CR 2003, 640, 643.

654 OLG Stuttgart v. 18.10.1988 – 6 U 64/88, CR 1989, 598; OLG Hamm v. 23.11.1988 – 31 U 63/88, BB Beil. 15/89, 3; OLG München v. 25.09.1986 – 24 U 775/85, CR 1987, 675; OLG Koblenz v. 11.11.1988 – 2 U 4/86, CR 1990, 41; OLG Düsseldorf v. 10.12.1993 – 17 U 33/93, CR 1994, 351; OLG Celle v. 21.02.1996 – 13 U 255/95, CR 1996, 538.

655 LG Münster vom 19.06.1987 – 4 O 87/87, CR 1988, 467; OLG Düsseldorf v. 10.12.1993 – 17 U 33/93, CR 1994, 351; OLG Dresden v. 08.07.1998 – 8 U 3526/97, CR 1998, 598.

656 BGH v. 24.11.1991 – X ZR 85/90, CR 1992, 543 = NJW-RR 1992, 556.

657 BGH v. 16.12.2003 – X ZR 129/01, CR 2004, 490.

658 OLG Köln v. 06.03.1998 – 19 U 228/97, CR 1998, 459 = NJW-RR 1999, 51; v. 18.06.1993 – 19 U 215/92, CR 1993, 624; LG Augsburg v. 05.05.1988 – HKO 3588/87, CR 1989, 22; LG Düsseldorf v. 29.04.1985 – 41 O 92/84, CR 1987, 292 = iur 986, 458.

haft, dass diese Gerichte sich tatsächlich intensiv genug mit den Informations- und Mitwirkungspflichten beschäftigt haben.[659]

Wieder andere Entscheidungen betrafen Sachverhalte, bei denen die fachlichen Anforderungen unstrittig waren. Gegenstand der Entscheidung war vielmehr die Frage der DV-technischen Lösung, wie etwa die Berechnung der erforderlichen Speicherkapazität.[660]

In vielen Entscheidungen hatte der Anbieter den Kunden auch *unstreitig beraten*,[661] weshalb sich diese Urteile für die Grenzziehung einer selbständigen Beratungspflicht nicht eignen.

Damit schmälert sich die Zahl der Entscheidungen, bei denen de facto fachliche Anforderungen Gegenstand des Streits waren und die sich für eine Beurteilung der Problematik der Informations- und Mitwirkungspflichten heranziehen lassen. Im kaufrechtlichen Zusammenhang sind das die Urteile des OLG Köln,[662] OLG Düsseldorf,[663] OLG Koblenz[664] und des OLG Stuttgart[665]. Einzige Entscheidung mit werkvertraglichen Hintergrund ist die des OLG Köln.[666]

c. Stellungnahme

Wie soeben festgestellt, gehen die in der landes- und oberlandesgerichtlichen Rechtsprechung vertretenen Ansichten zur Mitwirkung des Softwareanbieters im Hinblick auf die Erstellung des Lastenhefts weit auseinander. Einen ausführlichen Katalog an Mitwirkungshandlungen des Anbieters hat das OLG Köln[667] aufgestellt. Es weist zwar die Lastenhefterstellung dem Besteller zu. Der Anbieter habe allerdings aufgrund seines besonderen EDV-Know-how bei der Erstellung des Anforderungsprofils mitzuwirken, indem er *(1)* von sich aus die inner-

---

659 Vgl. insbesondere die Ausführungen zu LG Augsburg, CR 1989, 22, siehe oben S. 183 ff.

660 OLG Köln v. 18.06.1993 – 19 U 215/92, CR 1993, 624; v. 08.05.1992 – 19 U 234/91, CR 1992, 607; v. 26.10.1990 – 19 U 28/90, CR 1991, 154 = NJW 1991, 2156; OLG München v. 25.09.1986 – 24 U 775/85, CR 1987, 675.

661 OLG Celle v. 21.02.1996 – 13 U 255/95, CR 1996, 538; v. 26.02.1986 – 6 U 154/84, CR 1988, 303; OLG Köln v. 22.10.1993 – 19 U 62/93, CR 1994, 212; OLG Hamm v. 23.11.1988 – 31 U 63/88, BB Beil. 15/89, 3; OLG München v. 25.09.1986 – 24 U 775/85, CR 1987, 675; LG Kiel v. 26.03.1984 – 2 O 192/83, CR 1987, 22.

662 OLG Köln v. 22.10.1993 – 19 U 62/93, CR 1994, 212.

663 OLG Düsseldorf v. 10.12.1993 – 17 U 33/93, CR 1994, 351 = Zahrnt, ECR, OLG 144.

664 OLG Koblenz v. 11.11.1988 – 2 U 4/86, CR 1990, 41.

665 OLG Stuttgart v. 18.10.1988 – 6 U 64/88, CR 1989, 598.

666 OLG Köln v. 29.07.2005 – 19 U 4/05, BeckRS 2005 10355 = JurPC 16/2006.

667 OLG Köln v. 18.06.1993 – 19 U 215/92, CR 1993, 624; v. 06.03.1998 – 19 U 228/97, CR 1998, 459 = NJW-RR 1999, 51; v. 29.07.2005 – 19 U 4/05, BeckRS 2005 10355, S. 6 = JurPC 16/2006.

betrieblichen Bedürfnisse, Wünsche und Vorstellungen ermittelt, *(2)* darauf drängt, dass der Anwender sie in einem Lastenheft niederlegt, *(3)* für ihn erkennbare Unklarheiten und Bedürfnisse aufklärt, *(4)* bei der Formulierung der Aufgabenstellung mitwirkt und *(5)* einen Organisationsvorschlag zur Problemlösung unterbreitet. Der Anbieter muss diese Verpflichtungen allerdings nicht vertraglich übernommen haben, da sie hiervon unabhängig bestehen sollen. In der Literatur finden sich häufig Verweise auf diese fünf Punkte, allerdings regelmäßig ohne weitere Begründung.[668] Der Mitwirkungskatalog erfasst weitgehend auch die Ansichten der anderen zur Beurteilung heranziehbaren Entscheidungen. Die Ermittlung der betrieblichen Bedürfnisse wurde auch vom OLG Koblenz[669] sowie OLG Düsseldorf[670] verlangt. Konträr hierzu äußerten sich LG Frankfurt,[671] OLG Oldenburg[672] wie auch einmal das OLG Köln[673]. Von diesem Mitwirkungskatalog ausgehend wird nachfolgend auf die einzelnen geforderten Mitwirkungshandlungen eingegangen und Stellung genommen.

(1) Ermittlung der (inner-)betrieblichen Bedürfnisse

Aufgabe des Anbieters soll sein, die betrieblichen Bedürfnisse des Anwenders von sich aus zu ermitteln. Bevor auf diese Frage näher eingegangen werden kann, ist zunächst eine Abgrenzung zur bloßen Konkretisierung von (vereinbarten) fachlichen Anforderungen sowie zur Ermittlung DV-technischer Voraussetzungen vorzunehmen:

i. Abgrenzung zur Konkretisierung fachlicher Anforderungen

Wenn die Gerichte davon sprechen, der Anbieter habe die (inner-) betrieblichen Bedürfnisse, Wünsche und Vorstellungen des Auftraggebers zu ermitteln, ist damit die Ermittlung der fachlichen Anforderungen gemeint. Es geht darum herauszufinden, wofür die Software eingesetzt werden soll und was sie nach den Vorstellungen des Kunden leisten soll. Die Gerichte verlangen – in unterschiedlicher Intensität – vom Softwareanbieter, die Anforderungsanalyse durchzuführen, ohne dass sie der Besteller hierzu auffordern muss oder sie die Durchführung von sich aus anbieten. Dies wird teilweise als selbstständige, nebenvertragliche Pflicht des Anbieters gesehen. Kommt er dieser Verpflichtung nicht nach

668 Etwa: Hoeren, IT-Recht, Skript, S. 248; Intveen/Lohmann, CR 2003, 640, 642; Koch, Computer-Vertragsrecht, Teil 2, Rn. 55, 59; derselbe, Handbuch Software- und Datenbank-Recht, § 3, Rn. 305; Marly, Praxishandbuch Softwarerecht, Rn. 1305.

669 OLG Koblenz v. 11.11.1988 – 2 U 4/86, CR 1990, 41.

670 OLG Düsseldorf v. 10.12.1993 – 17 U 33/93, CR 1994, 351 = Zahrnt, ECR, OLG 144.

671 LG Frankfurt v. 08.06.1988 – 3/12 O 181/86, BB Beil. 11/1989, 5.

672 OLG Oldenburg v. 12.02.1986 – 3 U 43/85, CR 1986, 552.

673 OLG Köln v. 26.08.1994 – 19 U 278/93, CR 1995, 16.

und ermittelt er nicht sämtliche in Frage kommenden betrieblichen Bedürfnisse, soll es zu seinen Lasten gehen, wenn der Besteller später nicht alle seine Anforderungen in der Software berücksichtigt sieht. Dies soll sogar gelten, wenn bestimmte Bedürfnisse oder Vorstellungen des Anwenders nie thematisiert worden sind.[674] Betroffen sind demnach Fälle, in denen entweder kein Lastenheft vorliegt oder einzelne fachliche Anforderungen nicht beschrieben sind (Lücken im Lastenheft).

Hiervon abzugrenzen sind vereinbarte fachliche Anforderungen, die einer Präzisierung bedürfen, etwa weil sie mehrdeutig sind.[675] In diesem Fall ist der Softwareanbieter verpflichtet, den Besteller auf den Konkretisierungsbedarf aufmerksam zu machen.[676] Insoweit besteht eine Aufklärungspflicht.[677] Denn die Tatsache, dass der Besteller sich zu dieser Thematik – wenn auch nicht ausreichend konkret für eine Realisierung – geäußert hat, verdeutlicht die wesentliche Bedeutung dieser fachlichen Anforderung für ihn. Er muss dem Auftraggeber dann natürlich auch die Möglichkeit geben, sich hierzu zu äußern bzw. die Anforderung zu konkretisieren. Insofern kann man sagen, er habe sich beim Anwender über die konkrete Anforderung *zu erkundigen.* Diese Erkundigungspflicht ist aber nichts anderes als eine (normale) Aufklärungspflicht, weil der Hinweis auf bestimmte Umstände eine Reaktion des anderen Teils zur Folge haben wird. Zum Teil wird unter „Erkundigungspflicht" aber auch die Ermittlung der betrieblichen Bedürfnisse verstanden.[678] Hinsichtlich des Wortlauts ist also Vorsicht geboten.

Die nachfolgenden Ausführungen beziehen sich demzufolge nur auf die Frage, ob der Anbieter solche fachlichen Anforderungen zu ermitteln hat, die nicht bereits im Lastenheft beschrieben sind.

ii. Abgrenzung zur Ermittlung der DV-technischen Voraussetzungen

Weiter ist die Ermittlung betrieblicher Bedürfnisse von der Ermittlung DV-technischer Voraussetzungen abzugrenzen. Ermittlungen oder Erkundigungen, die erforderlich sind, um die fachlichen Anforderungen umzusetzen, hat der An-

---

674 Vgl. etwa: OLG Koblenz v. 11.11.1988 – 2 U 4/86, CR 1990, 41; LG Kiel v. 26.03.1984 – 2 O 192/83, CR 1987, 22.

675 Siehe oben S. 101.

676 Marly, Praxishandbuch Softwarerecht, Rn. 1305.

677 Vgl. OLG Köln v. 06.03.1998 – 19 U 228/97, CR 1998, 459 = NJW-RR 1999, 51; Köhler, CR 1988, 623, 625; Schneider, Handbuch des EDV-Rechts, E. Rn. 18; Redeker in: Schneider/v. Westphalen, Software-Erstellungsverträge, D. Rn. 258; Moritz in: Kilian/Heussen, Computerrechts-Handbuch, Kap. 30, Rn. 21; Malzer, Der Softwarevertrag, S. 281.

678 Vgl. Formulierung bei: Schneider, Handbuch des EDV-Rechts, D. Rn. 285.

bieter ebenfalls von sich aus vorzunehmen. Sollen etwa Altdaten in das neue System übernommen werden, hat er die Datei-Größe, das Datei-Format sowie die Zahl der zu migrierenden Daten festzustellen, soweit diese Informationen für eine erfolgreiche Übernahme erforderlich sind. Als weiteres Beispiel lassen sich die Entscheidungen des OLG Köln zur Ermittlung des Speicherbedarfs heranziehen.[679] Damals hätte der jeweilige Anbieter die für die Berechnung des konkreten Speicherbedarfs erforderlichen Informationen ermitteln müssen. Denn zum einen kann der Auftraggeber nicht beurteilen, welche DV-technischen Informationen der Anbieter benötigt, um vertragsgemäß die fachlichen Anforderungen in der Software umzusetzen. Zum anderen ist gerade dies Teil der Leistung, zu der sich der Anbieter verpflichtet hat.

Eine Aufklärungs- bzw. Erkundigungspflicht besteht ebenso wenig hinsichtlich mehrerer in Betracht kommender DV-technischer Lösungswege. Sofern die Parteien keinen bestimmten Lösungsweg vereinbart haben und dem Programmierer mehrere Wege offenstehen, eine fachliche Anforderung DV-technisch umzusetzen, können sie frei entscheiden, welche Alternative sie wählen.

iii. Rechtsgrundlage

Nahezu ausschließlich wird eine selbstständige, nebenvertragliche Pflicht zur Ermittlung der betrieblichen Bedürfnisse aus dem gegenüber dem Besteller überlegenen Fachwissen des Anbieters abgeleitet. Problematisch ist aber in diesem Zusammenhang, inwieweit aufgrund alleine des Fachwissens eine allgemeine Rechtgrundlage herangezogen werden kann, welches eine solche Pflicht begründen kann. Denn in praktisch sämtlichen Lebensbereichen wird ein Vertragspartner dem anderen gegenüber ein umfassenderes Fachwissen besitzen, ohne dass man von einer derartig weitgehenden Verpflichtung ausgeht. In Betracht kommen hier eine Aufklärungspflicht, eine Mitwirkungspflicht oder eine Beratung.

Aufklärungspflicht

Zu einer Aufklärungspflicht gegenüber dem anderen Partner kann ein Wissensgefälle zwischen zwei Vertragsparteien führen. Vom Verpflichteten kann unter den oben erwähnten[680] Voraussetzungen erwartet werden, den anderen Teil auf wesentliche Umstände bzw. Informationen hinzuweisen, von denen dieser erkennbar keine Kenntnis hat. Auf diese Weise kann der Wissensunterschied zwischen den Vertragspartnern ausgeglichen werden. Beide Vertragspartner sollen

679 Vgl. OLG Köln v. 29.10.1990 – 19 U 28/90, CR 1991, 154 = NJW 1991, 2156; v. 08.05.1992 – 19 U 234/91, CR 1992, 607.

680 Siehe oben S. 137 ff.

auf den annähernd gleichen Kenntnisstand bezüglich der wesentlichen Information gebracht werden. Seiner Aufklärungspflicht kommt man nach, indem man auf bestimmte Umstände hinweist und dem Überforderten entsprechende Informationen zukommen lässt. Das OLG Köln etwa begründete die Ermittlungspflicht des Anbieters lediglich mit dessen Know-how im Software- und EDV-Bereich.[681] Wie jedoch bereits das OLG Stuttgart[682] festgestellt hatte, bezieht sich das Fachwissen des Anbieters auf die DV-technischen Lösungsmöglichkeiten. Den Betrieb des Anwenders bzw. dessen betriebliche Probleme kennt der Anbieter zunächst überhaupt nicht. Diesbezüglich reichen die Kenntnisse des Bestellers weiter. Er kennt seine betrieblichen Prozesse und vor allem die Gründe, derentwegen eine neue Software angeschafft werden soll. Was er von der Software erwartet und wozu er diese einsetzen will, kann nur der Auftraggeber beurteilen.[683] Indem die Aufklärung eine Reaktion des Bestellers auslösen soll, kommt es automatisch zu dem vom OLG Stuttgart geforderten mehrstufigen Dialog.[684] Verlangt man nun vom Auftragnehmer, die innerbetrieblichen Bedürfnisse und damit die fachlichen Anforderungen ungefragt zu ermitteln, helfen ihm sein EDV-Wissen und seine Erfahrungen insoweit nur bedingt weiter. Sicherlich kann ihm möglicherweise eher bekannt sein, wie man methodisch an eine Anforderungsanalyse herangeht und wie man ein Lastenheft systematisch aufbaut und formuliert. Die zeit- und kostenintensive Ermittlung der spezifischen Anforderungen bliebe aber auch ihm nicht erspart. Dabei helfen ihm seine EDV-Fachkenntnisse kaum weiter, da es um die Erfassung von Betriebsprozessen und mitunter um betriebswirtschaftliche Fragen geht, etwa wenn die Umstellung von Betriebsprozessen im Raum steht. Diesbezüglich verfügt der Besteller über detaillierteres Wissen.

Eine Aufklärungspflicht – wie sie von der früheren Rechtsprechung mit der Laienstellung des Bestellers vertreten wurde – lässt sich aufgrund geänderten Wissenstandes beim Auftraggeber nicht mehr rechtfertigen. Denn die Rechtsprechung selbst hat mehrfach einen Anwender als Laien bezeichnet, wenn dieser bisher noch nicht mit einer EDV-Anlage gearbeitet hatte. Gegenüber erfahrenen Kunden wurde daher eine Pflichtverletzung wegen mangelhafter Aufklä-

---

681 OLG Köln v. 18.06.1993 – 19 U 215/92, CR 1993, 624; v. 22.10.1993 – 19 U 62/93, CR 1994, 212; v. 06.03.1998 – 19 U 228/97, NJW-RR 1999, 51, 52; v. 29.07.2005 – 19 U 4/05, JurPC 16/2006, Abs. 34.

682 OLG Stuttgart v. 18.10.1988 – 6 U 64/88, CR 1989, 598, 600.

683 Vgl. LG Frankfurt v. 08.06.1988 – 3/12 O 181/86, BB 1989 Beil. 11, 5, 6.

684 Siehe oben S. 168 ff.

rung schon damals von einigen Gerichten abgelehnt.[685] Heute wird es einen solchen Laien-Anwender kaum noch geben. Denn mittlerweile hat die EDV nicht nur im beruflichen, sondern auch im privaten Alltag derart Einzug gehalten, dass eine Beschäftigung mit der EDV praktisch unumgänglich ist. Häufig kann der Besteller sogar über ein ebenso gutes oder gar besseres Know-how speziell für seinen Betrieb verfügen wie der Anbieter, da viele Unternehmen ständig mit Softwareprojekten beschäftigt sind oder sogar eine eigene IT-Abteilungen beschäftigen. Wahrscheinlich liegt auch darin ein Grund, weshalb in den letzten Jahren kaum ein Urteil zu dieser Problematik ergangen ist. Die Besteller können sich regelmäßig nicht mehr auf ein unzureichendes Know-how berufen.

Auch im Zusammenhang mit sogenannten *Branchen-Anbietern*, die sich auf Kunden einer bestimmten Branche spezialisiert haben, kann nichts anderes gelten. Abgesehen davon, dass eine derartige Spezialisierung eher im Zusammenhang mit Standardsoftware anzutreffen ist, wird es regelmäßig an einem Wissensgefälle fehlen. Zwar mag der Anbieter typische branchenspezifische Probleme bereits kennen. Der Auftraggeber ist allerdings selbst in dieser Branche professionell tätig, weswegen auch von ihm branchenspezifische Problemkenntnisse erwartet werden können, sofern sie sich auf fachliche Anforderungen beziehen. Darüber hinaus wird eine Individualsoftware regelmäßig nicht in Auftrag gegeben, wenn die abzubildenden Prozesse branchentypisch sind. In diesem Fall gibt es in aller Regel bereits eine Standardsoftware, die für den Kunden kostengünstiger zu erwerben sein wird. Zudem kann es für den Auftragnehmer vertragsrechtlich problematisch sein, Kenntnisse etwa über betriebliche Bedürfnisse und Betriebsprozesse von Konkurrenzunternehmen des Bestellers gegenüber diesem zu offenbaren. Unternehmen versuchen häufig, durch innovative und unkonventionelle Betriebsprozesse sich von ihrer Konkurrenz abzuheben und haben daher ein Interesse, ihre Prozesse geheim zu halten. Den Auftragnehmer kann daher eine (vertragliche) Verschwiegenheitspflicht gegenüber seinen bisherigen Kunden treffen.

Erkennt der Anbieter dahingegen, dass das vom Besteller erarbeitete Lastenheft lückenhaft ist, also einzelne Anforderungen darin nicht beschrieben sind, hat er den Besteller hierauf hinzuweisen, wenn die fehlenden Anforderungen erkennbar von wesentlicher Bedeutung für den Besteller sein können.[686] Denn ihm sind die vorhandenen Lücken konkret bekannt, währenddessen der Besteller diese nicht kennt. Kommt den fehlenden Anforderungen hingegen keine erkenn-

---

685 OLG Köln v. 29.07.2005 – 19 U 4/05, BeckRS 2005 10355 = JurPC 16/2006; v. 26.08.1994 – 19 U 278/93, CR 1995, 16; LG Frankfurt v. 08.06.1988 – 3/12 O 181/86, BB Beil. 11/1989, 5.

686 Siehe oben S. 140 f.

bare, wesentliche Bedeutung zu, besteht auch keine Aufklärungspflicht. Die Lücken sind dann durch einen Rückgriff auf die Eignung zur vertraglich vorausgesetzten bzw. gewöhnlichen Verwendung (§ 633 Abs. 2 Satz 2 Nr. 2 und 3 BGB) zu schließen.

Im Ergebnis kann die Aufklärungspflicht also keine selbstständige, nebenvertragliche Verpflichtung zur Ermittlung der betrieblichen Bedürfnisse begründen.

Mitwirkungspflicht

Auch eine aus § 241 Abs. 2 BGB abgeleitete Mitwirkungspflicht besteht in dieser Hinsicht nicht. Eine solche kommt in Betracht, wenn einer der Vertragspartner in primär seinem Verantwortungsbereich auf das Mitwirken des anderen angewiesen ist, um den Vertragszweck erreichen zu können, und dem anderen Teil ein Mitwirken ohne Preisgabe eigener Interessen möglich und zumutbar ist. Die Erstellung des Lastenhefts ist zwar dem Verantwortungsbereich des Anwenders zuzuordnen.[687] Einerseits ist der Besteller aber bei der Ermittlung seiner betrieblichen Bedürfnisse nicht auf den Hersteller angewiesen. Er kann die Ermittlung entweder selbst durchführen oder, sieht er sich hierzu nicht in der Lage, externe Beratung eines Dritten hinzuziehen. Andererseits würde eine Ermittlungsverpflichtung zu einer unzumutbaren Interessenpreisgabe des Herstellers führen. Denn für die Richtigkeit der ermittelten Bedürfnisse wäre der Anbieter auch verantwortlich. Sein Haftungsrisiko würde sich damit erweitern, da er nicht mehr nur für die Umsetzung der fachlichen Anforderungen, sondern auch für die Vollständigkeit und Korrektheit der Anforderungen verantwortlich wäre. Der Hersteller muss jedoch frei entscheiden können, ob er sich dem Risiko einer umfassenderen Haftung aussetzen will. Daher kann die allgemeine, nebenvertragliche Mitwirkungspflicht keine Verpflichtung des Anbieters nach sich ziehen, von sich aus die betrieblichen Bedürfnisse des Anwenders zu ermitteln.

Beratung

Aus dem bloßen Wissensgefälle, welches von den Gerichten zur Begründung herangezogen wird, kann auch nicht auf eine *Beratungspflicht* geschlossen werden, die eine selbstständige Ermittlung der betrieblichen Bedürfnisse beinhaltet. Ohne (konkludente) vertragliche Vereinbarung entsteht kein Beratungsverhältnis. Erforderlich ist, dass der Auftraggeber um Beratung ersucht und der Anbieter sich hierauf (freiwillig) einlässt oder dass der Anbieter von sich aus berät.[688] Dem Anbieter muss die Wahl bleiben, ob er Beratung bzw. die Ermittlung der

---

687 Vgl. oben S.127.

688 Siehe oben S. 142 ff.

Anforderungen übernehmen möchte.[689] Daher ist stets einzelfallbezogen zu prüfen, ob ein Beratungsverhältnis durch die Vertragsparteien begründet worden ist.[690]

Ist dies der Fall, bleibt ferner der Umfang der Beratung zu prüfen, sofern er nicht ausdrücklich vertraglich fixiert wurde. Die Auslegung kann im Einzelfall ergeben, der Auftragnehmer solle die Ermittlung der betrieblichen Bedürfnisse übernehmen. Dies muss aber keinesfalls so sein. Die Beratung kann sich etwa auch nur auf DV-technische Belange oder auf einzelne fachliche Anforderungen begrenzen. Bei der Prüfung des Beratungsumfangs sind die bereits erwähnten Aspekte[691] zu beachten. Der pauschale Verweis auf die Sachkunde des Anbieters genügt hingegen nicht.

iv. (Weitere) Gegenargumente

Darüber hinaus sprechen noch weitere Argumente gegen eine selbstständige Verpflichtung des Anbieters zur Ermittlung der Betriebsbedürfnisse:

Linie der BGH-Rechtsprechung

Vom Anbieter ohne weiteres die Ermittlung der betrieblichen Bedürfnisse des Bestellers zu verlangen, ist nicht mit der Rechtsprechung des BGH zu vereinbaren. Der BGH sieht es als genuine Pflicht des Bestellers, seine Wünsche und Vorstellungen sowie die Aufgabenstellung mitzuteilen.[692] Ferner geht die Ermittlung über eine bloße Unterstützungshandlung des Anbieters, wie sie der BGH angesprochen hatte,[693] weit hinaus.[694] Ebenso wenig hatte der BGH eine Softwareerstellung ohne Lastenheft zulasten des Herstellers beanstandet.[695] Aus diesem Grund lässt sich der Ansicht, eine Software ohne Lastenheft zu erstellen, sei ein Verstoß gegen die Regeln der Software-Entwicklung,[696] nicht folgen. Vielmehr ist prinzipiell bei Lücken auf die zweite bzw. dritte Stufe des Mangelbegriffs zurückzugreifen. Zudem wäre diese Ansicht fernerhin nicht auf agile Vorgehensmodelle übertragbar, die ein Lastenheft größtenteils überhaupt nicht mehr vorsehen.

689 Kritisch hierzu Mehrings in: Anm. zu OLG Oldenburg, CR 1986, 552, 554.

690 So schon: Malzer, CR 1991, 203, 206; a.A. Breidenbach in: Anm. zu OLG Stuttgart, CR 1989, 598, 599, 602.

691 Siehe oben S. 145 f.

692 BGH v. 13.07.1988 – VIII ZR 292/87, CR 1989, 102.

693 BGH v. 13.07.1988 – VIII ZR 292/87, CR 1989, 102.

694 Siehe hierzu oben S.157, bei Fn. 500.

695 BGH v. 24.09.1991 – X ZR 85/90, CR 1992, 543 = NJW-RR 1992, 556 = Beil. BB 1993 Heft 5, 2; v. 16.12.2003 – X ZR 129/01, CR 2004, 490.

696 LG Bamberg v. 08 .11.1988 – 1 O 250/86, BB Beil. 11/89, 2.

Ausreichender Schutz durch Aufklärung

Hörl[697] sieht in diesem Zusammenhang eine *dreistufige Vorgehensweise*: Zunächst habe der Anbieter auf das Erfordernis eines Dialogs hinzuweisen. Kommt der Anwender mit der Ermittlung seiner betrieblichen Anforderungen nicht zurecht, habe der Anbieter ihm weitere Hilfe anzubieten. Sofern auch diese nicht zielführend ist, habe der Anbieter das Lastenheft in eigener Regie zu erstellen. Gegen diese Ansicht spricht jedoch, dass sie denjenigen Anwender bevorzugt, der sich als besonders untauglich geriert. Dieser könnte auf diese Weise auf die eigene Ermittlung der Anforderungen verzichten, eventuell die entsprechenden Kosten einsparen und das Risiko unzulänglicher Ermittlungen auf den Anbieter abwälzen. Ein solches Ergebnis ist aber nicht interessengerecht, weil der Auftragnehmer dabei aufgrund des erhöhten Haftungsrisikos einerseits zu sehr benachteiligt wird. Auf der andern Seite ist aber auch ein Hinweis auf den Beratungs- bzw. Unterstützungsbedarf im Hinblick auf die Interessen des Anwenders ausreichend. Sobald der Anwender auf die Problematik hingewiesen worden ist, hat er die Möglichkeit entsprechend zu reagieren. Er kann dann den Anbieter um (entgeltliche) Unterstützung bzw. Ermittlung der Anforderungen bitten oder alternativ ein Dritt-Unternehmen damit beauftragen.

Prozessanalyse als Standard der Unternehmensführung

Gegen eine Ermittlungspflicht des Anbieters spricht ferner, dass ein wesentlicher Teil der Anforderungsanalyse eine Analyse der Betriebsprozesse ist. Heute gehört eine Prozessanalyse wohl bereits zum Standard der Unternehmensführung, weshalb vom Anwender regelmäßig eine eigenständige Ermittlung erwartet werden kann. Abgesehen davon hat er die Möglichkeit, fehlendes Know-how einzukaufen.

Widerspruch zur Gesetzessystematik

Geht man wie das OLG Köln[698] im Rahmen seines Mitwirkungskatalogs davon aus, dass grundsätzlich der Auftraggeber das Lastenheft zu erstellen hat, widerspräche eine Pflicht des Anbieters, die betrieblichen Bedürfnisse zu ermitteln, der Gesetzessystematik. Denn bei der Lastenhefterstellung durch den Auftraggeber handelt es sich um eine Mitwirkungs*obliegenheit*.[699] Kommt der Besteller einer erforderlichen Mitwirkungshandlung nicht nach, sieht das Gesetz gemäß § 642 BGB vor, dass der Unternehmer den Besteller unter Fristsetzung zur Vor-

697 Hörl, Aufklärung und Beratung beim Computer-„Kauf", S. 280.

698 OLG Köln v. 18.06.1993 – 19 U 215/92, CR 1993, 624; v. 06.03.1998 – 19 U 228/97, CR 1998, 459 = NJW-RR 1999, 51; v. 29.07.2005 – 19 U 4/05, JurPC 16/2006.

699 Vgl. oben S. 127 ff.

nahme der Handlung aufzufordern hat. Kommt er dennoch seiner Obliegenheit nicht nach, kann der Unternehmer den Vertrag unter den Voraussetzungen des § 643 BGB kündigen. Das Gesetz sieht aber keine „Ersatzvornahme" des Werkunternehmers vor. Nichts anderes aber würde eine Ermittlungspflicht des Anbieters bezüglich der betrieblichen Bedürfnisse bedeuten.

Vermischung der Aufgabenbereiche

Nach Ansicht unter anderem des OLG Köln[700] obliegt die Lastenhefterstellung grundsätzlich dem Auftraggeber. Zugleich wird aber vom Auftragnehmer verlangt, die betrieblichen Bedürfnisse zu ermitteln. Diese beiden Aufgabenbereiche überschneiden sich weitgehend, weshalb eine Abgrenzung der beiden Bereiche kaum noch möglich wäre. Sofern der Anbieter die betrieblichen Bedürfnisse ermitteln muss (und auch später bei der Formulierung des Lastenhefts mitzuwirken hat), stellt sich die Frage, welchen Inhalt noch die Aufgabe des Anwenders, das Anforderungsprofil zu erstellen, haben kann. Die Ermittlung der Anforderungen macht gerade den umfangreichsten Teil der Lastenhefterstellung aus. Die Folge wäre, dass die ursprüngliche Obliegenheit des Bestellers auf diese Weise faktisch auf den Anbieter übertragen würde.

Möglicher Grund für strenge Rechtsprechung

Der Grund, weshalb die Rechtsprechung zumindest im kaufrechtlichen Zusammenhang den Anbieter so sehr in die Pflicht genommen hat, könnte mit unter darin liegen, dass die Gerichte in der Rückabwicklung des Vertrags ein Ergebnis sahen, welches keine der Parteien zu hart trifft. Der Anwender musste keine Software bzw. EDV-Anlage bezahlen, mit der er nichts anfangen konnte und dem Anbieter entstand in der Regel kein größerer Schaden, als eben einen Verkauf weniger abgeschlossen zu haben – lässt man den Wertverlust der Kaufsache einmal außer Betracht. Dieser Gedanke lässt sich allerdings nicht auf Softwareerstellungsverträge übertragen. Denn der Anbieter hat hier unzählige Stunden und entsprechenden Aufwand in die Erstellung der Software investiert. Eine Rückabwicklung des Vertrags bedeutet für ihn einen immensen Schaden. Auch in diesem Punkt unterscheidet sich die Konstellation eines Kaufvertrags gegenüber dem Softwareerstellungsprojekt.

v. Zwischenergebnis

Sind im Lastenheft fachliche Anforderungen ungenau beschrieben und erkennt dies der Anbieter, hat er den Besteller auf den Konkretisierungsbedarf aufmerk-

700 OLG Köln v. 18.06.1993 – 19 U 215/92, CR 1993, 624; v. 06.03.1998 – 19 U 228/97, CR 1998, 459 = NJW-RR 1999, 51; v. 29.07.2005 – 19 U 4/05, JurPC 16/2006.

sam zu machen, wenn es sich dabei um Anforderungen von wesentlicher Bedeutung handelt. Das gleiche gilt, wenn der Anbieter Lücken in der Leistungsbeschreibung erkennt.

Es besteht jedoch keine generelle Verpflichtung des Anbieters, ungefragt die betrieblichen Bedürfnisse, Wünsche und Vorstellungen des Bestellers zu ermitteln.[701] Es bleibt bei der grundsätzlichen Verantwortungsverteilung, nach der der Auftraggeber für die Bestimmung der Zielvorgaben, die Erfassung der Betriebsabläufe und fachlichen Anforderungen und für die Erstellung des Lastenhefts verantwortlich ist und der Auftragnehmer für die DV-technische Lösung der gestellten Aufgabe einzustehen hat.[702] Diese Verantwortungsverteilung entspricht auch den jeweiligen Kenntnisständen der Vertragspartner. Insofern kann der Rechtsprechung des OLG Köln,[703] OLG Koblenz[704] sowie OLG Düsseldorf[705] nicht gefolgt werden.

Anderes kann dann gelten, wenn der Auftragnehmer die Anforderungsermittlung freiwillig übernimmt oder einen besonderen Vertrauenstatbestand beim Besteller auslöst, beispielsweise, indem er sich von sich aus beim Besteller oder dessen Mitarbeitern nach den betrieblichen Bedürfnissen erkundigt.[706]

Handelt es sich bei den konkretisierungsbedürftigen bzw. nicht beschriebenen Anforderungen um solche, die nicht von wesentlicher Bedeutung für den Besteller sind, ist auf die zweite bzw. dritte Stufe des Mangelbegriffs zurückzugreifen.

(2) Drängen auf Erstellung des Lastenhefts

Das OLG Köln[707] verlangt als weitere Mitwirkungshandlung des Herstellers, den Besteller zu drängen, seine innerbetrieblichen Bedürfnisse, Wünsche und Vorstellungen in einem Lastenheft niederzulegen. Dies wird ebenfalls mit dem EDV-Fachwissen des Anbieters und seiner Erfahrung im EDV-Bereich begründet. Vorweg ist klarzustellen, dass diese vermeintliche Verpflichtung bei mo-

701 Im Ergebnis auch: Schneider, Handbuch des EDV-Rechts, D. Rn. 288, 458, H. Rn. 55; Schmidt, CR 1992, 709, 713; Redeker, IT-Recht, Rn. 303; a. A. Marly, Praxishandbuch Softwarerecht, Rn. 1305.

702 So auch Koch, Computer-Vertragsrecht, Teil 1, Rn. 16.

703 OLG Köln v. 18.06.1993 – 19 U 215/92, CR 1993, 624; v. 06.03.1998 – 19 U 228/97, CR 1998, 459 = NJW-RR 1999, 51; v. 29.07.2005 – 19 U 4/05, BeckRS 2005 10355, S. 6 = JurPC 16/2006.

704 OLG Koblenz v. 11.11.1988 – 2 U 4/86, CR 1990, 41.

705 OLG Düsseldorf v. 10.12.1993 – 17 U 33/93, CR 1994, 351 = Zahrnt, ECR, OLG 144.

706 Vgl. OLG Köln v. 08.05.1992 – 19 U 234/91, CR 1992, 607.

707 OLG Köln v. 18.06.1993 – 19 U 215/92, CR 1993, 624; v. 06.03.1998 – 19 U 228/97, CR 1998, 459 = NJW-RR 1999, 51; v. 29.07.2005 – 19 U 4/05, JurPC 16/2006.

dernen Vorgehensmodellen schon nicht in Betracht kommt, weil ein Lastenheft meist nicht vorgesehen ist.

Betrachtet man diese Mitwirkungshandlung im Zusammenhang mit den anderen Pflichten des Mitwirkungskatalogs, stellt sie sich als in gewisser Weise widersprüchlich dar. Denn der Hersteller soll, wie soeben besprochen, ebenfalls die betrieblichen Bedürfnisse des Anwenders aufgrund seines Fachwissens zu ermitteln haben. Ermittelt der Anbieter tatsächlich die betrieblichen Bedürfnisse des Bestellers, wird er diese aufgrund ihrer Anzahl schon aus Praktikabilitätsgründen schriftlich festhalten. Dies kann er dann auch sogleich in Form des Lastenhefts tun, denn hinsichtlich der Systematik der Lastenhefterstellung kann er von seinem Fachwissen – zumindest eher als bei der Anforderungsermittlung – profitieren. Vom Anbieter einerseits die Ermittlung der betrieblichen Bedürfnisse zu verlangen, andererseits aber dann den Anwender das Lastenheft erstellen zu lassen, ist aus diesem Grund nicht sinnvoll.

Man kann diese Mitwirkungshandlung aber auch als eine allein eigenständige, vom Mitwirkungskatalog des OLG Köln losgelöste Pflicht sehen. Dann stellt sich aber die Frage, was unter „drängen" genau zu verstehen ist. Einerseits kann „drängen" als einmalige, aber nachdrückliche Aufforderung verstanden werden. Andererseits kann auch ein wiederholter Appell an den Besteller gemeint sein, etwa solange, bis dieser das Lastenheft tatsächlich erstellt:

i. „Einmaliges Drängen"

Wie oben ausgeführt,[708] hat der Auftragnehmer den – zumindest unerfahrenen – Besteller auf die Bedeutung eines Lastenhefts hinzuweisen und unter anderem darüber aufzuklären, dass die Erstellung in dessen Aufgabenbereich fällt, da ohne Lastenheft eine erfolgreiche Softwareerstellung kaum möglich ist. Mit diesem Hinweis soll ein (eventuell) bestehendes Wissensdefizit des Anwenders beseitigt werden. Der Auftragnehmer hat den Besteller über die Bedeutung des Lastenhefts derart in Kenntnis zu setzen, dass dieser die Bedeutung des Lastenhefts vollumfänglich erfassen kann. Bei ordnungsgemäßer Aufklärung dürfte darin bereits eine nachdrückliche Aufforderung zur Lastenhefterstellung zu sehen sein. Insoweit würde diese Mitwirkungshandlung also keine Abweichung zur oben diskutierten Aufklärungspflicht bezüglich der Bedeutung des Lastenhefts darstellen.

ii. „Mehrfaches Drängen"

Fraglich ist, ob der Anbieter auch mehrfach zur Lastenhefterstellung auffordern muss. Die Aufklärungspflicht bezüglich der Bedeutung des Lastenhefts trifft den

708 Siehe oben S. 150 ff.

Anbieter bereits vor Abschluss des Vertrags. Der Besteller soll so die Möglichkeit haben, auch seinen eigenen Aufwand abschätzen zu können, bevor er sich für das Projekt entscheidet. Fraglich ist aber, ob er den Auftraggeber zur Erarbeitung des Lastenhefts erneut nach Vertragsschluss hinweisen muss, wenn es bisher an einer fachlichen Spezifikation fehlt. Auch hierbei sind zwei Konstellationen voneinander zu unterscheiden:

Ist der Anbieter auf die Spezifizierung der fachlichen Anforderungen angewiesen, um die Software erstellen zu können, und hat er diese bisher nicht erhalten, muss er den Anwender zur Erstellung des Lastenhefts auffordern, um ihn im Sinne des § 642 BGB in Verzug setzen zu können. Kommt der Anwender seiner Mitwirkungsobliegenheit nicht nach, kann der Hersteller ihn nochmal gemäß § 643 BGB mit der Erklärung auffordern, dass er den Vertrag kündige, wenn die Mitwirkung nicht innerhalb einer von ihm gesetzten angemessenen Frist erfolgt. Der Anbieter muss den Besteller somit insgesamt dreimal auffordern, einmal vor Vertragsschluss und zweimal danach.

Den Besteller solange zu drängen, bis dieser das Lastenheft endlich erstellt, kann vom Anbieter nicht verlangt werden, da bereits das Gesetz lediglich eine dreimalige Aufforderung für ausreichend hält.

Schwieriger gestaltete es sich, wenn der Anbieter auch ohne Lastenheft in der Lage ist, die Software entsprechend dem Stand der Technik bei mittlerem Ausführungsstandard zu erstellen.[709] Fraglich ist dann, ob auch nach Vertragsschluss und vor Beginn der Realisierung eine weitere Aufforderung erforderlich ist. Eine Software, die lediglich dem Stand der Technik bei mittlerem Ausführungsstandard entspricht, ist aus Sicht des Anwenders grundsätzlich nicht gewünscht. Denn bei einer solchen Software sind selbstverständlich nicht sämtliche individuellen Wünsche und Anforderungen des Bestellers berücksichtigt. Letztlich würde er weniger erhalten, als er bei Spezifizierung aller seiner Anforderungen verlangen könnte. Auch in dieser Konstellation ist ein weiterer Hinweis des Anbieters erforderlich. Denn der Kunde, insbesondere wenn die Parteien keinen Aktivitäten- und Fristenplan vereinbart haben, nicht wissen wird, wann er welche Mitwirkungshandlungen vorzunehmen hat. Er muss sich darauf verlassen können, dass der Anbieter im Rahmen seines Projektmanagements ihn dann mit entsprechend ausreichender Vorlaufzeit zur jeweiligen Mitwirkung auffordert. Daher muss der Anbieter den Besteller grundsätzlich erneut zur Erstellung des Lastenhefts auffordern. Unterlässt der Anwender die Erstellung dennoch, kann der Anbieter entweder nach §§ 642, 643 BGB vorgehen oder die

709 Vgl. BGH v. 24.11.1991 – X ZR 85/90, CR 1992, 543 = NJW-RR 1992, 556; v. 16.12.2003 – X ZR 129/01, CR 2004, 490.

Software entsprechend dem Stand der Technik bei mittlerem Ausführungsstandard erstellen.

Legt man im Ergebnis den Begriff „drängen" unter Beachtung des Gesetzes aus, so hat der Anbieter den Besteller nach Vertragsschluss noch einmal auf seine Mitwirkungsobliegenheit – das Verschaffen des Lastenhefts – hinzuweisen, sofern er ohne Lastenheft keine Software erstellen kann.

Ist der Anbieter in der Lage, die Software auch ohne Lastenheft entsprechend dem Stand der Technik bei mittlerem Ausführungsstandard zu erstellen, ist eine einmalige Aufforderung ausreichend.

(3) Aufklärung von erkennbaren Unklarheiten und Bedürfnissen

Eine weitere Aufgabe des Herstellers soll sein, erkennbare Unklarheiten und Bedürfnisse aufzuklären. Richtig ist, dass der Anbieter etwa darauf hinzuweisen hat, wenn er erkennt, dass einzelne Anforderungen nicht präzise genug, falsch oder inkonsistent im Lastenheft beschrieben wurden, sofern es sich dabei um Informationen handelt, die für den Besteller von wesentlicher Bedeutung sind. Im Zweifel wird sich aus dem Umstand, dass eine Anforderung im Lastenheft angesprochen ist, bereits ergeben, dass diese für den Besteller von wesentlicher Bedeutung ist.[710] Dann liegt es am Besteller, die Hinweise des Anbieters aufzugreifen und entsprechend zu reagieren. So entsteht ein intensiver Dialog zwischen den Parteien,[711] ähnlich, wie ihn das OLG Stuttgart gefordert hat. Allerdings ginge es zu weit, von einer gemeinsamen Erstellung des Lastenhefts (mit einer gemeinsamen Verantwortung) zu sprechen.[712]

Unterlässt der Besteller eine Präzisierung, kann der Anbieter ihn entweder zur Mitwirkung auffordern oder im Hinblick auf den unpräzisen Punkt entsprechend dem Stand der Technik bei mittlerem Ausführungsstandard bzw. für die gewöhnliche Verwendung geeignet liefern.[713]

Kommt hingegen der Anbieter seiner Aufklärungspflicht hinsichtlich von ihm erkannter Fehler, Inkonsistenzen oder Unausführbarkeiten nicht nach, werden diese zu einem späteren Zeitpunkt – spätestens im Rahmen der Abnahme – auftauchen. Dann hat der Anbieter den Aufwand zu tragen, der durch die unterlassene Aufklärung zusätzlich entstanden ist. Erkennt er also Unzulänglichkeiten von wesentlicher Bedeutung, fährt er aber mit der Realisierung ohne entsprechenden Hinweis fort, hat er für diejenigen Kosten aufzukommen, die durch die

---

710 Vgl. BGH v. 09.02.1995 – VII ZR 143/93, BauR 1995, 538.

711 Vgl. OLG Stuttgart v .18.10.1988 – 6 U 64/88, CR 1989, 598.

712 Schaub, CR 1993, 329, 332; Schmidt, CR 1992, 709, 710; Zahrnt, NJW 1995, 1785, 1786.

713 Ähnlich: Schneider/v. Westphalen, Software-Erstellungsverträge, D. Rn. 285.

Verzögerung der Fehlerbehandlung entstehen. Die Kosten, die auch bei rechtzeitiger Aufklärung angefallen wären, hat er hingegen nicht zu tragen.

Mit der Formulierung „erkennbar" kommt klar zum Ausdruck, dass nicht nur über erkannte Unklarheiten aufzuklären sein soll, sondern auch über solche, die erkannt hätten werden können. Dies setzt eine Überprüfung des Lastenhefts voraus. Die Frage, ob und in welchem Maße der Hersteller ein vom Besteller erstelltes Lastenheft zu überprüfen hat, wird nachfolgend unter einem eigenen Punkt genauer untersucht.[714]

(4) Mitwirkung bei der Formulierung der Aufgabenstellung

Der Anbieter soll auch bei der Formulierung der Aufgabenstellung – also des Lastenhefts – mitzuwirken haben.

Aus praktischer Sicht versteht es sich von selbst, dass ein Mitwirken des Anbieters bei der Formulierung der Anforderungen äußerst hilfreich sein kann. Sinn und Zweck des Lastenhefts ist die Beschreibung des Leistungsgegenstands. Hierbei kann es zu Kommunikationsproblemen kommen, wenn die Parteien ein unterschiedliches Verständnis hinsichtlich einzelner Formulierungen haben.[715] Erfolgt bereits bei der Formulierung eine Absprache zwischen den Vertragspartnern, lässt sich die Gefahr unentdeckter Verständigungsprobleme eindämmen. Die Frage ist jedoch, ob der Auftragnehmer zur Mitwirkung bei der Formulierung des Lastenhefts wirklich verpflichtet ist.

Bevor man sich dieser Frage annehmen kann, ist zunächst zu klären, was unter einer „Mitwirkung bei der Formulierung der Aufgabenstellung" zu verstehen ist. Es bedeutet nicht, bei der *Ermittlung* der betrieblichen Anforderungen mitzuwirken. Bei der Formulierung der Aufgabenstellung geht es nämlich nur um das schriftliche Dokumentieren der einzelnen Anforderungen, die zuvor ermittelt worden sind. Entscheidend ist im Rahmen der Formulierung, dass die Anforderungen unter anderem konsistent, eindeutig und korrekt sind und das Lastenheft systematisch gegliedert ist.[716] Darüber hinaus ist unter Mitwirken zu verstehen, dass der Auftragnehmer das Lastenheft jedenfalls nicht (alleine) zu formulieren hat. Die Erstellung des Lastenhefts bleibt damit grundsätzlich Aufgabe des Auftraggebers. Die Mitwirkung des Auftragnehmers kann sich daher nur auf unterstützende Tätigkeiten erstrecken.

Muss der Anbieter aber tatsächlich bei der Formulierung des Lastenhefts mitwirken? Er weiß als EDV-Fachmann, dass die Formulierung der fachlichen Anforderungen in einem Lastenheft nicht einfach ist und häufig zu erheblichen

714 Siehe unten S. 217 ff.

715 Zu dieser Problematik siehe oben S. 40, Fn. 36.

716 Siehe oben S. 42 f.

Problemen führen kann. Ihm ist beispielsweise regelmäßig bekannt, auf welche Qualitätsmerkmale[717] es bei der Lastenhefterstellung ankommt und welche Gliederung sich empfiehlt. Im Hinblick auf die Methodik einer Lastenhefterstellung hat er Kenntnisse, die dem Besteller zumindest dann nicht unterstellt werden können, wenn er erstmals an einem Softwareprojekt beteiligt ist. Insoweit können sich sein Know-how und seine Erfahrung im EDV-Bereich, die als Begründung herangezogen werden, tatsächlich bemerkbar machen. In Anbetracht der wesentlichen Bedeutung der Anforderungsspezifikation ist grundsätzlich davon auszugehen, dass dem Auftragnehmer gegenüber einem unerfahrenen Besteller eine Aufklärungspflicht trifft, wonach er diesen auf die Methodik der Lastenhefterstellung in allgemeiner Form hinzuweisen hat.[718] Gemessen am Gesamtumfang des Projekts stellt diese Aufklärung generell keinen unverhältnismäßig großen Aufwand für den Auftragnehmer dar. Es versteht sich aber auch, dass diese Aufklärung hinsichtlich ihres Umfangs verhältnismäßig sein muss. Der Anbieter muss sicherlich kein mehrtägiges Seminar abhalten. Vielmehr wird er den Anwender lediglich für Problemfelder zu sensibilisieren haben. Soweit der Besteller Probleme eventuell nicht erkennt, hat die Initiative vom Auftragnehmer auszugehen.[719] Denkbar ist in diesem Zusammenhang, dem Besteller einen schriftlichen Leitfaden an die Hand zu geben, in dem die Methodik der Lastenhefterstellung allgemein zusammengefasst und beschrieben wird und in dem eventuell Muster bzw. Beispiele für die schriftliche Fixierung fachlicher Anforderungen enthalten sind. Ist ein solches Dokument einmal erstellt, zieht es wegen seiner Wiederverwendbarkeit in anschließenden Projekten praktisch keinen weiteren Aufwand mehr nach sich.

Darüber hinaus sind die Hinweise bereits vor Beginn der Formulierung durch den Besteller zu geben. Denn formuliert der Besteller seine fachlichen Anforderungen zunächst, ohne die maßgeblichen Kriterien für ein qualifiziertes Lastenheft zu kennen, wird sich erst nach der Übergabe an den Anbieter herausstellen, ob seine Formulierungen brauchbar sind. Sollte dies dann nicht der Fall sein, wären seine bis dahin angefallenen Arbeiten vergebens gewesen. In Anbetracht des verhältnismäßig geringen Aufwands erscheint eine frühe Aufklärung grundsätzlich zumutbar und erforderlich.

Sieht sich der Besteller trotz der Aufklärung des Anbieters dennoch nicht in der Lage, das Lastenheft zu erstellen, oder kommt er mit der Formulierung der Anforderungen nicht zurecht, kann er sich an den Anbieter wenden und diesen

---

717 Siehe oben S. 42, nach Fn. 48.

718 So auch Müller-Hengstenberg, CR 1995, 198, 202; Schneider, Handbuch des EDV-Rechts, D. Rn. 458.

719 Vgl. zur Aufklärungspflicht als eigeninitiierte Pflicht die Ausführungen oben S. 137.

um weitere Unterstützung (Beratung) bitten. Wie auch bei der Anforderungsermittlung hängt es dann vom Willen des Anbieters ab, ob er weitere (entgeltliche) Unterstützung leisten will oder auf einen Dritten verweist.

Diese Auffassung deckt sich im Übrigen mit der Rechtsprechung des BGH. In der „*Registrierkassen*"-Entscheidung[720] hatte der Anbieter dem Anwender Formulare zur Verfügung gestellt, die dieser ausfüllen sollte. Insoweit ging die Initiative vom Anbieter aus. Da der Anwender mit dem Ausfüllen nicht zurechtkam, hatte er den Anbieter um (weitere) Unterstützung bitten müssen.[721] Der BGH ging somit ebenfalls von einer grundsätzlichen Unterstützung des Anbieters aus, die in einer „Anleitung" zu sehen war, wie man seine Zielvorgaben zielführend beschreibt.

Im Einzelfall kann sich eine derartige Unterstützung auch aus einer Schadensminderungspflicht ableiten, nämlich dann, wenn der Anwender zur Lastenhefterstellung nicht in der Lage ist, der Anbieter wegen der Verzögerung nicht weiterarbeiten kann und aus diesem Grund sein Personal nicht einsetzen kann. Macht er dann Schadenersatzansprüche wegen der Personalkosten geltend, kann ihm möglicherweise entgegengehalten werden, er hätte den Anwender entsprechend unterstützen und so den Verzögerungszeitraum minimieren können.

(5) Organisationsvorschlag zur Problemlösung

Der Auftragnehmer soll mitunter auch Organisationsvorschläge zur Problemlösung unterbreiten. Was genau darunter zu verstehen ist, erläuterte weder das OLG Köln[722] noch das OLG Hamm[723] näher.

Offensichtlich ist, dass nicht die Organisation des Projekts gemeint ist. Insoweit liegt die Projektverantwortung (jedenfalls bei einer werkvertraglichen Konstellation) ohnehin beim Auftragnehmer.[724] Treten Probleme bei der Organisation des Projekts auf, hat der Auftragnehmer diese zu beseitigen, will er seine werkvertragliche Leistungspflicht erfüllen. Bloße Vorschläge seinerseits an den Besteller wären insoweit unangebracht.

Daher kann nur die Organisation des Betriebes des Bestellers, insbesondere der Betriebsabläufe und Arbeitsprozesse gemeint sein. In diesem Zusammenhang eine selbstständige Verpflichtung (also ohne entsprechende Beauftragung) des Auftragnehmers zur Unterbreitung von Vorschlägen anzunehmen, geht

---

720 BGH v. 13.07.1988 – VIII ZR 292/87, CR 1989, 102.

721 BGH v. 13.07.1988 – VIII ZR 292/87, CR 1989, 102, 104.

722 OLG Köln v. 29.07.2005 – 19 U 4/05, JurPC 16/2006, Abs. 34; v. 06.03.1998 – 19 U 228/97, NJW-RR 1999, 51, 52; v. 18.06.1993 – 19 U 215/92, CR 1993, 624.

723 OLG Hamm v. 23.11.1988 – 31 U 63/88, BB Beil. 15/89, 3, 4.

724 Vgl. oben S. 70.

grundsätzlich zu weit.[725] Eine Aufklärungspflicht wird sich in aller Regel nicht begründen lassen. Die Organisation eines Betriebes, einschließlich der Prozessoptimierung, ist das Kernstück unternehmerischer Tätigkeit und liegt in der Entscheidungsgewalt des Unternehmensmanagements. Sie ist von vielerlei betriebswirtschaftlichen Faktoren abhängig. Daher weiß der Besteller auch am besten Bescheid, wenn es um den status quo seiner Betriebsorganisation oder um geplante Änderungen geht. Der Auftragnehmer kennt den Betrieb des Auftraggebers zunächst überhaupt nicht, wodurch es bereits an einem Wissensgefälle fehlt, das eine Aufklärungspflicht des Anbieters begründen könnte. Denn die Aufgabe und Stärke des Anbieters, bei der ihn sein EDV-Fachwissen unterstützt, liegt in der Umsetzung betrieblicher Arbeitsprozesse in eine DV-Struktur, nicht aber in der Ermittlung oder gar im Management von Arbeitsprozessen.

Abgesehen davon dürfte es auch vom Auftraggeber leicht missverstanden werden, wenn der Softwareersteller ihm ungefragt Verbesserungsvorschläge für die Organisation seines Betriebs unterbreitet.

Etwas anderes gilt, wenn sich der Anbieter auf eine Beratung bezüglich der betrieblichen Organisation einlässt.[726] In diesem Fall gelten dann die allgemeinen Grundsätze zur Beratungshaftung,[727] weswegen er eventuell auch verpflichtet sein kann, notwendige Organisationsänderungen zu ermitteln.

Denkbar ist eine Verpflichtung zu Organisationsvorschlägen allenfalls im Zusammenhang mit dem Verkauf und der Anpassung von Standardsoftware. Hier ist der Anbieter meist auf eine bestimmte Branche bzw. ein bestimmtes Tätigkeitsfeld spezialisiert. Der Anbieter einer ERP-Lösung etwa hat möglicherweise bereits mehr Warenlager gesehen, als der Auftraggeber. Er kann mit der Optimierung von Prozessen zur Verwaltung von Lagerbeständen nachhaltiger vertraut sein. Zudem ist es denkbar, dass die Organisation des Anwenders nicht eins zu eins durch seine Standardsoftware abgebildet werden kann, eine Änderung in der Betriebsorganisation dies aber ermöglichen würde. In diesem Fall wird der Anbieter eventuell auf diesen Umstand hinweisen müssen. Auf Individualsoftware ist der Fall aber dennoch schwer übertragbar. Denn der Besteller strebt gerade eine Software an, die vollumfänglich seinen betrieblichen Bedürfnissen entspricht.

Ausnahmsweise kann eine entsprechende Aufklärungspflicht im Rahmen eines Softwareerstellungsprojekts in Frage kommen, wenn der Auftragnehmer erkennt, dass bestimmte fachliche Anforderungen DV-technisch nicht realisier-

---

725 So auch Redeker in: Schneider/v. Westphalen, Software-Erstellungsverträge, D. Rn. 10; derselbe, IT-Recht, Rn. 304.

726 Vgl. BGH v. 06.06.1984 – VIII ZR 83/83, CR 1986, 79 = NJW 1984, 2938.

727 Vgl. oben S. 142 ff.

bar sind.[728] Manchmal lässt sich dieses Problem durch eine kleine Änderung der Betriebsabläufe oder der Systemumgebung umgehen. Ob und wie dies möglich ist, kann der Besteller nicht beurteilen. Er wird häufig nicht einmal wissen, weshalb sich seine Anforderung nicht umsetzen lässt. Daher liegt es beim Anbieter, entsprechend über mögliche Alternativen aufzuklären.[729] Das gleiche wird man annehmen dürfen, wenn bestimmte fachliche Anforderungen DV-technisch nur sehr schwierig und damit auch nur sehr teuer umzusetzen sind und eine Abänderung der betrieblichen Organisation zu einer günstigeren Alternative führen würde. Auch in diesem Fall kann vom Anbieter ein entsprechender Hinweis zu erwarten sein. Voraussetzung ist aber, dass der Anbieter den Alternativweg auch als solchen aus betriebswirtschaftlicher Sicht erkennen kann.

d. Zusammenfassung

Den Anbieter können Informations- und Mitwirkungspflichten treffen:

Erkennt er, dass im Lastenheft dargestellte fachliche Anforderungen *nicht detailliert* beschrieben sind, hat er auf den Konkretisierungsbedarf hinzuweisen und zur Konkretisierung aufzufordern, sofern es sich dabei erkennbar um Anforderungen von wesentlicher Bedeutung handelt.

Bezüglich alternativer DV-technischer Lösungswege bestehen hingegen keine Informationspflichten, sofern kein bestimmter Lösungsweg vereinbart wurde. Vielmehr steht die Wahl im Ermessen des Anbieters. Benötigt der Anbieter weitere Informationen zur DV-technischen Umsetzung von fachlichen Anforderungen, hat er sich diese vom Besteller zu verschaffen.

Die Ermittlung der betrieblichen Bedürfnisse des Bestellers obliegt prinzipiell nicht dem Anbieter. Insbesondere auf die Laien-Stellung des Anbieters, auf die die meisten Gerichte abgestellt haben, lässt sich heute nicht mehr ohne weiteres zurückzugreifen. Abgesehen davon besteht im Hinblick auf die *betrieblichen* Bedürfnisse kein Wissensgefälle zulasten des Anwenders. Es bleibt somit bei der allgemeinen Verantwortungsverteilung, wonach der Besteller für die fachlichen Anforderungen, der Anbieter für deren technische Umsetzung verantwortlich ist. Ein anderes Ergebnis kommt nur dann in Betracht, wenn der Anbieter die Ermittlung – etwa im Rahmen eines Beratungsverhältnisses – frei-

---

728 Thewalt, Der SW-Erstellungsvertrag nach der SRM, S.157; Redeker in: Schneider/v. Westphalen, Software-Erstellungsverträge, D. Rn. 10, 173.

729 Vgl. zum Verhältnis Bauherr und Architekt BGH v. 08.01.1998 – VII ZR 141/97, MDR 1998, 590: „Wünscht der Auftraggeber eine andere Art der Gestaltung (hier: Zugang zum Aufzug über das Haupttreppenhaus statt über das Nebentreppenhaus), ist der Architekt verpflichtet, den Auftraggeber über die technischen Möglichkeiten aufzuklären, mit denen dessen Zielvorstellungen verwirklicht werden können."

willig übernommen hat. Erkennt der Anbieter *Lücken*, *Fehler* oder *Inkonsistenzen* im Lastenheft, hat er auf diese hinzuweisen, sofern sie erkennbar von wesentlicher Bedeutung für den Besteller sind. Anderenfalls sind die Lücken durch einen Rückgriff auf die Eignung zur vertraglich vorausgesetzten bzw. gewöhnlichen Verwendung zu schließen. Unterlässt der Anbieter entsprechende Hinweise, hat er für die durch die unterlassene Aufklärung zusätzlich entstehenden Kosten einzustehen.

Der Anbieter hat den Besteller zur Lastenhefterstellung zu *drängen*, indem er ihn hierzu mehrfach auffordert. Kann der Anbieter die Software nicht ohne Lastenheft erstellen, muss er den Auftraggeber *zweimal* nach Vertragsschluss auffordern. Kann er hingegen mit den ihm zur Verfügung stehenden Informationen bereits eine Software entsprechend dem Stand der Technik bei mittlerem Ausführungsstandard erstellen, bedarf es grundsätzlich nach Vertragsschluss nur *einer* Aufforderung im Rahmen des Projektmanagements. Denn der Anwender darf erwarten, rechtzeitig auf seine Mitwirkungshandlung hingewiesen zu werden, wenn der Anbieter den Projektverlauf koordiniert.

Die Mitwirkung des Anbieters bei der *Formulierung der Anforderungen* bedeutet nicht, dass er das Lastenheft zu erstellen hat. Er hat dem Besteller lediglich zu zeigen, wie man ein Lastenheft ordnungsgemäß erstellt. Um dem Auftraggeber unnötigen Aufwand zu ersparen, hat die Mithilfe bereits vor Beginn der Erstellung zu erfolgen. Kommt der Anwender dennoch mit der Erstellung nicht zurecht, kann der Anbieter ihm weitere Unterstützung zukommen lassen.

Anders als im Zusammenhang mit Standardsoftware und bei freiwilliger Übernahme können vom Anbieter einer Individualsoftware grundsätzlich keine *Vorschläge zur Betriebsorganisation* des Bestellers verlangt werden. Lediglich, wenn Anforderungen (wirtschaftlich) nicht zu realisieren sind, kann er verpflichtet sein, auf Alternativen hinzuweisen.

4. Prüfungspflichten

Relevante Unzulänglichkeiten zeigen sich stets im Laufe des Projekts. Der Aufwand, der durch die Behebung einer unzulänglichen Leistungsbeschreibung entsteht, ist umso größer, je später sie zu Tage tritt. Die Parteien werden dann darüber streiten, wer diese Unzulänglichkeit zu vertreten hat und damit die zusätzlich anfallenden Kosten zu tragen hat. Grundsätzlich ist der Auftraggeber für das Lastenheft und somit auch für darin enthaltene Unzulänglichkeiten verantwortlich. Allerdings nimmt die Rechtsprechung, wie bereits angedeutet, unter bestimmten Umständen eine Prüfungspflicht des Anbieters an. Danach soll der Anbieter das vom Besteller erarbeitete Lastenheft vor Beginn der Realisierung zunächst zu überprüfen und auf Unzulänglichkeiten bzw. Bedenken hinzuweisen haben, um eine möglichst frühe Korrektur zu ermöglichen. Dementsprechend wird nachfolgend der Frage nachgegangen, inwieweit eine solche rechtliche Verpflichtung tatsächlich besteht. Dabei ist zwischen der Prüfung des Lastenhefts in Bezug auf die Realisierbarkeit der beschriebenen fachlichen Anforderungen einerseits und sonstiger Unzulänglichkeiten anderseits zu unterscheiden.

a. Prüfungspflicht bzgl. Realisierbarkeit

Schließt der Anbieter auf Basis eines *bei Abschluss des Vertrags* übergebenen Lastenhefts einen Softwareerstellungsvertrag mit dem Kunden ab, verpflichtet er sich damit zur Herstellung und Verschaffung des individuellen Werkes, welches die im Lastenheft beschriebene Beschaffenheit aufweist. Erfüllt die Software nicht sämtliche im Lastenheft beschriebenen Anforderungen und Funktionen, ist sie gemäß § 633 Abs. 2 Satz 1 BGB mangelhaft. Stellt sich heraus, dass das Werk nicht durch den Auftragnehmer erstellt werden kann, ist die Leistung bereits bei Vertragsschluss und damit von Anfang an unmöglich.[730] Eine Nachbesserung kommt nicht in Betracht und der Werkunternehmer wird von seiner Hauptleistungspflicht befreit (§§ 311a Abs. 1, 275 BGB). Der Besteller kann jedoch gemäß §§ 634 Nr. 3, 326 Abs. 5 BGB vom Vertrag zurücktreten, woraufhin alle bisher erlangten Leistungen zurückzugewähren sind und somit der bisherige Aufwand des Anbieters unvergütet bleibt. Allerdings ist zu beachten, dass meist nur einzelne Anforderungen nicht DV-technisch umsetzbar sein werden, nicht das gesamte Lastenheft. Gemäß § 326 Abs. 5 HS 2 i.V.m. § 323 Abs. 5 Satz 1 BGB ist dann zu prüfen, wie wichtig die unausführbaren Anforderungen für den Auftraggeber sind. Nur wenn sie einen so hohen Stellenwert einnehmen, dass die Software ohne diese Anforderungen keinen Wert mehr für den Besteller hat, kommt ein Rücktritt vom gesamten Softwareerstellungsvertrag in Betracht.

Daneben kann der Anbieter gegenüber dem Besteller schadenersatzpflichtig sein. Er haftet gemäß § 311a Abs. 2 Satz 1 BGB nur dann nicht für das positive Interesse des Bestellers, wenn er das Leistungshindernis bei Vertragsschluss nicht kannte und er seine Unkenntnis auch nicht zu vertreten hatte. Fahrlässige Unkenntnis bestimmt sich dabei nach §§ 276 ff. BGB. Die Unkenntnis des Auftragnehmers darf nicht darauf beruhen, dass er sich nicht mit der im Verkehr erforderlichen Sorgfalt Kenntnis über die Umsetzbarkeit der gewünschten Leistung verschafft hat.[731] Nach der im Verkehr erforderlichen Sorgfalt hat ein Werkunternehmer stets vor Vertragsabschluss zu überprüfen, ob er überhaupt in

730 Vgl. zur (anfänglichen) Unmöglichkeit etwa: OLG Frankfurt v. 23.11.1983 – 21 U 236/82, BB 1984, 300; OLG Hamm v. 08.08.2007 – 12 U 26/07, CR 2008, 77.

731 MünchKomm./Ernst, § 311a Rn. 50.

der Lage ist, den beabsichtigten Leistungserfolg zu erbringen.[732] Der Softwarehersteller wird damit in der Regel nur dann keiner Haftung ausgesetzt sein, wenn er darlegen und beweisen kann,[733] bei Vertragsabschluss die fehlende Realisierbarkeit der fachlichen Vorgaben nicht gekannt zu haben und diese auch nicht habe erkennen müssen. Gelingen wird dies nur, wenn er das Lastenheft einer Überprüfung unterzogen hat. Insoweit kann man von einer Obliegenheit des Auftragnehmers sprechen.[734] Denn der Auftraggeber kann den Anbieter zwar nicht gerichtlich zwingen, sich Kenntnis über etwaige Leistungshindernisse zu verschaffen. Unterlässt es der Anbieter aber, können ihm hieraus Nachteile entstehen. Insoweit ist der Anbieter also dafür verantwortlich, die im Lastenheft beschriebenen Anforderungen auch umzusetzen. Das bedeutet für den Besteller, dass er nicht für solche Unzulänglichkeiten des Lastenhefts verantwortlich ist, die unausführbar sind.

Im Übrigen wird der Anbieter das Lastenheft ohnehin bereits für die Ausarbeitung eines Vertragsangebots durcharbeiten müssen, sofern es vor Abschluss des Softwareerstellungsvertrags übergeben wurde.

Wird das Lastenheft erst *nach Vertragsschluss* vom Besteller erstellt, dem Auftragnehmer übergeben und von diesem anstandslos akzeptiert, ist der Anbieter ebenso wie bei vorvertraglicher Übergabe des Lastenhefts aufgrund dessen Verbindlichkeit[735] verpflichtet, die darin beschriebene Aufgabe umzusetzen. Stellt sich später heraus, dass bestimmte Anforderungen nicht umsetzbar sind, liegt ebenfalls ein Fall von Unmöglichkeit vor. Insoweit kann auf das bereits Ausgeführte verwiesen werden. Erstellt der Auftraggeber erst nach Vertragsschluss das Lastenheft, obliegt dem Anbieter ebenso eine Prüfung desselben bezüglich der Realisierbarkeit der darin beschriebenen fachlichen Anforderungen.

Zusammenfassend lässt sich festhalten, dass der Anbieter grundsätzliche das vom Anwender erstellte Lastenheft im Hinblick auf die Realisierbarkeit der darin beschriebenen Anforderungen und Funktionen zu überprüfen hat. Anderenfalls geht er das Risiko ein, sich zur Lieferung einer Software zu verpflichten, die mit einem nicht behebbaren Mangel versehen ist, der wiederum den Auftraggeber zum Rücktritt und eventuell zum Schadenersatz berechtigen kann. Demzufolge ist der Besteller auch nicht für unausführbare Anforderungen im Lastenheft verantwortlich.

---

732 Redeker in: Schneider/v. Westphalen, Software-Erstellungsverträge, D. Rn. 416; Koch, Computer-Vertragsrecht, Teil 1, Rn. 15.

733 Zur Darlegungs- und Beweislast: Marly, Praxishandbuch Softwarerecht, Rn. 1183.

734 Im Ergebnis ähnlich: Intveen/Lohmann, CR 2003, 640, 643; Malzer, Der Softwarevertrag, S. 277 f.

735 Siehe oben S. 111 ff.

b. Prüfungspflicht bzgl. sonstiger Unzulänglichkeiten/ Vertragszweckerreichung

Damit ist allerdings noch nicht geklärt, ob der Anbieter das Lastenheft auch in Bezug auf potentielle Lücken, Fehler, ungenaue Beschreibungen und Inkonsistenzen hin zu überprüfen hat und für einen entsprechenden Mehraufwand verantwortlich sein kann. Auch die Eignung der Vorgaben zur Erreichung des Vertragszwecks kann einer Prüfungspflicht des Anbieters unterliegen. Eine Prüfungs- und Hinweispflicht könnte sich ausdrücklich aus dem Vertrag, aufgrund eines Beratungsverhältnisses wie auch als vertragliche Nebenpflicht ergeben.

(1) Ausdrückliche Vertragsregelung

Die Vertragspartner können ausdrücklich eine vertragliche Vereinbarung treffen, wonach der Anbieter das vom Besteller erarbeitete Lastenheft zunächst zu überprüfen hat.[736] Bei der Festlegung der Regelung sollte darauf geachtet werden, auch den Prüfungsumfang genau zu definieren.

(2) Prüfungspflicht aufgrund eines Beratungsverhältnisses

Abhängig von den Umständen des Einzelfalls kann der Anbieter aber auch stillschweigend einen Vertrauenstatbestand schaffen, aufgrund dessen der Anwender davon ausgehen darf, der Anbieter werde seine fachlichen Vorgaben überprüfen.[737] Ein solcher Vertrauenstatbestand kann sich insbesondere aus einem zwischen den Vertragspartnern bestehenden (konkludenten) Beratungsverhältnis[738] ergeben. Umso intensiver sich das Beratungsverhältnis darstellt und umso mehr der Anwender deshalb auf die Überprüfung des Anbieters vertrauen darf, desto ausgeprägter wird die Prüfungspflicht des Anbieters sein.[739] War der Anbieter beispielsweise bei der Ermittlung der Anforderungen nicht beteiligt, dann wird man von ihm in der Regel eine Überprüfung des Lastenhefts auf die Vollständigkeit aller fachlichen Anforderungen hin nicht erwarten können. Etwas anderes könnte etwa bezüglich der Verständlichkeit und Eindeutigkeit der fachlichen Anforderungen gelten.

---

736 Grapentin/Schultze-Melling (BeckOF, 9.1.1, § 8 Abs. 1) schlagen beispielsweise folgende Formulierung vor: „Der Auftragnehmer hat das Lastenheft auf dessen Vollständigkeit, Eindeutigkeit, Schlüssigkeit und technische Umsetzbarkeit überprüft und wird auf dessen Grundlage das Pflichtenheft erstellen.“ (Hervorhebung durch den Verfasser).

737 Vgl. BeckOK Bamberger/Roth/Voit BGB, § 631 Rn. 49.

738 Siehe oben S. 144

739 Vgl. Zahrnt, NJW 2000, 3746, 3748.

Im Zusammenhang mit Softwareerstellungsprojekten wird man in der Praxis im Grunde bei nahezu allen Projekten ein Beratungsverhältnis annehmen können. Allerdings hängt es ausgehend von der Intensität des Beratungsverhältnisses vom Einzelfall ab, ob und in welchem Umfang der Auftraggeber auf die Überprüfung durch den Anbieter vertrauen darf. Alleine das Bestehen eines Beratungsverhältnisses begründet allerdings nicht auch zwingend eine Prüfungspflicht. Beispielsweise hatte das *OLG Frankfurt*[740] eine Prüfungspflicht des Softwareerstellers aufgrund eines besonderen Vertrauenstatbestandes geprüft, im konkreten Fall jedoch abgelehnt. Der Senat führte zur Begründung eines fehlenden Vertrauenstatbestands aus, das Projekt habe sich auf dem Fachgebiet der Kläger (Anwender) bewegt, weshalb bei diesen ein hoher Sachverstand bestanden habe. Zum einen waren alle Vorgaben der Kläger in sich sinnvoll, zum andern hatten sich diese auch nicht an eine erfahrene Fachfirma gewandt, sondern bei einer studentischen Zeitarbeitsvermittlung um Vermittlung eines Aushilfsprogrammierers gebeten.[741]

Zusammenzufassen ist, dass eine Überprüfung des Lastenhefts durch den Anbieter ausdrücklich zwischen den Parteien vereinbart werden kann. Auch konkludent kann diese Verpflichtung entstehen, wenn ein entsprechender Vertrauenstatbestand geschaffen worden ist. Die Prüfungspflicht kann sich hierbei je nach Einzelfall auch auf sonstige Unzulänglichkeiten in der Leistungsbeschreibung beziehen, wie Lücken, Fehler, ungenaue Beschreibungen und Inkonsistenzen. In welchem Umfang dabei das Lastenheft einer Überprüfung zu unterziehen ist, hängt von den Umständen des Einzelfalls ab.

(3) Prüfung als selbstständige Pflicht

Fehlt es aber an einem Beratungsverhältnis, wird dennoch vielfach die Ansicht vertreten, es bestünde eine selbstständige, nebenvertragliche Verpflichtung des Anbieters, das Lastenheft ungefragt zu überprüfen. Problematisch ist hierfür vor allem eine entsprechende Rechtsgrundlage. In Betracht kommt insbesondere die aus §§ 4 Nr. 3, 13 Nr. 3 VOB/B abgeleiteten Prüfungs- und Hinweispflicht. Ferner wurde § 645 BGB als Rechtsgrundlage herangezogen. Möglicherweise lässt sich darüber hinaus aus der allgemeinen Aufklärungs- oder der Mitwirkungspflicht eine Verpflichtung zur Lastenheftüberprüfung ableiten. Höchstrichterliche Rechtsprechung zu dieser Problematik aus dem IT-Bereich existiert bislang nicht.

---

740 OLG Frankfurt v. 15.06.1988 – 13 U 151/87, CR 1990, 127.

741 OLG Frankfurt v. 15.06.1988 – 13 U 151/87, CR 1990, 127, 130; zur Prüfungspflicht außerhalb des Auftragsumfangs siehe in baurechtlichem Zusammenhang: BGH v. 03.05.2000 – X ZR 49/98, NZBau 2000, 328, 329.

i. Analoge Anwendbarkeit der §§ 4 Nr. 3, 13 Nr. 3 VOB/B

Die Rechtsprechung des BGH kennt insbesondere aus dem Bereich des Baurechts Prüfungs- und Hinweispflichten des Werkunternehmers bezüglich der Vorgaben des Bestellers.[742] Der BGH hat den in §§ 4 Nr. 3, 13 Nr. 3 VOB/B verkörperten Rechtsgedanken als allgemeinen Grundsatz fortentwickelt. Ob die aus §§ 4 Nr. 3, 13 Nr. 3 VOB/B abgeleiteten Prüfungs- und Hinweispflichten auch auf das vom Besteller erstellte Lastenheft übertragbar sind, ist Gegenstand der nachfolgenden Ausführungen. Dabei werden zunächst die VOB/B, die darin verankerte Prüfungs- und Hinweispflicht und deren Umfang näher behandelt. Daran anschließend wird die Übertragbarkeit dieser Grundsätze auf das Lastenheft als Leistungsbeschreibung in Softwareerstellungsprojekten eingegangen:

Allgemein zur VOB/B

Bei den VOB/B (Vergabe- und Vertragsordnung für Bauleistungen Teil B: Allgemeine Vertragsbedingungen für die Ausführung von Bauleistungen) handelt es sich um ein vorformuliertes Vertragswerk, welches öffentliche Auftraggeber in Bauverträgen zu verwenden haben. Aber auch im privatrechtlichen Bereich wird häufig auf die VOB/B zurückgegriffen, da sie die gesetzlichen Regelungen in vielerlei Hinsicht ergänzen. In den VOB/B sind Regelungen zu einer Prüfungs- und Hinweispflicht des Auftragnehmers enthalten, die sich unter anderem mit der Leistungsbeschreibung sowie Anordnungen des Auftraggebers befassen. Nach § 4 Nr. 3 VOB/B hat der Auftragnehmer dem Auftraggeber unverzüglich mitzuteilen, wenn er Bedenken gegen die vorgesehene Art der Ausführung, gegen die Güte der vom Auftraggeber gelieferten Stoffe oder Bauteile oder gegen die Leistungen anderer Unternehmer hat. Sind Mängel des Werkes auf die Leistungsbeschreibung oder auf Anordnungen des Auftraggebers zurückzuführen, haftet der Auftragnehmer gemäß § 13 Nr. 3 VOB/B, es sei denn, er hat die ihm nach § 4 Nr. 3 VOB/B obliegende Mitteilung gemacht. Dies wiederum setzt eine Überprüfung der Leistungsbeschreibung und der Anordnungen des Auftraggebers voraus,[743] um entsprechende Hinweise überhaupt erteilen zu können und

---

742 Z.B.: BGH v. 08.11.2007 – VII ZR 183/05, NJW 2008, 511; v. 12.12.2001 – X ZR 192/00, NJW 2002, 1565; v. 11.10.1990 – VII ZR 228/89, CR 1991, 467, v. 02.11.1995 – X ZR 81/93, NJW-RR 1996, 789; 11.10.1990 – VII ZR 228/89, CR 1991, 467 = NJW-RR 1991, 276; v. 23.10.1986 – VII ZR 267/85, NJW 1987, 644; v. 23.10.1986 – VII ZR 48/85, NJW 1987, 643; v. 25.11.1986 – X ZR 38/85, NJW-RR 1987, 664, 665.

743 Vgl. etwa: BGH v. 08.11.2007 – VII ZR 183/05, NJW 2008, 511, 513 m. w. N.; v. 11.10.1990 – VII ZR 228/89, CR 1991, 467 = NJW-RR 1991, 276; v. 23.10.1986 – VII ZR 48/85, NJW 1987, 643; v. 23.10.1986 – VII ZR 267/85, NJW 1987, 644, 645.

auf diese Weise sein Haftungsrisiko zu minimieren. Ebenso wenig wie etwa ein Bauherr die Fähigkeit von Müllverbrennungsasche[744] als Unterlage für ein Gebäudefundament zu beurteilen in der Lage ist, kann von einem Anwender erwarten werden, beispielsweise die Vor- und insbesondere Nachzüge einer bestimmten Programmiersprache im Hinblick auf die Umsetzung seiner fachlichen Vorgaben zu kennen. Hierbei geht es um Fragen, die den Fachbereich des Auftragnehmers betreffen und damit auch in seinen Verantwortungsbereich fallen, in dem er erwartungsgemäß weit mehr Kenntnisse hat. Betroffen sind also solche Bereiche, in denen der Bauunternehmer aufgrund seiner täglichen beruflichen Tätigkeit besondere Fachkenntnisse besitzt. Im Rahmen eines Bauprojekts reichen die bautechnische Planung des Bauherrn bzw. dessen Architekten und dessen Ausführungsvorgaben weit in den Fachbereich des Bauunternehmers hinein. Daher kann der Besteller zur Sicherung des Projekterfolges die Beisteuerung dieses Fachwissen in das Vertragsverhältnis erwarten.[745] Dies gebietet ganz allgemein der Grundsatz von Treu und Glauben, denn ohne ein „Mitdenken" des Unternehmers ist der Vertragszweck gefährdet und nicht zuverlässig zu erreichen.[746]

Hat die fehlerhafte Ausführungsplanung Auswirkungen auf die Gebrauchstauglichkeit oder den Vertragszweck, stellt dies grundsätzlich eine mangelhafte Leistung des Auftragnehmers dar (§ 13 Nr. 3 VOB/B). Entstehen also beispielsweise Schäden am Fundament, weil die darunter verteilte Müllverbrennungsasche sich ausgedehnt hat, bedeutet dies einen Mangel des Werkes. Der Auftragnehmer kann sich von der eigentlich verschuldensunabhängigen Mängelhaftung jedoch exkulpieren, indem er seiner Prüfungs- und Hinweispflicht ordnungsgemäß nachkommt. Er haftet somit nicht für Mängel, die auf fehlerhafte Vorgaben des Bestellers zurückzuführen sind und deren Fehlerhaftigkeit der Unternehmer nicht erkennen musste. Ebenso kann sich der Auftragnehmer durch Hinweise auf eventuelle Bedenken gegen die Vorgaben des Auftraggebers von einer Haftung exkulpieren. Die Verletzung der Prüfungs- und Hinweispflicht stellt daher keinen die Mangelhaftigkeit begründenden Tatbestand dar. Vielmehr ist die Erfüllung der Pflicht ein Tatbestand, der von der Mängelhaftung befreit,[747] weshalb streng genommen von einer Prüfungs*obliegenheit* zu sprechen ist.

Der BGH hält den in den §§ 4 Nr. 3 und 13 Nr. 3 VOB/B verankerten Grundsatz auch in einem allein nach bürgerlichem Recht zu beurteilenden

744 Vgl. BGH v. 12.05.2005 – VII ZR 45/04, NZBau 2005, 456.
745 BGH v. 02.11.1995 – X ZR 81/93, NJW-RR 1996, 789, 791.
746 Staudinger/Peters/Jacoby, § 633 Rn. 63.
747 BGH v. 08.11.2007 – VII ZR 183/05, NJW 2008, 511, 513 Rn. 22.

Werkvertrag für einschlägig.[748] Unterstellt man den Softwareerstellungsvertrag dem Werkvertragsrecht, liegt der Schluss nahe, der Auftragnehmer habe das Lastenheft, welches die zu erbringende Leistung beschreibt, sowie dessen Anordnungen und Vorgaben zu prüfen und bei Bedenken entsprechende Hinweise zu erteilen. Wendet man über § 651 BGB Kaufrecht an, ist fraglich, ob sich dieser Grundsatz auch darauf übertragen lässt. § 651 BGB verweist allerdings auch auf § 645 BGB, der ebenfalls zur Begründung einer Prüfungspflicht herangezogen wird.[749]

Umfang der Prüfungs- und Hinweispflicht

Ihre Grenzen findet die Prüfungs- und Hinweispflicht in der Zumutbarkeit, wie sie sich nach den besonderen Umständen des Einzelfalls darstellt.[750]

> „Was hiernach zu fordern ist, bestimmt sich u. a. nach dem von dem Unternehmer zu erwartenden *Fachwissen* (…), nach seiner *Kenntnis vom Informationsstand des Vorunternehmers* und überhaupt durch alle *Umstände*, die für den Unternehmer bei hinreichend sorgfältiger Prüfung als bedeutsam erkennbar sind (…).“[751]

In Bezug auf das Fachwissen des Auftragnehmers wird lediglich ein jedem Fachmann bekanntes Normalwissen vorausgesetzt. Ob der Unternehmer im Einzelfall eventuell nur über eine geringere Sachkenntnis verfügt, ist dabei unbeachtlich.[752] Grundsätzlich soll sich der Auftragnehmer seiner Prüfungs- und Hinweispflicht nicht einmal dadurch entziehen können, indem er den Besteller auf seine fehlenden Erfahrungen und Kenntnisse hinweist.[753] Umgekehrt verpflichtet eine besondere Kompetenz des Auftragnehmers jedoch zu einer genaueren Prüfung.[754] Gegenstand der Prüfung sind insbesondere die Art der Ausführung und somit die vom Besteller gelieferten Planungsunterlagen.[755] Stammt die Planung von einem fachkundigen Dritten (Architekten oder planender Sonder-

---

748 BGH v. 23.10.1986, NJW 1987, 644, 645; v. 08.11.2007 – VII ZR 183/05, NJW 2008, 511, 513.

749 Siehe unten S. 230 ff.

750 BGH v. 08.11.2007 – VII ZR 183/05, NJW 2008, 511, 514; v. 23.10.1986 – VII ZR 48/85, NJW 1987, 643.

751 BGH v. 23.10.1986 – VII ZR 48/85, NJW 1987, 643 (Hervorhebungen durch den Verfasser); vgl. auch BGH v. 08.11.2007 – VII ZR 183/05, NJW 2008, 511, 514.

752 Merkens in: Kapellmann/Messerschmidt, VOB Teile A und B, VgV, VOB/B § 4 VOB/B Rn. 70.

753 BGH v. 12.05.2005 – VII ZR 45/04, NZBau 2005, 456, 458.

754 Merkens in: Kapellmann/Messerschmidt, VOB Teile A und B, VgV, § 4 VOB/B Rn. 70, 72.

755 Von Rintelen in: Messerschmidt/Voit, Privates Baurecht, § 631 Rn. 93; Fink/Klein in: Jacob/Ring/Wolf, Freiberger, Handbuch zum Baurecht, § 3 Rn. 280.

fachmann), entfällt die Prüfungsobliegenheit zwar nicht, wird aber beschränkt, weil der Auftragnehmer grundsätzlich von der Korrektheit der vom Architekten übergebenen Unterlagen ausgehen darf.[756] Die Prüfung beschränkt sich daher in der Regel auf offenkundige Fehler (Sichtprüfung),[757] insbesondere soll der Auftragnehmer nicht verpflichtet sein, besondere Kosten für eine Prüfung aufwenden zu müssen.[758]

Klarzustellen ist, dass die Prüfungsobliegenheit nur dann besteht, wenn die Leistungsbeschreibung vom Auftraggeber bzw. seinem Architekten oder planenden Sonderfachmann geliefert wurde (§ 13 Nr. 3 VOB/B). Stammt die Leistungsbeschreibung dagegen vom Bauunternehmer selbst, muss er diese natürlich nicht im Sinne einer Prüfungs- und Hinweispflicht kontrollieren. Er haftet in diesem Fall grundsätzlich ohnehin für Fehler der Leistungsbeschreibung. Die Prüfungs- und Hinweispflicht kann ihn hiervon nicht entlasten. Wirkt der Bauunternehmer an der Festlegung des Leistungsinhalts mit, soll er seine Verantwortung ebenfalls nicht abwälzen können.[759]

Vergleichbarkeit von Bau- und Softwareprojekten

Es stellt sich nun die Frage, inwieweit der in §§ 4 Nr. 3, 13 Nr. 3 VOB/B verankerte Grundsatz auf das Lastenheft im Rahmen eines Softwareerstellungsprojekts übertragbar bzw. anwendbar ist. Eine Ähnlichkeit von Bau- und Softwareprojekten besteht ohne Zweifel, wie in der juristischen Literatur mehrfach zum Ausdruck kommt.[760] Beiden ist nicht nur gemein, dass ein besonders hohes Maß an Mitwirkung des Auftraggebers für das Gelingen maßgeblich ist und dass die Projekte über einen längeren Zeitraum andauern, sondern auch, dass der Auftraggeber hier wie dort dem Auftragnehmer vorzugeben hat, wie das gewünschte Werk beschaffen sein soll. Die Ausführung überlässt er jedoch dem Auftragnehmer.[761] Somit gibt die Leistungsbeschreibung im Bauvertrag ebenfalls die

---

756 Merkens in: Kapellmann/Messerschmidt, VOB Teile A und B, VgV, § 4 VOB/B Rn. 73; von Rintelen in: Messerschmidt/Voit, Privates Baurecht, § 631 Rn. 100; die fehlerhaften Vorgaben des Bestellers werden dann über § 254 BGB berücksichtigt.

757 Von Rintelen in: Messerschmidt/Voit, Privates Baurecht, § 631 Rn. 100; Merkens in: Kapellmann/Messerschmidt, VOB Teile A und B, VgV, § 4 VOB/B Rn. 79.

758 Staudinger/Peters/Jacoby, § 633 Rn. 68.

759 Ganten/Jagenburg/Motzke, VOB/B, § 13 Nr. 3, Rn. 21.

760 Vgl. Brandi-Dohrn in: Anm. zu BGH, CR 1991, 467, 468; Kather in: Anm. zu OLG München, CR 1987, 675, 679; Malzer, Der Softwarevertrag, S. 282; Schaub, CR 1993, 329, 332; Rehmann, CR 1989, 961; Ihde, CR 1999, 409, 411 (mit Einschränkungen); Zahrnt in: Anm. zu OLG Düsseldorf, CR 1994, 404.

761 Vgl. zu den Unterschieden zwischen Bau- und IT-Projekten auch: Müller-Hengstenberg, NJW 2010, 1181, 1182.

Soll-Beschaffenheit, also die Leistungspflicht und den Leistungsumfang des Auftragnehmers wieder. Die pauschale Aussage im Baurecht, der Unternehmer habe die Leistungsbeschreibung des Auftraggebers zu prüfen,[762] legt den Schluss nahe, dies könne auch im Software-Bereich gelten. Allerdings kennt das Baurecht verschiedene Arten der Leistungsbeschreibung, die sich im Wesentlichen durch den Planungsanteil des Auftragnehmers unterscheiden.

Leistungsbeschreibung mit Leistungsverzeichnis

Zumindest im Rahmen öffentlicher Ausschreibungen, aber auch im Privaten Baurecht bildet die sogenannte Leistungsbeschreibung mit Leistungs*verzeichnis* den Regelfall. Neben einer allgemeinen Darstellung der Bauaufgabe plant der Auftraggeber (unter Zuhilfenahme eines Architekten oder Planers als Erfüllungsgehilfen) das Bauwerk im Detail. Man spricht in diesem Zusammenhang von der Ausführungsplanung.[763] Anhand der Ausführungsplanung wird jede einzelne Position des zu errichtenden Werkes in einem Leistungsverzeichnis festgeschrieben. Bei der Leistungsbeschreibung mit Leistungsverzeichnis beinhaltet die Leistungsbeschreibung somit bereits eine genaue Planung (insbesondere Pläne) hinsichtlich der bautechnischen Umsetzung. Grundsätzlich ist der Auftraggeber für die Ausführungsplanung verantwortlich und trägt damit das Risiko von Unklarheiten und Lücken.[764] Die Verantwortlichkeit des Auftragnehmers hingegen erstreckt sich auf die Umsetzung der Ausführungsplanung.[765] Da mit der Ausführungsplanung sein Fachbereich tangiert ist, hat er diesbezüglich im bereits angesprochenen Umfang eine Prüfungs- und Hinweispflicht.[766] Auch die im Zusammenhang mit den Vorgaben des Bestellers und den Vorleistungen von Drittunternehmern ergangene BGH-Rechtsprechung zeigt, dass sich diese Pflicht nur auf (bau-) technische Fragen bezieht, bezüglich derer dem Unternehmer besondere Fachkenntnisse zu unterstellen waren.[767]

762 Drossart in: Kuffer/Wirth, Handbuch des Fachanwalts Bau- und Architektenrecht, 2. Kap. B. Rn. 43.

763 Kapellmann/Messerschmidt, VOB Teile A und B, VgV, § 7 VOB/A Rn. 57.

764 Roquette, NZBau 2001, 57, 59.

765 Roquette, NZBau 2001, 57, 58; Würfele in: Kuffer/Wirth, Handbuch des Fachanwalts Bau- und Architektenrecht, 2. Kap. C. Rn. 37.

766 Siehe oben S. 224.

767 BGH v. 02.11.1995 – X ZR 81/93, NJW-RR 1996, 789, 791; v. 11.10.1990 – VII ZR 228/89, CR 1991, 467 = NJW-RR 1991, 276; v. 10.04.1975 – VII ZR 183/74, NJW 1975, 1217; v. 10.07.1975 – VII ZR 243/73, BauR 1975, 420; v. 23.10.1986 – VII ZR 48/85, NJW 1987, 643, 644.

Leistungsbeschreibung mit Leistungsprogramm

Daneben gibt es die Leistungsbeschreibung mit Leistungs*programm*. Bei dieser Art der Leistungsbeschreibung gibt der Bauherr ausschließlich die von ihm an das Bauwerk gestellten Anforderungen (Funktionen) vor, ohne auch die Ausführungsplanung zur Umsetzung dieser Anforderungen zu übernehmen. Im Falle einer auf einer Leistungsbeschreibung mit Leistungsprogramm basierenden Ausschreibung wird die gesamte Planungsleistung auf den Auftragnehmer übertragen.[768] Der Bauherr gibt damit nur noch ein konkret beschriebenes Bauziel ohne konstruktive Vorgaben vor, beispielsweise Zahl und Größe der Räume, Tragfähigkeit, Schall- und Wärmedichtung. Nicht enthalten sind aber insbesondere technische und gestalterische Lösungen der Bauaufgabe.[769] Die Entwurfs- und Ausführungsplanung wird dem Auftragnehmer übertragen, womit dieser praktisch die Aufgaben des Architekten übernimmt.[770] Da bei dieser Art der Leistungsbeschreibung nicht die Konstruktion des Bauwerkes, sondern die Funktion, die es erfüllen soll, im Mittelpunkt steht, spricht man auch von einer *funktionalen Leistungsbeschreibung*.[771] Als Beispiel lässt sich der Bau einer Anlage für Betonfertigwände anführen. Vorgegeben werden vom Auftraggeber lediglich die Maße und Formen der zu produzierenden Betonplatten, die zu verarbeitenden Materialien, Angaben zu den Fahrzeugen und Orten, mit denen bzw. an denen die Materialien angeliefert werden und die fertigen Betonplatten abgeholt werden sollen. Dem Auftragnehmer obliegt es dann, eine Anlage zu planen und zu bauen, die diesen Anforderungen gerecht wird. Damit übernimmt er neben dem Ausführungsrisiko auch das vollständige Planungsrisiko. Er muss alles planen und bauen, was für die Erreichung des Vertragszwecks erforderlich ist. Im Rahmen einer funktionalen Leistungsbeschreibung entfällt die Prüfungs- und Hinweispflicht hinsichtlich der Ausführungsplanung, weil der Anbieter die Planung selbst übernommen hat.[772]

Für das Bauprogramm (die „Wünsche") des Bauherrn ist der Auftragnehmer hingegen weiterhin nicht verantwortlich.[773] Daher müsste der Werkunternehmer im oben angeführten Beispiel nicht überprüfen, ob etwa die vom Bauherrn vorgegebenen Maße der Betonplatten korrekt sind.

768 Roquette, NZBau 2001, 57, 59; Kapellmann/Messerschmidt, VOB Teile A und B, VgV, § 2 VOB/B Rn. 249.

769 Vygen/Joussen, Bauvertragsrecht nach VOB und BGB, Rn. 835.

770 Würfele in: Kuffer/Wirth, Handbuch des Fachanwalts Bau- und Architektenrecht, 2. Kap. C. Rn. 7.

771 Kapellmann/Messerschmidt, VOB Teile A und B, VgV, § 2 VOB/B Rn. 249.

772 Siehe oben S. 225, bei Fn. 759.

773 Ganten/Jagenburg/Motzke, VOB/B, § 13 Nr. 3, Rn. 35.

Softwareerstellungsprojekt: Vergleichbarkeit zur Leistungsbeschreibung mit Leistungsprogramm

Im Rahmen eines Softwareerstellungsprojekts gibt der Besteller dem Hersteller ebenfalls die Aufgabe in Form des Lastenhefts vor. Darin werden die fachlichen Anforderungen, Funktionen und Eigenschaften beschrieben, die die zu erstellende Software erfüllen soll, vergleichbar einer funktionalen Leistungsbeschreibung im Bauprojekt. Wie diese DV-technisch umzusetzen sind, kann der Besteller in der Regel weder beurteilen noch planen, da ihm regelmäßig keine dem Architekten vergleichbare Person zur Seite steht. Regelmäßig wird ihn dies auch nicht interessieren, da für ihn ausschließlich im Vordergrund steht, dass die Software am Ende die gewünschten Funktionen erfüllt. Daher überlässt er die DV-technische Umsetzung dem Auftragnehmer. Dieser erstellt dann den Programmentwurf anhand der fachlichen Vorgaben. Der Programmentwurf ist in gewisser Weise eine Planung, die beschreibt, wie der Auftragnehmer die fachlichen Vorgaben umzusetzen gedenkt und mit der die anschließende Programmierung beschrieben wird. Sie ist mit der Ausführungsplanung im baurechtlichen Sinne vergleichbar. Insgesamt lässt sich somit eine Parallele ziehen zwischen dem Lastenheft, in dem die fachlichen Anforderungen beschrieben werden, und einer Leistungsbeschreibung mit Leistungsprogramm. Gleich dem Bauunternehmer, der die Planungsaufgabe des Bauherrn bzw. dessen Architekten übernimmt, obliegt auch dem Softwarehersteller die Planung darüber, wie die fachliche Beschreibung des Leistungsgegenstands DV-technisch umzusetzen ist, um darauf aufbauend am Ende eine entsprechende Software zu erstellen.

Softwareerstellungsprojekt: Vergleichbarkeit zur Leistungsbeschreibung mit Leistungsverzeichnis

Im Gegensatz hierzu ist eine Ähnlichkeit zur Leistungsbeschreibung mit Leistungsverzeichnis anzunehmen, wenn der Besteller über die Beschreibung seiner fachlichen Anforderungen hinaus – gegebenenfalls unter Inanspruchnahme spezialisierter Beratung – auch die Ausführungsplanung hinsichtlich der technischen Planung und Lösung übernimmt, also das Pflichtenheft (im Sinne der Informatik) erstellt. Der Softwareersteller hat dann hinsichtlich der technischen Umsetzung des Lastenhefts keinen Spielraum mehr, sondern nur noch das zu programmieren, was die technische Spezifikation des Auftraggebers ihm vorgibt, vergleichbar dem Bauunternehmer, der die Mauer exakt so hochzuziehen hat, wie es ihm der Architektenplan vorgibt. Auf der anderen Seite ist mit der DV-technischen Spezifizierung im Pflichtenheft genau sein Fachbereich betroffen. Hat ein Softwarehaus etwa einen Softwareerstellungsauftrag übernommen und ein DV-technisches Pflichtenheft erstellt, kann es die Programmierung von

Subunternehmern durchführen lassen.[774] Hinsichtlich der technischen Spezifikation hat der Subunternehmer, vergleichbar dem Bauunternehmer, ein besonderes Fachwissen, das er in den Vertrag einbringen kann und auch muss. Insoweit kann der in §§ 4 Nr. 3, 13 Nr. 3 VOB/B zum Ausdruck kommende Rechtsgedanke auch auf das Softwareerstellungsprojekt übertragen werden, allerdings nicht im Hinblick auf eine Prüfung des Lasten-, sondern des vom Besteller erstellten Pflichtenhefts, sofern (noch) ein Werkvertrag zugrunde liegt.

Zwischenergebnis

Die Prüfungs- und Hinweispflicht des Auftragnehmers, wie sie in §§ 4 Nr. 3, 13 Nr. 3 VOB/B ihren Ausdruck findet, ist nicht auf eine Überprüfung des Lastenhefts im Softwareerstellungsprojekt übertragbar. Sie bezieht sich vielmehr auf technische Planungs- und Ausführungsfragen, wie sie etwa das Pflichtenheft beschreibt, hinsichtlich derer dem Auftragnehmer Fachkenntnisse zu unterstellen sind.

Exkurs: BVB/EVB-IT

An dieser Stelle sei kurz darauf hingewiesen, dass weder in die BVB-Erstellung noch in die BVB-Planung eine den §§ 4 Nr. 3 und 13 Nr. 3 VOB/B vergleichbare Klausel enthalten ist, die eine Prüfungspflicht begründet. Laut § 3 Nr. 1 Abs. 3 BVB-Planung bzw. § 3 Nr. 1 Abs. 2 BVB-Erstellung hat der Hersteller nur dann auf Unzulänglichkeiten in den Vorgaben des Bestellers hinzuweisen, wenn er diese tatsächlich erkannt hat.[775] Diese für den Anbieter günstige Regelung wird damit begründet, eine Überprüfung führe zwangsläufig zu einer Verteuerung öffentlicher Softwareerstellungsprojekte.

Demgegenüber besagen die EVB-IT System, bei deren Erarbeitung und Formulierung die BITKOM als Vertreter der Anbieterseite nicht mehr beteiligt war, in Ziffer 6.1, der Auftragnehmer habe dem Auftraggeber unverzüglich mitzuteilen,

---

774 In einer solchen Konstellation ist dann aber auf den Vertragstyp zu achten. Neben einem Werkvertrag kommt insbesondere ein Dienstvertrag in Betracht, im Rahmen dessen eine Prüfungs- und Hinweispflicht entsprechend der §§ 4 Nr. 3, 13 Nr. 3 VOB/B zweifelhaft ist.

775 Weyer, CR 1986, 625, 628; verwendet der Hersteller die BVB als Vertragsmuster, kann die Klausel gemäß §§ 307, 310 Abs. 1 BGB unwirksam sein, weil sie auch eine Haftung für grob fahrlässiges Handeln ausschließt. Bei Verwendung durch die Öffentliche Hand ist dies allerdings nicht problematisch, da die Klausel für sie als Verwender nachteilig ist. Unwirksam ist die Bestimmung nur, wenn sie den Vertragspartner des Verwenders unangemessen benachteiligt.

> „wenn Vorgaben des Auftraggebers in nicht unwesentlichem Umfang fehlerhaft, unvollständig, widersprüchlich oder objektiv nicht ausführbar oder beigestellte Systemkomponenten nicht vertragsgemäß sind und er dies erkennt oder hätte erkennen müssen."

Die Formulierung *„oder hätte erkennen müssen"* setzt voraus, dass der Hersteller eine Prüfung vorzunehmen hat, will er dem Risiko einer Haftung wegen erkennbarer, aber von ihm nicht erkannter Fehler entgehen. Die Frage, wie detailliert diese Prüfung dann im Einzelfall zu erfolgen hat, ist den Vertragsmustern nicht zu entnehmen.

ii. § 645 BGB entsprechend

Stellenweise wird eine *selbstständige* Prüfungs- und Hinweispflicht auch aus § 645 BGB abgeleitet. Diese Norm regelt eine Ausnahme zur Vergütungsgefahr im Werkvertragsrecht. Grundsätzlich trägt der Werkunternehmer die Vergütungsgefahr bis zur Abnahme des Werkes, § 644 BGB. Wird die Ausführung des Werkes vor der Abnahme unmöglich oder verschlechtert oder geht das Werk vor der Abnahme unter, hat er prinzipiell keinen Anspruch auf seinen Werklohn. Ausnahmsweise soll gemäß § 645 Abs. 1 BGB jedoch der Unternehmer einen der geleisteten Arbeit entsprechenden Teil der Vergütung verlangen können, wenn das Werk vor der Abnahme in Folge eines Mangels des von dem Besteller gelieferten Stoffes oder in Folge einer von dem Besteller für die Ausführung erteilten Anweisung untergegangen, verschlechtert oder unausführbar geworden ist und wenn Verschulden des Unternehmers ausscheidet. Ist die Verschlechterung oder der Untergang jedoch vom Unternehmer zu vertreten, bleibt die Vergütungsgefahr bei ihm. Dies ist nach einhelliger Meinung etwa dann der Fall, wenn der Unternehmer nicht im Rahmen des Zumutbaren die Stoffe des Bestellers auf ihre Tauglichkeit und die Anweisungen des Bestellers nicht auf ihre Zweckmäßigkeit hin überprüft.[776]

OLG Celle, CR 1991, 610

Dementsprechend hatte das OLG Celle[777] eine Prüfungspflicht des Auftragnehmers auch in Bezug auf das Lastenheft angenommen. Im zugrunde liegenden Fall sollte der Kläger ein Steuerungsprogramm für eine Trocknungsanlage erstellen. Nachdem sich die Unbrauchbarkeit des vom Beklagten übergebenen „Lastenhefts" zu Tage trat und auf dieser Grundlage keine Software hergestellt werden konnte, erarbeitete der Kläger zunächst in Zusammenarbeit mit dem Beklagten ein neues Lastenheft und im Anschluss daran das funktionstüchtige

776 Staudinger/Peters/Jacoby, § 645 Rn. 20; MünchKomm./Busche, § 645 Rn. 10.
777 OLG Celle v. 20.02.1991 – 6 U 15/90, CR 1991, 610.

Steuerungsprogramm.[778] Auch für seine (nutzlose) Tätigkeit bis zur Erstellung des neuen Lastenhefts verlangte der Kläger die entsprechende Vergütung. Der Beklagte weigerte sich jedoch, den hierauf entfallenden Teil des Werklohns zu bezahlen, woraufhin der Kläger diesen Teil einklagte. Das Gericht ging zwar grundsätzlich vom Bestehen eines Werklohnanspruchs aus, hielt dem aber entgegen, dem Beklagten stehe ebenfalls ein Schadenersatzanspruch wegen Verletzung einer vertraglichen Nebenpflicht zu. Daher könne der Kläger den in der Zeit bis zur Erstellung des neuen Lastenhefts angefallenen Aufwand nicht vergütet verlangen. Zur Begründung stellte es auf die in § 645 BGB zum Ausdruck kommende Verantwortungsverteilung ab. Danach trage grundsätzlich der Auftraggeber zunächst alleine die Verantwortung für die Gültigkeit der Aufgabenbeschreibung samt dem dazugehörenden Zahlenmaterial, weil die darin enthaltenen Informationen ausschließlich aus seiner Sphäre kommen.[779] Ebenso träfe

> „entsprechend der Regelung des § 645 BGB (…) aber den Werkunternehmer auch die Pflicht, die ihm erteilten Anweisungen zu überprüfen und Bedenken gegen die Eignung überlassener Informationen und Anweisungen geltend zu machen.“[780]

Die Ansicht des OLG Celle verkennt jedoch, dass sich § 645 BGB dogmatisch nicht zur Begründung einer Prüfungspflicht eignet:

Anweisungen i.S.d § 645 BGB

Zum einen handelt es sich bei den im Lastenheft enthaltenen Vorgaben nicht um Anweisungen im Sinne des § 645 BGB. Solche liegen nur dann vor, wenn sie methodischer Art sind, sich also auf die Art der Ausführung, deren Zeit, Ort, Mittel oder Ablauf beziehen.[781] Anweisung i.S.d. § 645 Abs. 1 BGB meint die Aufforderung an den Werkunternehmer, die geschuldete Leistung in einer bestimmten Weise auszuführen, dem Werkunternehmer also keine andere Wahl zu lassen.[782] Dahinter steht der Gedanke grundsätzlicher Verantwortlichkeit des Werkunternehmers für die Ausführung des Werkes. Mischt sich der Besteller in dessen Aufgaben- und Verantwortungsbereich ein, indem er ihm vorschreibt, wie er das Werk zu erstellen hat, soll der Unternehmer hierfür nicht mehr uneingeschränkt haften müssen.[783] Allerdings ist nicht die Ausführungsart, sondern die Festlegung des Leistungsumfangs Inhalt des Lastenhefts. Wie der Senat

---

778 OLG Celle v. 20.02.1991 – 6 U 15/90, CR 1991, 610.

779 OLG Celle v. 20.02.1991 – 6 U 15/90, CR 1991, 610, 611.

780 OLG Celle v. 20.02.1991 – 6 U 15/90, CR 1991, 610, 611.

781 Staudinger/Peters/Jacoby, § 645 Rn. 16.

782 MünchKomm./Busche, § 645 Rn. 9.

783 Staudinger/Peters/Jacoby, § 645 Rn. 16; BeckOK Bamberger/Roth/Voit BGB, § 645 Rn. 10.

selbst festgestellt hatte, werden im Lastenheft die Erwartungen und Zielvorgaben des Auftraggebers festgehalten.[784] Das ist originäre Aufgabe des Bestellers, mit der nicht der Aufgabenbereich des Unternehmers betroffen wird.

Nichtvertretenmüssen

Zudem stellt die in Zusammenhang mit § 645 BGB häufig angesprochene Prüfungspflicht einen Unterfall des Tatbestandsmerkmals des Nichtvertretenmüssens („*ohne dass ein Umstand mitgewirkt hat, den der Unternehmer zu vertreten hat*", § 645 Abs. 1 Satz1 BGB) dar. Die Vergütungsgefahr verbleibt beim Unternehmer, wenn er eine Pflichtverletzung zu vertreten hat. Im Rahmen der Prüfung des § 645 Abs. 1 BGB ist daher festzustellen, ob eine Pflicht verletzt worden ist. Eine von mehreren in Frage kommenden Pflichtverletzungen kann eine Verletzung der Prüfungs- und Hinweispflicht sein. Diese Pflicht ist aber nicht in § 645 BGB verankert. Vielmehr leitet sie sich aus dem Grundsatz von Treu und Glauben ab, wie er in §§ 4 Nr. 3, 13 Nr. 3 VOB/B zum Ausdruck kommt.[785] § 645 BGB selbst begründet hingegen keine Prüfungs- und Hinweispflicht.[786] Insoweit kann auf die vorstehenden Ausführungen zur Anwendbarkeit der VOB/B verwiesen werden.[787]

Exkurs

Auch für den Fall, dass am anstelle des Werkvertragsrechts auf den Softwareerstellungsvertrag § 651 BGB anwendet, gelten die Ausführungen zur Prüfungs- und Hinweispflicht entsprechend. Da es sich bei Individualsoftware um eine nicht vertretbare Sache handelt, findet § 645 BGB über § 651 Satz 3 BGB Anwendung. Insoweit kann auf die vorstehenden Ausführungen zur Anwendbarkeit der VOB/B verwiesen werden.[788] Insoweit ist ebenfalls der aus §§ 4 Nr. 3, 13 Nr. 3 VOB/B abgeleitete Grundsatz der Prüfungs- und Hinweispflicht in Bezug auf das DV-technische Pflichtenheft zu beachten. Im Hinblick auf das Lastenheft ist er jedoch ebenso wenig übertragbar.

OLG Celle, CR 1995, 152

Auf diese Entscheidung verweist das OLG Celle[789] nochmals in einem späteren Urteil. Die bestellte Software sollte die Daten aus der Buchhaltung des Auftrag-

784 OLG Celle v. 20.02.1991 – 6 U 15/90, CR 1991, 610, 611.

785 Staudinger/Peters/Jacoby, § 645 Rn. 20 i.V.m. § 633 Rn. 62 ff.

786 A.A. wohl: Junker, NJW 1993, 824, 828.

787 Siehe oben S. 222.

788 Siehe oben S. 222.

789 OLG Celle v. 05.10.1994 – 13 U 17/94, CR 1995, 152 = Zahrnt, ECR, OLG 175.

gebers automatisch übernehmen. Letztlich war die Software hierzu aber nicht in der Lage,

> „weil die informationstechnischen Grundlagen (Welche Informationen werden wann an der Schnittstelle zur Verfügung gestellt? Welche Informationen benötigt das Geschäftsführungssystem? Sind diese Informationen in den Summen- und Saldenlisten der Buchhaltung der Klägerin verfügbar?) nicht hinreichend geklärt worden sind.“[790]

Die Anbieterin habe es zu vertreten, dass die Voraussetzungen für die Einführung der Software nicht hinreichend bestimmt wurden. Zum einen habe sie die Beratung der Anwenderin übernommen, wodurch spezifische Sorgfaltspflichten begründet wurden.[791] Daneben sei aber davon auszugehen,

> „daß grundsätzlich (vgl. OLG Celle CR 1991, 610) die Beklagte als Fachkundige verpflichtet ist, Informationen und Darstellungen des Kunden, der Klägerin, auf die Eignung für das geplante Vorhaben zu prüfen.“[792]

Das Gericht scheint damit eine selbstständige Überprüfungspflicht des Anbieters zu sehen und verweist dabei auf sein soeben besprochenes Urteil. Allerdings unterscheidet sich dieser Fall dadurch, dass hier die fachlichen Anforderungen überhaupt nicht zur Diskussion standen. Unstreitig sollte die bestellte Software die Buchhaltungsdaten einlesen können. Problematisch war hingegen, dass der Anbieter DV-technische Informationen und Unterlagen vom Auftraggeber benötigte, um seiner werkvertraglichen Verpflichtung nachkommen zu können. Benötigt der Anbieter Informationen, Daten oder Unterlagen, um die fachlichen Anforderungen umsetzen zu können, muss er sich i.S.d. § 642 BGB an den Auftraggeber wenden und diesen zur Übergabe derselben auffordern. Den Ausführungen des Gerichts zufolge wurden aber keine konkreten Mitwirkungshandlungen des Auftraggebers eingefordert.[793]

Zwischenergebnis

Aus § 645 BGB leitet sich keine selbstständige Prüfungs- und Hinweispflicht in Bezug auf das Lastenheft ab.

iii. Aufklärungspflicht

Ebenso wenig lässt sich eine selbstständige Prüfungs- und Hinweispflicht aus der allgemeinen Aufklärungspflicht herleiten. Wie bereits mehrfach ausgeführt, beinhaltet die nebenvertragliche Aufklärungspflicht eines Vertragspartners lediglich, auf besondere Umstände, die für den anderen Teil erkennbar von Be-

---

790 OLG Celle v. 05.10.1994 – 13 U 17/94, CR 1995, 152.
791 OLG Celle v. 05.10.1994 – 13 U 17/94, CR 1995, 152.
792 OLG Celle v. 05.10.1994 – 13 U 17/94, CR 1995, 152.
793 OLG Celle v. 05.10.1994 – 13 U 17/94, CR 1995, 152, 153.

deutung sind, hinzuweisen, um ein unbilliges Informationsgefälle auszugleichen. Inhalt einer Aufklärungspflicht ist die Zurverfügungstellung von Informationen. Die Pflicht, weitergehende Handlungen vorzunehmen, statuiert sie jedoch nicht.[794] Denn grundsätzlich ist jeder Vertragspartner für seine Entscheidungen und seinen Informationsstand selbst verantwortlich. Insbesondere verlangt die Aufklärungspflicht nicht, sich zunächst einen überlegenen Kenntnisstand zu verschaffen und über diesen dann im Anschluss den Vertragspartner aufzuklären.[795] Nichts anderes wäre aber die Überprüfung des vom Auftraggeber erarbeiteten Lastenhefts. Denn eine Überprüfung wäre weit mehr als das bloße Übermitteln von wesentlichen Informationen. Daher kann die nebenvertragliche Aufklärungspflicht keine Prüfungsverpflichtung des Anbieters in Bezug auf das vom Anwender erstellte Lastenheft begründen.[796]

iv. Mitwirkungspflicht

Des Weiteren könnte sich die Prüfungspflicht aus den nebenvertraglichen Mitwirkungspflichten ergeben.

Mitwirkungspflichten sind immer dann denkbar, wenn ein Hindernis in den Risikobereich beider Parteien fällt oder einer der Vertragspartner in primär seinem Verantwortungsbereich auf das Mitwirken des anderen angewiesen ist, um den Vertragszweck erreichen zu können, und diesem sein Mitwirken ohne Preisgabe eigener Interessen möglich und zumutbar ist.[797] Die Verantwortlichkeit hinsichtlich des Lastenhefts liegt grundsätzlich alleine in der Sphäre des Auftraggebers, weshalb er eine Mitwirkung nur dann vom Anbieter erwarten kann, wenn sie diesem ohne Preisgabe eigener Interessen möglich und zumutbar ist. Schwierigkeiten bereitet hier insbesondere die Frage der Zumutbarkeit. Zu beachten ist, dass der Anbieter sich während des Projekts ausgiebig mit dem Lastenheft beschäftigt: So hat er es etwa im Hinblick auf seine Realisierbarkeit hin zu prüfen. Darüber hinaus muss er auch prüfen, ob das Lastenheft DV-technische Vorgaben enthält. Zwar sollte im Rahmen des Lastenhefts auf DV-technische Vorgaben verzichtet werden. Dennoch kann der Auftraggeber bereits im Lastenheft, insbesondere wenn er sich der Unterstützung eines Dritten bedient, DV-technische Vorgaben gemacht haben, bezüglich derer eine aus §§ 4, 13 VOB/B abgeleitete Prüfungsobliegenheit bestehen kann. Ferner sehen die klassischen Vorgehensmodelle die Erstellung eines DV-technischen Pflichten-

794 Vgl. etwa Staudinger/Olzen § 241 Rn. 432 ff.; MünchKomm./Roth, § 241 Rn. 114 ff.

795 Ein gewisser Kenntnisstand ist ihm aber aufgrund seiner Eigenschaft als (Fach-) Unternehmer zu unterstellen, vgl. oben S. 139, bei Fn. 418.

796 Im Ergebnis auch Zahrnt, NJW 2000, 3746, 3748.

797 Vgl. oben S. 149 f.

hefts vor. Dies setzt ebenfalls eine ausführliche Auseinandersetzung mit dem Lastenheft voraus.

In Anbetracht dieser umfangreichen Beschäftigung mit dem Lastenheft erscheint es angemessen und zumutbar, die Haftung des Anbieters auch auf solche Unzulänglichkeiten zu erweitern, die er möglicherweise nicht tatsächlich erkannt hat, ihm aber bei der Durchsicht des Lastenhefts offenkundig hätten „ins Auge springen“ müssen.[798] Es geht um lediglich für jeden, in einer vergleichbaren Situation befindlichen EDV-Fachmann mühelos zu erkennende offensichtliche Unzulänglichkeiten. Die Anforderungen hieran sind niedrig einzustufen. Selbst im Zusammenhang mit der in §§ 4 Nr. 3, 13 Nr. 3 VOB/B zum Ausdruck kommenden Prüfungs- und Hinweispflicht wird hinsichtlich der auftraggeberseitigen Vorgaben lediglich eine Sichtprüfung verlangt.[799] Dabei betrifft die Prüfung dort – anders als hinsichtlich des Lastenhefts – sogar den Fachbereich des Anbieters. Aus diesem Grund können im Zusammenhang mit dem Lastenheft keine weiterreichenden Pflichten bestehen. Der Anbieter soll nur dafür einzustehen haben, was er bereits bei der Prüfung der Realisierbarkeit bzw. bei den anderweitigen Beschäftigungen mit dem Lastenheft erkennen kann. Allerdings besteht aus Sicht des Auftragnehmers die Gefahr, ein Sachverständiger könnte den Rahmen dessen, was er hätte erkennen müssen, weiter spannen, als er dies selbst getan hat.

Unterlässt der Anbieter, auf mühelos zu erkennende Unzulänglichkeiten hinzuweisen, kann er für den daraus entstehenden Schaden haften. Allerdings ist dabei immer noch zu beachten, dass die Unzulänglichkeit dennoch aus der Verantwortungssphäre des Bestellers stammt. Aus diesem Grund kann gemäß § 254 BGB ein Mitverschulden des Bestellers zu berücksichtigen sein.

Kommt es hingegen zu Mehraufwendungen, die auf Unzulänglichkeiten im Lastenheft zurückzuführen sind und die der Anbieter weder rechtzeitig erkannt hat noch hätte erkennen müssen, sind die zusätzlich durch den Mehraufwand entstandenen Kosten alleine vom Besteller zu tragen. Sofern der Besteller bei der Erarbeitung des Lastenhefts gegen seine Sorgfaltspflicht verstoßen hat, haftet er nämlich für Schäden des Werkunternehmers gemäß § 280 BGB.[800] Dies kommt insbesondere bei Pauschalpreis-Verträgen in Betracht.

---

798 Schneider, Handbuch des EDV-Rechts, H. Rn. 149; Schneider/v. Westphalen, Software-Erstellungsverträge, C. Rn. 172, 184; im Ergebnis auch: Koch, Computer-Vertragsrecht, Teil 1, Rn. 11; etwas weitergehend: Witte, ITRB 2010, 44, 45.

799 Von Rintelen in: Messerschmidt/Voit, Privates Baurecht, § 631 Rn. 100.

800 Nicklisch, BB 1979, 533, 542; BeckOK Bamberger/Roth/Voit BGB, § 642 Rn. 9; Rehmann, CR 1989, 961, 964; BGH v. 13.11.1953 – I ZR 140/52, BB 1954, 8 f.

OLG Köln, NJW-RR 1993, 1529

In diesem Zusammenhang lässt sich eine Entscheidung des OLG Köln[801] heranziehen, welche sich dadurch auszeichnet, dass das Gericht die Verletzung einer Prüfungs- und Hinweispflicht überhaupt nicht angesprochen hat. Die klagende Anbieterin sollte der Beklagten Hard- und Software liefern und sicherte dieser dabei zu,

> „daß z. B. keine für Kunden und Lieferanten erkennbaren Verzögerungen bei der Eingangsverwiegung bzw. Fakturierung entstehen."[802]

In einem nach Vertragsschluss absprachewidrig[803] erstellten und der Klägerin übersandten Lastenheft forderte die Beklagte eine Wartezeit zwischen zwei Abrechnungsvorgängen von maximal einer Sekunde anstatt der tatsächlichen sechs bis neun Sekunden.

Nach Ansicht des OLG Köln war die Software hingegen mangelfrei. Von einem EDV-erfahrenen Laien wie der Beklagten könne man

> „eine hinreichend präzise Angabe darüber, welche Leistungen die Anlage in einem bestimmten Punkt erbringen soll, erwarten. Das bedeutet, daß sie der Kl. den Ablauf an der Kasse so hätte schildern müssen, daß der Kl. hätte klar werden müssen, daß der nächste Kunde ohne jegliche Verzögerung bedient werden sollte."[804]

Die Formulierung der Beklagten „keine für Kunden und Lieferanten erkennbaren Verzögerungen" war als rein subjektiver Begriff zu unbestimmt, um ein Zeitverhalten von genau einer Sekunde zu beschreiben. Selbst als nicht EDV-sachverständig wäre es ihr ein leichtes gewesen, das gewünschte Zeitverhalten im Vertrag eindeutig zu formulieren.[805] Wenn selbst in diesem Fall dem Anbieter nicht vorgeworfen wurde, nicht auf die offensichtlich ungenaue Beschreibung des Zeitverhaltens hingewiesen zu haben, dann zeigt dies auch den äußerst engen Rahmen einer Prüfungspflicht bezüglich des Lastenhefts.

Zwischenergebnis

Aufgrund der Mitwirkungspflicht des Anbieters kann sich eine Prüfungspflicht in Bezug auf die sonstigen Unzulänglichkeiten ergeben. Allerdings beschränkt

---

801 OLG Köln v. 25.06.1993 – 19 U 216/92, NJW-RR 1993, 1529 = CR 1994, 213.

802 OLG Köln v. 25.06.1993 – 19 U 216/92, NJW-RR 1993, 1529.

803 Die Bestellerin erstellte das Lastenheft nachträglich auf eigene Initiative, ohne dass dies zwischen den Parteien abgesprochen war. Daher kam das Gericht zu dem Ergebnis, das Lastenheft habe nicht Bestandteil des Vertrags werden können, OLG Köln v. 25.06.1993 – 19 U 216/92, NJW-RR 1993, 1529, 1530.

804 OLG Köln v. 25.06.1993 – 19 U 216/92, NJW-RR 1993, 1529, 1530.

805 OLG Köln v. 25.06.1993 – 19 U 216/92, NJW-RR 1993, 1529, 1530.

sich diese auf offensichtliche, mühelos zu erkennende Unzulänglichkeiten. Muss dem Anbieter eine Unzulänglichkeit geradezu ins Auge springen, hat er für einen unterlassenen Hinweis einzustehen. Dies gilt jedoch nicht für Unzulänglichkeiten, die erst im Rahmen einer eingehenderen Untersuchung feststellbar wären.

(4) Prüfung eines von einem Dritten erstellten Lastenhefts

Hieran anschließend stellt sich die Frage, ob und wieweit eine selbstständige Prüfungspflicht besteht, wenn der Auftragnehmer weiß, dass der Auftraggeber das Lastenheft nicht alleine erstellt hat, sondern dieses durch ein weiteres Fachunternehmen hat erarbeiten lassen. Keine Probleme bestehen, wenn die Vertragsparteien auch für diesen Fall eine vertragliche Regelung getroffen haben. Fehlt aber eine entsprechende Regelung, besteht keine Prüfungspflicht des Anbieters. Zwar hat ein Unternehmer grundsätzlich die Leistungen eines Vorunternehmers dem Grundsatz von Treu und Glauben entsprechend (vgl. §§ 4 Nr. 3, 13 Nr. 3 VOB/B) insoweit zu überprüfen, als diese Einfluss auf seine eigene Werkleistung haben können.[806] Da dieser Grundsatz jedoch bereits bei einem vom Besteller selbst erarbeiteten Lastenheft keine Anwendung findet, ist er erst recht bei einem mit der Unterstützung eines anderen Fachunternehmens erstellten Lastenheft nicht anzuwenden. Neben dem Fehlen eines Wissensgefälles setzt der Besteller auch kein besonderes Vertrauen in die Fachkenntnisse des Herstellers, da er sich gerade der Hilfe eines Dritten bedient hat. Aus diesem Grund wird vielfach eine Prüfungspflicht gänzlich abgelehnt.[807]

Dieser Ansicht ist auch grundsätzlich zu folgen, allerdings mit der Einschränkung, dass die Prüfungspflicht in Bezug auf die Realisierbarkeit bestehen bleibt. Auch wenn der Besteller das Lastenheft von einem Dritt-Unternehmen erstellen lässt, bleibt der Auftragnehmer zur Herstellung des Werkes verpflichtet, wie es im Lastenheft beschrieben ist. Fehlt es an der Umsetzbarkeit, ist er hierfür nur dann nicht verantwortlich, wenn er seiner Prüfungspflicht nachgekommen ist, den Besteller auf etwaige Bedenken hingewiesen hat und dieser dennoch am Lastenheft in unveränderter Weise festhält. Enthält das Lastenheft DV-technische Vorgaben, besteht hinsichtlich dieser ebenfalls eine (abgeschwächte) Prüfungsobliegenheit.

---

806 Vgl. oben S. 222.

807 Köhler, CR 1988, 623, 628; Intveen/Lohmann, CR 2003, 640, 645; vgl. auch OLG Köln v. 08.01.1993 – 19 U 187/92, CR 1993, 563 (LS verfasst vom Vorsitzenden).

c. Ergebnis

Der Auftragnehmer übernimmt durch den Vertrag die Erstellung einer Software, die den im Lastenheft beschriebenen Anforderungen entspricht. Bevor er sich hierzu verpflichtet, obliegt es ihm zu überprüfen, ob er eine entsprechende Software überhaupt erstellen kann. Dazu muss er die Anforderungen auf ihre Realisierbarkeit hin überprüfen. Insoweit ist der Besteller für unausführbare Anforderungen in einem von ihm selbst erstellten Lastenheft nicht verantwortlich. Von dieser Prüfung nicht umfasst sind jedoch sonstige Unzulänglichkeiten im Lastenheft (Mehrdeutigkeiten, Missverständlichkeiten, Unvollständigkeiten, Inkorrektheiten, Inkonsistenzen).

Eine Prüfungspflicht kann sich auch aus dem Vertrag ergeben, entweder weil sie ausdrücklich vereinbart wurde oder weil ein Beratungsverhältnis besteht. Dabei kann aber nur anhand des Einzelfalls entschieden werden, ob der Besteller von einer Überprüfung seines Lastenhefts durch den Anbieter ausgehen durfte und wie umfangreich diese Prüfung zu erfolgen hat.

Hinsichtlich der sonstigen Unzulänglichkeiten bietet die nebenvertragliche Mitwirkungspflicht eine Rechtsgrundlage für eine (äußerst beschränkte) Prüfung. Da der Anbieter das Lastenheft ohnehin in Bezug auf die Realisierbarkeit hin zu durchleuchten hat, kann von ihm auch erwartet werden, auf augenscheinliche Unzulänglichkeiten des Lastenhefts hinzuweisen. Die Anforderungen an diese Verpflichtung sind jedoch sehr niedrig anzusetzen. Daneben lässt sich eine Prüfungs- und Hinweispflicht weder aus § 645 Abs. BGB noch aus der allgemeinen Aufklärungspflicht ableiten.

In Bezug auf ein von einem Dritt-Anbieter erstellten Lastenheft obliegt dem Hersteller lediglich eine Prüfung auf die Realisierbarkeit der beschriebenen fachlichen Anforderungen. Darüber hinaus setzt der Auftraggeber sein Vertrauen in den Dritt-Anbieter.

K. Vertragliche Lastenhefterstellung durch den Anbieter

Wie bereits mehrfach erwähnt, können die Vertragspartner die Erstellung des Lastenhefts auch vertraglich zur Aufgabe des Anbieters machen. Nichts desto trotz bleibt weiterhin die Mitwirkung des Auftraggebers, was seine Ziele, Vorstellungen und Wünsche angeht, unerlässlich.

Allerdings sollte sich der Auftraggeber genau überlegen, die Lastenhefterstellung tatsächlich aus der Hand zu geben. Zum einen kann der Anbieter die Lastenhefterstellung dazu nutzen, auch solche Funktionen und Anforderungen aufzunehmen, die der Anbieter nicht unbedingt benötigt, dies aber mangels ausreichender Beschäftigung nicht beurteilen kann. Ferner besteht die Gefahr einer möglichst ungenauen Beschreibung des Leistungsgegenstandes durch den Anbieter, um so eine spätere Kontrolle seiner Leistung zu erschweren.[808]

Entschließt sich der Besteller, das Lastenheft vom Anbieter erstellen zu lassen, kann es gleichwohl zu Problemen zwischen den Vertragspartnern kommen. Daher wird im Anschluss an eine kurze Ausführung zum Umfang des Lastenhefts (I.) zu der Frage Stellung genommen, ob der Besteller das Lastenheft zu überprüfen hat (II.). Fernerhin wurde in der Vergangenheit bereits gerichtlich diskutiert, ob der Anbieter darauf hinzuweisen hat, wenn in Vorgesprächen aufgeworfene Punkte später im Lastenheft nicht erscheinen (III.). Ausführlich wird zuletzt auf die Frage eingegangen, welche Folgen es hat, wenn der Anbieter das Lastenheft nicht erstellt, obwohl er sich hierzu vertraglich verpflichtet hat, und mit der Realisierung der Software beginnt (IV.).

I. Umfang des Lastenhefts

Das Lastenheft dient zur Festlegung des Leistungsinhalts. Daher muss sich stets aus dem Lastenheft ergeben, welche Einzelleistungen die Software mit welchen Vorgaben erbringen soll.[809] Der Anbieter hat den Vertragsgegenstand darin derart hinreichend zu beschreiben, dass die später zu liefernde Software hieran im Hinblick auf ihre Mangelfreiheit gemessen werden kann. Der Vertragsgegenstand orientiert sich wiederum an den betrieblichen Bedürfnissen des Auftraggebers. Um diese erfassen zu können, ist in aller Regel die Durchführung einer Ist-Analyse erforderlich, ohne die die beim Besteller vorhandenen Geschäftsprozes-

808 Koch, IT-Projektrecht, B. Rn. 53.

809 Vgl. OLG Düsseldorf v. 10.06.1992 – 19 U 23/91 – CR 1993, 361, 363; siehe auch oben S. 42 f.

se und Systeme nicht festgestellt werden können.[810] Im Rahmen der Anforderungsanalyse kann der Anbieter sich bestimmter Ermittlungsmethoden bedienen.[811]

Hinsichtlich des Lastenheftumfangs kann aus Sicht des Anbieters das Verlangen nach der Berücksichtigung immer weiterer Anforderungen problematisch werden. Der „worst case“ für den Anbieter liegt vor, wenn er sich zur Erstellung des Lastenhefts nach den betrieblichen Bedürfnissen des Bestellers verpflichtet hat und zugleich hierfür eine Pauschalvergütung vereinbart hat. Da die betrieblichen Bedürfnisse von den Wünschen und Vorstellungen des Bestellers abhängen, hat er auch wirklich alle Wünsche im Lastenheft zu berücksichtigen. Der Besteller kann somit immer wieder die Aufnahme weiterer Anforderungen in das Lastenheft fordern, bis er sich endlich mit dessen Inhalt als verbindlich einverstanden erklärt.[812] Eine zusätzliche Vergütung für diesen Aufwand kann der Anbieter aber nicht verlangen. Eine natürliche Eindämmung findet diese Gefahr bei einer Aufwandsvergütung. Daher ist einem Anbieter unbedingt von einer pauschalvergüteten Lastenhefterstellung abzuraten.

II. Prüfungspflicht des Auftraggebers

Erstellt der Anbieter zunächst das Lastenheft, ist fraglich, ob der Auftraggeber dieses zu prüfen und eventuell auch die Abnahme zu erklären hat. Hierbei ist zu unterscheiden, welche Vertragskonstellation jeweils vorliegt, also ob hinsichtlich der Erarbeitung des Lastenhefts ein eigenständiger Vertrag abgeschlossen oder ob sie im Rahmen eines Softwareerstellungsvertrags übernommen wurde:

1. Selbständiger Vertrag über Lastenhefterstellung

Sofern ein eigenständiger *Werkvertrag* über die Lastenhefterstellung abgeschlossen wurde, ist die Frage nach einer Prüfungspflicht des Auftraggebers unproblematisch. Er hat das Lastenheft nach seiner Fertigstellung gemäß § 640 BGB abzunehmen.[813] Der Besteller ist zwar vor der Abnahmeerklärung nicht zur Überprüfung des Werkes verpflichtet. Unterlässt er es jedoch, geht dies zu seinen Lasten.

Besteht zwischen den Vertragsparteien ein *Dienstvertrag*, handelt der Anbieter ohnehin nur auf die Weisungen des Anwenders, wodurch dieser für das Lastenheft und dessen Inhalt verantwortlich bleibt.

---

810 OLG Düsseldorf v. 10.06.1992 – 19 U 23/91, CR 1993, 361, 363.

811 Siehe oben S. 42, Fn. 43.

812 Siehe oben S. 113 ff.

813 Vgl. näher zur Abnahme unten S. 252 f.

2. Softwareerstellungsvertrag

Hat sich der Anbieter im Rahmen eines Softwareerstellungsvertrags verpflichtet, zunächst das Lastenheft zu erarbeiten und erst im Anschluss darauf aufbauend die Software zu erstellen, ist die Frage nach einer Prüfungs- und Abnahmepflicht des Anwenders etwas genauer zu betrachten. Der Softwareerstellungsvertrag ist vertragstypologisch grundsätzlich als Werkvertrag einzuordnen.[814] Verpflichtet sich der Anbieter darin unter anderem auch zur Erstellung des Lastenhefts, handelt es sich dabei nur um eine (werkvertragliche) Teilleistung des Werkvertrags. Eine Teilabnahme im Sinne des § 640 BGB kommt allerdings nur in Betracht, wenn diese vertraglich vereinbart ist.[815] Eine Vertragsauslegung kann im Einzelfall zu einer solchen Vereinbarung gelangen. In aller Regel wird der Auftraggeber aber nicht die Rechtsfolgen einer Teilabnahme, insbesondere die Beweislastumkehr und den Verjährungsbeginn, in Gang setzen wollen. Daher ist der Besteller grundsätzlich auch nicht verpflichtet, das Lastenheft als Vorleistung zu prüfen oder gar diesbezüglich die (Teil-) Abnahme zu erklären.

Hält man § 651 BGB auf den Softwareerstellungsvertrag für einschlägig, der in das Kaufrecht verweist, würde dies zu keinem anderen Ergebnis führen. Zwar kennt das Kaufrecht in § 377 HGB eine Untersuchungs- und Rügepflicht bei Handelskäufen. Diese würde sich jedoch auf die Software, nicht auf das Lastenheft beziehen. Dabei ließe sich auch nicht davon ausgehen, das Lastenheft sei bereits Teil der Software, der eventuell schon früher als die Software zu untersuchen ist. Das Lastenheft beschreibt lediglich die vertragliche Soll-Beschaffenheit, anders als etwa die Dokumentation, die den Ist-Zustand darstellt und – anders als das Lastenheft – als Bestandteil der Software angesehen wird.[816]

Wie aber bereits oben ausgeführt,[817] hat der Besteller dem Inhalt des Lastenhefts zuzustimmen, wenn es ordnungsgemäß erstellt ist und alle seine Vorstellungen korrekt wiederspiegelt, um dieses zum verbindlichen Vertragsbestandteil zu erheben. Mit seiner Zustimmung bestätigt der Besteller, dass seine Wünsche und Vorstellungen fehlerlos und vollständig berücksichtigt sind. Eine (vorgeschaltete) Überprüfung des Lastenhefts hinsichtlich dessen Übereinstimmung mit seinen Vorstellungen setzt die Zustimmung ebenso wenig wie die Abnahme voraus. Verzichtet der Besteller aber hierauf, geht es zu seinen Lasten,

814 Vgl. oben S. 77 ff.

815 Palandt/Sprau, § 640 Rn. 8.

816 Vgl. BGH v. 20.02.2001 – X ZR 9/99, NJW 2001, 1718; 04.11.1992 – VIII ZR 165/91, CR 1993, 203; v. 05.07.1989 – VIII ZR 334/88, CR 1990, 189 (bei Hardware); a.A. OLG Saarbrücken v. 30.04.1986 – 1 U 21/84, CR 1988, 470, 472.

817 Siehe oben S. 114, bei Fn. 318.

wenn er später Abweichungen der beschriebenen fachlichen Anforderungen zu seinen Wünschen und Vorstellungen feststellt, weshalb auch hier von einer Prüfungsobliegenheit zu sprechen ist. Denn den Beweis zu erbringen, dass eine fachliche Anforderung Bestandteil des Lastenhefts werden sollte, weil sie zum Vertragsgegenstand gehöre, dürfte dem Besteller sehr schwer fallen, wenn das Lastenheft hierzu nichts enthält und er dieses rügelos entgegen genommen hat.[818]

Dieses Ergebnis steht auch in keinem Widerspruch zur „*Konstruktionsansatz*“-Entscheidung[819] des BGH, wonach der Auftraggeber die Konstruktionsplanung des Auftragnehmers für den Bau einer Flugzeughebebühne nicht überprüfen hätte müssen. Denn die im Fall des BGH erarbeitete Konstruktion ist dem DV-technischen Pflichtenheft gleichzusetzen. Weder muss der Auftraggeber diese überprüfen, noch wird er hierzu in der Lage sein. Vorliegend geht es um die Überprüfung des Lastenhefts.

Zusammenfassend lässt sich festhalten, dass es dem Besteller obliegt, das vom Anbieter erstellte Lastenheft daraufhin zu überprüfen, ob es seine Vorstellungen vollständig und korrekt wiedergibt. Unterlässt er dies und erklärt er dennoch seine Zustimmung, wird es ihm später schwer fallen zu beweisen, dass das Lastenheft nicht den vollständigen oder korrekten Vertragsgegenstand abbildet.

3. Ergebnis

Ist über die Erstellung des Lastenhefts ein eigenständiger Werkvertrag abgeschlossen worden, hat der Besteller das Lastenheft gemäß § 640 BGB abzunehmen.

Handelt es sich hingegen um einen eigenständigen Dienstvertrag, ist ohnehin der Besteller für das Lastenheft verantwortlich, weshalb eine Prüfungs- oder Abnahmepflicht ausscheidet.

Verpflichtet sich der Anbieter im Rahmen des Softwareerstellungsvertrags zur Erarbeitung des Lastenhefts, scheidet eine gesetzliche (Teil-) Abnahmepflicht hinsichtlich des Lastenhefts ebenfalls aus. Allerdings muss der Auftraggeber dem Lastenheft (konkludent) zustimmen, wenn es ordnungsgemäß erstellt ist und seine Vorstellungen und Wünsche korrekt und vollständig abbildet. Mit der Zustimmung bestätigt er Richtigkeit und Vollständigkeit im Hinblick auf die fachlichen Anforderungen. Eine Pflicht zur Prüfung hat der Besteller nicht, jedoch eine Obliegenheit, bei deren Unterlassen er nur schwer beweisen kann,

818 Siehe oben S. 87, bei Fn. 206.

819 BGH v. 13.06.2006 – X ZR 167/04, NJW-RR 2006, 1309.

dass nicht alle oder falsche Anforderungen in das Lastenheft aufgenommen worden sind.

III. Hinweispflicht auf fehlende Punkte im Lastenheft

Schneider weist auf die Ansicht hin, der Anbieter müsse den Besteller darüber aufklären, wenn der im Lastenheft beschriebene Leistungsumfang nicht alle in den Vorverhandlungen angesprochene Anforderungen abdeckt.[820] Dieser Ansicht ist allerdings problematisch. Denn das Lastenheft hat die Aufgabe, die Soll-Beschaffenheit verbindlich festzulegen. Hat der Anwender spezielle Wünsche, muss er prüfen, ob diese im Lastenheft berücksichtigt sind, bevor er hierzu seine Zustimmung gibt. Dazu ist er auch in der Lage.[821] Finden sich seine speziellen Wünsche nicht vollumfänglich in der Spezifikation, kann dies daher nicht dem Anbieter zur Last gelegt werden, es sei denn, er hat das Fehlen arglistig zu „vertuschen“ versucht.

Handelt es sich allerdings bei den unberücksichtigten Wünschen um Funktionen, die als Selbstverständlichkeiten einzustufen sind, müssen diese nicht im Lastenheft beschrieben sein, da sie auch ohne ausdrückliche Vereinbarung geschuldet werden,[822] es sei denn, sie sind eigens vom Leistungsumfang ausgenommen worden.

Hiervon wiederum abzugrenzen ist die „*Holzhandel*“-Entscheidung[823] des BGH. Darin trugen die Besteller vor, eine von ihnen gewünschte Funktion sei von der Anbieterin als selbstverständlich bezeichnet worden.[824] Nach richtiger Ansicht des BGH wurde diese Funktion nicht Vertragsbestandteil, da sie einerseits nicht im Lastenheft dokumentiert war und es sich andererseits bei dieser entgegen der Aussage der Anbieterin um keine Selbstverständlichkeit handelte. Der BGH sah aber richtigerweise die Möglichkeit einer Aufklärungspflichtverletzung durch die Anbieterin, weshalb er die Sache zur neuen Entscheidung an das Berufungsgericht zurückverwies.[825] Denn aufgrund der Aussage der Anbieterin durften die Besteller davon ausgehen, die gewünschte Funktion sei als „Selbstverständlichkeit“ vom Leistungsumfang mit umfasst und hätte nicht im

820 Schneider/v. Westphalen, Handbuch des EDV-Rechts, D. Rn. 259, 260 mit Verweis auf BGH, CR 1991, 86, 88, 89 („*Holzhandel*“); ähnlich Staudinger/Peters/Jacoby, § 631 Rn. 56.

821 Vgl. oben S. 114, bei Fn. 319.

822 Siehe oben S. 90, Fn. 222.

823 BGH v. 15.05.1990 – X ZR 128/88, CR 1991, 86.

824 BGH v. 15.05.1990 – X ZR 128/88, CR 1991, 86, 88.

825 BGH v. 15.05.1990 – X ZR 128/88, CR 1991, 86, 88.

Lastenheft ausdrücklich erwähnt werden müssen. Diese Konstellation steht aber nicht mit der Frage einer Aufklärung über in Vorgesprächen geäußerte, aber unberücksichtigt gebliebener Wünsche in Verbindung. Hier war – so zumindest von den Bestellern behauptet – lediglich die Aussage der Anbieterin falsch, wofür diese haftet.

IV. Pflicht zur Nachlieferung des Lastenhefts

Unterlässt es der Anbieter entgegen seiner vertraglichen Verpflichtung, das Lastenheft auszufertigen, sondern beginnt er ohne Lastenheft mit der Realisierung der Software, fragt sich, wie der Besteller hierauf reagieren kann und welche Ansprüche ihm zustehen. Haben die Parteien einen selbstständigen Vertrag über die Lastenhefterstellung abgeschlossen, ergeben sich keine Besonderheiten. Anders verhält es sich dagegen, wenn der Anbieter sich hierzu im Rahmen des Softwareerstellungsvertrags verpflichtet hat. Dabei können zeitlich zwei Stadien differenziert werden, nämlich der Zeitraum vor Abnahme der Software und der danach:

1. Vor Abnahme der Software

Innerhalb des Zeitraums zwischen Vertragsabschluss und Abnahme der Software ist eine weitere Differenzierung in die Phasen vor und nach Realisierungsbeginn der Software möglich:

a. Vor Realisierungsbeginn

Im Zeitraum bis zur Abnahme der Software kommen als Reaktionsmöglichkeiten des Auftragnehmers auf die unterlassene Lastenhefterstellung neben der Durchsetzung des Leistungsanspruchs Rücktritt sowie Schadenersatz des allgemeinen Leistungsstörungsrechts in Betracht. Die gewährleistungsrechtlichen Sondervorschriften des Werkvertragsrechts kommen (noch) nicht zur Anwendung. Die Software ist nämlich noch gar nicht erstellt, weshalb das Werk auch noch nicht mangelhaft sein kann.

(1) Leistungsanspruch

Verpflichtet sich der Anbieter vertraglich zur Lastenhefterstellung, stellt diese Verpflichtung eine im synallagmatischen Austauschverhältnis stehende Hauptleistungspflicht dar, die auch gerichtlich durchgesetzt werden kann. Aus praktischer Sicht macht eine Leistungsklage aber wenig Sinn. Zum einen würde ein gerichtliches Verfahren zu einer meist ungewollten Projektverzögerung führen. Zum anderen ist für eine erfolgreiche Projektdurchführung eine vertrauensvolle

Zusammenarbeit erforderlich, die aufgrund eines bereits zu Beginn des Projekts eingeleiteten Gerichtsverfahrens deutlich schwerer fallen dürfte. Daher sollten die Parteien eher nach einer einvernehmlichen Lösung suchen. Scheitern entsprechende Versuche, wird der Besteller regelmäßig an einer Fortsetzung des Vertrags kein Interesse mehr haben und den Rücktritt erklären und/oder Schaden- bzw. Aufwendungsersatz verlangen.

(2) Rücktritt

Der Rücktritt vom Softwareerstellungsvertrag kommt in Betracht, wenn der Anbieter eine fällige Leistung nicht oder nicht vertragsgemäß erbringt. Die Fälligkeit kann vertraglich geregelt sein, etwa im Rahmen eines vertraglich einbezogenen Aktivitäten- und Fristenplans. Ohne ausdrückliche Regelung wird eine Vertragsauslegung zu dem Ergebnis kommen, dass die Werkleistung nicht verlangt werden kann, bevor die zur Herstellung des Werkes notwendige Zeit verstrichen ist.[826] Mit Blick auf das Lastenheft bedeutet dies, dass alsbald nach Vertragsschluss mit Ist- und Soll- Analyse zu beginnen ist. Das Lastenheft ist dann innerhalb angemessener Zeit zu erstellen und an den Besteller zu übergeben.[827]

Als weitere Rücktrittsvoraussetzung darf der Gläubiger für den Umstand, der ihn zum Rücktritt berechtigen würde, nicht allein oder weit überwiegend verantwortlich sein, § 323 Abs. 6 Alt. 1 BGB. Kann der Anbieter demnach das Lastenheft nicht erstellen, weil der Auftraggeber etwa seinen Mitwirkungsobliegenheiten nicht fristgerecht nachgekommen ist, wäre ein Rücktritt ausgeschlossen.

Dass es sich bei der Erarbeitung des Lastenhefts um eine Teilleistung handelt und die Hauptaufgabe eigentlich die Erstellung der Software ist, kann einem Rücktritt vom ganzen Vertrag nicht als unverhältnismäßig entgegenstehen. Die unterlassene Lastenhefterarbeitung lässt das Interesse des Bestellers an der gesamten Vertragsdurchführung objektiv[828] entfallen (§ 323 Abs. 5 Satz 1 BGB).[829] Die ausgebliebene Lastenhefterarbeitung hat eine fehlende Konkretisierung des Leistungsumfangs zur Folge. Steht der Leistungsinhalt nicht exakt fest, kann vom Besteller nicht erwartet werden, weiterhin an der Softwareerstellung festzuhalten. Daher besteht grundsätzlich ein Recht des Bestellers auf Rücktritt vom gesamten Vertrag.[830]

---

826 Ausführlich zur Fälligkeit der Werkleistung: Kühne, BB 1988, 711.

827 Im Gegensatz hierzu wird etwa die (Benutzer-) Dokumentation erst nach Fertigstellung der Software fällig, BGH v. 200.2.2001 – X ZR 9/99, NJW 2001, 1718, 1719.

828 Vgl. BGH v. 07.05.1990 – VIII ZR 56/89, CR 1990, 707, 710.

829 MünchKomm./Ernst, § 323 Rn. 12.

830 Vgl. OLG Köln 03.12.1993 – 19 U 157/93, jur-PC 1993, 2412.

(3) Schadenersatz

Hat der Anbieter die Nichtlieferung des Lastenhefts darüber hinaus zu vertreten, kann er nach §§ 280 Abs. 1, 3, 281 Abs. 1 BGB schadenersatzpflichtig sein. Hier kann der Besteller bei Vorliegen der Voraussetzungen (Nichtlieferung des Lastenhefts, Fälligkeit, erfolglose Nachfristsetzung, Schaden, Vertreten) entweder den sog. „großen" Schadenersatz verlangen, wenn er an der gesamten Vertragsdurchführung kein Interesse mehr hat. Die hierfür notwendigen Voraussetzungen eines Interessensfortfalls (§ 281 Abs. 1 Satz 2 BGB) liegen grundsätzlich ebenso wie beim Rücktritt vor.[831] Er kann dagegen auch seinen Leistungsanspruch nur teilweise aufgeben und lediglich für diesen Teil Schadenersatz verlangen (sog. „kleiner" Schadenersatz). Tritt der Besteller beispielweise vom Auftrag über die Lastenhefterstellung zurück, hält jedoch weiter an der Softwareerstellung durch den Auftragnehmer fest, könnte er die Lastenhefterarbeitung durch einen Dritten vornehmen lassen. Die dadurch entstehenden Mehrkosten kann er vom Auftragnehmer ersetzt verlangen. Daneben kommen auch Aufwendungsersatzansprüche, etwa bezüglich vergeblicher Personalaufwendungen, in Betracht.

(4) Zwischenergebnis

Der Besteller hat also vor Beginn der Softwarerealisierung einen gerichtlich durchsetzbaren Anspruch auf Erstellung des Lastenhefts. Kommt der Anbieter dieser Verpflichtung nicht nach, kann der Besteller regelmäßig vom gesamten Vertrag zurücktreten. Daneben kommen Schaden- und Aufwendungsersatzansprüche in Betracht.

b. Nach Realisierung

Fraglich ist, ob dies auch noch gilt, wenn der Anbieter die Software bereits hergestellt hat. Da die Software in diesem Fall schon existiert, könnte die schriftliche Fixierung des Leistungsumfangs hinfällig geworden sein, wie es etwa unter Heranziehung der Entscheidung des BGH zum „*vergessenen Pflichtheft*" zum Teil bejaht wird.[832]

---

831 Siehe oben S. 245, bei Fn. 829.

832 Schneider, Handbuch des EDV-Rechts, D. Rn. 430; vgl. auch Redeker, IT-Recht, Rn. 307.

(1) BGH, CR 1992, 543 – „vergessenes Pflichtenheft“

Die Entscheidung des BGH zum „*vergessenen Pflichtenheft*“ wurde bereits mehrfach angesprochen.[833] Nach der Rechtsauffassung der Revision, der der BGH folgte, sei der Auftragnehmer im Rahmen der Lastenhefterstellung mit der Festlegung des Auftragsumfangs und der Vertragsausgestaltung des von ihm zu entwickelnden ZKS beauftragt worden. Das Lastenheft habe seine Aufgabe, den Vertragsumfang genau festzulegen, nur erfüllen können, wenn die diesbezügliche Vereinbarung vor Ausführung des Werkvertrages abgeschlossen worden wäre.[834] Die Festlegungen seien schließlich durch die Entwicklung des ZKS erfolgt. Der BGH gelangte somit zu dem Ergebnis, dass die Anbieterin nach Realisierung der Software nicht mehr zur Lastenhefterstellung verpflichtet war, obwohl sie diese ursprünglich vertraglich übernommen hatte. Offenbar hatte sich der Anbieter „freie Hand“ in der Gestaltung des ZKS vorbehalten.[835] Insoweit scheint der BGH hier unter anderem auch von einem einseitigen Leistungsbestimmungsrecht zugunsten des Auftragnehmers ausgegangen zu sein.[836] Ausdrücklich hatte er dies allerdings nicht geäußert.

(2) OLG Düsseldorf, CR 1993, 361

In einer späteren Entscheidung trat das OLG Düsseldorf[837] dem BGH entschieden entgegen. Ebenfalls hatte im zugrunde liegenden Fall die Anbieterin die Lastenhefterstellung vertraglich übernommen, dieses später aber nicht angefertigt. Als die Bestellerin gemäß § 326 Abs. 1 BGB a.F. den Rücktritt erklärte, berief sich die Anbieterin im Verfahren vergeblich darauf, die erstellte Software umfasse alles, was auch im Lastenheft als zu entwickelnder Leistungsinhalt dar-

---

833 BGH v. 24.09.1991 – X ZR 85/90, CR 1992, 543 = Beil. BB 1993 Heft 5, 2 (zum Sachverhalt siehe oben S. 158 f.)

834 BGH v. 24.09.1991 – X ZR 85/90, BB 1993 Beil. 5, 2; Zahrnt in: Anm. zu BGH, BB 1993 Beil. 5, 3 kritisiert diese Ansicht als denkgesetzwidrig. Es sei sehr verbreitete Praxis, das Lastenheft im Sinne einer endgültigen Konkretisierung der Aufgabenstellung als ersten Schritt nach Vertragsschluss zu erstellen. Die weite Verbreitung dieser Vorgehensweise spreche gegen die Ansicht des BGH. Demnach scheint Zahrnt die Ausführungen des BGH so zu verstehen, als dass die Lastenhefterstellung nur dann Sinn mache, wenn sie vor Vertragsabschluss erfolgt. Ebenso wie Zahrnt stellt aber auch der BGH auf den Zeitraum zwischen Vertragsabschluss und Beginn der Realisierung ab. Denn er spricht vom Zeitraum „vor Ausführung“ und meint damit vor Realisierungsbeginn.

835 BGH v. 24.9.1991 – X ZR 85/90, Beil. BB 1993 Heft 5, 2.

836 BGH v. 24.9.1991 – X ZR 85/90, Beil. BB 1993 Heft 5, 2.

837 OLG Düsseldorf v. 10.06.1992 – 19 U 23/91, CR 1993, 361.

zustellen gewesen wäre.[838] Folge man jedoch dieser Auffassung, würde der Zusammenhang von Soll- und Ist-Beschaffenheit in sein Gegenteil verkehrt werden. Denn eine vertragsgemäße Leistung könnte ohne Lastenheft nicht nachgewiesen werden.[839] Im Unterschied zum dem BGH vorgelegten Fall hatten die Parteien allerdings eine Genehmigung des von der Auftragnehmerin erstellten Lastenhefts durch die Bestellerin vereinbart, die vor Beginn der Realisierung zu erteilen war. Ein einseitiges Leistungsbestimmungsrecht zugunsten des Anbieters schied damit von vornherein aus, weshalb auch der vom BGH gezogene Rückschluss, die vom Anbieter geschuldete Konkretisierung des Leistungsinhalts sei in der Erstellung der Software erfolgt und ein Lastenheft sei aus diesem Grund überflüssig, im Fall des OLG Düsseldorf nicht zu ziehen war. Das OLG Düsseldorf gelangte daher zu dem Ergebnis, das Lastenheft sei nachzuliefern, weil sich die Soll-Beschaffenheit nicht aus dem Ist-Zustand der Software ergeben könne.

(3) Redeker

Redeker[840] verneint eine Nachlieferung des Lastenhefts nach der Erstellung der Software, wenn zum einen andere Unterlagen vorhanden sind, anhand derer der Leistungsinhalt festgestellt und die Mangelhaftigkeit geprüft werden können, und zum anderen eine Überprüfung die Mangelfreiheit der Software ergibt. Sofern aber die Software nicht mangelfrei ist, müsse das Lastenheft nachgebracht werden.

Dabei stellt sich jedoch die Frage, weshalb die Nachlieferung von der Mangelfreiheit abhängen soll. Entweder reichen die sonstigen Unterlagen aus, um den Leistungsinhalt zu bestimmen oder eben nicht. Lässt sich feststellen, dass die Software nicht über alle vereinbarten Funktionalitäten verfügt, wäre eine Nachlieferung genauso überflüssig, da bekannt ist, welche Eigenschaften der Software fehlen. Unabhängig hiervon werden jedoch solche Fälle ohnehin – wie Redeker selbst anmerkt – nur in seltenen Ausnahmen gegeben sein.

(4) Stellungnahme

Maßgeblich für die Frage der Nachlieferung des Lastenhefts nach Erstellung der Software ist, ob die Softwarerealisierung mit dem Einverständnis des Bestellers erfolgt ist.

---

838 OLG Düsseldorf v. 10.06.1992 – 19 U 23/91, CR 1993, 361, 364.

839 OLG Düsseldorf v. 10.06.1992 – 19 U 23/91, CR 1993, 361, 364; kritisch hierzu: Müller-Hengstenberg in: Anm. zu OLG Düsseldorf, CR 1993, 689; hierauf erwidernd: Zahrnt in: Anm. zu OLG Düsseldorf, CR 1994, 404.

840 Redeker in: Schneider/v. Westphalen, Software-Erstellungsverträge, D. Rn. 184.

i. Ohne Einverständnis

Die Parteien können ausdrücklich wie im Fall des OLG Düsseldorf vereinbaren, der Besteller habe dem Lastenheft nach dessen Erstellung durch den Anbieter noch zuzustimmen. Dadurch kommt klar zum Ausdruck, dass die Konkretisierung nicht alleine durch den Auftragnehmer erfolgen soll, sondern der Besteller weiterhin Einfluss auf den Leistungsinhalt nehmen können möchte, bevor dieser verbindlich wird.[841] Zu einer gleichen Vereinbarung kann eine Vertragsauslegung führen. Durch das Erfordernis der Zustimmung soll dem Besteller die Möglichkeit gegeben werden, vor Beginn der Softwarerealisierung zu überprüfen, ob alle aus seiner Sicht erforderlichen Funktionalitäten Berücksichtigung gefunden haben. Dieses „Mitspracherecht" kann der Anbieter nicht durch eine eigenmächtige und absprachewidrige Softwarerealisierung umgehen. Anders als der BGH es zum Ausdruck brachte, verliert das Lastenheft nämlich nicht mit Realisierung der Software seine Funktion, den Vertragsinhalt zu bestimmen.[842] Denn es steht noch die Abnahme der Software bevor, bei der der Besteller anhand des Lastenhefts Soll- und Ist-Beschaffenheit vergleicht. Findet die Realisierung ohne Einverständnis des Bestellers statt, können sich seine Vorstellungen und Wünsche bezüglich der Funktionen und Eigenschaften der gewünschten Software nicht auf das reduzieren, was der Anbieter für erforderlich hält und in der Software realisiert hat. Ansonsten läge de facto ein einseitiges Leistungsbestimmungsrecht des Anbieters vor, das jedoch nicht ohne Weiteres unterstellt werden kann.[843] Wie das OLG Düsseldorf richtig festgestellt hat, kann die Soll-Beschaffenheit nicht aus der Ist-Beschaffenheit bestimmt werden. Vielmehr ist es genau umgekehrt. Daher hat der Anbieter das Lastenheft nachzuliefern, dessen Inhalt der Besteller daraufhin zuzustimmen hat, wenn er seine Wünsche darin vollständig und korrekt wiedergegeben sieht. Anderenfalls kann das Lastenheft entsprechend nachzubessern sein. Anhand des Lastenhefts lässt sich dann die Mangelhaftigkeit der erstellten Software feststellen. Stellt sich heraus, dass die Software mangelhaft ist, weil sie nicht mit dem (nachträglich erstellten) Lastenheft übereinstimmt, ist sie entsprechend nachzubessern und die hierbei zusätzlich anfallenden Kosten sind vom Anbieter zu tragen.

Kommt der Auftragnehmer dieser Pflicht auch nach einer angemessenen Nachfristsetzung nicht nach, kann der Besteller vom gesamten Vertrag zurücktreten und, soweit den Auftragnehmer ein Verschulden trifft, Schadenersatz verlangen. Der Anbieter bleibt im Falle eines Rücktritts auf seinen gesamten Entwicklungskosten sitzen.

---

841 Vgl. oben S. 113 ff.

842 A.A. BGH v. 24.09.1991 – X ZR 85/90, BB 1993 Beil. 5, 2 (siehe oben S. 247).

843 Siehe oben S. 113 ff.

Im Ergebnis hat der Auftragnehmer das Lastenheft auch nach der Realisierung der Software nachzuliefern, wenn das Unterlassen der Lastenhefterstellung ohne (konkludentes) Einverständnis des Bestellers erfolgte.

ii. Mit Einverständnis

Selbstverständlich können die Parteien auch auf eine schriftliche Fixierung der fachlichen Anforderungen nachvertraglich verzichten. Denkbar ist etwa, der Auftragnehmer hat sich mit dem Betrieb des Bestellers beschäftigt und eine Vielzahl von Gesprächen mit dem Besteller sowie dessen Mitarbeitern geführt, aufgrund derer er weiß (oder zu wissen glaubt), worin die Vorstellungen des Bestellers bestehen. Die Vertragspartner können in diesem Stadium des Projekts der Ansicht sein, die Lastenhefterstellung sei im Grunde überflüssig und führe nur zur „Verschwendung" von Ressourcen, und daher auf sie verzichten.[844] Dies muss nicht unbedingt ausdrücklich geschehen, sondern kann auch durch konkludentes Verhalten des Bestellers erfolgen. Der Auftragnehmer hat dann das Lastenheft aufgrund einer einvernehmlichen Vertragsänderung nicht mehr nach der Softwareerstellung zu erarbeiten.

In diesem Zusammenhang stellt sich allerdings die Frage, ob der Auftragnehmer zu einer (nochmaligen) Aufklärung über die Bedeutung des Lastenhefts sowie die Folgen bei dessen Fehlen verpflichtet ist. Sofern der Auftragnehmer vor Vertragsabschluss seiner dementsprechenden Aufklärungspflicht[845] nicht in ausreichendem Umfang nachgekommen ist, hat er das an dieser Stelle unbedingt nachzuholen.[846] Inhalt einer solchen Pflicht ist es, den Vertragspartner über entscheidungserhebliche Umstände zu informieren, die ihm – für den Aufklärungsverpflichteten erkennbar – verborgen geblieben sind.[847] Wurde der Besteller bereits vor Vertragsschluss pflichtgemäß aufgeklärt, kann der Anbieter davon ausgehen, dem Besteller seien die Folgen eines Verzichts auf die Lastenhefterstellung bewusst. Insoweit fehlt es an einem erkennbaren Wissensgefälle. Vorsicht ist aber geboten, wenn die Parteien nicht ausdrücklich auf das Lastenheft verzichten. Denn nicht jeder Auftraggeber kennt den genauen Ablauf eines Softwareerstellungsprojekts und weiß, wann die Lastenhefterstellung erfolgt bzw.

---

844 Vgl. etwa das Vorbringen der Revision in: BGH v. 24.09.1991 – X ZR 85/90, BB 1993 Beil. 5, 2, wonach die Bestellerin an der Erstellung des Lastenhefts nicht mehr interessiert gewesen sei.

845 Vgl. oben S. 150 f.

846 Es ist aber nicht zu vergessen, dass nicht in jedem Fall eine Aufklärungspflicht bestehen muss. Sofern der Anbieter erwarten darf, dass sich der Besteller über die Bedeutung des Lastenhefts im Rahmen eines IT-Projekts bewusst ist, besteht grundsätzlich keine Aufklärungspflicht.

847 Vgl. ausführlich zu den Voraussetzungen der Aufklärungspflicht oben S. 137 ff.

abgeschlossen sein sollte. Ferner können die Übergänge von Planungs- und Realisierungsphase fließend sein, etwa wenn der Anbieter im Einvernehmen mit dem Besteller bereits mit der Programmierung von Modulen beginnt, während im Hinblick auf andere Teile noch nicht alle Anforderungen ausermittelt sind. In diesem Fall kennt der Besteller natürlich den Umstand, dass mit der Realisierung begonnen worden ist. Indes muss ihm nicht zwingend klar sein, dass es möglicherweise gar nicht mehr zu einer Erstellung des Lastenhefts kommen soll. Aus diesem Grund kann der Besteller darüber aufzuklären sein, wann das Lastenheft eigentlich zu erstellen ist. Letztendlich muss der Besteller sich eindeutig darüber bewusst sein, dass das Lastenheft nicht mehr erstellt werden soll. Bei Verletzung dieser Pflicht kann der Anbieter zur Nachlieferung des Lastenhefts verpflichtet sein.

Ein weiteres Problem kann eine in Verträgen eher selten verwendete doppelte Schriftformklausel sein, die sicherstellen soll, dass jede Änderung und Ergänzung des Vertrags nur erfolgt, wenn sie schriftlich vereinbart worden ist.[848] Auch die Abänderung dieser Klausel selbst soll wiederum nur schriftlich wirksam sein. Bei einer solchen Klausel wäre der Verzicht des Bestellers auf die Erstellung des Lastenhefts nur schriftlich wirksam. Ein mündlich ausgesprochener oder konkludenter Verzicht wäre ausgeschlossen.[849] Jedenfalls zwischen Kaufleuten ist in Individualverträgen – anders als in Allgemeinen Geschäftsbedingungen – eine solche Klausel wirksam, auch wenn der Vertrag in seiner Ausführung anders „gelebt“ wird, als es die Parteien vorgesehen haben.[850] Eine Ausnahme soll nur dann in Betracht kommen, wenn die Einhaltung der Schriftform bewusst vereitelt worden ist.[851]

Als *Zwischenergebnis* ist zu konstatieren, dass grundsätzlich kein Lastenheft nachzuliefern ist, wenn der Besteller bewusst auf dieses verzichtet hat. Ebenso scheiden Rücktritt und Schadenersatz aus.

Allerdings kann eine Aufklärungspflicht über die Bedeutung des Lastenhefts bestehen. Eine doppelte Schriftformklausel in einem Individualvertrag kann eine konkludente Abänderung des Vertrags verhindern, wenn sich einer der Vertragspartner im Nachhinein auf das Schriftformerfordernis beruft.

---

848 Vgl. etwa BeckOF/Grapentin/Schultze-Melling, 9.1.1, § 20 Abs. 3

849 Ob eine solche Klausel in dieser allgemeinen Form im Zusammenhang mit einem Softwareerstellungsprojekt zu empfehlen ist, soll hier nicht näher diskutiert werden. Allerdings ist zu beachten, dass im Grunde jede Konkretisierung eine Ergänzung des Vertrags sein kann, zumindest größere Besteller aber nicht jedes Mal eine Änderung durch ihre Geschäftsleitung unterzeichnen lassen können.

850 BGH v. 17.09.2009 – I ZR 43/07, MMR 2010, 336, 337.

851 BGH v. 17.09.2009 – I ZR 43/07, MMR 2010, 336, 337.

2. Nach Abnahme der Software

Fraglich ist, ob der Anbieter auch nach der Abnahme der Software das Lastenheft auf Verlangen des Bestellers nachzuliefern hat. Hierzu ist zunächst kurz die Abnahme näher darzustellen:

a. Abnahme gemäß § 640 Abs. 1 BGB

Im Rahmen der Abnahme vergleicht der Besteller die Ist-Beschaffenheit des Werkes mit der vertraglichen Sollbeschaffenheit. Mit Erklärung der Abnahme erkennt er das Werk als im Wesentlichen vertragsgerecht an.[852] Zwar setzt die Abnahme keine Prüfung des Werkes voraus. Der Besteller muss aber die Möglichkeit hierzu haben.[853] Wegen der Rechtsfolgen der Abnahme wird der Besteller regelmäßig eine Überprüfung der Software vornehmen, die einige Zeit in Anspruch nehmen kann. Häufig wird in Softwareerstellungsverträgen das Abnahmeverfahren detailliert geregelt, wobei insbesondere auf die Kriterien eingegangen wird, die Voraussetzung für eine erfolgreiche Abnahme sein sollen.[854]

Die Abnahme kann auch *konkludent* erklärt werden, indem der Besteller durch schlüssiges Verhalten zum Ausdruck bringt, er erkenne das Werk als in der Hauptsache vertragsgemäß an. Ein typisches schlüssiges Verhalten ist etwa die Bezahlung des Werklohns oder der produktive Einsatz der Software im Unternehmen, allerdings erst nach Ablauf eines angemessen Zeitraums der Erprobung.[855] Voraussetzung für eine konkludente Abnahme ist die Abnahmereife des Werkes. Hierfür muss das Werk nicht vollendet sein.[856] Allerdings dürfen auch keine wesentlichen Teile der versprochenen Werkleistung fehlen,[857] wie etwa die Dokumentationen, die zur Handhabung der Software erforderlich sind.

Die Besonderheit einer *fingierten Abnahme* im Sinne des § 640 Abs. 1 Satz 2 BGB besteht darin, dass sämtliche Rechtsfolgen der Abnahme eintreten, ohne dass es eines Abnahmewillens des Bestellers bedarf. Es ist aber zu differenzieren: Grundsätzlich kommt eine fingierte Abnahme entsprechend dem Wortlaut nur dann in Betracht, wenn der Besteller zur Abnahme verpflichtet ist. Dies ist nicht der Fall, wenn das Werk an wesentlichen Mängeln leidet.[858] Bei einer Rea-

---

852 Staudinger/Peters/Jacoby, § 640 Rn. 6; die Abnahme ist aber keine Bestätigung der Mangelfreiheit des Werkes.

853 MünchKomm./Busche, § 640 Rn. 15.

854 Vgl. etwa Bartsch in: Beck'sches Formularbuch Bürgerliches, Handels- und Wirtschaftsrecht, III. G. 4. Vertrag über ein Softwareprojekt, § 24.

855 OLG München v. 24.01.1990 – 27 U 901/88, NJW 1991, 2158.

856 MünchKomm./Busche, § 640 Rn. 10.

857 MünchKomm./Busche, § 640 Rn. 11.

858 MünchKomm./Busche, § 640 Rn. 26.

lisierung der Software ohne Einverständnis des Bestellers ist dieser nicht zur Abnahme verpflichtet. Der Besteller muss das Werk nur dann abnehmen, wenn er die Vertragsgemäßheit des Werkes auch im Wesentlichen bestätigen kann. Ohne Lastenheft lassen sich die Soll-Beschaffenheit und damit auch die Mangelfreiheit der Software nicht feststellen. Anders liegt es, wenn die Parteien auf eine schriftliche Konkretisierung der fachlichen Anforderungen verzichtet haben. Sofern sich die Konkretisierung nachweisen lässt, etwa durch Unterlagen oder Zeugen, können diese zur Prüfung der Mangelfreiheit herangezogen werden. Lücken sind über die Eignung zur vertraglich vereinbarten bzw. gewöhnlichen Verwendung zu schließen. Ergibt die Prüfung, dass lediglich unerhebliche Mängel vorliegen, besteht eine Abnahmepflicht des Auftraggebers und die Abnahme kann bei Vorliegen der übrigen Voraussetzungen fingiert werden.

b. „Nachlieferungspflicht“

Stellenweise werden Lastenheft und Software bei einem einheitlichen Vertragswerk als funktionale Einheit betrachtet.[859] Folglich soll ein fehlendes bzw. mangelhaftes Lastenheft einen Mangel des Gesamtwerkes darstellen. Der Besteller soll somit auch nach der Abnahme der Software den Auftragnehmer zur Beseitigung des Mangels auffordern können.[860] Der Anbieter müsste demnach das Lastenheft nachbessern bzw. erstellen und nachliefern. Dem lässt sich aber Folgendes entgegen halten:

Als Argument gegen eine Nachlieferung nach der Abnahme spricht regelmäßig die Kenntnis des Bestellers über das Fehlen des Lastenhefts. Das Lastenheft dient im Wesentlichen bei der Abnahme dazu, den Soll-Zustand mit dem Ist-Zustand zu vergleichen. Hat der Besteller bis zu diesem Zeitpunkt das Lastenheft nicht eingefordert, verliert er wegen Fortfalls des Rechtsschutzinteresses den Anspruch auf Nachlieferung. Denn das Lastenheft soll gerade als Referenz für die Durchführung der Abnahme seine Hauptaufgabe erfüllen. Dies gilt auch, wenn der Besteller sein Einverständnis zur Realisierung der Software ohne Lastenheft nicht gegeben hat.

Außerdem würde ein nach der Abnahme noch zu erstellendes Lastenheft inhaltlich nur den Ist-Zustand als ursprünglich gewollten Soll-Zustand beinhalten können. Diesen Ist-Zustand beschreiben aber gleichzeitig die vertraglich stets geschuldeten (Entwicklungs- und Benutzer-) Dokumentationen, die zur Erfassung und Handhabung der Software ohnehin geliefert werden müssen. Insoweit

859 Ihde, CR 1999, 409, 413.
860 Ihde, CR 1999, 409, 413.

bestünde – nach der Abnahme – Deckungsgleichheit mit dem Lastenheft.[861] Eine eigenständige Funktion des Lastenhefts ist somit nach der Abnahme nicht mehr erkennbar.

3. Ergebnis

Hat der Auftragnehmer vertraglich die Erstellung des Lastenhefts übernommen, ist er grundsätzlich zur Lieferung der detaillierten Leistungsbeschreibung auch verpflichtet. Kommt er dieser Pflicht nicht nach, ist der Besteller nach erfolgloser Nachfristsetzung zum Rücktritt berechtigt und es kommen Schadenersatzansprüche in Betracht.

Dies gilt auch nach Realisierung der Software, wenn diese ohne das Einverständnis des Bestellers erfolgt ist. Hat sich der Auftraggeber auf die Realisierung der Software nach Vertragsschluss eingelassen, kann er später nicht mehr die Nachlieferung des Lastenhefts vom Anbieter verlangen. Gleiches gilt, wenn der Besteller die erstellte Software im werkvertraglichen Sinne abgenommen hat, selbst wenn die Lastenhefterstellung ohne sein Einverständnis unterlassen wurde.

---

861 Haben die Parteien ein agiles Vorgehensmodell vereinbart, stellt sich diese Problematik nicht, da dann grundsätzlich weder ein Lastenheft noch eine Dokumentation vorgesehen ist.

L. Leistungsänderungen (Change Request)

Zur typischen Charakteristik eines IT-Projekts gehört es, dass sich im Laufe der Projektdurchführung die Wünsche und Vorstellungen des Auftraggebers verändern. Dieser beabsichtigt dann eine Anpassung des ursprünglich vereinbarten Leistungsumfangs an die neuen Verhältnisse (sog. Leistungsänderungen oder „Moving Targets“[862]). Der Projektdurchschnitt von Leistungsänderungen soll bei einer monatlichen Rate von 2-5% des gesamten Projektaufwands liegen.[863] Inhaltlich kann es sich um *Erweiterungen* (also zusätzliche fachliche Anforderungen), *Beschränkungen*, also den Verzicht auf bestimmte Anforderungen, und um *Abänderung* von vereinbarten fachlichen Anforderungen handeln, die sich nicht auf den Umfang des Arbeitsaufwands auswirken.

Im Zusammenhang mit den Leistungsänderungen zeigt sich hier erneut eine wesentliche Aufgabe des Lastenhefts. Fehlt ein solches, lässt sich kaum bestimmen, ob es sich bei den (nachträglichen) Forderungen des Auftraggebers um Änderungen der ursprünglich vereinbarten Leistung oder lediglich um eine Konkretisierung der anfänglich nur ungenau beschriebenen Anforderungen handelt.

Wirken sich Änderungswünsche auf den vereinbarten Leistungsumfang aus, ist fraglich, ob der Auftragnehmer diesen bei fehlender vertraglicher Regelung überhaupt nachkommen muss und wie sich die Änderungen auf seine Vergütung auswirken. Nach einer allgemeinen Einführung (I.) wird zunächst auf die vertraglichen Regelungsmöglichkeiten (II.) eingegangen, insbesondere in den BVB-Erstellung und EVB-IT System, bevor diese Frage näher beleuchtet wird (III.).

I. Einführung zu Leistungsänderungen

Einführend sei kurz erläutert, welche Veränderungen nicht unter eine Leistungsänderung fallen, wie sich Leistungsänderungen auf die Vergütung auswirken und welche Bedeutung das Dokumentieren der Leistungsänderungen hat.

---

862 Koch, IT-Projektverträge rechtssicher gestalten, S. 41, Skript, Stand Sommer 2009, abrufbar unter: www.anwaltskanzlei-koch.info/IT-Projektvertrage_rechtssicher_gestalten.pdf.

863 Koch, ITRB 2009, 160, 163.

1. Keine Leistungsänderungen

Wann Leistungsänderungen vorliegen, ist häufig nicht einfach festzustellen. Um keine Leistungsänderungen handelt es sich jedenfalls in folgenden Fällen, wobei die Abgrenzung im Einzelfall sehr schwer sein kann:

Werden Wünsche des Auftraggebers noch in der *Phase der Vertragsverhandlungen* abgeändert, handelt es sich um keine Leistungsänderung, da der Leistungsumfang noch nicht von den Parteien als verbindlich festgelegt worden ist.

Ebenso wenig handelt es sich bei *Konkretisierungen nur grob definierter Anforderungen* um Änderungen oder Ergänzungen im Sinne einer Leistungsänderung. Denn in diesem Fall wird nicht der Leistungsumfang abgeändert, sondern lediglich die bereits vereinbarte Leistung genauer spezifiziert. Ob es sich im Einzelfall um eine Leistungsänderung oder lediglich um eine Konkretisierung handelt, kann selbst bei einem ausgereiften Lastenheft schwierig festzustellen sein. Im Hinblick auf die Vergütung des Anbieters kann diese Frage aber bei Pauschalpreisvereinbarungen von großer Bedeutung sein.

Besteht zwischen den Vertragspartnern kein Werkvertrag, sondern lediglich ein *dienstvertragliches Beratungsverhältnis*, handelt es sich bei „neuen" Wünschen des Auftraggebers ebenso wenig um Leistungsänderungen. Da anstelle eines Erfolgs lediglich Beratung bzw. eine den Weisungen des Auftraggebers folgende Tätigkeit geschuldet ist, ändert sich der Leistungsumfang des Dienstvertrags nicht.

Ferner handelt es sich bei solchen Änderungsverlangen um keine Änderungswünsche im Sinne einer Leistungsänderung, deren Ursprung im Verantwortungsbereich des Anbieters liegt. Hat der Anbieter etwa die *Erstellung des Lastenhefts vertraglich übernommen*, ist er grundsätzlich auch für dessen Inhalt verantwortlich, sofern Unzulänglichkeiten nicht auf fehlerhaften Vorgaben des Bestellers beruhen, auf die sich der Anbieter verlassen durfte. Hat er es unterlassen, bestimmte fachliche Anforderungen aufzunehmen, obwohl er diese bei sorgfältiger Arbeitsweise nicht hätte übersehen dürfen, oder betriebliche Abläufe falsch oder unvollständig beschrieben, ist er zur kostenfreien Mängelbeseitigung verpflichtet. Das gilt auch für Anpassungen bereits erstellter Programmteile, die aufgrund der Mängelbeseitigung erforderlich werden.[864]

---

864 Koch, Computer-Vertragsrecht, § 1 Rn. 6; Redeker, IT-Recht, B. Rn. 429.

2. Festpreis- und Aufwandsvergütung

Die Differenzierung, ob eine Leistungsänderung vorliegt oder nur eine Konkretisierung einer bereits vereinbarten Anforderung und wem der Grund für die Änderung zuzurechnen ist, findet hinsichtlich der Vergütung insbesondere bei *Festpreis-Verträgen* Bedeutung. Denn bei einer bloßen Konkretisierung ist der möglicherweise entstehende Zusatzaufwand vom Anbieter zu tragen.[865] Handelt es sich aber um eine Leistungsänderung, kann der Anbieter im Allgemeinen eine Zusatzvergütung verlangen. Auch im Rahmen einer *Aufwandsvergütung*, bei der der Anbieter nach seinem tatsächlichen Arbeits- bzw. Zeitaufwand vergütet wird, kann die Frage bedeutsam sein, ob die Änderungen im Verantwortungsbereich des Anbieters begründet sind. Basiert die Änderung etwa auf (Planungs-) Mängeln des Anbieters, kann dieser hinsichtlich des Aufwands, der durch die Behebung des Mangels zusätzlich entsteht, ebenfalls keine Vergütung verlangen.

3. Dokumentieren der Änderungen

Unabhängig davon, welchen Grund die Leistungsänderungen haben, sollten diese vollständig und ausführlich definiert sowie dokumentiert werden. Anderenfalls wird sich der aktuell gültige Vertragsinhalt bereits nach kurzer Zeit nicht mehr präzise feststellen lassen. Dabei sollte auch auf die Auswirkungen der Leistungsänderung auf Vergütung, Fertigstellungstermine und eventuell das System eingegangen und diese ebenfalls dokumentiert werden.[866] Sowohl Anzahl wie auch Umfang der Änderungen sollten dabei nicht derart Überhand nehmen, dass das Projekt „aus dem Ruder" zu laufen droht. Denn mit einer zunehmenden Zahl an Änderungen steigen ebenso Aufwand und Fehleranfälligkeit, da häufig bereits erstellte Programmteile angepasst werden müssen.[867] Bei größeren Projekten wird eine Anpassung des Lastenhefts sogar meist nur mittels IT-gestütztem Dokumenten-Management möglich sein.[868] Zudem besteht aus Sicht des Bestellers die Gefahr, der Werkvertrag könne sich in einen Dienstvertrag umwandeln, wenn er fortwährend Änderungen verlangt, die der Auftragnehmer anstandslos (auf „Zuruf") umsetzt.[869]

Ist nicht vertraglich geregelt, wer das Lastenheft während des Projekts fortführt und auf dem laufenden Stand hält, wird im Zweifel die Partei hierfür ver-

865 Redeker, IT-Recht, B. Rn. 426.

866 Redeker in: Schneider/v. Westphalen, Software-Erstellungsverträge, D. Rn. 191.

867 Redeker in: Schneider/v. Westphalen, Software-Erstellungsverträge, D. Rn. 192.

868 Koch, ITRB 2009, 160, 163.

869 Vgl. zur Problematik des „Zurufprojekts" oben S. 75, vor Fn. 159.

antwortlich sein, die ursprünglich das Lastenheft erstellt hat. Der andere Teil sollte nach jeder Fortschreibung des Lastenhefts überprüfen, ob die Änderungen vollständig und korrekt in das Lastenheft aufgenommen wurden.

Die Lastenheftaktualisierung ist für beide Vertragspartner von großer Bedeutung. Denn einerseits liegt die Darlegungs- und Beweislast, dass die vom Besteller verlangten Wünsche Leistungsänderungen darstellen, für die ein zusätzlicher Vergütungsanspruch entsteht, beim Auftragnehmer.[870] Darlegungs- und beweispflichtig für die Soll-Beschaffenheit ist andererseits der Besteller.[871] Deswegen sollten beide Parteien größten Wert auf eine gewissenhafte Fortschreibung des Lastenhefts legen.

II. Vertragliche Regelung

Am besten begegnen die Vertragsparteien dieser Problematik mit einer ausdrücklichen Vertragsregelung, die sich mit nachträglichen Leistungsänderungen befasst. In Verträgen findet sich eine entsprechende Vereinbarung häufig unter den Begriffen „Change Request" oder „Change Request-Verfahren" wieder. Eine solche Regelung sollte für beide Vertragspartner ausgeglichen sein. Ein absolutes Vetorecht des Auftragnehmers ist ebenso unzweckmäßig wie ein Kontrahierungszwang des Auftragnehmers.[872] Vielfach wird dagegen ein Prüfungsverfahren vorgeschlagen, nach dem der Anbieter die Änderungswünsche des Bestellers zu prüfen hat und die Anpassung nur dann verweigern darf, wenn die Umsetzung für ihn in wirtschaftlicher oder technischer Hinsicht unzumutbar ist. Denkbar ist auch, Änderungswünsche in Prioritätsstufen zu unterteilen, bei denen der Auftragnehmer jeweils der Stufe entsprechende Reaktionsmöglichkeiten hat.[873] Daneben sollten auch die Auswirkungen auf die Vergütung, Termine und Fristen (Anpassung des Projektplans) geregelt werden. Der Vertrag sollte insbesondere eine klare Regelung enthalten, wie verfahren werden soll, falls keine Einigung über die Änderungswünsche zustande kommen sollte. Manche Verträge regeln darüber hinaus, nur bestimmte Mitarbeiter bzw. Personenkreise des Auftraggebers dürften Änderungen verlangen. Dadurch soll sichergestellt werden, dass nur Personen Änderungen anordnen können, die auch das vertragliche Änderungsverfahren kennen und dieses entsprechend einhalten.

Wichtig in der *praktischen Umsetzung* von Leistungsänderungen ist es, die im Vertrag vorgesehenen Verfahrensschritte penibel einzuhalten. Hieran sollten

870 Vgl. BGH v. 08.01.2002 – X ZR 6/00, NJW-RR 2002, 740, 741.

871 Vgl. OLG Köln v. 29.07.2005 – 19 U 4/05 – BeckRS 2005 10355, S. 4 = JurPC 16/2006, Abs. 18.

872 Vgl. Häuser in: Lehmann/Mertens, Fachanwalt IT-Recht, 6. Kap. Rn. 167.

873 Witzel in: Schneider/v. Westphalen, Software-Erstellungsverträge, F. Rn. 285.

sich die Beteiligten trotz des oftmals vorherrschenden Termindrucks und der Vielzahl von Änderungen halten. Oftmals schätzen die beteiligten Mitarbeiter „kleine“ Änderungen als so unbedeutend ein, dass sich ihrer Meinung nach der mit dem Änderungsverfahren verbundene bürokratische Aufwand nicht rechtfertige. Allerdings können sich auch solche „kleinen“ Änderungen schnell zu einer Vielzahl summieren, die eine Bestimmung des aktuellen Vertragsinhalts immer schwieriger werden lässt.

In den BVB-Erstellung und EVB-IT System ist das Verfahren wie folgt geregelt:

1. BVB-Erstellung

Nach § 5 BVB-Erstellung konnte[874] der Auftraggeber bis zum im Erstellungsschein vereinbarten Zeitpunkt schriftlich Änderungen verlangen. Sofern diese für den Anbieter nicht unzumutbar waren, musste er die Änderungen ausführen. Machte er die Unzumutbarkeit nicht innerhalb von 21 Werktagen geltend, hatte er die Änderungen auszuführen. War für das Änderungsverlangen eine umfangreiche Prüfung erforderlich, konnte der Auftragnehmer hierfür grundsätzlich eine gesonderte Vergütung verlangen. Sofern die Änderung Preise, Fristen oder die Abnahme betrafen, war vorgesehen, dass eine entsprechende Anpassung vereinbart würde. Machte der Auftragnehmer die Anpassung nicht innerhalb von 21 Werktagen schriftlich geltend, blieb es bei der ursprünglichen Vereinbarung. Falls eine Einigung nicht getroffen wurde, war vorgesehen, den Vertrag in seiner ursprünglichen Form weiter zu führen, wenn der Besteller nicht gemäß § 649 BGB kündigte.

2. EVB-IT System

Ähnlich ist nun das Änderungsverfahren in den EVB-IT System geregelt. Auch hiernach kann der Besteller nach Ziff. 16.1 EVB-IT System (Ergänzende Vertragsbedingungen) jederzeit Änderungen geltend machen, wenn diese nicht für den Anbieter unzumutbar sind. Das Verfahren ist nach Muster 4 (zu den EVB-IT System Änderungsverfahren Systemvertrag) zu dokumentieren. Der Auftragnehmer hat das Änderungsverlangen in angemessener Zeit zu überprüfen und mitzuteilen, ob die Änderung zumutbar ist oder nicht. In letzterem Fall hat er – im Unterschied zur Regelung in den BVB-Erstellung – die Unzumutbarkeit zu begründen (Ziff. 16.2). Ist die Änderung zumutbar und hat sie keine Auswirkung auf die Vergütung und Ausführungsfristen, wird der Auftragnehmer die Ände-

---

874 Die BVB-Erstellung wurden durch die EDB-IT System abgelöst, siehe oben S. 60, bei Fn. 118.

rung unverzüglich durchführen und dem Auftraggeber dies mitteilen.[875] Hat das Änderungsverlangen dagegen Auswirkungen, muss der Auftragnehmer ein Realisierungsangebot unterbreiten, welches der Auftraggeber innerhalb angemessener Frist annehmen kann. Ist im Hinblick auf das Angebot eine Prüfung erforderlich, kann der Auftragnehmer grundsätzlich eine angemessene Vergütung hierfür verlangen. Ebenfalls abweichend zu den früheren Regelungen der BVB-Erstellung kann der Anbieter jedoch keine zumutbaren Änderungsverlangen ausschließen, wenn die Parteien keine Einigung hinsichtlich der Anpassung der Vergütung oder des Termin- und Leistungsplans gefunden haben.[876] Auch dann hat er die Änderungen auszuführen, die Vergütung bzw. der Termin- und Leistungsplan werden in diesen Fällen angemessen angepasst.

III. Leistungsänderungen bei fehlender vertraglicher Regelung

Fehlt eine vertragliche Vereinbarung, ist fraglich, wie der Anbieter mit einem Änderungsverlangen des Bestellers umzugehen hat. Grundsätzlich hat er nur das zu leisten, zu dem er sich (ursprünglich) vertraglich verpflichtet hat („paca sunt servanda"). Es besteht auch prinzipiell keine Verpflichtung, einer späteren Vertragsanpassung zuzustimmen. Hingegen ist fraglich, ob es sich um ein angemessenes Ergebnis handelt, wenn der Anbieter sich jederzeit auf den ursprünglichen Vertragsinhalt berufen kann. Denn letztlich bezahlt der Besteller den Anbieter, um eine Software zu erhalten, die vollends seinen Wünschen und Vorstellungen entspricht. Ändern sich diese im Laufe des Projekts und bereitet eine entsprechende Anpassung des Vertragsinhalts für den Anbieter keine größeren Umstände, ist kaum nachvollziehbar, weshalb der Anbieter eine Anpassung grundlos ablehnen können sollte. Andererseits ist ebenso wenig vertretbar, vom Anbieter jede beliebige Anpassung verlangen zu können. Diese Situation hätten die Parteien vertraglich regeln können, haben dies aber aus irgendwelchen Gründen nicht getan. Geschlossen könnte diese Vertragslücke durch eine ergänzende Vertragsauslegung werden. Führt eine solche zu keinem Ergebnis, ist auch eine Vertragsanpassung nach § 313 BGB in Erwägung zu ziehen:

1. Ergänzende Vertragsauslegung

Mittels einer ergänzenden Vertragsauslegung gemäß §§ 133, 157 BGB sollen Regelungslücken im Vertrag geschlossen werden.

875 Ziff. 16.3 EVB-IT System (Ergänzende Vertragsbedingungen).
876 Ziff. 16.6 EVB-IT System (Ergänzende Vertragsbedingungen).

a. Voraussetzungen

Ist ein Vertrag wegen des Fehlens einer konkreten Vereinbarung, ohne die keine angemessene und interessengerechte Lösung gefunden werden kann, ergänzungsbedürftig, besteht eine *Regelungslücke*.[877] Diese Lücke kann durch eine Auslegung innerhalb des vertraglichen Rahmens geschlossen werden.

Der *Auslegung* ist ein objektiver Maßstab zugrunde zu legen. Abzustellen ist auf die konkreten Interessenslagen beider Vertragsteile, die für das Geschäft typischen Gesichtspunkte sowie auf die Verkehrssitte. Daraus ist der hypothetische Wille der Parteien zu ermitteln. Es ist zu fragen,

> „was die Parteien bei einer angemessenen Abwägung ihrer Interessen nach Treu und Glauben als redliche Vertragspartner vereinbart hätten, wenn sie den nicht geregelten Fall bedacht hätten."[878]

Dabei ist vornehmlich von den bereits im Vertrag vereinbarten Regelungen und Wertungen auszugehen. Der ermittelte Wille muss sich als zwangsläufige Folge aus dem Gesamtzusammenhang ergeben.

Wird eine Regelungslücke durch eine gesetzliche Vorschrift ausgefüllt, geht diese der ergänzenden Vertragsauslegung vor. In der Regelung offener Vertragspunkte liegt gerade die Funktion des dispositiven Rechts.

Vom Anwendungsbereich des § 242 BGB unterscheidet sich die ergänzende Vertragsauslegung dadurch, dass durch sie ermittelt wird, wer Schuldner ist und was dieser zu leisten hat. Im Rahmen des § 242 BGB geht es hingegen um die Art und Weise der Vertragserfüllung.[879]

§ 313 BGB ist ausgeschlossen, wenn sich eine Regelung vertragsergänzend ermitteln lässt, die sich mit dem Wegfall, den Änderungen oder dem Fehlen bestimmter Umstände befasst.[880] Erst wenn der Vertrag für die Ermittlung eines hypothetischen Willens nicht genug Anhaltspunkte bietet und damit eine ergänzende Vertragsauslegung nicht möglich ist, kommt § 313 BGB in Betracht.

b. Softwareerstellungsvertrag

Fehlt eine vertragliche Regelung über nachträgliche Leistungsänderungen, besteht darin eine Regelungslücke, es sei denn, im Vertrag kommt klar zum Ausdruck, die Parteien haben keine nachträglichen Änderungen des Leistungsumfangs gewollt. Fehlen hierzu aber Anhaltspunkte, ist davon auszugehen, die Parteien hatten an eine entsprechende Vereinbarung schlicht nicht gedacht. Das

---

877 BGH v. 04.03.2004 – III ZR 96/03, NJW 2004, 1590, 1591 m.w.N.

878 BGH v. 04.03.2004 – III ZR 96/03, NJW 2004, 1590, 1592.

879 BeckOK Bamberger/Roth/Wendtland BGB, § 157 Rn. 31.

880 Palandt/Grüneberg, § 313 Rn. 10.

Werkvertragsrecht, welches auf den Softwareerstellungsvertrag Anwendung findet, bietet keine gesetzliche Regelung, über die die Problematik gelöst werden kann.

Im Rahmen der *Auslegung* ist zum einen hervorzuheben, dass eine nachträgliche Leistungsänderung zu den typischen Bestandteilen eines Softwareerstellungsprojekts gehört.[881] Sie sind gängige Praxis. Eine Besonderheit stellt es vielmehr dar, wenn in einem Projekt keinerlei nachträgliche Änderungen verlangt werden. Grund hierfür ist insbesondere die Komplexität von IT-Projekten, die eine abschließende Planung zu Beginn des Projekts kaum möglich macht. Der Anbieter rechnet alleine aufgrund seiner praktischen Erfahrungen schon mit nachträglichen Leistungsänderungsverlangen des Bestellers.[882] Ebenso wird selbst der unerfahrene Anwender davon ausgehen, jederzeit Änderungen nachschieben zu dürfen, zumindest sofern diese für den Anbieter keine unzumutbaren Umstände bedeuten.

Ferner darf nicht vergessen werden, dass Leistungsänderungen häufig nur mit einem unverhältnismäßig großen Aufwand von einem Drittunternehmer durchgeführt werden können. Zum einen bedarf es nämlich hierzu, je nach Änderung, die Zurverfügungstellung des Quellcodes, der – abhängig vom Vertragsinhalt – nicht unbedingt vom Anbieter herauszugeben ist. Zum anderen kann eine unverhältnismäßige Einarbeitung des Drittunternehmers für die Änderung erforderlich werden, die beim Anbieter nicht anfallen würde. In Anbetracht dessen, dass nachträgliche Änderungen ein charakteristisches Merkmal des Softwareerstellungsprojekts darstellen und beide Vertragspartner regelmäßig von nachträglichen Änderungen ausgehen, ist ein objektiver Wille grundsätzlich dahingehend zu bejahen, dass der Anbieter nachträgliche Leistungsänderungen zulassen will, sofern deren Ausführung für ihn zumutbar ist.

Hierbei handelt es sich um ein ausgewogenes Ergebnis, welches auch durch die Regelung der BVB-Erstellung bestätigt wird, die eine entsprechende Regelung vorsehen. Dieses Vertragsmuster wurde nämlich noch von Auftraggeber- und Auftragnehmerseite erarbeitet und sollte eine ausgeglichene Regelung schaffen.[883]

Wann ein Änderungsverlangen des Bestellers noch *zumutbar* ist, bleibt grundsätzlich einer Prüfung des Einzelfalls vorbehalten. Allerdings können folgende Kriterien bei einer Bewertung Berücksichtigung finden:

---

881 Schneider, Handbuch des EDV-Rechts, H. Rn. 194; Häuser in: Lehmann/Mertens, Fachanwalt IT-Recht, 6. Kap. Rn. 165; Intveen/Lohmann, CR 2003, 640, 646.

882 Vgl. BGH v. 24.06.1986 – X ZR 16/85, CR 1986, 799, 801; KG v. 01.06.1990 – 14 U 4238/86, CR 1990, 768.

883 Vgl. oben S. 60, bei Fn. 117.

Zeitpunkt des Änderungsverlangens: Je später der Auftraggeber Änderungswünsche stellt, desto eher wird von einer Unzumutbarkeit auszugehen sein. Denn umso weiter die Realisierungsphase fortgeschritten ist, desto mehr Module können von einer Änderung betroffen und entsprechend nachzuarbeiten sein.

Anzahl der Änderungsverlangen: Man wird vom Auftragnehmer nicht erwarten können, beliebig viele Änderungswüsche berücksichtigen zu müssen. Mit steigender Anzahl der Änderungen wird die Zumutbarkeit abnehmen.[884]

Komplexität der Änderungsverlangen: Der Auftragnehmer bleibt grundsätzlich auch nach Zustimmung zu einer Änderung weiterhin (bei Vorliegen eines Werkvertrags) für den Projekterfolg verantwortlich. Hat ein Änderungswunsch eine komplexe DV-technische Anpassung der bereits erstellten Software-Teile oder des Programmentwurfs zur Folge, bei der der Anbieter eine Gefahr für das Gesamtsystem sieht, kann ihm eine Anpassung ebenfalls nicht ohne weiteres zugemutet werden.

Verzögerung des Projekts: Die Berücksichtigung von Änderungswünschen kann zu Verzögerungen des gesamten Projekts führen. Möglicherweise hat der Auftragnehmer für den Zeitraum nach dem geplanten Projektende seine Mitarbeiter bereits auf andere Projekte eingeteilt. Auch hier kann eine Anpassung an die neuen Besteller-Wünsche abzulehnen sein.

c. Zwischenergebnis

Unter Beachtung dieser Tatsachen wird eine ergänzende Vertragsauslegung regelmäßig zu dem Ergebnis kommen, der Anbieter soll einem Leistungsänderungsverlangen des Bestellers zuzustimmen haben, wenn dieses keine unzumutbaren Folgen für ihn auslöst.[885] Allerdings kann sich im Einzelfall aus dem zugrunde liegenden Vertrag eine derartige Auslegung verbieten, insbesondere, wenn die vertraglichen Regelungen den Rückschluss nahe legen, nachträgliche Änderungen seien keinesfalls zu berücksichtigen.

d. Vergütung

Ist ein Pauschalpreis vereinbart, kann bei nachträglichen Leistungsänderungen eine Angleichung der Vergütung gefordert werden. Bei einer Erweiterung des

---

884 Vertraglich ließe sich beispielsweise eine bestimmte Zahl nachträglicher Änderungen vereinbaren.

885 Im Ergebnis ähnlich: Intveen/Lohmann, CR 2003, 640, 646; Witzel in: Schneider/v. Westphalen, Software-Erstellungsverträge, F. Rn. 273; Meurer, BauR 2004, 904, 909 (i.Z.m. einem Vertrag zwischen Bauherrn und Architekt); auf eine Verpflichtung des Anbieters, zumindest in Vertragsverhandlungen treten zu müssen, abstellend: Köhler, CR 1988, 623, 630; Redeker, IT-Recht, B. Rn. 432.

Leistungsumfangs kann der Auftragnehmer eine entsprechende Aufstockung der Vergütung verlangen.[886] Verweigert der Besteller diese Aufstockung, braucht der Anbieter die geänderten Anforderungen nicht umzusetzen.[887] Umgekehrt kann der Auftraggeber bei einer Einschränkung des Leistungsumfangs eine entsprechende Herabsetzung der Vergütung beanspruchen.[888]

Häufig wird in der *Praxis* jedoch nur der Leistungsinhalt vertraglich (im Lastenheft) angepasst, jedoch nicht auch die Vergütung. Lässt sich der Anbieter hierauf ein, ohne eine Angleichung der Vergütung zu vereinbaren, bleibt sein ursprünglich vereinbarter Pauschalpreis grundsätzlich bestehen. Lediglich bei solchen Veränderungen des in einem Pauschalpreisvertrag vorgesehenen Leistungsinhalts, die erheblich sind und auf den Besteller zurückgehen, kann auch ohne ausdrückliche Einigung über die Angleichung der Vergütung ein Anspruch auf Anpassung der Pauschale bestehen.[889] Behält der Anbieter sich demnach keine Vergütungsangleichung ausdrücklich vor, geht er das Risiko ein, für nichterhebliche Leistungsänderungen keinen zusätzlichen Werklohn zu bekommen. Zudem besteht die Ungewissheit, wo die Schwelle der Erheblichkeit verläuft. Um hier keine Zweifel offen zu lassen, sollte der Auftragnehmer bei Mehrleistungen sich stets ausdrücklich vorbehalten, diese auch zusätzlich abzurechnen.[890]

e. Ergebnis

Fehlt eine vertragliche Regelung zu nachträglichen Leistungsänderungen, wird eine ergänzende Vertragsauslegung regelmäßig ergeben, dass die Parteien bei Kenntnis dieses Punktes vereinbart hätten, der Besteller könne Leistungsänderungen verlangen, sofern deren Umsetzung für den Anbieter zumutbar ist. Hinsichtlich der Zumutbarkeit ist auf die konkreten Umstände des Einzelfalls abzustellen.

Liegt dem Vertrag eine Pauschalpreisvereinbarung zugrunde, kann auch diesbezüglich eine Anpassung verlangt werden. Ohne eine Vereinbarung zur Vergütung bleibt die ursprüngliche Pauschale gültig, sofern es sich nicht um erhebliche, vom Besteller veranlasste Leistungsänderungen handelt.

---

886 Köhler, CR 1988, 623, 629; Häuser in: Lehmann/Mertens, Fachanwalt IT-Recht, 6. Kap. Rn. 169; Witzel in: Schneider/v. Westphalen, Software-Erstellungsverträge, F. Rn. 266.

887 Köhler, CR 1988, 623, 628; Redeker in: Schneider/v. Westphalen, Software-Erstellungsverträge, D. Rn. 208.

888 Köhler, CR 1988, 623, 629.

889 BGH v. 08.01.2002 – X ZR 6/00, JurPC Web-Dok. 98/2002, Abs. 23.

890 Daher sehen auch Ziff. 16.4 EVB-IT System (Ergänzende Vertragsbedingungen) sowie § 5 Nr. 2 Abs. 1 BVB- Erstellung eine entsprechende Vorbehaltserklärung vor.

2. § 313 BGB

Nur wenn der von den Parteien vorgegebene Regelungsplan für die zu lösende Frage keine Anhaltspunkte bietet und daher für eine ergänzende Vertragsauslegung kein Raum bleibt, ist § 313 BGB in Erwägung zu ziehen.[891] Allerdings wird der Anwendungsbereich für § 313 BGB sehr gering sein, weil eine ergänzende Vertragsauslegung nach dem oben Gesagten in der Regel möglich sein und zu dem angesprochenen Ergebnis führen wird.

Nur wenn dies ausnahmsweise nicht der Fall ist oder wenn Leistungsänderungen ausgeschlossen sein sollen, kann § 313 BGB zum Zuge kommen. Die darin verankerten Grundsätze über die Störung bzw. den Wegfall der Geschäftsgrundlage haben das Ziel, eine Unangemessenheit des Vertrags zu beseitigen. Nach Abs. 1 kann eine Anpassung des Vertrags verlangt werden, wenn sich Umstände, die zur Grundlage des Vertrags geworden sind, nach Vertragsschluss schwerwiegend verändert haben und die Parteien den Vertrag nicht oder mit anderem Inhalt geschlossen hätten, sofern sie diese Veränderung vorausgesehen hätten. Weitere Voraussetzung ist, dass einem Vertragspartner unter Berücksichtigung aller Umstände des Einzelfalls, insbesondere der vertraglichen oder gesetzlichen Risikoverteilung, das Festhalten am unveränderten Vertrag nicht zugemutet werden kann:

a. Geschäftsgrundlage

Zunächst bedarf es einer Störung oder des Wegfalls der Geschäftsgrundlage. Man unterscheidet zwischen subjektiver und objektiver Geschäftsgrundlage, die beide von § 313 BGB erfasst sind. Eine *subjektive Geschäftsgrundlage* sind bei Abschluss des Vertrags vorhandene gemeinsame Vorstellungen entweder beider Parteien oder dem anderen Teil erkennbare und von diesem nicht beanstandete Vorstellungen einer Partei über das Vorliegen oder den zukünftigen Eintritt bestimmter Umstände.[892] Zusätzlich muss der Geschäftswille der Parteien auf dieser Vorstellung aufbauen.[893] Demgegenüber bilden Umstände, deren Vorhandensein oder Fortbestand notwendig ist, um den Vertrag im Sinne der Intension beider Vertragspartner noch als sinnvolle Regelung bestehen zu lassen, eine *objektive Geschäftsgrundlage.*[894]

---

891 Staudinger/Roth, § 157 Rn. 9.

892 BGH v. 08.02.2006 – VIII ZR 304/04, NJW-RR 2006, 1037, 1038.

893 BGH v. 08.02.2006 – VIII ZR 304/04, NJW-RR 2006, 1037, 1038.

894 Palandt/Grüneberg, § 313 Rn. 4.

b. Risikozuweisung

Als weitere Voraussetzung darf durch die Störung kein Risiko verwirklicht werden, das aus dem Risikobereich einer Partei herrührt (Risikozuweisung).[895] Ob dies der Fall ist, muss zunächst anhand des Vertrags – eventuell auch im Wege einer ergänzenden Vertragsauslegung – und subsidiär anhand des dispositiven Gesetzesrechts ermittelt werden.[896]

Kommt es etwa zu unvorhersehbaren Gesetzesänderungen, die eine Anpassung der Software erforderlich machen, hat der Besteller hierauf keinen Einfluss. Sofern die Gesetzesänderung für ihn auch nicht vorhersehbar war, wird man eine Risikozuweisung zu seinen Lasten ablehnen. Anders verhält es sich jedoch bei Änderungswünschen, die alleine dem Verantwortungsbereich des Bestellers zuzuordnen sind.

c. Schwerwiegende Veränderung der Umstände

Ferner muss die Geschäftsgrundlage durch schwerwiegende Veränderungen der Umstände gestört sein, aufgrund derer ein Festhalten am Vertrag für einen der beiden Vertragspartner unzumutbar ist. Ob eine Änderung „schwerwiegend" ist, hängt von der Art des Vertrags, der aufgetretenen Störung sowie von den sonstigen Umständen des Einzelfalls ab.[897] Regelmäßig wird man eine Änderung als schwerwiegend anzusehen haben, wenn nicht ernsthaft daran gezweifelt werden kann, dass die Parteien bei Kenntnis der Änderung den Vertrag nicht oder nur mir anderem Inhalt abgeschlossen hätten.[898] Dies zeigt den engen Anwendungsbereich des § 313 BGB. Kann etwa die Software ohne den Zugriff auf die Drittsoftware nicht vertragsgemäß genutzt werden oder hat eine Gesetzesänderung etwa derart gravierende Folgen für die Nutzung der Software, dass sie ohne eine Anpassung nicht mehr verwertbar ist, erscheint eine Vertragsanpassung zumutbar. Kann der Besteller allerdings für einen Änderungswunsch keinen schwerwiegenden Anlass nachweisen, ist die Anwendung des § 313 BGB ausgeschlossen.

d. Zusammenfassung

In Ausnahmesituationen sind Konstellationen denkbar, in denen eine Vertragsanpassung nach § 313 BGB in Betracht zu ziehen ist. Voraussetzung hierfür ist

---

895 Palandt/Grüneberg, § 313 Rn. 19.
896 Lorenz/Riehm, Lehrbuch zum neuen Schuldrecht, Rn. 393.
897 Palandt/Grüneberg, § 313 Rn. 18.
898 Palandt/Grüneberg, § 313 Rn. 18.

jedoch, dass eine ergänzende Vertragsauslegung zu keinem Ergebnis führt oder die Parteien eine nachträgliche Leistungsänderung ausschließen wollten.

3. Folgen bei verweigerter Anpassung

Grundsätzlich ist für jede Änderung des Vertragsinhalts die Zustimmung des anderen Vertragsteils erforderlich. Stimmt der Anbieter den Änderungswünschen des Bestellers nicht zu, stehen Letzterem folgende rechtliche Möglichkeiten offen:

a. Leistungsklage

Der Besteller kann den Klageweg beschreiten. Zunächst muss er sich aber um eine vorprozessuale vertragliche Einigung bemüht haben. Bleibt dies erfolglos, kann er Klage erheben. Die Klage ist nicht auf die Zustimmung zur Vertragsanpassung zu richten, sondern auf die Leistung des abgeänderten Leistungsinhalts. Hat der Anbieter seine Zustimmung zu Recht verweigert, bleibt es beim ursprünglichen Vertragsinhalt. Lagen die Voraussetzungen einer Vertragsanpassung vor, schuldet der Anbieter den abgeänderten Leistungsumfang.

b. Kündigung

Alternativ kann der Besteller den Softwareerstellungsvertrag auch kündigen. Insoweit ist zu unterscheiden, ob die Zustimmung berechtigt oder unberechtigt verweigert worden ist:

(1) Unberechtigte Verweigerung der Vertragsanpassung

Verweigert der Anbieter seine Zustimmung zur Anpassung des Leistungsumfangs, obwohl er hierzu verpflichtet wäre, und unterlässt er dementsprechend die Umsetzung des Änderungsverlangens, kann dies einen zur außerordentlichen Kündigung berechtigenden wichtigen Grund darstellen. Dazu müssen aber zwingende betriebliche Gründe die Änderung erforderlich machen, weil der Auftraggeber nicht in anderer Weise auf diese Umstände reagieren kann.[899] Neben der Tatsache, dass die Änderung für den Anbieter technisch durchführbar sein muss, darf der Besteller die Änderung auch nur gegen eine angemessene Vergütung verlangen.[900]

Folge einer Kündigung aus wichtigem Grund wäre das Wegfallen des Vergütungsanspruchs für noch ausstehende Leistungen. Die bisher geleisteten Tä-

899 Redeker in: Schneider/v. Westphalen, Software-Erstellungsverträge, D. Rn. 208.
900 Redeker in: Schneider/v. Westphalen, Software-Erstellungsverträge, D. Rn. 208.

tigkeiten wären jedoch vom Besteller zu vergüten.[901] Allerdings besteht daneben für den Anbieter die Gefahr, im Hinblick auf die durch die Beauftragung eines Drittunternehmers entstehenden Mehrkosten in Anspruch genommen zu werden.

(2) Berechtigte Verweigerung der Vertragsanpassung

Wird die Anpassung zu Recht verweigert, kommt eine Kündigung aus wichtigem Grund nicht in Betracht.

Besteht die Leistungsänderung jedoch darin, den ursprünglich vereinbarten Leistungsumfang einzuschränken, kann es sinnvoll sein, den Vertrag für diesen Teilbereich gemäß § 649 BGB zu kündigen. Zwar hat er dann immer noch die ursprünglich vereinbarte Vergütung zu bezahlen, allerdings unter Abzug der ersparten Aufwendungen des Anbieters.

(3) Exkurs: Risiko eines Rücktritts durch den Besteller

Der Vollständigkeit halber soll an dieser Stelle auch auf folgendes Problem hingewiesen werden: Häufig kann es in der Praxis sehr schwierig sein zu bestimmen, ob es sich bei den vom Besteller verlangten Anforderungen um Konkretisierungen der ursprünglich vereinbarten Leistung oder um berechtigte bzw. unberechtigte Änderungswünsche handelt. Folgt der Anbieter nicht der Ansicht des Bestellers, es handle sich um eine Konkretisierung, und setzt er daher die verlangten Anforderungen nicht um, besteht die Gefahr eines Rücktritts durch den Besteller. Es läge dann in der Hand eines Sachverständigen bzw. des Gerichts zu entscheiden, ob es sich tatsächlich um eine Konkretisierung handelt und der Rücktritt berechtigt war. Ein wirksamer Rücktritt hätte die komplette Rückabwicklung des Vertrags zur Folge, weshalb der Anbieter für seine bisher erbrachten Leistungen keine Vergütung erhalten würde. Diesem Risiko kann der Anbieter entgehen, indem er dem Verlangen (unter Vorbehalt der zusätzlichen Vergütung) zunächst nachkommt und seinen entsprechenden Werklohn dann gemäß § 632 Abs. 2 BGB fordert. Muss er diesen gerichtlich einklagen, dürfte das Kostenrisiko wesentlich geringer sein (eben beschränkt auf den zusätzlichen Aufwand) als das Risiko der Rücktrittsfolgen.

4. Prüfungspflicht

Vereinbaren die Vertragspartner eine Leistungsänderung, so bleibt der Anbieter weiterhin für den Erfolg des Projekts verantwortlich. Im Hinblick auf die Prüfungspflicht des Anbieters gelten die bereits ausgeführten Grundsätze weiter. In diesem Rahmen hat er die Leistungsänderungen ebenso zu prüfen, wie wenn sie

901 Köhler, CR 1988, 623, 629.

von Projektbeginn zum Vertragsumfang gehört hätten. Insbesondere hat er auch die Verträglichkeit der Änderungen mit den bereits umgesetzten Leistungsteilen zu überprüfen.[902] Im Rahmen des Projektmanagements sollten auch eventuell zu erwartende Verzögerungen des Projektabschlusses geprüft und mit dem Besteller abgesprochen werden.

902 Koch, IT-Projektrecht, Rn. 49, 151 ff.

M. Zusammenfassung

Die Ergebnisse und Schlussfolgerungen dieser Arbeit lassen sich im Wesentlichen wie folgt zusammenfassen:

Vorgehensmodelle

Zu Beginn dieser Arbeit wurde erläutert, wie Softwareerstellungsprojekte anhand von Vorgehensmodellen geplant und durchgeführt werden. Die Vorgehensmodelle lassen sich in klassische und agile Modelle unterteilen. Das Lastenheft als Beschreibung der Ziele und Wünsche des Auftraggebers ist lediglich in den klassischen Modellen zum Zeitpunkt des Realisierungsbeginns vorgesehen. Die agilen Modelle verzichten hingegen weitgehend auf eine abschließende Leistungsbeschreibung. Je nach Ziel und Interessenlage der Parteien haben sich diese für ein jeweils passendes Modell zu entscheiden.

Vertragstypologie des Softwareerstellungsvertrags

Hier wurde aufgezeigt und nachgewiesen, dass der Softwareerstellungsvertrag mangels Sachqualität von Software nicht dem Kaufrecht, sondern dem Werkvertragsrecht zuzuordnen ist. Gleiches gilt indessen, wenn man die Sachqualität bejaht. Der Schwerpunkt der Leistung wird nämlich in einer geistigen Schöpfung zu sehen sein, weshalb auch in diesem Fall Werkvertragsrecht einschlägig ist.

Nachträgliche Vertragseinbeziehung des Lastenhefts

Soweit ein Lastenheft zum Zeitpunkt des Vertragsabschlusses noch nicht vorhanden ist, kann das Lastenheft gleichwohl noch zum Bestandteil des Vertrags werden. Es ist zu unterscheiden:

Haben die Vertragspartner vereinbart, der Besteller solle das Lastenheft noch nachreichen, kann darin ein *einseitiges Leistungsbestimmungsrecht* des Bestellers zu sehen sein. Voraussetzung hierfür ist aber, dass sich aus dem Vertrag die Bereitschaft des Anbieters ableiten lässt, die Leistungsbestimmung in angemessenem Rahmen einseitig durch den Besteller vornehmen zu lassen und sich dieser zu unterwerfen. An eine konkludente Unterwerfungserklärung sind dabei strenge Anforderungen zu stellen.

Vereinbaren die Vertragsparteien hingegen, der Anbieter solle das Lastenheft nachträglich erstellen, wird nur in Ausnahmefällen von einer einseitigen Leistungsbestimmung des Anbieters auszugehen sein. Denn in der Regel wird der Auftraggeber auf den Inhalt des Lastenhefts weiterhin Einfluss nehmen wollen. In diesem Fall ist seine *Zustimmung* zum Inhalt des Lastenhefts erforderlich, die dann zu einer einvernehmlichen Vertragsanpassung führt.

Mangels vertraglicher Vereinbarung, wer das Lastenheft erstellen soll, fällt diese Aufgabe in den Verantwortungsbereich des Bestellers. Bei der Beibringung des Lastenhefts handelt es sich um eine *Obliegenheit* i.S.d. § 642 BGB. Um verbindliche Wirkung zu entfalten, ist auch hier die Zustimmung des Anbieters hinsichtlich des Lastenheftinhalts erforderlich. Diese wird – zumindest konkludent – spätestens im widerspruchslosen Beginn der Softwarerealisierung zu sehen sein.

Verantwortung für Inhalt des Lastenhefts

Die Verantwortlichkeiten für das Lastenheft und die sich hieraus ergebenden Folgen von Unzulänglichkeiten für die Vertragsparteien sind in Rechtsprechung und Literatur heftig umstritten. Sofern der Anbieter die Erarbeitung des Lastenhefts nicht vertraglich übernommen hat, ist grundsätzlich der Besteller für das Lastenheft verantwortlich, der Anbieter für die DV-technische Umsetzung der darin beschriebenen fachlichen Anforderungen. Durch ein Beratungsverhältnis des Anbieters zum Besteller kann sich je nach den Umständen des Einzelfalls die Verantwortlichkeit allerdings zulasten des Anbieters verschieben. Hierbei ist zu beachten, dass beide Vertragsteile einer Beratung mindestens konkludent zugestimmt haben müssen.

Aber auch ohne Vorliegen eines Beratungsverhältnisses können den Anbieter gleichwohl Informations- und Mitwirkungspflichten im Hinblick auf das Lastenheft treffen, die eine Verantwortungsänderung bedingen können. Alleine der Umstand, dass der Anbieter möglicherweise über fundiertere Fachkenntnisse verfügt, reicht entgegen verbreiteter Rechtsprechung für eine Verschiebung der Verantwortlichkeit nicht aus:

Beschreibt das Lastenheft fachliche Anforderungen, die DV-technisch *nicht umsetzbar* sind, kann dieser Umstand nicht dem Besteller zugerechnet werden. Denn es ist der Anbieter, der sich verpflichtet, das Werk entsprechend der Leistungsbeschreibung zu realisieren. Mangels Realisierbarkeit kann der Besteller vom Vertrag zurücktreten und Schadenersatz verlangen. Will der Anbieter dieser Gefahr entgehen, hat er zuvor das Lastenheft auf die technische Umsetzbarkeit der darin beschriebenen Anforderungen hin zu überprüfen.

Erkennt der Anbieter *Lücken*, hat er den Besteller hierauf aufgrund seiner Aufklärungspflicht hinzuweisen, sofern sie erkennbar von wesentlicher Bedeutung für den Besteller sind. Eine generelle Pflicht des Auftragnehmers, sie durch eine selbstständige Nachforschung zu beseitigen, besteht hingegen nicht, da dies über die bloße Verpflichtung zur Erteilung von Hinweisen hinausgehen würde.

Sind die Lücken hingegen geringerer Art, sind sie durch einen Rückgriff auf die Eignung zur vertraglich vorausgesetzten bzw. gewöhnlichen Verwendung der Software (§ 633 Abs. 2 Satz 2 BGB) zu schließen.

Hält der Anbieter einzelne fachliche Anforderungen für *konkretisierungsbedürftig*, wird auch dahingehend eine Aufklärungspflicht anzunehmen sein. Dass eine konkretisierungsbedürftige Anforderung für den Besteller im Zweifel von wesentlicher Bedeutung sein wird, zeigt sich schon daran, dass er zu dieser Thematik im Lastenheft Ausführungen gemacht hat, wenn auch eben nicht detailliert genug.

Sofern der Anbieter *Fehler* oder *Inkonsistenzen* fachlicher Anforderungen erkennt, hat er fernerhin hierauf hinzuweisen, sofern sie erkennbar von wesentlicher Bedeutung für den Besteller sind.

Unterlässt er entsprechende Hinweise über von ihm erkannte Unzulänglichkeiten, hat er den zusätzlich durch die unterlassene Aufklärung entstandenen Aufwand zu tragen. Durch ständige Hinweise des Anbieters und die jeweiligen Antworten des Bestellers, wie weiter zu verfahren ist, entsteht ein Dialog zwischen beiden Vertragsteilen, der eine interessengerechte Abwicklung des Vertrags ermöglicht.

Prüfungs- und Hinweispflicht

Ob der Anbieter auch für erkennbare (aber nicht erkannte) Unzulänglichkeiten einzustehen hat, indem man ihm eine generelle Prüfungs- und Hinweispflicht auferlegt, ist in dieser Allgemeinheit zu verneinen, wenn es an einer entsprechenden vertraglichen Regelung fehlt. Zwar besteht hinsichtlich der Realisierbarkeit der fachlichen Anforderungen eine Prüfungsobliegenheit, weil sich der Anbieter aufgrund des Werkvertrags zu deren DV-technischen Umsetzung verpflichtet. Da sich der Anbieter jedoch angesichts der Realisierungsprüfung sowie im Rahmen der Pflichtenhefterstellung ohnehin ausführlich mit dem Lastenheft beschäftigt, kann von ihm aufgrund seiner allgemeinen Mitwirkungspflicht – wenn auch stark begrenzt – eine Überprüfung verlangt werden, die sich allerdings nur auf offenkundige und ins Auge stechende Unzulänglichkeiten bezieht. Die aus §§ 4, 13 VOB/B abgeleitete Prüfungs- und Hinweispflicht kann hingegen nicht auf das Lastenheft übertragen werden.

Sofern der Anbieter die Lastenhefterstellung im Rahmen des Softwareerstellungsvertrags übernimmt, obliegt dem Besteller zu prüfen, ob darin seine Vorstellungen vollständig und korrekt wiedergegeben sind, bevor er seine Zustimmung zum Inhalt des Lastenhefts (konkludent) erteilt. Anderenfalls wird ihm später der Beweis schwer fallen, vom Vertragsumfang seien weitere fachliche Anforderungen erfasst oder abgebildete Anforderungen nicht korrekt wiedergegeben. Denn das Vertragsdokument bzw. das Lastenheft spricht zunächst für die Vollständigkeit und Richtigkeit der darin enthaltenen Leistungsbeschreibung.

Nachlieferung des Lastenhefts

Soll der Anbieter das Lastenheft liefern, unterlässt er dies jedoch, kann der Besteller die Erstellung einklagen oder alternativ vom gesamten Vertrag zurücktreten und Schadenersatz verlangen, wenn der Anbieter noch nicht mit der Realisierung der Software begonnen hat. Nach Realisierungsbeginn hängen seine Ansprüche davon ab, ob die Arbeiten mit oder ohne sein Einverständnis aufgenommen worden sind. Bei fehlendem Einverständnis bleiben die Ansprüche bestehen. Hat der Auftraggeber hingegen auf die Lastenhefterstellung verzichtet, etwa, weil die Realisierung in seinem Einverständnis erfolgte, kann er naturgemäß später nicht die Nachlieferung des Lastenhefts verlangen. Ist die Software bereits abgenommen, kommt es auf das Einverständnis des Bestellers nicht mehr an. Denn durch die Abnahme erkennt der Besteller das Werk als im Wesentlichen vertragsgemäß an. Ein nach der Abnahme erstelltes Lastenheft hätte nämlich keinen anderen Inhalt als eine den Ist-Zustand ebenfalls beschreibende Dokumentation, die dem Besteller ohnehin zur Verfügung gestellt werden muss. Ein weitergehendes Rechtsschutzbedürfnis ist infolgedessen bei der letzten Fallkonstellation nicht mehr zu erkennen.

Nachträgliche Leistungsänderungen

Nachträgliche Leistungsänderungen sind typisch für Softwareprojekte, weil sich die Wünsche des Bestellers während der Realisierungsphase mit fortschreitenden Erkenntnissen häufig ändern. Fehlt hierzu eine Vertragsregelung, wird eine ergänzende Vertragsauslegung regelmäßig ergeben, nachträgliche Änderungsverlangen des Bestellers seien soweit zulässig, wie deren Umsetzung sich für den Anbieter im zumutbaren Bereich bewegt.

Lässt der Vertrag eine ergänzende Auslegung indessen nicht zu, kann in Ausnahmefällen bei Störung der Geschäftsgrundlage eine Vertragsanpassung nach § 313 BGB in Betracht kommen, um einen angemessenen Interessenausgleich zu ermöglichen.

Ausblick

Wie schon in der Vergangenheit werden sich voraussichtlich auch in der Zukunft die Erstellung und der Erwerb von Software in besonderem Maße als streitanfällig erweisen. Spezielle Gesetzesvorschriften sind im Zusammenhang mit dem Lastenheft allenfalls nur sehr eingeschränkt vorhanden. Ein Rückgriff auf allgemeine Rechtsgrundsätze bietet für die Vertragsparteien ebenfalls keine ausreichende Rechtssicherheit, da Informations- und Mitwirkungspflichten stets einzelfallabhängig sind. Der Ausgang gerichtlicher Entscheidungen ist deshalb für die Parteien vielfach nicht vorhersehbar.

Aus diesem Grund sollten die Parteien gerade der Erstellung des Lastenheftes als dem wohl wichtigsten Vertragsbestandteil besonderes Augenmerk zuwenden. Nur durch eine detaillierte, alle Leistungsbereiche umfassende Aufgliederung des Lastenhefts und eine eindeutige Zuordnung der Verantwortlichkeiten der jeweiligen Vertragspartner, insbesondere bei Anfertigung und Prüfung des Lastenhefts, kann der ansonsten gegebenen Rechtsunsicherheit wirksam im Interesse der Beteiligten begegnet werden.

www.ingramcontent.com/pod-product-compliance
Ingram Content Group UK Ltd.
Pitfield, Milton Keynes, MK11 3LW, UK
UKHW021911290926
8980IPUK00015B/1198

9 783631 640548